Paul Chutkow

GERARD DEPARDIEU

Paul Chutkow

GERARD DEPARDIEU

Vom Straßenkind zum Superstar

Aus dem Amerikanischen von
Michaela Grabinger

verlegt bei Kindler

Die Deutsche Bibliothek – CIP-Einheitsaufnahme

Chutkow, Paul:
Gérard Depardieu : vom Strassenkind zum Superstar / Paul Chutkow. Aus dem Amerikan. von Michaela Grabinger. – München : Kindler, 1994.
Einheitssacht.: Depardieu <dt.>
ISBN 3-463-40250-5

Die Folie des Schutzumschlags sowie die Einschweißfolie sind PE-Folien und biologisch abbaubar.
Dieses Buch wurde auf chlor- und säurefreiem Papier gedruckt.

Titel der Originalausgabe: Depardieu. A Biography
Originalverlag: Alfred A. Knopf, New York, © 1994
Umschlaggestaltung: Graupner & Partner, München
Umschlagfoto: François Duhamel/Sygma
Satz: Franzis Druck, München
Druck und Bindung: Franz Spiegel Buch GmbH, Ulm
Printed in Germany
ISBN 3-463-40250-5

2 4 5 3 1

Für
ETHAN und JUSTIN

Das Genie ähnelt jedem, aber keiner ähnelt ihm.
HONORE DE BALZAC

Inhalt

Vorwort »Le Hold-Up«

An einem Tag im Spätsommer 1989 aß ich in Telluride, Colorado, mit dem berühmten französischen Regisseur Bertrand Blier zu Mittag. Wir hatten uns in einem Straßencafé getroffen, und Blier erzählte mir bei Steaks und Salat witzige Geschichten über seine Kindheit in Paris und die Dreharbeiten mit vielen der besten Schauspieler Frankreichs. Nach dem Kaffee schlenderten wir zu dem Chalet zurück, in dem Blier damals wohnte, und machten es uns in den Ledersesseln auf der Terrasse mit Blick auf die gezackten Gipfel der Rocky Mountains bequem.
»Also«, sagte ich, »Depardieu.«
»Aaaah, Gérard«, sagte Blier amüsiert. »Der ist ein Kapitel für sich!« Er zog einen Beutel mit Gauloise-Tabak aus der Hosentasche und begann, sorgfältig seine Pfeife zu stopfen. Ich spürte, daß er noch nicht genau wußte, wo er anfangen sollte. Endlich entzündete er ein Streichholz und senkte das Flämmchen in den Pfeifenkopf. »Haben Sie Gérard einmal in Paris getroffen?«
»Nein«, antwortete ich. »Es ist schon merkwürdig.« Zwölf Jahre lang hatte ich in Paris gelebt und über Frankreich geschrieben, hatte auch die meisten seiner Filme gesehen und Porträts über zahlreiche seiner Kollegen vom französischen Film verfaßt, aber Depardieu selbst war ich nie begegnet.
»Schade«, meinte Blier, »er ist ein ganz außergewöhnlicher Mensch, ein echtes Phänomen. Wahrscheinlich einzigartig auf der ganzen Welt.«
»Tja, das kann ich mir vorstellen.«
»Nein, das können Sie sich nicht vorstellen«, entgegnete Blier

lachend. »Das kann sich niemand vorstellen. Gérard muß man gesehen haben, sonst glaubt man es nicht.«

Von allen französischen Autorenfilmern ist Blier wohl der witzigste und zugleich bissigste, und Depardieu wurde im Lauf der Jahre oft zu seinem wirkungsvollsten künstlerischen Partner. Der erste gemeinsame Film der beiden, ›Les Valseuses‹ (›Die Ausgebufften‹), war in Frankreich ein sensationeller Erfolg und brachte beiden über Nacht internationalen Ruhm. Der nächste, ›Préparez Vos Mouchoirs‹ (›Frau zu verschenken‹), wurde mit einem Oscar als bester ausländischer Film ausgezeichnet. Bliers Drehbücher trugen dazu bei, daß Depardieu sich als einer der begabtesten Schauspieler der Welt etablieren konnte; viele seiner unvergeßlichen Szenen auf der Leinwand entstammen Bliers Phantasie: Depardieu, wie er im Einkaufswagen die Straße hinunterrollt, Depardieu in einem Café, wo er für seine melancholische Frau einen Liebhaber zu rekrutieren versucht, Depardieu, wie er in ein prachtvolles Schloß einbricht, mit der Nase schnüffelnd durch die Luft fährt und verkündet: »Hier riecht's nach Steuerhinterziehung!«

»Er und ich sind in allem das genaue Gegenteil«, erklärte Blier, an seiner Pfeife ziehend. »Ich bin ein Pariser Bourgeois, Gérard dagegen ist ein Bauer vom Land. Aber zwischen uns funkt es ständig, es ist wie Zauberei. Ich schreibe ihm die Rollen auf den Leib, und da Gérard vor der Kamera alles zuwege bringt, kann ich sie mit hundertprozentigem Vertrauen und größter Freiheit schreiben.«

Das Verfassen des Drehbuchs überläßt Depardieu stets Blier, übernimmt dabei aber gern die Rolle der Muse. Er besitzt so viel Intuition, und seine Antennen sind so empfindlich, daß er sofort spürt, wenn Blier mit einem Drehbuch einmal Schwierigkeiten hat, selbst wenn er sich gerade in einem weit entfernten Land aufhält. Dann schlägt Depardieu ein wie ein Blitz aus heiterem Himmel und verpaßt seinem Freund eine frische Ladung Kreativität. Er kommt meist ohne Vorwarnung und platzt immer genau im richtigen Moment und mit so großer theatralischer Gebärde herein, daß Blier diese Überfälle seiner Muse inzwischen nur mehr mit einem einzigen, sehr treffenden Ausdruck beschreibt: *Le Hold-Up*. Dieses schöne Beispiel für *franglais* benutzte Blier während unseres Gesprächs immer wieder mit so viel Elan, daß ich es mit Großbuchstaben in meinem Notizbuch festhielt.

»Wenn ich deprimiert bin oder mit dem Schreiben nicht weiterkomme, spürt Gérard das sofort«, sagte Blier. »Ich habe keine Ahnung, woher er es weiß, aber sein sechster Sinn dafür trügt ihn nie. Selbst wenn er sich gerade für Dreharbeiten auf der anderen Erdhalbkugel aufhält, ruft er mich völlig unerwartet an, fragt, wie es mir geht, und muntert mich auf. Und wenn ich daheim in Paris bin, kann es passieren, daß Gérard plötzlich vor der Tür steht und hereinstürmt: ›Wo ist das Drehbuch? Hast du eine Rolle für mich? Laß mich mal was lesen! Laß mich doch mal was lesen!‹ So verläuft *Le Hold-Up*. Gérard ist absolut hemmungslos und das Zusammensein mit ihm überaus belebend und befreiend – das reinste Stärkungsmittel für mich.«

Blier war wegen des jährlich stattfindenden Telluride Film Festivals nach Colorado geflogen. Erst am Abend zuvor hatte seine neueste Komödie, ›Trop Belle Pour Toi‹ (›Zu schön für dich‹) – wiederum mit Depardieu in der Hauptrolle –, Premiere gehabt. Das Publikum und die meisten amerikanischen Kritiker waren begeistert gewesen – und das trotz der Untertitel. Depardieu arbeite wie kein anderer Schauspieler auf der Welt, erklärte mir Blier nun und setzte gerade dazu an, eine aussagekräftige Anekdote über Gérard bei den Dreharbeiten zu erzählen, da klingelte das Telefon: Es war Depardieu. Er rief aus Frankreich an – als hätten ihm auf der anderen Seite der Welt die Ohren geklungen.

»Ah, Gérard! Salut«, sagte Blier. *»Merci, merci.«*

In dem Gespräch, das ich mit anhörte, gratulierte Depardieu seinem Freund Blier zur erfolgreichen Premiere und wollte Einzelheiten über die Publikumsreaktion erfahren. Dann unterhielten sich die beiden über das Wetter in Frankreich, die Preise für Cowboystiefel in Telluride und die Schönheit der Rocky Mountains bei Sonnenaufgang. Nach einer Weile entschuldigte Blier sich höflich.

»Hör zu, Gérard, ich rufe dich später zurück. Ich bin mitten in einem Interview für die NEW YORK TIMES.«
Damit ließ Depardieu sich allerdings nicht abwimmeln, sondern fragte, wie Blier mir später erzählte, sofort: »Wie heißt der Journalist?«
»Es ist ein freier Mitarbeiter namens Paul Chutkow.«
»Passe-le-moi! Passe-le-moi!« Gib ihn mir! Gib ihn mir!
Blier winkte mich an den Apparat. »Da, er möchte mit Ihnen reden.«
Mit mir? Da ich Depardieu nie kennengelernt hatte, war ich ziemlich verblüfft. Und noch verdutzter reagierte ich, als ich den Hörer ans Ohr hob: *»Paul! Gérard! Comment vas-tu?«* Als wären wir seit frühester Kindheit die besten Kumpel.
Depardieu und ich plauderten eine Weile miteinander, wobei seine dröhnende Stimme die gleiche Energie und Ausgelassenheit vermittelte, die er so oft auf der Leinwand ausstrahlt, vor allem in Bliers Komödien. Sofort sprach er mich mit dem vertraulichen *tu* an, was mich sehr überraschte, denn die meisten Franzosen, die ich kenne, benutzen bei einer ersten Begegnung das formelle *vous*. Ich sollte jedoch rasch lernen, daß Gérard fast jeden mit *tu* anspricht, ganz egal ob es sich um Staatsminister, Leute aus der Hochfinanz oder verknöcherte Aristokraten aus den feinsten Kreisen der Pariser Gesellschaft handelt. Einmal erwähnte ich in unserem Gespräch, daß ich mit meiner Frau und meinen beiden Söhnen gerade von Paris nach Nordkalifornien, in die Gegend des Napa Valley, umgezogen sei, und damit war sofort ein Thema angeschnitten, das zu Depardieus größten Leidenschaften zählt: der Wein. Wir verglichen französische mit kalifornischen Weinen, sprachen über das Schloß im Loiretal, das er sich kurz zuvor gekauft hatte, um seinen eigenen Wein anbauen zu können, und auf einmal wurde Depardieus Ton sehr vertraulich, ja fast verschwörerisch.
»Hör mal, Paul! Wenn du die Wahrheit über diesen *Saftsack* Blier wissen willst, gib mir einfach deine Privatnummer. Ich ruf' dich dann daheim an und erzähl' dir, wie es wirklich ist.«
Saftsack? Das Wort traf mich wie ein Kinnhaken. Aber wie ich

noch erfahren sollte, benützt Depardieu Wörter wie Handgranaten oder so, wie ein expressionistischer Maler ein flammendes Rot aufträgt: mit dem Ziel, zu schockieren, zu verdeutlichen und zu emotionalisieren. Ich verbuchte seine Bitte als gelungene komödiantische Einlage, gab ihm aber meine Privatnummer, verabschiedete mich und versuchte, das Gespräch mit Blier dort fortzusetzen, wo es unterbrochen worden war.
»Ein unglaublicher Zufall«, sagte ich. »Gerade sprechen wir über Depardieu, da taucht er plötzlich auf.«
Blier machte sich wieder einmal daran, gemächlich seine Pfeife zu entzünden, und lächelte mich verschmitzt und vielsagend an. »Also, bei Gérard gibt es keine Zufälle.«
Tatsächlich war Depardieus Anruf keineswegs so spontan gewesen, wie ich zunächst angenommen hatte. Alain Vannier, ein französischer Filmexporteur, der Blier begleitet hatte und sich um den Verleih von ›Zu schön für dich‹ in den Vereinigten Staaten kümmerte, hatte Depardieu in Frankreich angerufen und ihm die gute Nachricht aus Telluride übermittelt. Und als Depardieu hörte, daß Blier gerade ein Interview für die NEW YORK TIMES gab, wollte er sich unbedingt melden und schaffte es tatsächlich, dies auch noch aufs Stichwort hin zu tun. Als Blier und ich durch Vannier davon erfuhren, mußten wir beide sehr lachen, und ich hielt die Angelegenheit für erledigt.
Am nächsten Morgen verließ ich Telluride und machte mich auf den langen Heimweg nach Nordkalifornien, wo ich am Abend ankommen sollte. Im Flugzeug ging ich meine Notizen durch und übertrug Teile meiner Tonbandaufzeichnungen. Dabei wurde mir klar, daß dieses Porträt nicht leicht zu verfassen sein würde. Um zweiundzwanzig Uhr gelangte ich völlig erschöpft zu Hause an und mußte nun gegen einen mörderischen Abgabetermin anschreiben: Am nächsten Mittag sollte die Story in New York sein, und es fehlte noch die zusammenfassende Einleitung. Da klingelte das Telefon: Depardieu aus Frankreich, wo es inzwischen sieben Uhr morgens war. Ich erschrak.
»Paul! Gérard! Wie steht's denn mit dem Artikel? Hast du es dem Saftsack ordentlich gegeben?«

»Ah, ja, natürlich«, log ich, aber Depardieu war nicht zu bremsen. »Wir sind wie Brüder. Hat er dir das gesagt?«

»Ja, Gérard. Er sprach von ›brüderlicher Komplizenschaft‹.«

»Genau! Brüderliche Komplizenschaft! Aber eines mußt du wissen: Rein altersmäßig ist er der Ältere, aber ich bin sein älterer Bruder. Bertrand braucht Schutz, und ich beschütze ihn. Und weißt du, warum wir so gut zusammenarbeiten?«

»Tja, also ...«

»Weil wir in allem das genaue Gegenteil sind – wie Sonne und Mond. Ich bin ein Bauer, er ist ein Bourgeois. Ich baue Wein an, er ist ein Intellektueller, ein Pariser Intellektueller. Aber paß bloß auf: Bertrand kann einen ganz schön an der Nase rumführen. Als Intellektueller wirkt er manchmal kühl und nüchtern, völlig verkopft. Aber das sage ich dir: *Il sait péter!*« Er kann gut furzen!

Da, schon wieder so eine Handgranate. Auf französisch klingt das Verb *péter* weit weniger derb als in seiner englischen oder deutschen Übersetzung und hat eine umfassendere Bedeutung. Wenn ein Glas zerbricht oder eine Glühbirne platzt, denkt sich ein Franzose *péter*. Als Depardieu das Wort benutzte, kamen mir sofort meine beiden in Paris aufgewachsenen Söhne und einige der Ausdrücke in den Sinn, die sie dort gelernt hatten. In meinen Ohren klang das Wort nach Schulhofhumor und nach ... brüderlicher Komplizenschaft. Und dann war es mir mit einem Schlag klar: Depardieu, der gemeine Bauer, bricht Bliers kühlen Intellektualismus auf, nimmt ihm die Hemmungen, vermittelt ihm Ungezwungenheit und bringt ihn wieder in Kontakt mit den ursprünglichen Dingen des Lebens. Und tut damit genau das, was man in so vielen von Bliers Filmen sieht.

»Paul! T'as compris?« Hast du kapiert?

»Ich glaube schon ...«

»Hör zu, es ist ganz simpel: Bertrand gibt mir seine Texte und Vorstellungen, und ich gebe ihm meine Gefühle und meine Kraft. Wenn man die Energie des anderen aufspürt, kann man zusammen wahre Wunder vollbringen. Kapiert?«

»Ja«, sagte ich, hastig mitschreibend. »Ich hab's kapiert, Gérard.«

Wir unterhielten uns fast eine Stunde lang; mit solchen Zitaten und Hintergrundinformationen floß mir die Story natürlich leicht aus der Feder. Hier hatte ich *Le Hold-Up* aus erster Hand; ich spürte die schiere Kraft, die Depardieu tagtäglich auf Blier und andere Regisseure überträgt, die ihm Rollen auf den Leib schreiben. Und während ich mir eifrig Notizen machte – wer bahnte sich da mit Hilfe seiner Ellbogen einen Weg in den Artikel über Blier und in den Art-&-Leisure-Teil der NEW YORK TIMES? Depardieu selbstverständlich. Seine Dreistigkeit hatte, weiß Gott, Methode, und ich überlegte mir, ob *Le Hold-Up* nicht vielleicht einfach ein Trick war, um sich in Szene zu setzen. Eines Tages, schwor ich mir, würde ich diesen Menschen näher kennenlernen und bei der Arbeit beobachten.

Fünf Monate später, Anfang 1990, erhielt ich dazu Gelegenheit. Ich flog wieder einmal nach Europa, und zwar zu den Berliner Filmfestspielen, dem ersten kulturellen Großereignis an der deutsch-deutschen Grenze seit dem Niedergang des Kommunismus und dem Fall der Mauer. Depardieu hatte damals gerade eine sehr erfolgreiche Phase: Sein ›Cyrano de Bergerac‹ stand kurz vor der Premiere, und er war auf dem Sprung nach New York, wo er seinen ersten größeren Film auf englisch drehen wollte, eine romantische Komödie für Disney mit dem Titel ›Green Card‹. Dies erschien mir als der ideale Aufhänger für ein TIMES-Porträt über Depardieu. Sowohl die TIMES als auch Depardieu waren einverstanden, und so flog ich, als die Berliner Filmfestspiele zu Ende waren, gleich am nächsten Tag nach Paris, um mich mit Depardieu zu treffen.

Ich hatte keine Ahnung, was ich erwarten sollte. Depardieu beherrschte das französische Kino inzwischen wie kein Schauspieler seit dem legendären Jean Gabin. Er hatte eine Menge Klamotten gedreht, aber seine Darbietungen in so ausgezeichneten Filmen wie François Truffauts ›Die letzte Métro‹, ›Die Wiederkehr des Martin Guerre‹, ›Jean de Florette‹ und ›Camille Claudel‹ hatten ihm in Europa und Amerika eine riesige Fangemeinde geschaffen, und viele Filmkritiker zählten ihn zu den größten Schauspielern der Welt. Seine Energie war legendär. Er war noch keine fünfundvierzig und hatte schon an die achtzig Filme gedreht – mehr als die meisten Schauspieler in ihrem ganzen Leben. Er machte drei, vier, ja fünf Filme pro Jahr, und wenn er sich gerade nicht an einem Drehort aufhielt, wirbelte er um den Globus, um für den jeweils neuesten Streifen zu werben.

In Frankreich war Depardieu geradezu ein soziales und kulturelles Phänomen geworden. Mit seinem Aussehen, mit seinem Talent und durch die vielen Filme, die er gedreht hatte, war es ihm gelungen, Eingang ins kollektive Bewußtsein und in die kollektive Phantasie der Franzosen zu finden. PARIS-MATCH behandelte ihn als Superstar und Kultursymbol, und die europäischen Ausgaben von NEWSWEEK und TIME hatten ihm strahlend positive Titelstorys gewidmet. Ich hatte noch kaum je einen Schauspieler gesehen, sei es in Frankreich oder sonstwo, der von der Presse derartig gefeiert, romantisiert und mythologisiert worden war. In einem Land, das den Film als eine Kunstform, als *le septième art*, versteht, und innerhalb einer Kultur, die an große Künstler die Erwartung richtet, leidenschaftlich und überlebensgroß zu sein und die Grenzen der sozialen und moralischen Konvention zu sprengen, wurde Depardieu als lebendiger, greifbarer Bestandteil der nationalen Kultur, des nationalen Erbes betrachtet.

»Seine Kraft, sein Charisma, seine Intelligenz und Sensibilität machen Gérard zu mehr als nur einem Schauspieler: Er ist das Rohmaterial, der Stein, aus dem wir unsere Kirche bauen«, schrieb Daniel Toscan du Plantier, ein bekannter Produzent, Kritiker und Förderer des französischen Films. »Unserem ausgelaugten, intellektuellen, faden Kino schenkt er seine Frische, seine Energie, seine Ironie und seine Zartheit.«

In den ersten Jahren seiner Karriere hatte ich einige Interviews mit ihm und Features über ihn gelesen, die den Kinostart eines jeden neuen Depardieu-Films unweigerlich begleiteten, es dann aber aufgegeben, denn ich hatte den Eindruck, daß in der französischen Presse wie auch in der amerikanischen Berichterstattung über Prominente Fakten, Erfindungen und Klatsch zur jeweils altbekannten Legende verschmolzen wurden. Wieder und wieder bekam man die Grundelemente seiner Lebensgeschichte zu lesen – der jugendliche Kriminelle, den das Schauspielern rettete –, und nie fehlten die stereotypen Hinweise auf seine Frau Elisabeth und die beiden gemeinsamen Kinder Guillaume und Julie. Nach einiger Zeit klangen alle diese Porträts und Interviews für mich völlig gleich – wenn man von der einen, unvermeidlichen Variante absah, die darin bestand, daß Depardieu, wenn er in dem gerade angelaufenen Film einen Bösewicht spielte, auch in dem jeweiligen Porträt den Bösewicht mimte; war er dagegen auf Promotiontour für eine Komödie, dann machte er den Komiker.

Hinter diesen irreführenden, aus Humor oder Provokation bestehenden Masken steckte aber offenbar ein ernsthafter, sehr vielschichtiger Künstler, einer der größten Schauspieler der Gegenwart. Aber obwohl ich soviel über ihn gelesen und mich mit Leuten wie Blier unterhalten hatte, war mir noch immer nicht klar, woher Depardieu seine Kraft eigentlich nahm. Was trieb diesen Menschen an? Welcher Art war seine Begabung wirklich? Wie konnte er in Bliers leichten, durch und durch modernen Komödien so überzeugend sein und gleich darauf ganz nahtlos in eine Rolle wie beispielsweise die des Buckligen in dem düsteren klassischen Epos ›Jean de Florette‹ schlüpfen? Für mich gab es nur eine Möglichkeit, Antwort auf diese Fragen zu erhalten: Ich mußte mir dieses Phänomen mit eigenen Augen ansehen.

Depardieu lebt in Bougival, einem Dorf an der Seine, westlich von Paris. Ich kam dort an einem eiskalten Februarnachmittag an und fuhr in ein ruhiges, über dem Fluß gelegenes Wohngebiet hinauf. Depardieu wohnt in einem schmalen Gäßchen, das von der Atmosphäre her eher an die Provence als an Paris erinnert. Sein Haus ist nur durch einen einfachen Holzzaun von der Straße abgeschirmt. Das Eingangstor führt in eine private Enklave, bestehend aus einem hübschen Garten, baumbestandenen Wegen und einem großen Landhaus, das aussieht, als hätte es schon seit einigen Jahrhunderten fröhliche Familien beherbergt und beabsichtigte, dies noch mehrere Generationen hindurch zu tun.

Hélène Bordier, Gérards Schwester, Nachbarin und rechte Hand, begrüßte mich an der Tür, führte mich ins Arbeitszimmer und verschwand sofort wieder. Ich sah mich ein wenig um. Genau wie Depardieu selbst strahlt das Haus etwas Labyrinthisches, Exzentrisches aus: Enge Gänge schlängeln sich durch eine seltsame Anordnung von Räumen, manche von ihnen ziemlich düster, die meisten aber hell und gemütlich, besonders die, die nach hinten auf den Garten hinausgehen. Im Arbeitszimmer herrschte ein sympathisches Chaos. Neben den vielen Büchern in den Regalen lagen auch einige auf einem antiken Schreibtisch herum. Jede auch noch so kleine Oberfläche war mit Krimskrams und Familienandenken vollgestellt. Ein César, der französische Oscar, den Depardieu für seine darstellerische Leistung in Truffauts ›Letzter Métro‹ erhalten hatte, war in eine Ecke verbannt worden und voller Staub. Ich war gerade dabei, den César gebührend zu bewundern, als das ganze Gebäude plötzlich zu erzittern begann – Erdbeben! – und der Herr des Hauses die Treppe hinabdonnerte.

»*Viens!*« Nicht hallo, *enchanté*, *nice to meet you*, sondern: Komm!

Depardieu stürmte an mir vorbei, winkte mich hinter sich her und blieb erst im Musikzimmer stehen, um mir die Hand zu geben und mich, Nase an Nase, wie ein großer Hund zu beschnuppern. Offenbar hatte ich bestanden, denn Depardieu winkte mich zu einer Couch neben dem Klavier. Er selbst bemächtigte sich einer Couch daneben, und noch bevor ich auch nur mein Notizbuch und den Kassettenrecorder hervorgeholt hatte, ließ er einen Redeschwall, einen rasenden Bewußtseinsstrom in ratterndem Maschinengewehr-Französisch los, wie ich es kaum je zuvor gehört hatte. Rat-atat, rat-atat. RaTaTaTaTaT. Seine Kleidung überraschte mich. Er trug einen dunkelgrauen Anzug und ein schwarzes Strickhemd, das bis oben hin zugeknöpft war. Ohne seine Wortkanonade auch nur durch die kleinste Pause zu unterbrechen, zündete er sich eine filterlose Gitane an, legte sich den einen Fuß mit einem abgewetzten Cowboystiefel quer über den Oberschenkel des anderen Beins und setzte zu einem sonderbaren Vortrag über Molière, Rostand, Balzac, de Musset an, den er in einem einzigen Wort- und Gedankenschwall immer weiter trieb und zu langen, in sich kreisenden, endlos scheinenden Sätzen ausspann. Er wirkte melancholisch, ja gequält, und eine ganze Weile überlegte ich mir, ob er möglicherweise stark verkatert oder high war – oder vielleicht beides.

Er redete weiter wie ein Besessener, aber als der erste Ausbruch abgeflaut war, mündete sein Gedankenstrom in ein einziges Thema: Amerika. Gérard stammt aus einer sehr armen Familie und wuchs in einer der rückständigsten Gegenden Frankreichs auf. Sein Vater konnte kaum lesen und schreiben. Gérard erzählte mir, er habe sich in seiner Kindheit immer als Außenseiter gefühlt, sowohl innerhalb seiner Familie als auch in der Stadt, und ständig von Amerika geträumt – davon, nach Amerika zu fahren, Amerika zu verführen und zu erobern. In den fünfziger Jahren hatte es in seinem Heimatort Châteauroux einen US-Luftwaffenstützpunkt gegeben; dort trieb er sich herum, dort wurde er erwachsen, in einer Ecke Frankreichs, die von G.I.s und James Dean, von Hamburgers und Milkshakes, Budweiser und Brando beherrscht wurde. Seine Freunde deckten praktisch die ganze amerikanische Palette ab: Marines und Flieger, Weiße, Schwarze, sogar ein Indianer war dabei, Red Cloud – Rote Wolke –, den er »Nuage Rouge« nannte.

»Ich saugte alles in mich auf«, erzählte er wehmütig. »Es war wie auf einem Flugzeugträger, der über ein Meer fährt, von dem niemand weiß, wie weit es ist.«

Seit diesen Kindheitstagen war Amerika der Blitzableiter für seine kühnsten Hoffnungen und Phantasien gewesen, und jetzt endlich sollte es losgehen. Schon übermorgen würde er in Manhattan sein, um ›Green Card‹ zu drehen, seinen ersten großen Film auf englisch. Was die Dreharbeiten betraf, so hatte er ein gutes Gefühl. Er würde mit den Disney Studios und Peter Weir arbeiten, dem Regisseur des Films ›Der Club der toten Dichter‹, der damals in Frankreich gerade sensationelle Erfolge feierte. Was dieser Film über Schulen, Konformität und Kreativität aussagte, hatte im ganzen Land eine Diskussion über die Stärken und Schwächen des französischen Schulsystems hervorgerufen. LE MONDE hatte sogar auf Seite eins einen tiefschürfenden Artikel darüber gebracht. »Peter ist ein Dichter«, erklärte Depardieu, und wie ich schon bald erfahren sollte, gibt es in seinem privaten Pantheon nichts Größeres.

Dann passierte etwas Merkwürdiges. Während er über Amerika sprach, veränderte sich seine Stimmung: Aus seinem Gesicht verschwand allmählich alles Düstere, und als sich sein Redestrom zu einem Rinnsal verausgabt hatte, riß Depardieu sich plötzlich den Kragenknopf auf, zog das Jackett aus und sprang ins Sonnenlicht, das sich in einen Alkoven ergoß, der als Bar diente. »Es wird Zeit, daß du meinen Wein probierst!« Mit einem Schlag waren alle Spuren des melancholischen Intellektuellen wie weggewischt, und Depardieu schien sich in einen völlig anderen Menschen zu verwandeln. Jetzt war er ein überschwenglicher Bauer, der es kaum erwarten konnte, die Früchte seiner Weinstöcke, seines Bodens und seines Sonnenlichts mit einem anderen zu teilen. Er füllte zwei Gläser mit einem Cabernet Franc von seinem Château de Tigné, hielt das eine prüfend gegen das Licht und steckte dann die Nase tief hinein. »Wenn ich einen Wein rieche«, sagte er, »will ich nichts als die Natur und den Genius des Winzers riechen.«

Mit dem schwermütigen Intellektuellen verschwanden sofort auch die langen, gewundenen Sätze. Jetzt äußerte Depardieu sich in den knappen, prägnanten Beschreibungen, komprimierten Charakterisierungen eines klugen Bauern. Über seine Frau Elisabeth: »Sie ist einfach perfekt für mich; sie ist sehr, sehr emanzipiert.« Über Truffaut: »Ein Punkdiplomat.« Über Catherine Deneuve: »Was für eine Frau! Und was für ein Mann!«

Allerdings sprach aus Depardieu jetzt auch ein Anflug von Panik. Unter der Freude auf Amerika verbarg sich ein Gespinst aus Ängsten und innerer Unruhe. Er machte sich Sorgen wegen seines Englisch, befürchtete, bei Dreharbeiten in einer Sprache, die er kaum beherrschte, die Freiheit und Unbekümmertheit zu verlieren, die er braucht, um spontan sein, in Spiellaune kommen und abheben zu können. Er hatte Bedenken, das amerikanische Publikum, das an Hauptdarsteller mit durchtrainierten Körpern und hübschen Gesichtern gewöhnt ist, könnte ihn als häßlich und derb empfinden. Was er in Frankreich und ganz Europa bisher erreicht hatte, zählte dort nicht. Amerika war völlig unbekanntes Terrain für ihn, das ihm sowohl Triumphe als auch einen katastrophalen Absturz, zudem in aller Öffentlichkeit, bescheren konnte. »Zuerst kommt Frankreich«, sagte er, »dann Europa und dann Amerika, verstehst du? Es ist schon so: Für mich beginnt jetzt entweder ein großes Abenteuer oder ein tragischer Irrtum.«

Depardieus Stimmungsumschwünge und charakterliche Veränderungen verwirrten mich ziemlich, und diese Verwirrung steigerte sich noch, als unser auf eine Stunde angesetztes Gespräch sich in den Abend hineinzuziehen begann. Es war, als wäre ich durch einen Spiegel gegangen und hätte eine sonderbare neue Welt mit eigener Landschaft, eigenen Werten, eigenen Symbolen, ja sogar einer eigenen Sprache betreten. Die meisten Franzosen, die ich kenne, sind stolz auf ihre intellektuellen Fähigkeiten: Depardieu dagegen ist stolz auf seinen guten »Riecher«. Die meisten Franzosen, die ich kenne, bewundern die Vernunft, die kartesische Logik, die strenge Analyse – harte, zu These und Antithese geformte Fakten, das Ganze zwingend angeordnet in die Argumentationspunkte Nummer eins, zwei, drei. Bei Depardieu aber herrscht ganz und gar nicht die Vernunft vor; er setzt auf Instinkte, Vermutungen, Eindrücke, Gefühle und auf das, was er aus einem Blick oder aus dem Gesicht eines Fremden herausspürt.

Sprache ist für Depardieu Maske und Umhang; er spricht in einer Art fortlaufender lyrischer Metapher, und die Beiklänge der Wörter, die er benutzt, bilden eine ganz eigentümliche Musik. Es war wirklich verblüffend. Wenn ein Franzose von jemandem behauptet: *»Il est fou!«* – Der ist verrückt! –, dann will er das gewöhnlich als eine negative Wertung, als Kritik oder gar Untauglichkeitserklärung verstanden wissen. Nicht so Depardieu. Wenn er beispielsweise über Isabelle Adjani sagt: *»Elle est folle!«*, so ist dies als höchstes Kompliment gedacht. Auf seiner Seite des Spiegels reicht Verrücktheit sehr nahe an Gottähnlichkeit heran, denn ohne einen Schuß Verrücktheit wird ein Künstler nie den Zugang zu künstlerischer Eigenart, zur Dichtung und zu göttlicher Inspiration finden.

Im Verlauf des Abends führte Depardieu mich durch seinen Weinkeller, entkorkte eine Flasche nach der anderen, und wir unterhielten uns über unsere Frauen und Kinder, über unsere gemeinsame Liebe zu Kalkutta und über die Bewunderung, die er dem bengalischen Regisseur Satyajit Ray entgegenbringt. Aber Depardieu kam immer wieder auf Amerika zu sprechen. Robert De Niro, Al Pacino, Tom Cruise, Dustin Hoffman – er bewundert sie alle, hat allerdings keinen starken Bezug zu dem machoartigen Darstellungsstil der meisten amerikanischen Actionfilme. »Innerhalb dieser Kunst fühle ich mich ganz feminin. Für das Stallone-Image des unbesiegbaren Helden habe ich nun mal nichts übrig und das Publikum zum größten Teil wohl auch nicht. Den größten Erfolg haben doch Schauspieler wie Cruise und Hoffman, die lieber ihre Fehler und Schwächen zeigen, als den Eindruck völliger Unverletzbarkeit hervorrufen.«

Kurz nach dreiundzwanzig Uhr und dem Genuß von viel zuviel Wein geschah erneut etwas Kurioses. Der riesige, schwerfällige Depardieu – Hände wie Bärentatzen und ein Boxerkinn, das er einem manchmal fast ins Gesicht streckt – warf einen Blick auf seine Armbanduhr und wurde sehr, sehr nervös; er wirkte fast eingeschüchtert. Seine Frau Elisabeth probte gerade ein Theaterstück in Paris und sollte bald nach Hause kommen.

»Hör zu«, sagte er, »es war toll, aber jetzt mußt du gehen. Ich bin müde, und morgen geht es früh los nach New York. Außerdem wird Elisabeth bald hier sein, und ich will nicht, daß sie mich so sieht.« Ich machte mich ziemlich verwundert auf den Heimweg. Blier hatte recht gehabt: Gérard muß man sehen, um es glauben zu können.

Nun wollte ich Depardieu auch einmal bei der Arbeit beobachten. Sechs Monate später hielt ich mich, diesmal im Auftrag von VOGUE, eine Woche lang in Südfrankreich auf und sah mir Depardieu bei den Dreharbeiten für eine neue Blier-Komödie – ›Merci La Vie‹ – an. In zwei Jahrzehnten journalistischer Tätigkeit war ich oft an Drehorten gewesen, aber an einem solchen noch nie;

Hollywood wäre entsetzt gewesen. Blier führte Regie, Depardieu spielte und war Koproduzent – ein Low-Budget-Projekt in geradezu familiärem Rahmen mit ein paar Schauspielern und Technikern, deren Arbeits- und Spielweise eher mit einer Gruppe umherziehender Zigeuner vergleichbar war als mit irgendeinem der Hollywoodteams, die ich jemals gesehen hatte.
Aber auch in der Wertsetzung unterschied sich diese Produktion gewaltig von Hollywood. ›Merci La Vie‹ war alles andere als ein kommerzieller Film. Blier versuchte, die Aids-Problematik in eine allgemeine Reflexion über die menschliche Natur und deren periodisch wiederkehrende Katastrophen – in diesem Fall der Nationalsozialismus – einzufügen. ›Zu schön für dich‹ war sowohl bei der Kritik als auch in finanzieller Hinsicht ein Erfolg gewesen, so daß Blier nun die Freiheit hatte, ein gewisses Risiko einzugehen. Sollte ›Merci La Vie‹ bei Publikum und Kritik nicht ankommen – *tant pis*, schade. Blier wollte jetzt experimentieren, seinen künstlerischen Rahmen erweitern und sich mit der Tragödie Aids auseinandersetzen. In seinem Fall galt nicht nur »Small is beautiful«, sondern auch: je geringer der Aufwand, um so größer die künstlerische Freiheit. Das Gesamtbudget belief sich auf etwa vier Millionen Dollar – so viel, wie Hollywood schon einem einzigen Star der zweiten Garnitur zahlt – und bewegte sich damit auf einem finanziellen Niveau, bei dem keiner der Investoren sein letztes Hemd verlieren würde. Wenn der Film durchfiel, dann gewissermaßen erhobenen Hauptes und aus Gründen, die Blier für durchaus ehrenwert erachtete: hoher künstlerischer Anspruch statt Anbiederung an den Massengeschmack mit Autoverfolgungsjagden und Spezialeffekten, die – besonders den jungen – Zuschauern Nervenkitzel bieten und die Kinokassen klingeln lassen.
Depardieu selbst arbeitete praktisch für ein Butterbrot mit. Er hatte nur eine kleine Rolle – so klein, daß die meisten Hollywoodstars sie nie angenommen hätten, und so beschaffen, daß ihnen von ihren Agenten bestimmt verboten worden wäre, sie anzunehmen. Aber für Depardieu gehörte Blier zur Familie, und wenn Blier einen neuen Film drehte, dann wollte er dabeisein

und ihm etwas von seinem »Kassenmagnetismus« abgeben, egal wie unbedeutend die Rolle war. Während der Dreharbeiten erwies Depardieu sich als das krasse Gegenteil des traditionellen Hollywoodstars. Bei ihm gab es keine Egotrips, keine Wutausbrüche, da wurden keine Limousinen oder Privatlehrer angefordert. Gérard organisierte, zusammen mit Richard, seinem sorgsam ausgewählten Koch, die Mittagskantine und fungierte am Drehort als eine Art Zeremonienmeister: Er riß Witze, minderte aufkommende Spannungen und Rivalitäten und schuf genau die intime, familiäre Atmosphäre, die Blier brauchte, um von seinen Darstellern und dem Drehteam das zu bekommen, was er sich vorstellte.

Depardieu beim Spielen zu beobachten – auch wenn er nur eine kleine Rolle hat – ist, als bekomme man großes Feuerwerk zu sehen. Sobald die Kamera auf ihn gerichtet ist, explodiert er förmlich, er birst geradezu, bricht mit gänzlich unerwarteten Farben hervor. Als ich sah, wie ungezwungen er agierte, als ich seinen schieren physischen Genuß am Darstellen erlebte, dachte ich sofort an Henri-Georges Clouzots ›Mystère Picasso‹, einen Dokumentarfilm aus dem Jahr 1956. In diesem Film sieht man in Nahaufnahme, wie Picasso auf eine vor der Kamera aufgestellte Glasscheibe malt, wie er improvisiert und experimentiert. Dieser Künstler mitten in seinem überschwenglichen Schaffensprozeß ist ein wunderbarer Anblick. Man sieht nichts von der geistigen Arbeit: es ist, als wäre Picassos Hirn ausgeschaltet und nur mehr seine Augen, sein Arm und seine Hand lenkten die kreative Energie und verwandelten sie in Farbe, Bewegung und sinnlichen Ausdruck. Genauso ist es, wenn Depardieu spielt.

»Vor der Kamera darf man nie denken«, erklärte er mir. »Wenn man in diesen Augenblicken denkt, ist sofort alles aus. Dann blockiert man sich nur noch. Man muß es einfach tun.«

Während ich ihm bei seiner darstellerischen Arbeit zusah, fiel mir besonders auf, daß unter seiner rauhschaligen Gutmütigkeit offenbar ein schrecklicher Kampf in ihm tobte. Er ist ein Mensch mit stark wechselnden Stimmungen und Launen und verfügt über eine emotionale Palette, die von Schüchternheit bis hin zu

Großspurigkeit, von Naivität zu Verschlagenheit, von einer beinahe femininen Zartheit zu blindwütiger, animalischer Brutalität reicht. Und diese Stimmungen können von einer Sekunde auf die andere umschlagen. An einem seiner drehfreien Tage kam ein Team von VOGUE an den Drehort, um Fotos zu machen. Depardieu, der sich vor der Kamera so wohl fühlt, wenn er eine Rolle zu spielen hat, haßt es, für Fotos stillzusitzen und zu posieren, und regte sich kurz vor Beginn der Aufnahmen unglaublich auf. Um sich für die bevorstehende Qual zu wappnen, stopfte er sich mit Foie gras voll und schüttete kräftig Weißwein hinterher, und nach dem Fototermin tröstete er sich mit einem Steak, das für drei gereicht hätte, einem riesigen Stück Roquefort sowie zwei Flaschen jungen Rotweins von seinem Schloß. Nach dem Mittagessen verschwand das VOGUE-Team, Schauspieler und Drehteam gingen wieder an die Arbeit, und als wir beim Zwetschgenwasser angelangt waren, saßen nur mehr Depardieu und ich im Kantinenzelt. Er sprach lange über seine Frau und die Kinder, erzählte von der Zerrissenheit und den einsamen Stunden des ständigen Unterwegsseins. Plötzlich hörte er mitten im Satz auf zu reden, und über seine Wangen flossen Tränen.

Dieser Unbeständigkeit, dieser Verletzlichkeit, die von den einander bekämpfenden Extremen seiner Gefühlspalette herrühren, verdankt Depardieu seine hypnotisierende Leinwandpräsenz. Außerdem erklären diese beiden Eigenschaften meiner Meinung nach, wie es ihm gelingen konnte, eine so starke Bindung zwischen sich und seinem Publikum herzustellen. In dem breiten Spektrum an Gefühlen, die Depardieu so offen darlegt, ist praktisch immer etwas enthalten, mit dem man sich identifizieren kann. Zu Beginn seiner Karriere fühlten sich noch viele Menschen von seinem grobschlächtigen Äußeren und den brutalen Charakteren, die er damals häufig spielte, abgestoßen. Ende der achtziger Jahre war er in Frankreich jedoch bereits zu einer Art nationalem Denkmal geworden. Depardieu ist kein Filmidol, das sich aus der Ferne bewundern läßt; er ist der bodenständige Gérard, real und menschlich wie ein verrückter Onkel oder Cousin aus der Provinz oder wie ein Schwager, der sonntagmittags zum Essen oder an Weihnachten auf Besuch kommt und dann immer den Familienclown macht. In seinem tiefsten Inneren ist Depardieu ein Jedermann, ein gutmütiger Bauer, und das spürt sein Publikum. Seine Anziehungskraft auf die französische Öffentlichkeit ist mittlerweile so stark, daß seine Fangemeinde ihn sich sogar dann ansieht, wenn er in einem miesen Film auftritt – und sei es nur, um ihn wegen seiner Misere oder seines Körperumfangs zu bemitleiden.

Depardieu giert geradezu nach solch engen, familienähnlichen Beziehungen sowohl mit seinen Schauspielerkollegen als auch mit völlig Fremden. Als ich ihn in Südfrankreich beobachtete, hatte ich oft den Eindruck, daß er wirklich jeden Mann, jede Frau, jedes Kind, ja jeden Hund und jede Katze, die ihm über den Weg liefen, mit seinem Charme verzaubern wollte und daß die Filmerei nur eine Ausweitung seines übergroßen Wunsches ist, in jedem Haus nicht nur als Gast im Speisezimmer, sondern als Familienmitglied am Küchentisch aufgenommen zu werden. Während der Arbeit an ›Merci La Vie‹ genehmigte Depardieu sich eines Nachmittags eine Drehpause und ging mit seinem Freund Jean Carmet spazieren. Die beiden schlenderten gemächlich durch ein ruhiges Gäßchen in Millau, wo die Dreharbeiten stattfanden, als Gérard plötzlich stehenblieb und in der Luft zu schnüffeln begann.

»*Schniff! Schniff!* Riechst du das, Jeannot? *Remarquable!*« Immer der Nase nach, folgte Gérard dem Duft bis zur Küche eines winzigen Hotels und klopfte ohne zu zögern an die Tür. Gleich darauf erschien eine zierliche alte Dame mit umgebundener Schürze. Beim Anblick zweier der berühmtesten Schauspieler Frankreichs begannen ihre Augen zu leuchten.

»Madame«, sprach Depardieu sofort auf sie ein, »was Sie da kochen, duftet herrlich – ich wette, es ist ein *bœuf en daube!*«

»*Ça alors! Oui, Monsieur!*« Genau, es ist ein Eintopf mit Rindfleisch und Karotten! Sofort wurden Depardieu und Carmet in Madames Küche gebeten, kosteten von ihrem Eintopf und probierten ihren kräftigen Rotwein. Dabei ließen die beiden Madame gegenüber natürlich ununterbrochen ihren Charme spielen und bereiteten

ihr ein Erlebnis, das sie bis ans Ende ihrer Tage nicht vergessen würde. Und Madame ihrerseits schenkte Depardieu ein bißchen von der Wärme und Anerkennung, die er so dringend braucht. Spontanaktionen dieser Art sind typisch für Depardieu. Wie früher die Troubadoure, ist er den größten Teils seines Lebens unterwegs, und nach einem langen Tag am Drehort, egal ob nun in Frankreich, New York oder Costa Rica, liebt er nichts mehr, als seiner Nase nachzugehen und sich mit Hilfe seines Charmes Zugang zur Küche, zum Kühlschrank oder Weinkeller eines völlig fremden Menschen zu verschaffen. Sprachliche oder kulturelle Barrieren schrecken ihn dabei keineswegs ab, sondern stimulieren seine Sinnlichkeit und Phantasie nur noch mehr. Auf einer seiner zahlreichen Reisen nach Indien war Depardieu mit seinem Freund Toscan du Plantier unterwegs. Eines Nachmittags fuhren sie von Neu-Delhi aus mit mehreren Freunden hinaus aufs Land und hielten in einem einfachen Dorf, dessen Bewohner Depardieu noch nie gesehen oder auch nur von ihm gehört hatten. Gérard stieg aus dem Wagen und war auf der Stelle im Gewirr der Hütten und Baracken verschwunden. Nachdem sie das gesamte Dorf abgesucht hatten, fanden seine Freunde ihn zwei Stunden später in einer Hütte, wo er mit einer einheimischen Familie auf dem Boden hockte und aus einer Gemeinschaftsschüssel Reis und Dhal aß. Zum größten Erstaunen seiner französischen Freunde erfreute Gérard die Familie dabei mit Geschichten, die er pantomimisch und mit lautstarken Imitationen des örtlichen Dialekts untermalte. Toscan du Plantier erzählte diese Anekdote noch Jahre später, aber Gérard empfand das alles als ganz normal: Er hatte sich sein Abendessen erspielt.
Während meines Aufenthalts in Südfrankreich kam es mir vor, als verkörperten Depardieu und Bliers Filmfamilie eine bestimmte Empfindsamkeit, einen bestimmten Geist – das, was viele Menschen mit Paris gleichsetzen, wenn sie Hemingway, Gertrude Stein oder Henry Miller lesen oder einen Degas, einen Renoir oder Toulouse-Lautrec betrachten. Wer sich auf die Suche nach diesem erhabenen künstlerischen Geist macht, könnte vom heutigen Paris ziemlich enttäuscht werden; die Stadt ist

dazu in mancher Hinsicht viel zu modern, zu geschäftig, zu teuer, zu amerikanisch. Die warme, verständnisvolle Umarmung, mit der Paris die Maler und Dichter früher an sich drückte, scheint verlorengegangen zu sein unter dem unaufhaltsamen Vormarsch eines neuen Europa, in dem nur noch die Geschäfte zählen, in dem der Camembert homogenisiert und pasteurisiert ist, in dem der Cancan zur Urgeschichte gehört und niemand sich mehr an das wahre »La Coupole« erinnern kann. Kein Wunder, daß die französische Presse Depardieu so feierte und idealisierte: Er war nicht nur Frankreichs größter Schauspieler, sondern gemahnte auch an glorreichere Zeiten, als es in Montmartre und Montparnasse vor Malern, Dichtern, Schauspielern und Musikern wimmelte und die Maler und Schriftsteller der ganzen Welt Anregungen und Inspiration für ihr Schaffen immer als erstes in Paris suchten.

Während meines Besuchs in Südfrankreich wurde die Idee, ein Buch über Depardieu zu schreiben, für mich immer unwiderstehlicher – vorausgesetzt natürlich, daß er bereit war, mir dabei zu helfen. Und so brachte ich eines Abends, als wir kurz vor dem Essen noch an der Hotelbar saßen und einen Wein probierten, das Thema ganz vorsichtig zur Sprache. Ich wußte, daß er ein reizendes kleines Erinnerungsbuch geschrieben hatte, *Lettres Volées (Gestohlene Briefe)*, und fragte ihn nun: »Warum hast du dich nie zur Mitarbeit an einem großen Porträt, einer richtigen Biographie bereit erklärt?«

»In der Sache sind schon seit Jahren mehrere Schreiber hinter mir her«, sagte er.

»Aber?«

»Aber die Chemie zwischen denen und mir hat nie gestimmt. Warum fragst du?«

»Ach, ich weiß nicht«, antwortete ich, »ich nehme ja nicht an, daß du...«

Jetzt rückte Depardieu näher an mich heran, bis wir einander Auge in Auge gegenübersaßen, als wollte er mir mitten ins Herz schauen. Dann schnellte plötzlich seine Pranke vor, und er rief: *»Avec toi, oui!«*

»Aber ich bräuchte deine uneingeschränkte Mithilfe, Gérard!«
»*Si, si.*«
Ich hob abwehrend die Hand. »Ich bräuchte zwar deine Hilfe, Gérard, aber geschrieben würde das Buch letztlich aus *meiner* Perspektive. Reinreden lasse ich mir nicht.« Ich erklärte ihm auch, daß es ganz mein Buch wäre und er nicht einen Centime erhalten würde.
»*D'accord. Absolument.*«
Wir besiegelten das Ganze mit einem Handschlag und stießen auf unseren »Vertrag« an. Depardieu hatte bestimmt nicht die leiseste Ahnung, auf was er sich da eingelassen hatte – ich allerdings auch nicht. Im Verlauf der nächsten drei Jahre verfolgte ich seine Lebensgeschichte zurück bis in die tiefste französische Provinz und reiste ihm nach Frankreich, Amerika, Spanien und Costa Rica nach, um ihn immer wieder über sein Leben zu befragen und seine ungewöhnliche Einstellung zur Schauspielkunst besser kennenzulernen. Jeder andere Mensch wäre unter einem derart prüfenden Blick wahrscheinlich ausgerastet, aber Depardieu führte mich mit unglaublicher Geduld und Großzügigkeit mitten ins Herz seiner Kreativität und in die innersten Zirkel seiner großen Filmfamilie.
Während meiner Reisen und Befragungen konnte ich feststellen, daß die meisten seiner Freunde von ihm fasziniert sind; die Bilder, zu denen sie greifen, um ihn zu beschreiben, sind intensiv und immer wieder überraschend. Catherine Deneuve sieht ihn als einen Löwen im Käfig – mit Löwenschnauze und Löweninstinkten. Die französische Schauspielerin Fanny Ardant vergleicht ihn mit einer Eiche. Der Australier Peter Weir erkennt in ihm einen Aborigine mit magischen Fähigkeiten. Der französische Regisseur und Cartoonist Gérard Lauzier denkt im Zusammenhang mit Depardieu an einen mittelalterlichen Magier. Blier und andere Regisseure, die Rollen für Depardieu schreiben, stellen ihn oft als einen Schelm dar, als einen Verwandten des Tricksters, einer Gestalt aus dem alten Volksgut, die Eingang in die psychologische Archetypenlehre von C. G. Jung fand. Toscan du Plantier hält Depardieu ganz einfach für den größten Schauspieler des

zwanzigsten Jahrhunderts, und der Produzent Jean-Louis Livi zögert zwar, das Wort in den Mund zu nehmen, glaubt aber, daß es in Depardieus Fall tatsächlich anwendbar ist: Genie.

Ich selbst sehe in jeder dieser Charakterisierungen einen wahren Kern; sie alle erfassen jedoch bei weitem nicht den ganzen Reichtum von Depardieus erstaunlicher Lebensgeschichte. Er kam in einer vom Krieg und der deutschen Besatzung geschundenen Stadt zur Welt und wurde in eine von Armut, Alkohol und Traumen zerrüttete Familie hineingeboren. Daheim lernte Gérard nur ein seltsames Kauderwelsch sprechen und hatte seine ganze Kindheit hindurch mit vielfältigen, sehr demütigenden Sprechschwierigkeiten zu kämpfen. Seine Mutter befürchtete oft, er könnte schwachsinnig sein. Die Schule war ein Martyrium für ihn; mit elf schwänzte er praktisch ein ganzes Schuljahr, mit dreizehn verließ er die Schule und begann eine Druckerlehre. Schon im Alter von fünfzehn Jahren führte er ein Leben, das aus wilden Vergnügungen, ziellosem Dahintreiben und Kleinkriminalität bestand. Viele seiner Jugendfreunde landeten im Gefängnis, wurden Alkoholiker oder sind bereits tot.

Wie hatte Depardieu es geschafft, einem ähnlichen Schicksal zu entrinnen? Wie gelang es ihm, trotz solcher Kindheit und Jugend einer der größten Schauspieler der Welt zu werden? Und wie wurde aus einem Jungen mit schweren Sprachstörungen Cyrano de Bergerac, der Dichter-Krieger, der das Duellieren und Buhlen unter Einsatz alexandrinischer Verse betrieb, die ihm von den Lippen troffen wie Honig von einem Löffel? Diese Fragen lassen sich mit Depardieus harter Arbeit und seiner enormen Begabung beantworten, aber auch damit, daß er drei außergewöhnliche Menschen traf, die wie geschaffen waren, ihm die Hilfe zu gewähren, die er so dringend brauchte: ein Schauspiellehrer, ein auf Sprachstörungen spezialisierter Arzt sowie die Schauspielerin und Psychologin Elisabeth Guignot, die Gérards Ehefrau, Mutter seiner beiden Kinder und der ruhende Pol im Zentrum seines stürmischen Lebens wurde. Mit immenser Geduld und großer Weisheit holten diese drei Mentoren einen zur Artikulation fast unfähigen Jungen aus der Provinz und brachten seine verborgene Sprach- und Ausdruckskraft zur Entfaltung. Sie bewirkten sein phänomenales künstlerisches und kreatives Erwachen, das die ganze Welt miterleben konnte.

»Warum ich Schauspieler geworden bin?« sagte Depardieu einmal während eines unserer zahllosen Gespräche. »Weil ich in mir immer einen Drang, einen schrecklichen Drang nach Kommunikation hatte. Als Kind konnte ich nicht sprechen. Ich mußte ans Theater, um die Sprache zu erlernen. Vielleicht ist das Spielen für mich die Kindheit, die ich nie hatte. Vielleicht verleiht das Spielen mir die Flügel, die ich brauche, um hinauf ins Licht zu fliegen.«

EINS

ON THE ROAD

Beim Kochen mit Jean Bardet, einem der besten Köche von Châteauroux (1979)

1 Der Appetit

Heute vormittag hat Depardieu sich auf die Suche nach einem Huhn gemacht. Seine Hand liegt auf dem Lenkrad des geliehenen Citroën, sein Blick ruht auf der Landstraße vor ihm, die in nördlicher Richtung aus Frankreich hinausführt, aber seine Gedanken kreisen um das Huhn.

»Die meisten Hühner hier in der Gegend schmecken nach nichts«, erklärt er. »Es ist schon genauso schlimm wie in New York, noch schlimmer sogar. Aber ich habe da eine Metzgerei in Belgien gefunden. Na, du wirst ja selbst sehen.«

Für viele Menschen bedeutet der Kauf eines Huhns eine lästige Besorgung, die man möglichst rasch hinter sich bringt. Für Depardieu dagegen ist er eine sehr ernste Angelegenheit, eine Herausforderung, bei der man Verstand und Geschmack beweisen muß, und diese Expedition nach Belgien plant er nun schon seit dem gestrigen Frühstück. Seit gestern morgen also ist er damit beschäftigt, eine Vorstellung davon zu gewinnen, wie dieses eine Huhn, das er zum heutigen Mittagessen für uns kochen will, schmecken soll: Ein kräftiges, frisches Huhn muß es sein, das auf einem Bauernhof aufwuchs, vorzugsweise auf einem kleinen Familienhof, wo dem Futter niemals chemische Zusätze beigefügt werden und das Geflügel nicht in Käfigen gehalten wird, sondern frei herumlaufen darf.

Depardieu lenkte den Wagen an einem unbesetzten Grenzhäuschen vorbei, und wenige Minuten später waren wir in einem hübschen kleinen belgischen Dorf mit Steinhäusern, säuberlich gefegten Gehsteigen und einem von Blumenläden, Bäckereien und netten Cafés gesäumten Dorfplatz. Wenn – zweimal in der Woche – Markttag ist, füllt sich der Platz mit Bauern aus der Umgebung, die Obst, Gemüse, selbstgemachte Würste, Käse und Landbrot verkaufen. Heute wurde allerdings kein Markt abgehalten, und der Platz wirkte an diesem kalten, feuchten Dezembervormittag ein wenig trist. Depardieu fuhr daran vorbei und folgte den Gäßchen, die in den hinteren Teil des Ortes führten. Bei einer alten Steinkirche bog er in eine stille Seitenstraße und stellte den Wagen in einer Parklücke ab.

»Le voilà.«

Auf der anderen Straßenseite befand sich eine Metzgerei – keine schicke *boucherie*, wie man sie in Paris findet, wo Kaninchen und Fasane, manchmal sogar ein Rebhuhn elegant in der Auslage plaziert sind, sondern ein Dorfladen mit schlichter Schaufensterdekoration und sehr sauberen Scheiben. Hinter der Verkaufstheke stand eine zierliche Frau über den Hackblock gebeugt. Sie war allein.

»Bonjour, Madame la bouchère!«

Madame Metzgerin, eine gesetzte Witwe, blickte an diesem Tag ein bißchen düster drein, aber beim Klang dieser so vertraut dröhnenden Stimme hellte sich ihre Miene auf. »Ah, Monsieur Depardieu! Das freut mich aber, Sie wiederzusehen!«

»Vous allez bien, Madame?« Minister der Staatsregierung redet er oft mit *tu* an, aber Madame la Bouchère gebührte ein äußerst respektvolles *vous.*

»Ja, es geht mir gut, Monsieur Depardieu. Muß ja. Und Ihnen?«

»Bißchen müde bin ich, ehrlich gesagt. Aber eines von Ihren Freilandhühnern wird mich sofort wieder aufrichten.«

»Was immer Sie wünschen, Monsieur Depardieu. Sie wissen ja, wo sie liegen.«

In Madames Schaufenster lagen sechs kräftige Hühner säuberlich nebeneinander aufgereiht, und Depardieu warf mehr als nur einen Blick aus den Augenwinkeln auf sie: Bei jedem einzelnen prüfte er mit den Fingern das Fleisch. Berührung ist etwas sehr Wichtiges für Depardieu. Seiner Familie gegenüber, bei guten Freunden oder wenn er die kleinen Rodin-Skulpturen bewundert, die er sich kaufte, nachdem er den Bildhauer in ›Camille Claudel‹ dargestellt hatte – Depardieu will immer anfassen, sucht ständig Körperkontakt, selbst wenn es sich um ein Huhn handelt. Mit seinen Riesenpranken, die ohnehin an Metzgerhände erinnern und die er auch ebenso fachkundig einsetzt, prüfte er nun Frische, Qualität und Gewicht jedes einzelnen Huhns. Aber keines war ihm gut genug.

»Madame, die sind nicht von diesem Bauern im Norden!«

»Ah, non, Monsieur! Die sind erst heute früh geliefert worden. Kommen Sie!«

Und schon hockten Madame la Bouchère und Depardieu Knie an Knie mitten im Kühlraum und durchsuchten fachkundig die mit frisch geschlachteten Hühnern gefüllten Kisten. Ein wahrhaft faszinierender Anblick: die Metzgerin und einer der größten Schauspieler der Welt in der Hocke inmitten von Bergen rohen Fleisches, bis zu den Ellbogen in toten Hühnern auf der ernsthaften, ja leidenschaftlichen Suche nach dem allerbesten Huhn, das im Norden Frankreichs und im Süden Belgiens zu bekommen war. Man konnte den beiden ihre Freude ansehen, als Depardieu wenige Minuten später das von beiden erwählte Tier fast zärtlich am Hals packte und aus dem Kühlraum trat.

»Wollen Sie, daß ich es Ihnen ausnehme wie immer, Monsieur Depardieu? Leber und Magen extra?«

»Oui, Madame. Und geben Sie bitte ein paar Thymianzweige hinein.«

»Oui, Monsieur.«

Während Madame la Bouchère das Huhn ausnahm, trat Depardieu bereits in die nächste Phase seiner kulinarischen Expedition: Chicorée. Auch in dem Laden auf der anderen Straßenseite wurde er nicht als Star oder wichtiger Kunde, sondern wie ein freundlicher Nachbar begrüßt. Es war der Dezember des Jahres 1992; Depardieu hielt sich zu diesem Zeitpunkt wegen der Dreharbeiten für Claude Berris ›Germinal‹ schon seit drei Monaten in der Gegend auf und wußte nicht nur, wo man die besten Hühner, das beste Fleisch und Gemüse bekam, sondern war dort fast schon heimisch und zählte praktisch zur Dorfgemeinschaft. Die Belgier sind stolz auf ihren Chicorée – ebenso stolz wie auf ihre *moules frites* (Muscheln und Pommes frites), und im Schaufenster dieses Ladens lag ein herrlich anzusehendes Bündel Chicorée. Nach eingehender Prüfung zeigte sich Depardieu jedoch unverhohlen enttäuscht.

»Sehen Sie mal unten nach, Monsieur Depardieu«, forderte die Ladenbesitzerin ihn auf.

Unter der Verkaufstheke standen große Holzkisten. Sofort verschwand Depardieus Kopf in einer von ihnen. Er stöberte darin herum und hielt schließlich den frischesten, zartesten Chicorée in der Hand, den er hatte finden können. Als nächstes war Fenchel an der Reihe, und wieder verkroch er sich fast in einer der Holzkisten. Nun weiß jeder, der schon einmal in Paris eingekauft hat, daß Gemüsehändler normalerweise einen Tobsuchtsanfall bekommen, wenn der Kunde eine Tomate oder eine Paprikaschote auch nur mit dem kleinen Finger berührt. Nur der Verkäufer selbst darf die Ware anfassen. Depardieu aber hatte hier überall freien Zugriff. Jetzt tauchte seine Schnüffelnase gerade aus einer Kiste mit frischen Knoblauchknollen auf.

»Ein bißchen Käse, Monsieur Depardieu?«

»Ein Stück Gruyère, bitte. Aber vom französischen! Der aus der Schweiz ist zu salzig.«

Ein Grund, warum er tun kann, was er will, und zwar meist, ohne Konsequenzen befürchten zu müssen, ist natürlich die Tatsache, daß er Gérard Depardieu ist, *artiste extraordinaire*, das prominenteste kulturelle Symbol und der bekannteste Exportartikel Frankreichs. Für Madame Metzgerin und Madame Gemüsehändlerin ist das allerdings ein bißchen zu abstrakt; sie sehen und spüren einen Mann, der seine Hand auf ihre Hühner legt und seinen Kopf in ihre Gemüsekisten steckt – ganz real und greifbar. Ja, er ist berühmt, aber der wahre Grund, weshalb sie so auf ihn eingehen und ihn in ihren Läden nach freiem Willen schalten und walten lassen, ist nicht, daß er ein Star ist, sondern daß er *kein* Star ist. Gleich hier in ihren Geschäften können sie sehen, daß er ein Mensch ohne Allüren und Anmaßung ist. Depardieu besitzt genug Geld, um für die Zubereitung seines Essens Chefköche und für den Lebensmitteleinkauf Küchenhilfen anstellen zu können.

Aber an einem solchen freien Tag erledigt er Einkauf und Zubereitung selbst und beweist dabei genau den Geschmack und das Wissen, die solche Frauen bewundern. Durch das Essen bleibt Depardieu dem Boden und seinen bäuerischen Wurzeln verhaftet, und wenn er sich mit den Dorfbewohnern unterhält, bilden das Essen und das Kochen die gemeinsame Ebene, die gemeinsame Sprache, ja sogar die gemeinsamen Werte.

»Darf es noch etwas sein, Monsieur Depardieu?«

»Das ist alles für heute, Madame.«

Depardieu trug den Chicorée und den Fenchel hinaus und holte dann das Huhn ab. Allerdings war er mit dem Thymian der Metzgerin nicht zufrieden und suchte deshalb noch einen dritten Laden auf, in dem es Thymian gab, der so duftete, wie er es wollte. Als nächstes ging er in ein Café, in dem Zeitungen verkauft wurden, und erstand einen ganzen Stapel Pariser Blätter vom Tage. Nachdem er alles erledigt hatte, fuhr er zurück nach Frankreich zu dem Schloß, wo er während der langen Dreharbeiten für ›Germinal‹ mit seiner Filmfamilie wohnte.

Dieses abgelegene Château wurde durch ein Eisentor und einen dichten Wald abgeschirmt. Das Gebäude selbst war eine architektonische Monstrosität aus dem siebzehnten Jahrhundert, einst wohl ein Juwel des französischen Adels, das jetzt aber nur mehr von einem Hausmeister bewohnt wurde und so düster wirkte, daß man es für ein Spukschloß halten konnte. Depardieu und seine Freunde, die dort nicht wohnen wollten, hatten sich im Schatten des Schlosses in einem Kutschenhaus neben den leeren Ställen eingerichtet. Das Kutschenhaus war warm und gemütlich, geradezu ideal für die familiäre Intimität, die Depardieu so schätzt, wenn er nicht zu Hause sein kann.

Da Depardieu sich dort mit fünf Freunden aus der Darstellerriege und dem Drehteam von ›Germinal‹ häuslich niedergelassen hatte, war das Kutschenhaus eine rein männliche Bastion, vergleichbar mit dem Haus einer Studentenschaft. Den Mittelpunkt bildete die Küche. Sofort nach seiner Rückkehr nahm Depardieu ein Schälmesser zur Hand und setzte sich an den Küchentisch. Er zerteilte die Knoblauchknolle, schälte die Zehen und schob sie geschickt in das Hühnerfleisch. Schnell noch ein paar Thymianzweige über die Brust verteilt, schon war das Huhn im Ofen. Auf dem Tisch standen Chicorée und Fenchelsalat und eine Flasche jungen Weißweins von Depardieus Schloß an der Loire.

Wenn es um Wein geht, ist Depardieu noch engagierter und anspruchsvoller als bei Hähnchen. Im Napa Valley und Sonoma County in Kalifornien leben viele reiche und berühmte Leute, die sich Weingüter angeschafft haben – sei es aus Prestigegründen, sei es, weil ihr Name auf den Etiketten ihnen ein Stück Unsterblichkeit verleiht. Als Depardieu sich 1988 eine Weinkellerei kaufte, geschah dies aus zwei Gründen: Er wollte sein Wissen über die Weinherstellung vertiefen und sich einen großen Vorrat an Weinen anlegen, die er gerne, vor allem mit Freunden, trinkt. Seine Weine sind leicht und naturrein; nach dem Auspressen der Trauben gärt der Saft mitsamt der Schale und dem Fruchtfleisch ungewöhnlich lange, um an geschmacklicher Fülle zu gewinnen. Depardieu verwendet keinerlei chemische Zusätze und chaptalisiert auch nicht, das heißt, er fügt niemals während der Gärung Zucker hinzu, um den natürlichen Alkoholgehalt des Traubensaftes zu erhöhen.

Um ein Uhr mittags saßen Depardieu und eine kleine Gruppe von Freunden fröhlich um den Küchentisch und taten sich an Huhn und Wein gütlich. Und je mehr seine Freunde aßen und tranken, um so glücklicher wurde Depardieu. Denn für ihn ist ein Hähnchen nicht einfach nur ein Hähnchen und eine Flasche Wein nicht einfach nur eine Flasche Wein; für ihn sind ein köstliches Hähnchen und ein köstlicher Wein grundlegende kulinarische Genüsse, Lebensgenüsse. Ein gutes, ordentlich zubereitetes Huhn und ein guter, naturreiner, ordentlich gekelterter Wein sind für ihn ganz persönliche Ausdrucksmöglichkeiten; sie sind Kommunikationsmittel, unabdingbar für jede Form von Geselligkeit – genau wie die Schauspielerei. »Was ist denn ein Schauspieler?« sagt Depardieu. »Einer, der seinen Freunden eine große Schüssel mit dem feinsten Obst und Gemüse aus seinem Garten offeriert, damit sie die Früchte seiner Arbeit mit ihm teilen, die Früchte des Talents und der Inspiration, die er in seine Kunst einbringt.«

Wenn man Depardieus einzigartige Auffassung vom Schauspielern verstehen will, muß man genau dort, an jenem Küchentisch, beginnen. Dort fließen die verschiedenen Künste – Kochen, Weinkeltern, Schauspielerei – auf ganz natürliche Weise ineinander und ebenso ihre Werte, Methoden und ihr Geist. In Gérards Augen sind das Kochen, das Weinkeltern und das Schauspielern eng miteinander verwandte Fertigkeiten, die sich alle gleichermaßen zu Kunstformen und Sinnesfesten steigern lassen können – vorausgesetzt, es wird genug Leidenschaft, Sachverstand, »Gespür« und Geistesarbeit darauf verwendet. Und bei jeder dieser drei Unternehmungen ergötzt Gérard sich am Entstehungsprozeß genauso wie am Endprodukt. Aus der Zubereitung eines Huhns macht er ein Abenteuer, das Herstellen von Wein wird bei ihm eine verzehrende Leidenschaft, und wenn er Filme dreht, will er, daß jeder Drehtag wie eines der langen, opulenten sonntäglichen Mittagessen verläuft, die die Franzosen so lieben.

»Mein Gott, was habe ich in New York gelitten!« hört man Depardieu oft klagen. Während der Dreharbeiten für ›Green Card‹ in New York wohnte er in einem Hotel an der Upper East Side und zog, wenn er essen wollte, von Restaurant zu Restaurant, fand aber kein einziges Mal ein Hähnchen, das den frischen Geschmack eines Bauernhofhuhns hatte, nach dem er so gierte. »Den Köchen sagte ich immer: ›Nennen Sie mir einen einzigen Bauern, der freilaufende Hühner hält – ich fahre sofort hin und töte das Tier eigenhändig.‹« Ganze Tage verbrachte er mit der Suche nach *fromage de tête* – Kopfkäse –, einer seiner französischen Lieblingsspezialitäten. Schließlich stieß er in einem kleinen französischen Restaurant auf eine akzeptable Abart dieser Köstlichkeit. Am meisten allerdings störte ihn während der Dreharbeiten für ›Green Card‹, daß seine amerikanischen Kollegen und die Leute vom Team sich nie zum Essen gemeinsam an einen Tisch setzten. Die Amerikaner aßen Sandwiches oder Salate oder Joghurt, und zwar hastig und meistens jeder für sich; die familiäre Atmosphäre, die Kameradschaft, die Depardieu am Drehort so sehr braucht, entstand fast nie.

»Das Schauspielern hängt für mich sehr stark mit Geselligkeit

zusammen«, erklärt er, »und gesellig sein läßt es sich am besten an einem Tisch, der mit gutem Essen beladen ist.«
Von Filmkritikern wird Depardieu häufig als der geborene Schauspieler bezeichnet, eine »Naturgewalt«, die allein ihren Instinkten folgt. In Wirklichkeit ging er jedoch durch eine harte Lehre bei einem der führenden Schauspiellehrer in Paris. Seine Ausbildung konzentrierte sich vor allem auf das klassische französische Theater. Dies war die Quelle, aus der Depardieu seinen eigenen, ganz persönlichen Stil entwickelte. Während sich heutzutage viele Schauspieler seelisch quälen, indem sie eigene emotionale Schwierigkeiten aus der Vergangenheit hervorholen und vor der Kamera zum Ausdruck bringen, legt Depardieu weit mehr Gewicht auf Freude und Genuß. Seine ganze Philosophie des Schauspielerns kann er in ein einziges Wort fassen, das aus dem Bereich der Tafelfreuden stammt: *bien-être*. Wohlbefinden.
Was ist *bien-être*? »Ein gewisses Gefühl der Fülle«, erklärt Depardieu. »*Bien-être* ist das Glück und die *joie de vivre*, die Lebensfreude, die mich beim Spielen und im Zusammensein mit anderen Schauspielern und Filmschaffenden erfüllen. In meinem Publikum versuche ich das gleiche Gefühl der Fülle und des Wohlbefindens hervorzurufen.«
Depardieus Schauspielmethode ähnelt in mancher Hinsicht seiner Art, zu kochen oder Wein herzustellen. So wie er seine eigenen Trauben anbaut, um seinen eigenen Wein machen zu können, liegt ihm daran, seine eigenen Drehbücher und Projekte in der Form »anzubauen«, daß er sich mit einer Familie von Autoren, Regisseuren, Agenten und Produzenten umgibt, die ganz auf ihn hin konzipierte Filmprojekte entwickeln. »Gute Drehbücher schießen nicht einfach aus dem Boden«, sagt er. »Man muß sie hegen und pflegen.« Wenn Depardieu *Le Hold-Up* durchzieht und für einen Autor die Muse spielt, ist es wirklich ein bißchen so, als würde er Feldarbeit verrichten, den Boden pflügen und dem Autor und seinem Drehbuch Sauerstoff, Nährstoffe und Sonnenlicht zuführen.
Beim Schauspielern ist Depardieus Appetit ebenso monströs wie beim Essen und beim Wein; man könnte diesen Appetit beinahe

als bulimisch bezeichnen. Das heutige Mittagessen mit Huhn, Salat und Wein war in seinen Augen ein ausgesprochen leichtes Mahl, gerade recht für einen freien Tag. Um sich aber für einen Arbeitstag vor der Kamera zu stärken, vertilgt er mittags meist ein Steak – halbroh und groß genug für zwei Personen –, dazu Salat, danach Käse. Und jede Menge Rotwein. Wenn es kalt ist, was in dieser Woche der Fall war, genehmigt er sich vielleicht noch eine Schüssel Eis oder ein Stück selbstgebackenen Obstkuchen. Zum Abendessen ist er dann bereits wieder völlig ausgehungert. Die gleiche Lust, mit der er ißt, spricht auch aus seiner Arbeitsweise: Es macht ihm nichts aus, vierzehn, sechzehn, achtzehn Stunden am Tag vor der Kamera zu stehen, und er ist nur dann zufrieden, wenn er drei, vier oder gar fünf Filme pro Jahr dreht und gleichzeitig ebenso viele, in jeweils unterschiedlichen Entwicklungsstadien befindliche, vorbereitet.

Dieses mörderische Tempo hält er nun schon seit 1970 durch, und seine Ausbeute von über achtzig Filmen läßt auf eine Schaffenskraft schließen, die ebenso intensiv und anhaltend ist wie die Picassos. Und genauso anarchisch. Gérard wird von seiner Arbeit so in Beschlag genommen, daß er die Hälfte seines bisherigen Erwachsenenlebens unterwegs verbrachte; er schläft in Hotelzimmern, ißt in Restaurants und teilt seine Tage und Nächte mit umherreisenden Filmfamilien. Für seine Frau Elisabeth und die beiden Kinder ist diese Lebensform sehr anstrengend. Auch auf Depardieu selbst, so robust er ist, übt das vorgelegte Tempo enormen Streß aus. Während der Dreharbeiten für ›Germinal‹ stieg sein Gewicht auf 260 Pfund, sein Herz raste mit 110 Schlägen pro Minute – ein gefährlich hoher Puls. Heute brach Depardieu nach dem Hähnchen und dem Wein vor Erschöpfung einfach zusammen und machte ein zweistündiges Nickerchen. Trotz des unglaublichen Drucks ist er nicht bereit oder nicht in der Lage, eine langsamere Gangart einzulegen oder auch nur einmal innezuhalten und richtig Luft zu holen. »Weniger arbeiten? Das wäre mir zu deprimierend. Sich Zeit nehmen zum Nachdenken? Wieso denn? Ich kann am besten nachdenken, wenn ich arbeite.«

Wenn man ihn so beobachtet, wie er von Film zu Film hetzt, von

Rolle zu Rolle, von einem Land ins nächste, wird einem ziemlich schnell klar, daß Depardieu die Schauspielerei weder als Job noch als Beruf betrachtet, sondern daß sie für ihn Nahrung ist, Essen, ein fast permanentes Bedürfnis und Verlangen. Wovon wird dieses Verlangen getrieben? Von der Gier nach Geld, Ruhm, Filmpreisen? Nein. Für Depardieu sind das willkommene Belohnungen, niemals aber der eigentliche Grund. Was ihn treibt, ist weit komplexer und weit schwieriger zu stillen, wie man oft an seiner Rollenwahl erkennen kann.

»Ich suche Projekte nicht nach dem Gesichtspunkt aus, wie erfolgreich sie an der Kinokasse werden könnten oder wie hoch die Gage ist«, erklärt er. »Ich wähle sie nach der Höhe des Risikos. Und weil ich mich mit dem Regisseur verstehe. Ich würde viel eher einen riskanten Film machen, der auf interessante Weise danebengeht, als zwei todsichere Streifen mit kommerziellem Anstrich.«

Wenig riskant, aber auch wenig spannend sind für Depardieu traditionelle Helden. Seine Rolle eines Rabauken in ›Les Valseuses‹ (›Die Ausgebufften‹) brachte ihm frühen Ruhm ein; von da an galt die Darstellung schwieriger Typen als seine starke Seite. Mit großem Eifer spielte er nun Versager, Gangster, Schwindler, alle möglichen sexuell provozierenden oder gestörten Männer, darunter einen Ehemann, der sich auf der Leinwand kastriert, und einen Transvestiten, der mit Minirock und Perücke in Paris auf den Strich geht. Das war seine »ausgeflippte« Phase, die zum Teil daher rührte, daß Depardieu einer neuen Schauspielergeneration angehörte, die entschlossen war, dem französischen Establishment und seinen Werten die Zunge herauszustrecken.

Ob es Depardieu kümmerte oder nicht – auf sein Image wirkten sich diese Bad-Boy-Rollen verheerend aus. Mit seinen langen Haaren und dem Gesicht, das niemals Gefahr lief, mit dem von Cary Grant verwechselt zu werden, schockierte er Frankreich genauso, wie Elvis Presley Amerika und die Beatles Großbritannien schockiert hatten. Die jungen Leute feierten ihn, während die älteren ihn geradezu verabscheuten. Für das konservative bürgerliche Frankreich war Depardieu nichts weiter als ein Widerling aus der Provinz, und was er auf der Leinwand darbot, zeigte das genaue Gegenteil des Bildes, das diese Franzosen für sich und die Welt kultivierten: das schicke Image der Kulturhauptstadt Paris, das auf ideale Weise von Catherine Deneuve verkörpert wird. Und er war alles andere als der formvollendet agierende französische Liebhaber, wie ihn Yves Montand, Charles Boyer, Louis Jourdan und der junge Maurice Chevalier so einnehmend zu porträtieren wußten. Depardieu, der tief in dieser Generationenkluft steckte, wurde jahrelang entweder angebetet oder aber verabscheut; etwas dazwischen gab es offenbar nicht. Auf beiden Seiten brachte er die Gefühle in Wallung und drang tief in die Seelen der Zuschauer ein. *»Il dérange«* hieß es oft über ihn. Er stört, er verschreckt.

In den achtziger Jahren wurde Depardieu reifer, seine Filme wurden ernsthafter, seine Reputation besser. Filme, die in der Vergangenheit spielten, egal in welchem Jahrhundert, lagen ihm jetzt besonders. Als mittelalterlicher Bauer in ›Le Retour De Martin Guerre‹ (›Die Wiederkehr des Martin Guerre‹) war er genauso glaubwürdig wie in seiner Rolle als Danton. Er überzeugte als Rodin in ›Camille Claudel‹ und nötigte vielleicht noch größere Bewunderung ab als naiver Buckliger in Claude Berris Tribut an Marcel Pagnol, ›Jean de Florette‹. Sollten an Depardieus Talent noch irgendwelche Zweifel bestanden haben, so wurden sie durch zwei in den achtziger Jahren entstandene Filme ein für allemal ausgeräumt: Truffauts ›Le Dernier Métro‹ (›Die letzte Métro‹) und Jean-Paul Rappeneaus Verfilmung des Klassikers aus dem neunzehnten Jahrhundert, ›Cyrano de Bergerac‹. ›Cyrano‹ und ›Die letzte Métro‹ brachten Depardieu Césars und Weltruhm ein, für ›Cyrano‹ erhielt er eine Oscar-Nominierung als bester Schauspieler. 1991 bekam er einen »Super César« als Frankreichs Schauspieler des Jahrzehnts – die endgültige Bestätigung seiner künstlerischen Begabung und allgemeinen Beliebtheit.

Aber all diese Auszeichnungen und seine Popularität konnten seinen gigantischen Appetit nicht befriedigen. Nachdem er Frankreich erobert hatte, nahm er sich in den neunziger Jahren als neues Ziel das riesige englischsprachige Publikum vor, zuerst mit ›Green Card‹, dann als Christoph Kolumbus in ›1492‹. Gleichzeitig weitete er sein Aktionsfeld innerhalb Frankreichs aus. Er drehte seinen ersten Film mit Jean-Luc Godard, Mitbegründer der Nouvelle Vague in den späten fünfziger und in den sechziger Jahren und nach wie vor Frankreichs eigenwilligster *auteur.* Außerdem drehte er eine romantische Komödie mit dem Titel ›Mon Père, Ce Héros‹ (›Mein Vater, der Held‹) und trat in ›Tous Les Matins Du Monde‹ (›Die siebente Saite‹) auf, einem französischen Tribut an die Barockmusik; in diesem Film gab übrigens Sohn Guillaume sein Debüt. Ende 1993 war Depardieu für fast jeden Tag der nächsten drei Jahre ausgebucht.

Die Befriedigung seines monströsen Appetits ist mehr als ein Fulltime-Job. An Drehbüchern mitarbeiten, Rollen lernen, Filme drehen, für diese Filme dann auf der ganzen Welt werben, dazu Wein anbauen, die Weinproduktion überwachen und obendrein die vielfältigen Pflichten als Ehemann, Vater und Patriarch seiner Filmfamilie erfüllen – das alles bedeutet enorme Anstrengungen. Wollte man Depardieu als einen Workaholic bezeichnen, so würde das seine alltägliche Unrast und die Vehemenz, mit denen er alles betreibt, nicht auch nur annähernd erfassen. Um diese Energie aufzubringen, ißt und trinkt Depardieu für drei, was allerdings die Belastung für ihn und seine Familie noch vergrößert. Um diesen zusätzlichen Streß loszuwerden, ißt und trinkt er noch mehr und steckt damit in einem Teufelskreis.

Seine Rastlosigkeit und die Intensität, mit der er in Haut und Kopf seiner fiktionalen Charaktere schlüpft, wirken sich zuweilen sogar schädlich auf das Bewußtsein seiner persönlichen Identität aus. Seine reale Existenz und seine fiktionalen Leben sind in seiner Psyche mittlerweile so eng miteinander verflochten, daß zwischen dem Wirklichen und dem Erfundenen nur mehr ein kleiner Grenzbereich besteht. Wo hören die Rollen auf und wo beginnt der Mensch? Manchmal weiß Depardieu es selbst nicht. Die schlimmsten Zeiten sind für ihn die Phasen zwischen zwei Filmen. Ohne ein Drehbuch, nach dem er sich richten kann, ohne fiktionale Haut, die ihn umgibt, droht er sich zu verlieren. Schon mehr als einmal hat er in der Psychoanalyse Hilfe gesucht und unterzieht sich seit 1990 einer intensiven Therapie.

»Immer wenn man aus einer Rolle wieder herausgeschlüpft ist, hängt sie einem noch eine ganze Weile nach. Bei dem Namen Danton zucke ich noch immer zusammen, und bestimmt werde ich noch jahrelang reagieren, wenn jemand den Namen Kolumbus ausspricht.«

Während der Arbeit an ›Germinal‹ quälte Depardieu diese Angst jedoch nicht. Er drehte mit einem Regisseur, bei dem er sich wohl fühlte, nämlich mit Claude Berri; er hatte eine kleine Gruppe enger Freunde um sich, allen voran Jean Carmet, und er stellte eine fiktionale Figur dar, deren persönlicher Hintergrund dem seinen ähnelte: einen Bergarbeiter aus einer Arbeiterfamilie in einer rückständigen Region Frankreichs. Obwohl die Dreharbeiten sich lange hinzogen und Berri als Regisseur einige sehr lästige Gewohnheiten an den Tag legte, war die Arbeit an ›Germinal‹ für Gérard nicht besonders anstrengend. An den Wochenenden fuhr er heim nach Bougival, und am Drehort konnte er gut essen, gut trinken und das Leben eines fröhlichen Troubadours führen. Diese optimalen Bedingungen erlaubten es ihm, vor der Kamera mit der gleichen Leidenschaft und Freude zu agieren, mit der er sich auch auf die Suche nach einem guten Freilandhuhn macht und es für seine Freunde zubereitet.

Um seine ungewöhnliche Auffassung vom Schauspielern verstehen zu können, muß man folgendes im Gedächtnis behalten: Wenn Depardieu einen Film dreht, hat er das Gefühl, ein großes Festmahl vorzubereiten, ein opulentes sonntägliches Mittagessen, das er im Kreis seiner engeren Filmfamilie und der Zuschauer einnimmt. Wichtig ist außerdem, immer daran zu denken, daß er trotz seiner klassischen Theaterausbildung die für ihn maßgeblichen Werte als Darsteller – und als Mensch – in dem begründet sieht, was er als Kind im Garten seiner Großmutter Denise lernte, als er rote Bete, Lauch, Radieschen und Schalotten zog. Er selbst faßt seine Ansichten in einem einzigen Satz zusammen.

»Im Leben wie in der Kunst, bei Hühnern wie bei Menschen suche ich immer nach den gleichen einfachen Dingen: nach Echtheit und geschmacklicher Reinheit.«

Als aufrührerischer Bergarbeiter
in Claude Berris ›Germinal‹ (1993)

2 Das Festmahl

Depardieu leidet an schwerer Telefonitis. Wählscheibentelefone, Tastenapparate, schnurlose Telefone, Autotelefone, Mobiltelefone, Flugzeugtelefone – sie alle versüßen ihm den Alltag, oft vom Morgengrauen bis weit nach Mitternacht. Sei es aus beruflichen Gründen, sei es, um den Kontakt zu Freunden und zur erweiterten Familie rund um die Welt zu pflegen – dieser Mann giert nach Kontakt, ist darauf angewiesen, permanent mit irgend jemandem in Verbindung zu sein.

Dieser Morgen, ein Montagmorgen, verlief ganz typisch. Depardieu hatte während einer ›Germinal‹-Drehpause das Wochenende daheim verbracht, war aber schon vor Tagesanbruch gestiefelt und gespornt. Er schläft meist nur einige Stunden pro Nacht und steht immer früh auf. An diesem Morgen hatte er das Bett um halb sieben verlassen, trank nun mit Elisabeth Kaffee, und wie immer begannen die beiden den Tag mit der Lektüre mehrerer Pariser Tageszeitungen. Depardieu hat eine eigene Produktionsfirma, D. D. Productions (seinem Vater zu Ehren so benannt), deren Büro ausschließlich aus seinem Kopf, seinen Telefonapparaten und seiner Schwester Hélène besteht, die alle Anrufe entgegennimmt und Gérards Termine organisiert. An diesem Tag hing Gérard wie gewöhnlich ab acht Uhr am Telefon. Die genaue Planung und reibungslose Durchführung seines Fernsprechverkehrs scheint mit Hilfe einer in seinem Gehirn eingeprägten Karte der Zeitzonen vonstatten zu gehen; wenn er Peter Weir in Sydney oder den französischen Regisseur Francis Veber in Hollywood anrufen will, weiß er, ohne erst lange nachdenken zu müssen, wie groß die Zeitdifferenz von Paris aus, oder wo er sonst gerade steckt, jeweils ist. Als er um halb zehn Uhr vormittags in großer Eile das Haus verließ, hatte er bereits ein halbes Dutzend Telefongespräche geführt.

Gérard hatte um zehn Uhr einen Termin in Paris und fuhr mit einem Chauffeur von Berris Produktionsteam in die Stadt. Die ganze Fahrt hindurch telefonierte er vom Autotelefon aus. Am Nachmittag sollte er wieder nach Nordfrankreich fahren, um eine lange Nachtszene für ›Germinal‹ zu drehen. Aber zuerst kam ein wichtiges Treffen mit Jean-Louis Livi, seinem Freund, Berater und Geschäftspartner seit über zwanzig Jahren. Livi, der Neffe von Yves Montand, war lange Zeit einer der Chefagenten und Leiter von ArtMedia, einer einflußreichen Künstleragentur. In den späten achtziger Jahren trennte Livi sich von ArtMedia, wurde unabhängiger Produzent und spezialisierte sich auf kleine, qualitativ hochstehende Filme, von denen viele ganz auf Gérard zugeschnitten sind.

Punkt zehn Uhr betrat Depardieu das Haus No. 10 in der Avenue Georges V – eine der angesehensten und einflußreichsten Adressen der französischen Filmbranche. Für Depardieu wie für Catherine Deneuve und viele andere große Stars in Frankreich ist dies sozusagen die Geschäftszentrale. Das Haus beherbergt zahlreiche Büros, hinter seiner diskreten Fassade und den Messingschildern befinden sich die Zentralen von ArtMedia, von Livi, Berri und vielen anderen wichtigen Filmschaffenden – Künstlern, Produzenten und Verleihern französischer Filme. In Hollywood würde die Ansammlung der in diesem Haus untergebrachten Filmfamilien im Aufbau eines Studios von industriellem Umfang und entsprechendem Arbeitsstil resultieren. Die hier Tätigen ziehen es dagegen vor, klein und unabhängig zu bleiben, sich ihre künstlerische Einstellung zu bewahren und Filme nicht zu machen, um die Bedürfnisse einer Industrie zu stillen, sondern aus künstlerischem Drang und kreativer Laune heraus.

Livis Gruppe heißt Film par Film. Am Standard von Hollywood gemessen, entspräche die Bürofläche dieser Firma gerade mal Kleiderschränken oder einer Toilette für leitende Angestellte.

Aber genau das gefällt Livi. Ganz oben in der Georges V, mit Blick über die Champs-Elysées, liegt das beeindruckende Firmenhauptquartier von Ciby 2000, und auf der anderen Seite der Seine befindet sich das Studio Canal Plus, zwei mächtige Produktionsgesellschaften, die mit Unmengen von Geld aus dem französischen Fernsehgeschäft in die Filmbranche eintraten. Inzwischen stellen sie Filme im Hollywoodmaßstab her und leisten sich internationale Spitzenregisseure wie Bernardo Bertolucci, David Lynch und Oliver Stone. Livi macht allerdings lieber Filme, die vom Stil und der Atmosphäre her französisch sind, und hat auf der Grundlage dieser Philosophie gewaltige kommerzielle Erfolge erzielt. Damals sorgten seine ›Tous Les Matins Du Monde‹ (›Die siebente Saite‹) in Paris und New York gerade für Sensationen.
Livi ist ein sehr präzise arbeitender, anspruchsvoller, freundlicher Mann, gebürtiger Italiener, aufgewachsen mit der Pariser Kultur. An diesem Tag trug er einen eleganten blauen Blazer mit Krawatte. Depardieu hatte sich in leichte Baumwolljeans geworfen, die hinsichtlich der Farbe an Rotweinflecken auf einem weißen Tischtuch erinnerten, sowie in ein verknittertes schwarzes Hemd. Sein Haar war verwuschelt, auf seinem Kinn sah man vereinzelte Bartstoppeln, und gegen die Dezemberkälte trug er eine Jacke aus merkwürdig aufeinandergenähten Bahnen groben Segeltuchs. In diesem Schichten-Look sah er aus wie ein in Bärenfelle gehüllter Höhlenmensch.
Obwohl die beiden aus völlig unterschiedlichen Bereichen des französischen Lebens stammen, sind Livi und Depardieu wie Brüder. Sie setzten sich nun hin, um die Fortschritte dreier Filmprojekte zu besprechen, die sie gerade in Arbeit hatten. Bei einem der Projekte handelte es sich um einen Deal mit Disney für die amerikanische Version von ›Mein Vater, der Held‹, einer köstlichen Komödie, in der Depardieu den ständig abwesenden Vater einer Tochter im Teenageralter spielt. Er macht mit ihr Ferien auf einer Insel, um sie ein bißchen besser kennenzulernen, gerät in Verwirrung und Zorn, schließlich aber in Verzückung, als er merkt, daß sie allmählich erwachsen wird und kurz vor ihren ersten sexuellen Erfahrungen steht. Dann diskutierten Livi und

Depardieu über ihr zweites Projekt, die Verfilmung von Honoré de Balzacs ›Colonel Chabert‹ mit einer wunderbaren Rolle für Depardieu: Er spielt einen jeden Rahmen sprengenden Schriftsteller, der mit seiner Genußsucht und genialischen Art an Ernest Hemingway erinnert.

Zwei Stunden später hatten Livi und Depardieu alle Scripts, Regisseure, Teams und Drehtermine durchgesprochen, und Depardieu war hungrig. Er umarmte Livi und eilte zu »Marius et Jeannette«, seinem Lieblingslokal in der Gegend, wo sich viele der im *quartier* arbeitenden Filmleute treffen. Wie üblich marschierte er schnurstracks in die Küche und begutachtete höchstpersönlich das Angebot des Tages, das heißt, er steckte seine Nase in sämtliche Kochtöpfe. Schließlich bestellte er eine Portion gebackene Babytintenfische, die er stehend im hinteren Teil der Küche aß. Wie die meisten seiner Lieblingsrestaurants verfügt auch das »Marius et Jeannette« über einen großen Vorrat an Weinen von Depardieus Schloß, und dieser kleine Snack verdiente eine Flasche von Gérards eigenem leichten Weißwein. Darauf folgte selbstverständlich ein zweiter Teller mit Babytintenfischen – sozusagen als Beilage, bis er die Flasche geleert hatte, und als Stärkung für die lange Fahrt nach Norden.

Depardieus Fahrer wartete draußen vor dem »Marius et Jeannette«. Kaum fuhren sie auf der Straße nach Norden dahin, hing Depardieu schon wieder am Telefon und informierte seinen Agenten bei ArtMedia, Bertrand de Labbey, über sein Gespräch mit Livi. Dann rief er Alain Goldman an, den jungen französischen Produzenten, der die 46 Millionen Dollar für die Finanzierung von ›1492‹ zusammengebracht hatte. In Nordamerika war der Film ein Flop gewesen, lief jedoch in Frankreich und vor allem in Lateinamerika mit einigem Erfolg; im großen und ganzen war Depardieu zwar enttäuscht, nahm aber erleichtert zur Kenntnis, daß die meisten Geldgeber ihre Investition zurückerhalten würden. Ansonsten war er in Gedanken schon längst mit seinen neuen Projekten beschäftigt. Dadurch, daß er so viele Filme auf einmal macht, kann er einen oder zwei Mißerfolge leichter auffangen. Jetzt saß er also im Auto und ging ein Exposé durch, das Veber für das Remake von ›Mon Père, Ce Héros‹ verfaßt hatte. Veber gehörte für Depardieu zur Familie. Die beiden Männer hatten zusammen bereits drei erfolgreiche Komödien gedreht: ›La Chèvre‹ (›Der Hornochse und sein Zugpferd‹), ›Les Compères‹ (›Zwei irre Spaßvögel‹) und ›Les Fugitifs‹ (›Die Flüchtigen‹), das unter dem Titel ›Three Fugitives‹ ein Remake auf englisch erfuhr, in dem Nick Nolte Depardieus Rolle spielte. Veber arbeitete gerade in Los Angeles an dem Drehbuch, und Depardieu beschloß, ihn am Nachmittag anzurufen, um ihn mal wieder mit einem kleinen *Hold-Up* zu überraschen.

Depardieus monatliche Telefonrechnung weist ihn inzwischen als die zentrale Vermittlerfigur des französischen Kinos aus. In dieser kleinen Welt der großen Egos, der einander befehdenden Clans und der schrumpfenden Marktanteile für französische Filme bestehen zwischen den Regisseuren, Produzenten und Verleihern tiefsitzende Rivalitäten. Das Messer im Rücken ist da nicht die Ausnahme, sondern die Regel. Aber Depardieu spricht mit allen. Er hat mit den meisten der führenden Regisseure Frankreichs zusammengearbeitet, und von wenigen Ausnahmen abgesehen gehören sie alle seiner erweiterten Filmfamilie an. Dazu kommt, daß die meisten Regisseure und Produzenten nichts lieber hätten als Depardieu in ihrem nächsten Film; seine Mitwirkung ist Garantie für eine problemlose Anfangsfinanzierung und den späteren Kassenerfolg. Außerdem stellt Depardieu die wichtigste Verbindung zwischen dem französischen Kino und Hollywood dar, nicht einmal Catherine Deneuve kann ihm seinen Rang auf dem amerikanischen Markt streitig machen. In den letzten zehn Jahren haben sich französische Bankiers bei der Finanzierung von Filmprojekten in Hollywood stark engagiert; wenn aber beispielsweise Jeffrey Katzenberg von Disney zum Filmfestival nach Cannes kommt, heißt der Verhandlungspartner, mit dem er zu Abend essen will, Depardieu.

Während der Fahrt nach Nordfrankreich schob Depardieu auch einen Anruf bei Claude Davy ein, der seit zehn Jahren als sein Presseagent tätig ist. Auch Davy gehört zur Familie. Sein Neffe Nicolas fungierte heute als Gérards Chauffeur. Danach rief Depardieu am Drehort von ›Germinal‹ an und sprach mit Patrick Bordier, der wohl sein engster Freund und Berater ist. Patrick nun gehört tatsächlich zur Familie – Gérards Schwester Hélène ist mit ihm verheiratet. Gérard machte Patrick damals mit Hélène bekannt, und beide stehen Gérard in vielen verschiedenen Funktionen zur Seite. Patrick hilft ihm beim Bewirtschaften des Weinguts von Château de Tigné und läßt entschlossen seinen Einfluß spielen, wenn Gérard zuviel arbeitet oder zuviel trinkt. Patrick ist aber auch ein tüchtiger Produktionsleiter und stand als solcher gerade Claude Berri für ›Germinal‹ zur Seite. Außerdem kümmerte er sich um das Kutschenhaus, in dem Gérards Filmfamilie untergebracht war. Gérard fragte Patrick am Autotelefon, um welche Uhrzeit er am Drehort sein müsse und ob Lebensmittel für die Vorratskammer des Hauses nachgekauft werden sollten. Sowohl für Patrick als auch für Gérard gilt stets das Motto »Do it yourself« – angefangen vom Seifen- und Papierhandtücherkauf bis hin zur Essensplanung und dem Kochen. Als Patrick beispielsweise am nächsten Tag vom Drehort zurückkam, kochte er allen ein ordentliches Mittagessen, das aus Steak mit Schalotten, Kartoffeln und Salat bestand.

Während der Wagen weiter Richtung Norden durch die graue, flache Landschaft um Valenciennes fuhr, betrachtete Depardieu durchs Fenster die vielen alten Fabriken und Überreste der Schwerindustrie und begann plötzlich von den französischen Bergarbeitern zu sprechen. Berris ›Germinal‹ baut auf Zolas Roman mit dem gleichen Titel auf und erzählt die Geschichte einer blutig niedergeschlagenen Bergarbeiterrevolte Ende des neunzehnten Jahrhunderts. Damals steckte das Kohlerevier in einer Krise, und nun steckte es wieder in einer. Die meisten Kohlegruben in Nordfrankreich sind inzwischen stillgelegt, und so ziemlich die einzige Arbeit, die die Kumpel und ihre Frauen finden können, ist die als Statisten in Berris Film für 300 Francs – etwa 100 Mark – pro Nacht. Im vergangenen Jahrhundert herrschten der Besitzer der Bergbaugesellschaft und seine Aufseher mit fast absoluter Macht über das Alltagsleben der Bergarbeiter, so wie jahrhundertelang die Könige über Frankreich geherrscht hatten. In Zolas Geschichte hatten die *mineurs* es nun satt, sich für Sklavenlöhne abzurackern. Als Depardieu, der im Film einen Bergarbeiter und das Oberhaupt einer armen Familie spielte, jetzt durch die öden Dörfer und verlassenen Orte der Grubengesellschaft fuhr, stieg in ihm beißende Wut hoch:

»Das ist das Frankreich, in dem ich aufgewachsen bin«, sagte er. »Alles war streng patriarchalisch und in Gesellschaftsklassen unterteilt. Meine Familie hatte es nicht leicht. In unserer Stadt waren wir Außenseiter, ja fast Unberührbare, und das blieb so die ganze De-Gaulle-Zeit hindurch. Ich haßte dieses Frankreich. Es nahm uns die Luft zum Atmen.«

Nicolas steuerte den Citroën von der Autobahn auf die kleinen Landstraßen, die zu dem Château an der belgischen Grenze führten, in dem Depardieu und seine »Familie« wohnten. Depardieu und Nicolas stellten ihr Gepäck ins Kutschenhaus, dann brachte Nicolas ihn zum Drehort, der etwa eine halbe Stunde Fahrt entfernt lag. ›Germinal‹ war eine 32-Millionen-Dollar-Produktion, eine der größten, die man in Frankreich je auf die Beine gestellt hatte: Allein eine Million Dollar hatte Berri darauf verwendet, eine riesige leere Fabrik in eine komplette unterirdische Kohlegrube umbauen zu lassen. In dieser Woche drehten der Regisseur und sein Team allerdings Außenaufnahmen vom Aufstand der Bergarbeiter; die Darsteller und das Team hausten tagsüber in einer provisorischen »Stadt«, bestehend aus Wohnwagen, Zelten und Containerbüros, die man mitten in der Landschaft aufgestellt hatte. Es regnete schon seit Tagen, und einige der großen Zelte waren eingestürzt, so daß über dem ›Germinal‹-Camp nun eine Atmosphäre lag, die in ihrer Trostlosigkeit an ein Bergarbeiterdorf im tiefsten Winter erinnerte.

Gegen fünfzehn Uhr erreichte Depardieus Wagen die Zeltstadt. Gil Noir, seit Jahren sein persönlicher Garderobier, wartete schon mit dem Kostüm in der Hand auf ihn. Zwanzig Minuten verbrachte Depardieu in der Garderobe und der Maske und kam dann als ein völlig anderer Mensch heraus. Er trug jetzt eine grobe Wollhose, eine Wollweste und eine zerrissene Wolljacke. Auf seiner Oberlippe wucherte ein struppiger Schnurrbart, Hände,

Gesicht und Hals waren ruß- und aschegeschwärzt. Auf dem Kopf saß eine alte Arbeitermütze, deren Schirm ihm so tief ins Gesicht hing, daß er zornig und bedrohlich aussah. Durch den Schnitt dieser Kleider wirkten Depardieus Schultern und sein Rumpf noch massiger. Es war auf den ersten Blick klar, daß das Leben dieses Mannes darin bestand, den Pickel zu schwingen und Kohle abzubauen.

Aber auch sein Verhalten veränderte sich nun auf subtile Weise. Während er Patrick und seine Freunde im Team begrüßte, wurde er überschwenglicher, wuchtiger – nicht auf eine fordernde Art, sondern als ob er die Leute anspornen wollte, die den ganzen Tag draußen in der Kälte verbracht hatten. Sobald Depardieu im Kostüm war, meldete sich auch sein Appetit zurück; er schnappte sich Jean Carmet, der im Film seinen Vater spielte, und ging mit ihm zu »Chez Jannick«, einem Lokal in der Nähe, in dem er während der Dreharbeiten immer aß. Es war ein ganz einfaches Landgasthaus, ein Familienbetrieb, der sich auf die herzhaften Gerichte spezialisiert hatte, die den Bergleuten schmecken. Selbstverständlich rauschte Depardieu sofort in die Küche und wurde dort mit Umarmungen und Küssen begrüßt. Hier war er kein Star, sondern der verlorene Sohn, der zu seiner Adoptivfamilie zurückgekehrt war. Das Gasthaus wurde von der Familienmutter, La Mère Michèle, geführt, einer kleinen, stämmigen, jovialen Bauersfrau, deren Brille vom Küchendampf beschlagen und deren Schürze mit Saucen- und Blutflecken übersät war. Gleich hinter ihrer Küche befanden sich mehrere wacklige Holzverschläge, in denen sie Hühner, Kaninchen und sogar ein oder zwei Truthähne hielt. Die Entfernung von den Verschlägen zum Hackblock und von dort zu ihren Kochtöpfen betrug nicht mehr als fünfzehn Meter.

Natürlich verfügte auch das »Chez Jannick« über einen reichen Vorrat an Depardieu-Weinen, und da die Sonne allmählich unterging, war es Zeit für ein, zwei Gläser jungen Gamay. Während sich Carmet und die anderen vom Wein aufwärmen ließen, schlich Depardieu zurück in die Küche, um unter vier Augen ein bißchen mit La Mère Michèle zu plaudern. Das Gesprächsthema war sehr

ernster Natur: Truthahn. Am Donnerstag zuvor, in der letzten Novemberwoche, hatte Michèle ihm einen fünfzehn Pfund schweren Truthahn verkauft, den er für seine Filmfamilie zu einem riesigen Thanksgiving-Dinner im amerikanischen Stil zubereitete – mit Füllung und sämtlichen Zutaten, auch die typische Preiselbeersauce hatte nicht gefehlt. Jetzt standen die beiden zusammen in der Küche, und der verlorene Sohn erzählte La Mère Michèle, daß er ihrem Rat bezüglich Kochzeit und Ofentemperatur gefolgt sei, die Füllung jedoch nach seinem eigenen Rezept hergestellt habe. Es war klar, daß dieser Truthahn die beiden von nun an aufs engste verbinden würde, denn nachdem Depardieu und La Mère Michèle sich angeregt über Füllungen und Saucen unterhalten hatten, trafen sich ihre Bauernhände und umschlossen einander in einer langen, stillen Geste tiefen Einverständnisses.
Als kleine Stärkung und um La Mère Michèle eine Freude zu machen, vertilgte Depardieu nun eine gewaltige Portion Lammeintopf; dann machten er und Carmet sich auf den Weg zurück zum Filmcamp. Da Berri in seinem Zeitplan zurücklag, gingen sie in den Kantinenwagen, um dort auf ihre Auftritte zu warten. Sie setzten sich an einen Tisch, und Depardieu begann, umwabert vom köstlichen Duft brutzelnder Steaks, über seine Eltern, Dédé und Lilette, zu sprechen. In Châteauroux, einer Kleinstadt im stark landwirtschaftlich geprägten Herzstück Zentralfrankreichs, arbeitete Dédé als tüchtiger Handwerker, der sich auf Walzblech spezialisiert hatte. Gérard erzählte, wie es war, wenn sein Vater von der Arbeit heimkam – daß er dann alleine aß und oft den ganzen Abend hindurch kein einziges Wort sprach und nichts tat, als gedankenverloren in seinem Sessel zu sitzen.
Dédés große Leidenschaft – neben dem Wein, dem Angeln und dem Pilzesuchen – war das Bearbeiten von Metallblech. Um in die französische Vereinigung der besten Handwerker, Les Compagnons du Tour de France, aufgenommen zu werden, verwendete er ein ganzes Jahr darauf, aus einem Stück Metall den Stiefel eines Feuerwehrmanns zu formen, wie er ihn während seiner Arbeit bei der freiwilligen Feuerwehr der Stadt trug. Der Stiefel wurde wunderschön, ein wahres Meisterwerk. Unter Dédés geschickten Hän-

den war das Metall weich und geschmeidig wie Leder geworden; unten am Schaft waren sogar Falten und kleine Furchen zu sehen. Um ihm die gebührende Bewunderung zu zollen, wurde der Stiefel viele Jahre lang im Haus der Depardieus an einem Ehrenplatz aufbewahrt. Dédés Familie erschien es, als hätte Dédé sich diesen Stiefel aus der Seele gerissen. *»Une an à heures perdues«*, sagte Dédé später immer wieder in seinem gebrochenen Französisch. Ein Jahr verlorene Zeit.

Dédé war ein Träumer, ein Dichter im Geiste. Wenn er trank, was er mit zunehmendem Alter immer mehr tat, war es, als entschwände er in weit entfernte Sphären. Wie Gérard sich jetzt wieder erinnerte, bildete Dédé sich jahrelang ein, er lebe in Spanien. Als seine Gesundheit bereits zerrüttet war und er sehr krank wurde, brachte Gérard ihn in ein Krankenhaus außerhalb von Paris, in dem viele ältere Moslems gepflegt wurden. Eines Tages besuchte er seinen Vater und fragte ihn, ob er irgend etwas brauche. Dédé äußerte nur eine einzige Bitte: Er wollte ein Paar *babouches*, die Pantoffeln mit der nach oben gebogenen Spitze, die viele Moslems tragen. »Er hatte sich offenbar nach Süden bewegt und lebte inzwischen bereits in Marokko«, sagte Depardieu, der in diesem Augenblick mit den Gedanken selbst weit weg war. Als Gérard Dédé ins Krankenhaus brachte, wußte er, daß sein Vater es nie wieder verlassen würde. »Er lag damals schon im Sterben«, erinnerte sich Gérard, »aber ich brachte es nicht übers Herz, ihm das mitzuteilen. Lilette hatte ich gesagt, daß sie bald sterben wird, aber als Dédé mich fragte, wie es um ihn steht, sagte ich nur: ›Sehr gut, sehr gut. Wir werden bald miteinander zum Angeln gehen.‹«

Als Dédé gestorben war, sah Gérard die Leiche auf einer Bahre, in einem der Krankenhausgänge. Dédés Mund stand weit offen, wie im Schock oder vor Überraschung. »Es war, als hätte er ganz am Schluß etwas gesehen«, erklärte Gérard. »Etwas so Erstaunliches, daß ihm der Mund offen stehenblieb.«

Die Erinnerungen an seinen Vater, das Aufrühren dieser sehr starken Gefühle, das Gespräch mit La Mère Michèle, das Anziehen der Wollsachen eines Bergarbeiters, das Mitleiden am Elend der Bergleute und ihrer Familien im patriarchalischen Frankreich –

durch all das hindurch war Depardieu ganz ruhig und natürlich, beinahe unbewußt, wieder in die Haut und die Gedankenwelt des Kohlearbeiters geschlüpft, den er in ›Germinal‹ spielte. In einer Art alchemistischem Prozeß hatte er sich – so wie Dédé sein Metallblech umgeformt hatte – in den Körper und die Seele des Grubenarbeiters verwandelt, den er darstellte. Zusammen mit seinem Filmvater, dem zerbrechlich wirkenden Carmet mit seinem von Ruß und Kohlestaub geschwärzten Gesicht, machte er sich nun auf zu der wichtigen nächtlichen Versammlung der Bergleute. Es handelte sich um eine Streikversammlung, gleichbedeutend mit einem Aufstand, und Gérard war bereit, sich mit all seiner Kraft und Wut der Sache der Bergarbeiter zu verschreiben – sich gegen die erbarmungslosen Grubendirektoren zu wehren und auf die grausame gesellschaftliche Hierarchie zu spucken, die seine Familie ins Elend gestürzt hatte.

»*Putain*«, fluchte er, stand auf und knöpfte sich die dicke Wolljacke zu. »Fangen wir an!«

Als Depardieu und Carmet am Drehort ankamen, war die Streikversammlung bereits in vollem Gange. An die zweihundert aufgebrachte Grubenarbeiter drängten sich mit ihren Frauen und Kindern zwischen einem tosenden Feuer und einem riesigen Kruzifix, während sie vom kalten Wind gepeitscht wurden. Durch die emporzüngelnden Flammen schimmerte der Leib Jesu in Rot-, Gelb- und Orangetönen. Unter dem Kreuz stand auf einem notdürftig zusammengezimmerten Podest der Anführer der Revolte, gespielt von Renaud, einem beliebten französischen Sänger in seiner ersten Hauptrolle. Von diesem Podest herab hielt er, die Fäuste in die Luft reckend, den Grubenarbeitern eine flammende Rede, ermutigte sie, sich zu erheben und wie Menschen zu handeln. Jetzt helfe nur noch der Streik! Carmet und Depardieu stellten sich ihm sofort zur Seite, und Gérard verkündete, daß Streikbrecher und Verräter kein Mitleid zu erwarten hätten. Er brüllte es zornig hinaus und verströmte dabei eine solche Energie und solches Pathos, daß alle Bergleute und ihre Frauen die Fäuste zu recken begannen und ihre Bereitschaft zum Streik hinausschrien.

»Schnitt!« brüllte Berri. »Nicht schlecht, nicht schlecht.«

Als die Kameras stoppten, wurde allerdings deutlich, daß die Moral der Statisten ziemlich am Boden war und sie sich über Berri ärgerten. Regisseure wie Ridley Scott, der ›1492‹ und ›Thelma & Louise‹ drehte, und Jean-Paul Rappeneau, der ›Cyrano de Bergerac‹ machte, haben eine starke visuelle Vorstellungskraft und wissen, noch bevor ihr Regieassistent »Action!« ruft – *Moteur!* auf französisch –, genau, wie eine Einstellung aussehen und verlaufen soll. Berri dagegen hat eine eher literarische Intelligenz, das heißt, er richtet seine Vorbereitungen eher auf den Text des Drehbuchs als darauf, wie eine Einstellung auf der Leinwand wirken soll. Die eigentlichen Bilder improvisiert er dann am Drehort, wobei er nach der Trial-and-Error-Methode vorgeht. Seine Kameraleute drehen ein Take, das Berri dann sofort auf zwei Videobildschirmen begutachtet, die in dem kleinen Kastenwagen, seinem Kommandozentrum am Drehort, stehen. Damit die Bilder so sind, wie er sie haben will, muß dieselbe Einstellung immer und immer wieder neu gedreht werden. Eine solch langatmige und beschwerliche Prozedur würde die meisten kostenbewußten Produzenten rasend machen. Dieses Problem umgeht Berri, indem er seine Filme selbst produziert und damit nur sich selbst verantwortlich ist. Allerdings bedeutet eine derartige Vorgehensweise eine enorme Belastung für Darsteller, Team und Statisten, besonders wenn unter freiem Himmel in Eiseskälte gedreht wird.
Depardieu spürte diese Stimmung sofort. Während der Drehpausen, wenn Berri auf seine Videobildschirme starrte, alberte Gérard mit den Jungs vom Team herum, mischte sich unter die Grubenleute, ihre Frauen und Kinder, gab Autogramme und posierte für Fotos. Depardieu geht beim Drehen nie in irgendein einsames Eckchen oder zieht sich in seinen Star-Wohnwagen zurück, um »in der Rolle zu bleiben«. Er hat das nicht nötig. Sobald er die Szene betritt, *ist* er die jeweilige Figur und geht in deren Wesen so vollkommen auf, daß er sich darüber keine Sekunde lang mehr Gedanken machen muß.
Viele große amerikanische Schauspieler verwenden Monate auf die Vorbereitung einer Rolle. Dustin Hoffman beschäftigte sich mit der Welt autistischer Kinder, um seine mit einem Oscar hono-

rierte Darstellung in ›Rain Man‹ richtig anzulegen. Während der Dreharbeiten zu ›Good Fellas‹ rief Robert De Niro sieben-, achtmal am Tag einen bestimmten New Yorker Gangster an und ließ sich von ihm Einzelheiten erzählen, um dann, quasi gestärkt, wieder vor die Kamera zu treten. Tom Cruise mußte, auf Oliver Stones Forderung hin, wochenlang ein simuliertes Rekrutenlager der US-Marine durchziehen, um die richtige Einstellung für seine Rolle als Rekrut in ›Born on the Fourth of July‹ zu bekommen.

Solche Recherchearbeit, die sich auf Äußerlichkeiten bezieht, liegt Depardieu überhaupt nicht. Er ist überzeugt, daß im Inneren seiner Figuren bereits alle Gefühle enthalten sind, die das menschliche Verhalten bewirken und beherrschen: Liebe und Haß, Eifersucht und Wut, Zärtlichkeit und Mitgefühl, Stärke und Schwäche, alles Männliche und alles Weibliche. Außerdem ist er der Meinung, daß tief in seiner Seele beziehungsweise tief in dem, was er als sein »genetisches Gedächtnis« bezeichnet, Schatten all der Figuren und Archetypen verborgen liegen, die er in seinem Leben jemals verkörpern könnte, seien sie nun gut oder böse, König oder Bettler, Mörder oder Heiliger, Dichter oder Narr. Um sich auf eine neue Rolle vorzubereiten, richtet Depardieu den Blick also nicht nach außen, sondern nach innen. Es beginnt dann immer eine Phase des Nachdenkens, der Introspektion, der gründlichen inneren Suche nach dem verborgenen Schatten des jeweiligen Archetypus. Bei wirklich schwierigen Rollen wird diese Suche zu einer Reise ins emotionale und spirituelle Unbekannte.

»Die beste Recherche ist diejenige, die in Dunkelheit und Widersprüchlichkeit beginnt«, sagt er. »Für mich kommt die Gestaltung einer Figur dem Versuch gleich, all die inneren Bereiche zu erforschen, die zu mir gehören, die ich aber noch nicht kenne oder verstehe. Nur indem ich sie lebe, kann ich sie entdecken.«

Zur Erkundung dieser inneren Bereiche braucht Depardieu eine Landkarte und Richtungsanweisungen. Beides findet er in der Vorstellung des Regisseurs beziehungsweise Drehbuchautors des jeweiligen Films. Ein gutes Drehbuch ist immer sehr wichtig für ihn. Was ›Germinal‹ betraf, so orientierte er sich an Berri und dessen Script, warf aber auch einen Blick zurück auf Zola und dessen

Roman. Jeder Schauspieler liebt starke Handlungsstränge, aber Depardieu legt bei einem Drehbuch weniger Wert auf die reine Handlung, Action oder Figurencharakterisierung als vielmehr auf Sprache und Konfliktreichtum, die für ihn Wegweiser zu seinem letzten Ziel sind: »emotionale Wahrheiten«. Denn dort, im Bereich der Gefühle, unternimmt er seine Forschungsreisen, und um darin erfolgreich sein zu können, ist er auf den richtigen Text angewiesen und darauf, daß die »Chemie« zwischen ihm und den anderen Figuren stimmt. Die Sprache ist für ihn wie eine Sonde, wie ein Ortungsgerät; der Text und der jeweilige Konflikt lassen sich mit Granaten vergleichen, die er braucht, um seine verschütteten Gefühle herauszusprengen.

Da seine eigene Vergangenheit in mancher Hinsicht sehr dem Leben von Zolas *mineur* in ›Germinal‹ ähnelte, waren Depardieus Erkundungen des Innenlebens für diese Rolle nicht besonders schwierig. In dieser Nacht *war* er ganz einfach der Bergmann, trug die Wollsachen eines Bergmanns, hatte ein rußverschmiertes Gesicht und schwarze Hände und die Wut eines Bergmanns im Herzen. Um zweiundzwanzig Uhr hatten der Wind und die Kälte sowie die ständige, durch das häufige Abdrehen der immer gleichen Einstellungen bedingte Frustration die Stimmung aller Beteiligten auf den Nullpunkt sinken lassen. Während Berri sich in seinem Kastenwagen verschanzte und auf die Videobildschirme starrte, machte Depardieu sich daran, die Atmosphäre ein bißchen aufzulockern, indem er Witze erzählte und sich vor allen anderen über einige Mitglieder des Teams lustig machte.

»François Truffaut hat mich immer als *un entremetteur* bezeichnet, als einen Menschen, der verbindet, der zwischen anderen vermittelt«, erzählt Depardieu. »Und das stimmt wirklich. Ich bringe gern Menschen zusammen und beeinflusse ihre Beziehungen untereinander.«

Um Mitternacht waren alle völlig erschöpft – alle außer Gérard. Gutgelaunt drehte er einen Take nach dem anderen, wobei es sich um eine schwierige Szene handelte, in der er einen langen, zornigen Monolog zu deklamieren hat. Er hatte ihn schon ein dutzendmal wiederholt, wirkte aber so frisch und energiegeladen wie schon den ganzen Tag über. Es war ein harter, sehr harter Tag gewesen, der bereits um halb sieben in der Früh begonnen hatte, aber Depardieu machte immer weiter, war in bester Stimmung, lachte, kasperte herum, erzählte schmutzige Witze und stöhnte jedesmal ungeniert auf, wenn Berri wieder aus seinem Wagen auftauchte und *»Moteur!«* rief. Das Schauspielern verlieh Depardieu Kraft, gab ihm Energie. Jeder konnte sehen, daß er sich pudelwohl fühlte.

»Für mich ist das nicht Arbeit, sondern der reinste Spaß«, erklärte er. »Die geistige Arbeit – das Auswendiglernen –, das ist ermüdend, eine undankbare Aufgabe. Aber am Drehort kann ich dann endlich Luft holen. Wenn ich vor eine Kamera trete, ist das die reine Freude für mich, eine Art Befreiung. Was ist denn ein Schauspieler? Jemand, der zuhört, zuhört, zuhört und zu lächeln lernt. Ich sauge sozusagen ununterbrochen Menschen, Wörter und Gefühle in mich auf. Und vor der Kamera kann ich das alles dann rauslassen. Ich versuche ja nur, den Leuten das zu zeigen, was in mir ist. Und wenn ich das, was in mir ist, gründlich genug und aufrichtig genug vermittle, bringe ich die Leute zum Lachen oder zum Weinen.«

Eine weitere Stunde verging in der Eiseskälte. Die Kameraleute drehten wieder und wieder die Ansprachen der Streikführer. Besonders frustrierend für viele der Darsteller und Teammitglieder war die Tatsache, daß Berri, wie immer, nur zwei Kameras einsetzte, und zwar ausschließlich auf zwei festgelegten Positionen. In dieser Nacht waren die Kameras auf die Streikführer gerichtet; morgen nacht würde er dann dieselbe Szene noch einmal drehen, diesmal mit zwei Kameras, die in die Gegenrichtung blickten, also auf die aufgebrachte Menschenmenge. Für die Schauspieler, die Leute vom Drehteam und die Komparsen bedeutete das Take für Take eine fast identische Wiederholung. Berris Budget hatte Hollywood-Ausmaße, aber seine Methoden wirkten altertümlich. Ein Oliver Stone oder Francis Coppola hätte dieselbe Szene mit sechs, acht Kameras gedreht und für sämtliche Weitwinkel- und Nahaufnahmen einen einzigen Drehtag, vielleicht sogar noch weniger gebraucht. Mehrere Kameras und moderne Technologie sind allerdings noch lange keine Garantie für einen qualitativ hochwertigen Film. Gute Drehbücher schon eher, und Berri, der Schöpfer so hervorragender Filme wie ›Jean de Florette‹, ›Manon des Sources‹, dachte nicht daran, seine Alte-Welt-Methoden zu ändern.

Um ein Uhr früh saß Berri immer noch in seinem Wagen, ordnete einen Take nach dem anderen an, und der offene Zorn der Bergarbeiter vermischte sich nun mit dem stillen Ärger der wirklichen Kohlekumpel, ihrer Frauen und Kinder, die sie als Statisten darstellten. Die halbe Nacht hatten sie hier in der Kälte verbracht, nun waren sie es leid. Um dreiundzwanzig Uhr war heiße Suppe aufgefahren worden, aber nur wenige hatten es geschafft, sich ein bißchen Wärme und Nahrung zu ergattern. Außerdem fühlten sie sich in Anbetracht der Bezahlung von hundert Mark für zehn Stunden Nachtarbeit ausgebeutet – genauso ausgebeutet wie die *mineurs* in Berris Drehbuch und in Zolas Roman. Trotzdem wagten sie es nicht, sich zu beschweren. Sie brauchten das Geld, um ihre Familien zu ernähren, und dort draußen gab es noch Hunderte von arbeitslosen Bergleuten, die nur darauf warteten, ihre Plätze einzunehmen, egal wieviel sie dafür bekamen. Die Bergarbeiter waren also am Drehort wie im wirklichen Leben zum Gehorsam gezwungen und völlig abhängig von der Gnade eines gleichgültigen Arbeitgebers.

Schließlich machte Berri sich daran, das zu drehen, was er als die »letzte Runde« von Nahaufnahmen der Streikführer bezeichnete. Seine Kameraleute drehten mehrere Takes, so lange, bis sich endlich eine der Aufnahmen als offenbar perfekt erwies. Alle Mitwirkenden spürten: Das war es!, und noch bevor die Kameras stoppten, ging ein erleichtertes Aufseufzen durch die Menge der Darsteller, Teamleute und Statisten – fast als fühlten sie schon, wie sie die Beine ausstrecken und den Kopf aufs Kissen legen würden.

»Schnitt! Ausgezeichnet!« rief Berri von seinem Wagen aus. »Jetzt machen wir noch einen einzigen Take, nur zur Sicherheit. Positionen einnehmen! *Moteur!*«

Noch einen? Alle stöhnten auf, und dann ertönte eine einzelne wütende Stimme und rief: *»Non! Pas de moteur!«* Es war Depardieu.

Plötzlich wurde es ganz still. *»Merde. Claude, ça suffit!«* Scheiße, jetzt reicht's wirklich!
Fauchend rauschte Depardieu durch die Kulisse. Er kochte vor Wut. Berri, dessen Augen vom stundenlangen Betrachten der Videobildschirme ganz verquollen waren, trat aus seinem Wagen und ging ihm entgegen. Dies war eine offene Infragestellung seiner Autorität und um so schwerwiegender, als Depardieu den Regisseur so gut wie nie im nachhinein kritisiert. Seiner Ansicht nach ist ein Schauspieler dazu da, die Vorstellungen eines Regisseurs zu verwirklichen, und nicht dazu, dessen Methoden anzuzweifeln. Aber jetzt war er verärgert, und Berri stand nur da, hörte sich an, was er zu sagen hatte, und wußte offenbar nicht recht, wie er darauf reagieren sollte. Er war der Regisseur und Produzent, aber Depardieu war der Hauptdarsteller und Kassenmagnet. Schließlich beendete Depardieu seine Schimpftirade, und Berri nickte in stillschweigendem Einverständnis – weniger aus Angst, mehr aus Erleichterung. Er hatte sein kreatives Ziel so blindwütig verfolgt, daß seine Wahrnehmung für alles andere getrübt worden war; für ihn hatte es nur noch den Videobildschirm und seine eigenen Vorstellungen gegeben. Jetzt wirkte er geradezu erleichtert darüber, daß ein anderer einen klareren Blick gezeigt hatte – und die Kraft besaß, etwas entgegenzusetzen.
Als sie zu der kleinen Zeltstadt zurückfuhren, um die Bergarbeiterkleidung auszuziehen und den Ruß vom Gesicht zu wischen, sagte Carmet zu Depardieu: »Gut, daß du dich eingeschaltet hast, Gérard.«
»Uuaff«, erwiderte Depardieu. *»Faut pas enculer les mouches.«* Man soll nicht versuchen, Fliegen zu ficken. Womit er sagen wollte, daß Berri zu weit gegangen war.
Depardieu und Carmet zogen sich um und fuhren zu ihrem Kutschenhaus. Als sie dort ankamen, war es bereits drei Uhr morgens. Patrick stand am Herd und machte ein Omelett mit dünnen Scheibchen schwarzer Trüffel frisch aus der Erde. Das Omelett war eines Gourmets würdig, und um es gebührend zu genießen, öffnete Gérard eine ganz besondere Flasche: Cuvée Mozart, ein wahres Juwel seines Château de Tigné.

Die nächsten zwei Stunden hindurch erbebte das Kutschenhaus, so fröhlich und gutgelaunt saß Depardieus Filmfamilie um den Küchentisch und zelebrierte das Mahl, als wäre es eines dieser opulenten Sonntagsessen. Carmet mit seinen siebzig Jahren, Patrick und Gérard, allesamt Väter eigener Söhne, drehten so richtig auf, erzählten Geschichten und machten ihre jungen Lehrlinge mit ihrem Zigeunerleben und Troubadourgeist bekannt. Sollten andere Schauspieler des Geldes und des Ruhmes wegen arbeiten – Depardieu arbeitet um der zahllosen Freuden einer solchen Nacht willen. »Reichtümer machen einen Menschen nicht reich, sie machen ihn nur arbeitsreich«, zitiert Depardieu einen seiner Lieblingsaussprüche von Kolumbus. »Ich verschwende nie einen Gedanken daran, wie ich meinen Lebensunterhalt verdienen soll. Ich denke immer nur ans Leben selbst. Auch als meine Familie sehr arm war, kam ich mir immer reich vor. Wenn ich nur ein kleines Stückchen Brot hätte, würde ich es mit Genuß essen. Ich bin ein Glückspilz: Ich bin mit einem fröhlichen Gemüt gesegnet, und diese Fröhlichkeit fließt direkt ein in das, was ich als Schauspieler mache. Was ist denn wohl die beste Schule für einen Schauspieler? Na – das Leben!«

Das Omelett war schnell verspeist, die Flasche Cuvée Mozart geleert und Depardieu, am Ende dieses Marathontages, völlig erschöpft. Elisabeth und die Kinder waren weit weg; er vermißte sie und haßte es, allein ins Bett zu gehen, wie er es jetzt würde tun müssen. Aber immerhin hatte er seine Filmfamilie um sich, Patrick hatte ein opulentes Essen auf den Gemeinschaftstisch gestellt, alle hatten sie mit gesundem Appetit, in einer warmen, familiären, geistig anregenden Atmosphäre gegessen und getrunken und gelacht. Ja, er hatte ein mörderisches, sträfliches Tempo drauf, das den meisten Menschen wahrscheinlich wie ein Anfall von Irrsinn und wie Flucht vor der Wirklichkeit erschien; manchmal hatte Depardieu ja selbst diesen Eindruck. Aber das war nun mal sein Leben, das er bis zur Neige auskostete, und jetzt hatte er seinen dämonischen Appetit endlich stillen können. Er würde sich mit einem tiefen Wohlgefühl schlafen legen – mit einem Wohlgefühl, das bei ihm nur aus dem künstlerischen Ausdruck und der Zusammenarbeit mit anderen Schauspielern und kreativen Menschen entstehen kann. Depardieu ist sich schmerzlich bewußt, daß das Schauspielern für ihn Trost, Befreiung, Freude, Ansporn ist und daß die Arbeit an einem Film ihn mit zwei essentiellen Dingen versorgt, die er sich auf keine andere Weise beschaffen kann: Poesie für sein Herz und Musik für seine Seele.

»Was hat es denn auf sich mit dem *bien-être?*« fragt er. »Daß Künstler in einer kreativen Atmosphäre zusammenkommen und jeder einzelne von der kollektiven Energie und Freude profitiert. *Bien-être* ist das ursprüngliche, vorsprachliche Gefühl von *aaaahhhhh!*«

ZWEI

CHATEAUROUX

Dédé und Lilette Depardieu
im Jahr ihrer Hochzeit (1944)

3 Das Gesetz des Schweigens

Die Straße nach Châteauroux beginnt im Süden von Paris, durchschneidet die Pariser Vorstädte und führt dann Kilometer um Kilometer schnurgerade und flach durch Ackerland und kleine Ortschaften. Auf ihrem Weg nach Süden, vorbei an Herden grasender Kühe, an leuchtendgelben Feldern und Hektar um Hektar bewirtschafteter Felder, wird klar, warum Frankreich die Nation mit der zweitgrößten Landwirtschaft der Welt ist. Und wenn die Straße sich ins Loiretal zu winden beginnt, in das Tal mit den Schlössern und gepflegten Weinbergen, wundert man sich nicht, warum es so viele Generationen von Malern und Dichtern auf der Suche nach Inspiration hierher, in Frankreichs Mitte, zog.

Im Süden des Loiretals wird die Straße wieder flach, die Landschaft spröder, und das gleiche gilt für die Dörfer und Gehöfte. Würde man von der Hauptstraße in eines der Dörfer abbiegen und dann einer der Landstraßen folgen, so würde man bestimmt auf einen wettergegerbten französischen Bauern treffen, der, eine Baguette unter dem Arm, zum Mittagessen nach Hause eilt. Er würde vielleicht einen blauen Overall und eine Baskenmütze tragen, und zwischen seinen Lippen würde eine *maïs* stecken, eine von den dicken gelben Zigaretten, die so typisch für Frankreich sind. Bauern wie dieser, die Henri Cartier-Bresson auf seinen Fotos verewigt hat, scheinen einem anderen Zeitalter anzugehören, und viele junge Franzosen hassen es, mit diesem Klischee in Zusammenhang gebracht zu werden. Aber in den abgelegeneren Teilen Zentralfrankreichs gehören solche Bauern nach wie vor ebenso zum Inventar des Landlebens wie die typischen Citroëns Deux-Chevaux und der mittägliche Pastis im Dorfcafé. Wenn Sie an einem dieser Dorfcafés anhalten, um ein belegtes Brot zu essen und ein Glas Rotwein zu trinken, könnte es gut sein, daß neben Ihnen am Tresen auch ein Bauer aus der Gegend steht, der gerade Mittagspause macht. Seine Hände, sein Gesicht und die Falten an seinem Hals sind immer braun gebrannt, und das Patois, das er spricht, werden Sie kaum verstehen, ganz egal, wie gut Ihr Pariser Französisch sein mag. Zum Mittagessen könnte sein Freund, der Wirt, ihm beispielsweise einen riesigen Kanten vom runden Landbrot hingestellt haben, des weiteren eine Flasche Rotwein, ein, zwei Scheiben Bergschinken und ein enormes Stück Cantal oder frischen Chèvre, Ziegenmilchkäse, den einer der Nachbarn selbst herstellt. Der Bauer wird Brot und Käse dann vielleicht mit einem alten Messer in kleine Stücke schneiden, dessen Holzgriff in vielen Jahren glattgeschliffen wurde, vielleicht aber auch mit seinem Laguiole, dem handgearbeiteten Messer, das viele französische Bauern immer in der Hosentasche mit sich herumtragen, einem Talisman mit einem Griff aus Bein und einer Biene, dem Markenzeichen, auf der Schneide.

Châteauroux liegt nur 260 Kilometer von Paris entfernt, eine geruhsame Dreistundenfahrt. Aber vom Eiffelturm zum Laguiole dieses Bauern zu fahren kommt einer Reise von Manhattan in den tiefsten Süden der USA gleich, die mit radikalen Veränderungen der Landschaft, der Kultur, der Mentalität und sogar der Sprache verbunden ist. Wenn man von Paris nach Châteauroux fährt, ist es wirklich so, als begäbe man sich von einer Zivilisation in eine andere. Ist man am Morgen noch in der Metropole des feinen Geschmacks, der Kultur und der Intellektualität, so gelangt man gegen Mittag in das, was die Pariser *La France Profonde* nennen, die Tiefen Frankreichs, das dunkle, zeitlose Herz der Nation, das schiere Urgestein, auf dem das Dorfleben, das Volkstum und der Aberglaube ruhen, seit Frankreich Gallien war.

Châteauroux liegt in einer Region namens Le Berry. Die Straße schlängelt sich durch Wälder und Weiden und vorbei an Weinbergen, die zwar etwas verwildert wirken, aber zu den fruchtbarsten in ganz Frankreich zählen – sie sind so fruchtbar, daß die Einheimischen ihre Gegend als »Champagne« bezeichnen. Weiter als in bezug auf die Fruchtbarkeit des Bodens läßt sich dieser Vergleich allerdings nicht ziehen. Die abgelegenen Gebiete des Berry sind in jeder anderen Hinsicht erstaunlich primitiv geblieben. In einigen Enklaven bearbeiten die Bauern ihr Land noch heute mit Methoden, die schon ihre Großväter im neunzehnten Jahrhundert anwandten. In vielen Familien werden Brot, Wein und Käse noch von Hand hergestellt, und die Frauen pökeln Schinken, räuchern Truthahnfleisch, machen Saucen und Pâtés und kochen für den Winter ein.

Inmitten des natürlichen Reichtums des Berry liegt die Stadt Châteauroux. An ihrer Peripherie gibt es wenig, was man als Vorstadt oder Industriegürtel bezeichnen könnte, und die Stadt selbst wirkt nicht so groß, als würde sie 60 000 Menschen beherbergen, sondern eher wie ein übergroßes Dorf. Und genau das ist Châteauroux auch. Ein in vieler Hinsicht angenehmes Dorf, das einem Neuankömmling allerdings auch ein wenig surreal, ja schizophren erscheinen mag: Die Jungen können es offensichtlich gar nicht erwarten, sich in die amerikanisierten neunziger Jahre zu stürzen, während ihre Eltern und Großeltern sich noch immer an das kleinstädtische Frankreich der Fünfziger klammern.

Der Bahnhof ist eines der Zentren der Stadt. An seiner Architektur sind die Zeitsprünge zu erkennen, welche die Stadt vollführt hat. Das Bahnhofsgebäude ist im zeitlosen französischen Landstil erbaut, mit öffentlichen Toiletten an einem Ende und dem *buffet de la gare*, dem Bahnhofsrestaurant, am anderen. Die Fassade war ursprünglich im Stil der Zeit Napoleons III. gehalten, ist jetzt aber ein moderner Betonklotz. In der Bahnhofshalle stehen die gleichen knallig orangefarbenen Fahrkartenentwerter, die man auch in Paris sieht, außerdem modern gestylte Fahrkartenautomaten, ein neuer Kiosk und sogar ein Fotokopiergerät. Betritt man aber das *buffet de la gare*, könnte man schwören, daß sich dort in den letzten vierzig Jahren nichts, nicht einmal die Speisekarte, verändert hat.

Folgt man, aus dem Bahnhof kommend, der Straße nach rechts,

so gelangt man zur größten Fabrik der Stadt, einer staatlichen SEITA-Tabakfabrik, die Jahr für Jahr Millionen Päckchen Gitanes und Gauloises für den Rest der Nation ausstößt. Geht man nach Verlassen des Bahnhofs geradeaus, so befindet man sich in der Rue de la Gare, einer der Hauptstraßen der Stadt mit bescheidenen Häusern, von denen einige mit Holzschnitzereien verziert sind, die von den Elite-Handwerkern der Compagnons du Tour de France hergestellt wurden. In vielen Läden befinden sich amerikanische Hamburgerlokale, in denen die Jugendlichen Michael Jackson hören und Baseballmützen und T-Shirts tragen, auf denen »New York Twins« oder ähnliche Phantasienamen amerikanischer Teams geschrieben stehen.

Am Hauptplatz der Stadt stehen zwei Rathäuser. Das eine ist ein imposantes altes *Hôtel de Ville* mit einer eleganten Stadtuhr, hübschen grünen Fensterläden und Markisen sowie der Aufschrift *Liberté, Egalité, Fraternité* über dem Eingang. Das neue Rathaus steht an der angrenzenden Platzseite und weist keinerlei typisch französische Merkmale auf. Es wirkt eher wie ein kleines Bürohaus, das man, so wie es ist, aus einer Kleinstadt im Mittleren Westen hierhergeschafft haben könnte. Ein grauer Beton- und Glasklotz mit merkwürdigen Jalousien an den Fenstern.

Die Gebäude von Châteauroux sind – mit einer bemerkenswerten Ausnahme – niedrig und flach. Zu den wenigen kulturellen Schätzen der Stadt (der Guide Michelin vermerkt nur eine Kirche und gibt dem Ort keinen Stern) wurde früher ein städtisches Theater- und Opernhaus gezählt, das über hundert Jahre alt war. Die Oper mit ihren fünfhundert Plätzen war der ganze Stolz des Berry, und obwohl die Akustik nicht die beste war, reisten sogar aus Paris Künstler zu Gastspielen an, weil ihnen die intime Atmosphäre des Hauses gefiel, in der man das Publikum förmlich roch. Heute kann man dieses Opernhaus nur mehr auf Postkarten bewundern; es wurde 1957 von einem ortsansässigen Adeligen abgerissen, der eindeutig unter Größenwahn litt. An der leeren Stelle erbaute er einen zwölfstöckigen Apartementblock, einen Schandfleck, der nun über der Stadt thront. Eine Gruppe architektonischer Puristen kämpfte um den Erhalt des Opernhauses, stand damit aber von Anfang an auf verlorenem Posten. Und selbst als das neue Haus in die Höhe ragte – und aussah, als wäre es von einem Fünfjährigen mit Legosteinen errichtet worden –, waren die meisten Bürger voll des Lobes. Denn dies bedeutete Fortschritt, die Modernität von Paris hielt Einzug in der Provinz, Châteauroux bekam einen Hauch von Chicago-Skyline.

Heute ist Châteauroux ein Städtchen mit kleinen Läden, sauberen Straßen, vielen Märkten unter freiem Himmel, einem Kaufhaus und wenig Nachtleben. Wie in vielen französischen Provinzstädten gibt es jede Menge Eckcafés und Sportwarengeschäfte, in denen sich die einheimischen Jäger und Angler mit Ausrüstung versorgen. In den Augen eines Amerikaners sieht Châteauroux am ehesten wie eine Kleinstadt in Iowa, Nebraska oder South Dakota aus, wie eine Stadt, die von Mais- oder Getreidefeldern umgeben ist und in der jeder jeden kennt. Die Einheimischen heißen Castelroussins, nach der Stadt benannt, oder aber Berrichons, nach der Region. Die Leute von Châteauroux gelten als ehrlich, fleißig und geradlinig. Anders als die Pariser, strahlen sie menschliche Wärme und Herzlichkeit aus, es sind Menschen, die einem Besucher mit einem Schlag auf den Rücken ein Glas Wein in die Hand drücken und alles tun, wenn es darum geht, ihren Freunden, Fremden und Katzen im Regen zu helfen. Wenn man kurz vor der Stadt auf der Hauptstraße eine Reifenpanne hätte, würde kein einziger vorbeifahrender Pariser auch nur im Traum daran denken anzuhalten; die meisten Castelroussins dagegen würden nicht im Traum daran denken nicht anzuhalten.

Ähnlich wie bei ihrer Architektur, lassen sich auch in den Gesprächen der Castelroussins schon nach kurzer Zeit die verschiedenen Jahrzehnte und Epochen unterscheiden. Hier beginnen Sätze oft mit »Als die Deutschen da waren ...« oder »In der Amerikanerzeit ...« Die Deutschen besetzten die Stadt mit Gewalt im Zweiten Weltkrieg, die Amerikaner besetzten sie auf Einladung hin in der ersten Phase des Kalten Krieges. Aber so unterschiedlich diese beiden Besatzungen auch waren, beide ließen in Châteauroux und seinen Bewohnern tiefe Spuren zurück, die ältere Castelroussins noch heute wahrnehmen. Und ebensosehr trugen die beiden Okkupationen dazu bei, das Leben und das Schicksal Gérard Depardieus zu formen.

Dédé Depardieu, Gérards Vater, war ein echter Berrichon. Er wurde 1923 in Montchevrier geboren, einem Weiler im Berry, der inmitten von Kuhweiden, Weizenfeldern, Weingärten, Fischbächen und Wäldern lag, die im Herbst voller Pilze waren. Fast jeder in seiner Familie hatte zwei Namen, einen Tauf- und einen manchmal recht merkwürdigen Spitznamen für den Alltagsgebrauch. Der Taufname von Dédés Mutter lautete Emilienne, aber alle nannten sie Denise. Sein Vater hieß eigentlich Louis, wurde aber aus irgendeinem Grund immer Marcel gerufen. Marcel und Denise hatten nur ein Kind, das sie René tauften, das aber irgendwann den weitaus auffälligeren Namen Dédé erhielt.

Marcel Depardieu kämpfte im Ersten Weltkrieg in der französischen Armee und blieb auch nach Kriegsende Soldat. Er starb 1931, als Dédé erst sieben war, an einer schweren Krankheit, über die in den Familienaufzeichnungen keine genauen Angaben gemacht wurden. Dédé hatte seinen Vater kaum gekannt und verlebte den größten Teil seiner Kindheit allein mit seiner Mutter. Die beiden mußten sich in dem winzigen Dorf und dem umliegenden Land durchschlagen, so gut sie konnten. Dédé bekam frisches Fleisch und Milch vom Bauern und wuchs zu einem großen, gesunden, kräftigen jungen Mann heran, gebaut wie ein Bulle, mit breitem Brustkorb und stämmigem Hals, einem fleischigen Gesicht und sehr ausdrucksvollen Augen. Wie die meisten Landjungen im Berry erhielt er praktisch keine Schulbildung und wuchs auf, ohne richtig schreiben und lesen zu lernen. Sein ganzes Leben lang unterschrieb er nur mit seinen Initialen »D. D.«, und selbst die gelangen ihm nur mit Mühe. Außerdem war er alles andere als ein großer Redner. Selbst unter seinen Verwandten und Freunden galt es schon als lange Unterhaltung, wenn er einmal mehr als nur *»Salut, ça va?«* sagte – Hallo, wie geht's? Und wenn Dédé sprach, stieß er die Wörter meist in lautmalerischen Kürzeln aus: *»Ouaff! Bof. J'sais pas.«*

Dédé hatte zwar keine sprachliche Begabung, war aber sehr talentiert mit den Händen. Mit Werkzeug, mit Holz und Metall han-

Marcel Depardieu, Gérards Großvater väterlicherseits. Er starb 1931, als Gérards Vater erst sieben Jahre alt war.

tierte er überaus geschickt, ja geradezu kunstfertig, und hätte sich vielleicht als tüchtiger Handwerker auf dem Land niedergelassen, wäre da nicht Adolf Hitler gewesen. Das Berry bekam die Auswirkungen von Hitlers Eroberungsgelüsten schon früh zu spüren. In den späten dreißiger Jahren, als die Verfolgung von Juden, Zigeunern und politischen Gegnern durch die Nazis in vollem Gange war, strömten Flüchtlinge aus Deutschland nach Frankreich, und viele suchten Zuflucht in Châteauroux. Als die deutsche Wehrmacht 1939 in Polen und der Tschechoslowakei einmarschierte, strömten ganze Zugladungen von Flüchtlingen nach Zentralfrankreich. Am 10. Mai 1940 überfielen die deutschen Panzer Holland und Belgien, und schon Anfang Juni wurden auf einen wichtigen Fliegerstützpunkt außerhalb von Châteauroux wiederholt Bomben abgeworfen. Dasselbe geschah mit dem Bahnhof der Stadt, der an einer strategisch wichtigen Bahnlinie nach

Paris lag. Am 22. Juni war die 800 000-Mann-Armee der Franzosen besiegt, Frankreich kapitulierte und unterzeichnete einen Waffenstillstandsvertrag, der es Deutschland ermöglichte, das Land durch eine formale Demarkationslinie in einen besetzten Nordteil und einen unbesetzten Südteil zu teilen. Diese schändliche Grenze verlief nur wenige Kilometer nördlich von Châteauroux.

Als Frankreich die Waffen streckte, war Dédé noch keine achtzehn Jahre alt. Als die deutschen Truppen und die Gestapo in zahlreichen französischen Städten und Dörfern die Macht übernahmen und Tausende von jungen Franzosen verhaftet und in deutsche Arbeitslager verfrachtet oder zwangsweise in die besiegte französische Armee eingezogen wurden, floh Dédé in die Schweiz. Die erste Zeit des Kriegs verbrachte er dort in einem Lager für jugendliche Flüchtlinge. Durch die Niederlage und Besatzung Frankreichs, die Machtergreifung Hitlers in Paris waren auch Millionen anderer Franzosen aus ihren Familien und Heimatorten gerissen worden; zu ihnen zählte auch Alice Marillier, die junge Frau, die Gérards Mutter werden sollte.

Die Wurzeln ihrer Familie lagen in einer anderen Ecke der *France Profonde*, im Jura, der grünen, offenen Wald- und Weidenregion, deren Berge sich nördlich der Alpen von Ostfrankreich bis in die Schweiz hinein ziehen. Auch Alice wurde 1923 geboren, im selben Jahr wie Dédé. Sie wuchs in St. Claude auf, einem hübschen Städtchen, das wegen der hervorragenden Bruyère-Pfeifen bekannt ist. Der Großvater von Alice besaß eine kleine Pfeifenfabrik im Ort; ihre Eltern, Suzanne und Xavier Marillier, waren kräftige, hart arbeitende Leute. In der schweren Zeit nach dem Ende des Zweiten Weltkriegs waren sie zwar alles andere als wohlhabend, aber sie boten Alice und ihrer Schwester Colette ein herzliches und stabiles Familienleben.

Alice war ein süßes kleines Mädchen. Sie hatte dunkles Haar und schöne dunkle Augen, war lebhaft und extrovertiert. Da der Name Alice ihr wirkliches Wesen nicht recht traf, wurde sie schon bald von allen in der Koseform »Lilette« gerufen. In den Schulen von St. Claude lernte sie lesen und schreiben, aber wie bei vielen

Mädchen, die in den dreißiger Jahren in der französischen Provinz aufwuchsen, fand ihre eigentliche Ausbildung daheim statt, da man nun einmal erwartete, daß sie heiraten, Kinder bekommen und einen Haushalt führen würde. Lilettes eigene Zukunftsvorstellungen sahen allerdings völlig anders aus. Sie wollte sich die Welt ansehen, zu den romantischen Orten reisen, die sie auf Postkarten und in Illustrierten gesehen hatte. Aus ihrem Blickwinkel betrachtet, war sogar Paris exotisch – eine Stadt, über die ihre Verwandten und Nachbarn oft sprachen, in die aber nur die Privilegiertesten jemals fahren konnten. Kurz vor ihrem achtzehnten Geburtstag durfte Lilette tatsächlich verreisen, allerdings nicht an den Ort ihrer Träume. Ihr Vater war Pilot in der besiegten französischen Armee und wurde in der ersten Zeit der Okkupation nach La Martinerie versetzt, an den französischen Luftwaffenstützpunkt drei Kilometer außerhalb von Châteauroux. Seine Frau und die beiden Töchter folgten ihm bald darauf in die besetzte Stadt.

Als Alice und ihre Familie dort eintrafen, wirkte das Alltagsleben von Châteauroux nach außen hin zwar völlig normal, in Wahrheit befand sich die Stadt jedoch praktisch im Belagerungszustand. In normalen Zeiten hatte Châteauroux etwa 35 000 Franzosen als Einwohner gezählt, aber der Krieg hatte das Aussehen und den Charakter der Stadt innerhalb kurzer Zeit verändert. In der ersten Phase der Okkupation waren 15 000 Flüchtlinge aus Nordfrankreich und Osteuropa in die Stadt gekommen und drängten sich nun zum größten Teil in den provisorischen Lagern in Châteauroux und seiner Umgebung. In der Stadtverwaltung behielten die Franzosen zwar nominell ihre jeweiligen Positionen, führten im Grunde aber nur Befehle der Deutschen aus. Die Führungsoffiziere der Nazis hatten für ihr Besatzungs-Hauptquartier das beste Hotel am Ort requiriert, das Hôtel de France, während die Gestapo aus einer beschlagnahmten Villa in der Rue Mousseaux heraus operierte. Als Lilettes Vater als Flugüberwacher in La Martinerie stationiert war, benützten Piloten der deutschen Luftwaffe das Rollfeld zu Übungen für den Einsatz an der russischen Front. Im Verlauf des Krieges sollten Tausende deutscher Soldaten von den

Kampfgebieten in ganz Europa, Rußland und Nordafrika in die Stadt kommen, um sich auszuruhen und zu erholen.

In Anbetracht dieses Belagerungszustandes war das Leben in Châteauroux für die Franzosen nicht einfach, vor allem nicht für junge Frauen wie Lilette und Colette. Deutsche Offiziere und Soldaten gingen durch die Straßen, saßen in Cafés, kauften in den Läden und auf den Märkten ein, und die meisten von ihnen hungerten nach weiblicher Gesellschaft. Von einigen Ausnahmen abgesehen, blieben die Franzosen in stiller, trotziger Resignation unter sich. Die Eltern taten, was sie konnten, um ihre Töchter von den deutschen Soldaten fernzuhalten, was aber ein fast unmögliches Unterfangen darstellte. Lebensmittel und wichtige Güter wie Kohle waren rationiert und nur schwer zu bekommen. In den meisten Familien mußten alle außer den ganz kleinen Kindern arbeiten. Dabei waren die Marilliers noch besser gestellt als die meisten anderen, da Xavier der französischen Armee angehörte; Lilette allerdings war gezwungen, einige Zeit in einer deutschen Militärkantine zu arbeiten, was für eine junge, attraktive Frau leicht zu einer traumatischen Erfahrung werden konnte.

Und das Alltagsleben im besetzten Châteauroux gestaltete sich in der Tat oft traumatisch. Im August 1940, kurz nach der Niederlage der französischen Armee, wurde der Verkauf von Kohle, Zucker, Fett, Nudeln und Seife rationiert. Bohnenkaffee war praktisch nicht mehr zu bekommen. Konzertsäle und Tanzlokale wurden geschlossen. An allen Fenstern mußten Verdunklungsmöglichkeiten angebracht werden, und das Abhören von BBC wurde offiziell verboten. Im Winter setzte man zusätzlich Kartoffeln und Schuhe auf die Rationierungsliste, auf Fahrräder wurde eine Steuer erhoben, aber das war nur der Anfang. Im April 1941 tauchten in Châteauroux die ersten Anzeichen von Widerstand auf: der Buchstabe *V*, auf Wände und Mauern der Stadt gekritzelt. Es bedeutete »Victory« und war das Zeichen der Solidarität mit der Résistance, die General Charles de Gaulle von London aus damals organisierte und von wo aus er dem besetzten Frankreich über Rundfunk Hoffnung zu geben versuchte.

Die gekritzelten *V*s veranlaßten den Führungsstab der Nazis zu grausamen Repressalien. Im Juni 1941 wurden mittels einer Volkszählung alle im Berry lebenden Juden erfaßt und damit ihre Deportation vorbereitet. Der Verkauf von Wein und Tabak wurde eingeschränkt. Lokale und andere Einrichtungen, in denen es öffentliche Telefone gab, erhielten die Anweisung, die Namen und Adressen derer zu notieren, die ein Telefongespräch führten. Im Herbst 1941 wurden jedem, der auch nur verdächtig war, Jude oder Kommunist zu sein, Einschränkungen auferlegt. Auto- und Lastwagenfahrten wurden unter strenge Kontrolle gestellt. Die Gestapo verstärkte die Jagd auf Angehörige der Résistance und griff bei ihren Verhören auch zu Folterungen. Die SS-Offiziere in ihren typischen langen Ledermänteln waren leicht zu erkennen; eine versteckte Bedrohung stellte für die Castelroussins dagegen die Miliz dar, das unsichtbare Netzwerk von französischen Informanten, welche die Gestapo zum Ausspionieren von Nachbarn einsetzte. Für ihre Dienste erhielten die Denunzianten Geld, Lebensmittel oder spezielle Vergünstigungen. Kein Franzose wußte mit letzter Sicherheit, welcher andere der Miliz angehörte, so daß schließlich jeder verdächtig war, der Lebensmittelhändler wie der Bäcker, der Briefträger wie der Wirt um die Ecke. Selbst das eine oder andere Mitglied der eigenen Familie geriet unter Verdacht. Keinem konnte man trauen, keiner konnte in der Öffentlichkeit, aber auch im privaten Bereich den Mund aufmachen, ohne sich zu überlegen, ob sein Gesprächspartner nicht vielleicht der Miliz angehörte. Oder aber dem Maquis, dem Untergrund. So zog sich eine Art eiserner Vorhang rund um die Stadt und selbst um viele Privathäuser.

Als sich die Lage im Berry einigermaßen stabilisiert hatte, beschloß Dédé, die Schweiz zu verlassen und ins Berry zurückzukehren. Er wollte dort Arbeit suchen, um sich und seine Mutter zu ernähren. In seinem Dorf gab es dazu nur wenige Möglichkeiten, deshalb machte er sich auf den Weg zum nächstgelegenen Ort, der Aussicht auf Arbeit bot, und das war Châteauroux. Wie es ihm und seiner Mutter in dieser Zeit genau erging, ist nicht klar, offensichtlich fand er jedoch eine Stelle als Handwerker. Im Mai 1942, als Dédé und Lilette in Châteauroux wohnten, stattete Marschall

Pétain der Stadt, von der er glaubte, sie habe sich mit der Okkupation gut arrangiert, einen Besuch ab. Zu seiner großen Bestürzung wurde das Oberhaupt des kollaborierenden Vichy-Regimes aber mit provokanten Flugblättern der Résistance und Kopien der Untergrundzeitung COMBAT begrüßt, zu deren wichtigsten Autoren Albert Camus gehörte. In jenem Jahr waren sämtliche Feierlichkeiten zum 14. Juli verboten; einige mutige Bürger hängten trotzdem die Trikolore aus dem Fenster.

Anfang 1943 war der letzte Anschein von Normalität aus der Stadt verschwunden. Jetzt zählte auch der elektrische Strom zu den rationierten Gütern. Die Franzosen erhielten den Befehl, alle Schußwaffen abzugeben. Wenn Bäcker Brot ohne Lebensmittelmarken verkauften, erhielten sie Geldstrafen. Um die Milchversorgung zu verbessern, verbot man den Bauern, Butter herzustellen. Die Kontrolle des Alltagslebens ging jetzt so weit, daß Friseure das gesamte Haar, das sie abgeschnitten hatten, bei den Behörden abliefern mußten. Dienstags hatten die Kinos geschlossen zu bleiben. Sonntagszeitungen wurden verboten, und die Zeitungen, die weiterhin erscheinen durften, mußten ausschließlich deutsche und Vichy-Propaganda verbreiten. Sämtliche Kommunikationsmittel der Stadt bis hin zu den Gerüchteküchen waren entweder lahmgelegt oder wurden ständig beobachtet.

Irgendwann in dieser Zeit lernten Lilette und Dédé einander kennen und begannen miteinander auszugehen. Einzelheiten über die frühe Phase ihrer Beziehung sind nicht bekannt, auf jeden Fall aber wurde aus den kleinen Flirts recht schnell eine große Liebe. Lilette ging gern ins Kino, und sollten sie und Dédé damals hin und wieder in eines der drei Lichtspieltheater der Stadt gegangen sein, so haben sie weit mehr gesehen als die Wochenschau und den Hauptfilm. Während der ganzen Besatzungszeit hindurch war das Kino einer der raren legalen Versammlungsorte für Franzosen, und manchmal wurden die Kinos von Châteauroux zu Schauplätzen des symbolischen Widerstands. Als einmal im Rahmen der Wochenschau zu sehen war, wie Marschall Pétain deutschen Befehlshabern die Hand schüttelte, kam es zu so starken Tumulten, daß die Polizei eingreifen mußte.

Zu Beginn des Jahres 1943 konnte die Résistance einige Erfolge im Kampf gegen die Besatzungsmacht verbuchen. Im April warfen britische Flugzeuge Flugblätter mit Durchhalteparolen ab, in denen die totale Vernichtung der Achsenmächte in Aussicht gestellt wurde. Der Maquis brachte Traktate in Umlauf und drängte die Bürger, den 1. Mai 1943 zu einem Tag des nationalen Protests gegen die Deportationen zu machen. Viele Franzosen verweigerten nun den Befehl, in deutsche Arbeitslager zu gehen, und immer wieder wurden ganze Wagenladungen Weizen, die nach Deutschland transportiert werden sollten, in Brand gesteckt. Am 31. Mai gelang einer Einheit der Résistance, deren Codename Samson lautete, ein erstaunlicher Coup: Elf deutsche Lastwagen wurden in La Martinerie in die Luft gejagt. Die bis aufs Blut gereizte Gestapo reagierte mit einem aus Verfolgung, Verhaftungen und Verhören bestehenden Gegenschlag. Die Verhöre fanden im Gestapo-Hauptquartier in der Rue Mousseaux statt, sprachen sich bald überall in der Stadt herum und stürzten die Bürger in große Angst. »Die Leute wurden im Keller gefoltert. Manchmal hörten wir ihre Schreie«, erinnert sich Maurice Croze, ein Journalist aus Châteauroux, der alles miterlebt hat.
Für viele Menschen wurde das Leben in der Stadt zu einer merkwürdigen, schizophrenen Existenz: tagsüber in der Öffentlichkeit willfährig, nachts im privaten Bereich voller Widerstand. Zwar waren die Kommunikationsmittel lahmgelegt und die Zeitungen zensiert, aber die Bürger von Châteauroux hatten ihre eigenen Methoden, den Kriegsverlauf mitzuverfolgen: Heimlich registrierten sie genau den Zustand der deutschen Soldaten, die in den Cafés saßen und den Frauen nachstellten. In der ersten Zeit des Krieges hatte es in der Stadt nur so gewimmelt vor schneidigen Piloten in feschen Uniformen. In der darauffolgenden Phase hatten es die Stadtbewohner mit Elitetruppen zu tun, deren Mitglieder braun gebrannt, unglaublich kräftig und in Shorts gekleidet waren. Es handelte sich um Eliteeinheiten des legendären Nordafrika-Korps, die unter Feldmarschall Erwin Rommel, dem »Wüstenfuchs«, kämpften. Seit Anfang 1944 bekam die Stadt allerdings eine andere Sorte deutscher Soldaten zu sehen: schäbige,

undisziplinierte Reservisten, viele davon fünfundvierzig, fünfzig Jahre alt. Die Castelroussins spürten, daß sich das Blatt nun wenden könnte.

Vielleicht lag es an diesem Umschwung des Kriegsverlaufs, vielleicht war es aber auch nur der natürliche Höhepunkt ihrer Kriegsromanze, jedenfalls gingen Dédé und Lilette am 19. Februar 1944 ins Rathaus und ließen sich von einem französischen Standesbeamten zu Mann und Frau erklären. Die jungen Liebenden waren beide zwanzig Jahre alt, zwei verträumte Romantiker, die für die verstaubten, provinziellen Bürger von Châteauroux krasse Außenseiter darstellten. Im Grunde waren sie ein junges, ahnungsloses Paar, das durch die Verwerfungen und Schrecken des Krieges zueinandergefunden hatte, und ihre Ehe sollte nicht einfach werden. Nicht einmal eine normale Hochzeitsreise war ihnen vergönnt.

Im Frühjahr 1944 häuften sich die Sabotageakte der Résistance. Da die Alliierten ihre Angriffe auf die Deutschen im Nordteil Frankreichs verstärkten, strömten Flüchtlinge aus Paris, vor allem Kinder, nach Châteauroux. Jetzt wurde La Martinerie von den Amerikanern bombardiert, und am 14. März jagten Mitglieder des Maquis fünf Messerschmitt-Flugzeuge in die Luft. Die Gestapo schlug zurück, indem sie noch mehr Bürger der Stadt verhaftete und verhörte. Gas und elektrischer Strom wurden nur mehr für ganz kurze Zeitspannen eingeschaltet, Zuggleise und Telefonleitungen häufig von Saboteuren der Résistance beschädigt.

Am 6. Juni 1944 schließlich vollführten die Alliierten unter dem Kommando General Dwight D. Eisenhowers ihre berühmte D-Day-Landung an den Stränden der Normandie. Amerikanische, britische, kanadische und australische Truppen sowie ein Kontingent des Freien Frankreich erreichten die französische Küste in einem militärischen Unternehmen, das zu den kühnsten und am sorgfältigsten vorbereiteten Operationen in der Geschichte der Kriegsführung zählt. Aus Städten und Dörfern in der Normandie, der Bretagne und ganz Nordfrankreichs flohen Männer, Frauen und Kinder nach Süden und gelangten in Massen nach Zentralfrankreich, wo sie sichere Zuflucht zu finden hofften. Château-

Dédé Depardieu, Gérards Vater, ein hünenhafter, starker Mann, wuchs auf dem Land auf. Er konnte kaum lesen und schreiben, war aber ein geschickter Handwerker.

roux befand sich im Zustand des völligen Chaos. Da die Sabotageaktionen und die Bombardements ständig zunahmen, schwebten normale Bürger wie Dédé und Lilette in permanenter Gefahr. Viele Stadtbewohner traten die Flucht in abgelegene Dörfer an, wo sie sicherer waren.

Am 20. August 1944 zogen die Deutschen, während die Alliierten immer weiter nach Süden vormarschierten, endlich ab. Mitglieder der Résistance übernahmen die Macht in Châteauroux. Im Radio und in den Kino-Wochenschauen konnten die Castelroussins nun die Befreiung Frankreichs mitverfolgen, deren Höhepunkt der Triumphmarsch über die Champs-Elysées darstellte, den General de Gaulle, amerikanische und alliierte Truppen und Panzer im Schlepptau, vollführte. Noch aber war der Alptraum für die Stadt nicht vorüber, denn jetzt begann die Zeit der Abrechnungen und Vergeltungsmaßnahmen, in der vieles, was die Stadt-

bewohner während des Krieges getan hatten, Konsequenzen zeitigte.
Einzelne Menschen hatten für ihr Verhalten zu büßen. Mitglieder der Miliz und zahlreiche Kommunalpolitiker, die mit den Deutschen kollaboriert hatten, flohen in der Hoffnung, ihre Vergangenheit abwerfen und in anderen Städten und Dörfern eine neue Identität annehmen zu können. Einige Frauen der Stadt wurden kahlgeschoren, um sie in aller Öffentlichkeit wegen ihrer privaten Bekanntschaft mit deutschen Soldaten zu demütigen.
Nach der Befreiung von Châteauroux zogen Dédé und Lilette in eine eigene Wohnung am Stadtrand, in einem Wohngebiet namens Omelon, und versuchten ein normales Leben zu beginnen. Omelon befand sich damals noch im Stadium des Aufbaus, versprach jedoch eine ideale Wohngegend für junge Familien zu werden, da eigene Schulen und Spielplätze geplant waren. Die Gegend, in der Dédé und Lilette jetzt wohnten, hatte breite Straßen und war in gut durchdachte Wohneinheiten eingeteilt. Manche der im Bau befindlichen bzw. schon fertiggestellten Häuser waren groß und gut ausgestattet, die meisten jedoch klein und bescheiden – so auch das Haus in der Rue Maréchal Joffre Nr. 39, das die Depardieus bezogen.
Es stand an der Ecke Rue Maréchal Joffre und Rue Pierre et Marie Curie; die Seitenfenster hatten Blick auf einen Park. Das Haus selbst war ein grauer, zweistöckiger Klotz mit einer einfachen Putzfassade, quadratischen Fenstern und einem winzigen eingezäunten Rasenstück als Vorgarten. In einer Ecke des Gartens baute sich Dédé einen Schuppen für sein Fahrrad. Die Depardieus mieteten das obere Stockwerk und teilten sich den Eingang mit ihren Vermietern, Gaston und Memmette Gauriat und deren Sohn. Die Wohnung der Depardieus umfaßte zwei Schlafzimmer, ein kleines Wohnzimmer, einen Alkoven, den sie als Eßnische benutzten, sowie eine spartanisch eingerichtete Küche ohne Herd. Es war nicht gerade das Hotel Ritz, aber doch ganz annehmbar für ein junges Ehepaar in der schlechten Nachkriegszeit.
Als sie nach Omelon zogen, hielt man die Depardieus für Bauern vom Land, sie waren Außenseiter, über die ständig getuschelt

wurde. Reichhaltige Nahrung für Klatsch gab besonders Dédé ab, der zu den augenfälligsten Gestalten im ganzen Viertel zählte. Marcel Pagnol hätte seine Freude an ihm gehabt. Wie viele der Bauern in Pagnols Romanen besaß Dédé ganz besondere Schrullen und eine einzigartige Ausstrahlung. Morgens fuhr er oft zum Lebensmittelladen, um seine *musette* aufzufüllen, den Beutel mit dem Mittagessen, den die französischen Arbeiter damals über der Schulter trugen oder an die Lenkstange ihres Fahrrads hängten. Er kaufte immer einen ganzen Laib Brot, Schinken, Salami oder Käse und, selbstverständlich, eine Flasche Rotwein.

Wie die meisten französischen Handwerker auf dem Lande trug Dédé Arbeitskleidung von einem ganz bestimmten Blau und eine Baumwolljacke mit vielen unterschiedlich großen Taschen für Bleistifte, Metermaß und Werkzeug. Ob es regnete oder die Sonne schien, sommers wie winters, Dédé fuhr überallhin mit dem Fahrrad und trug zu seinen Sandalen nie, selbst wenn er in eisiger Kälte zur Arbeit fuhr, Socken – ein Tick, den seine Nachbarn ebenso merkwürdig wie liebenswert fanden. Wie Lilette, war auch Dédé im Grunde ein Träumer, ein Seefahrer, der sich im Geiste an ferne Küsten segeln sah, und wenn er allmorgendlich die Segel seines Fahrrads setzte, krönte er seine Aufmachung mit einer flotten Kapitänsmütze, die ihn wohl für die schmerzliche Tatsache entschädigte, daß er in seinem ganzen Leben kein einziges Mal das Meer sah.

Kaum hatten sie sich in Omelon niedergelassen, starteten Dédé und Lilette ihren privaten Babyboom. Insgesamt sollten sie sechs Kinder in die Welt setzen. Im September 1945, kurz nach Kriegsende, gebar Lilette ihr erstes Kind, einen Sohn, den sie Alain nannten. Im September 1947 wurde sie von einer Tochter entbunden, die den Namen Hélène erhielt. Es war nicht einfach, für die Kinder zu sorgen. Bei Hélènes Geburt lag der Krieg zwei Jahre zurück, aber die Stadt war durch die vierjährige Nazi-Besatzung wirtschaftlich zerrüttet, und die Depardieus hatten, wie alle anderen in Châteauroux auch, noch immer unter den Folgen zu leiden. In der Stadt und im Umland herrschte Arbeitslosigkeit; Brot, Milch, Fleisch und zahlreiche Güter des täglichen Gebrauchs

waren weiterhin knapp und blieben rationiert. Dédé arbeitete als Handwerker in einer Metallfabrik, aber sein Lohn war sehr niedrig – so niedrig, daß Lilette und er Sozialhilfe in Anspruch nehmen mußten, um ihre Familie durchzubringen.
Jetzt, da sie zwei Kinder zu versorgen hatte, veränderte sich Lilettes Leben radikal. Sie arbeitete Tag und Nacht – kochte, putzte, kaufte ein, fütterte und badete die Kinder. Das alles tat sie zum größten Teil allein, da Dédé oft Überstunden machte und meist erst spätabends heimkam. Lilette war permanent müde und hielt sich den ganzen Tag zu Hause auf, so daß sie sich manchmal in ihrer eigenen Wohnung wie eingesperrt vorkam. In der raren Zeit, die sie für sich hatte, strickte sie oder las CINEMONDE, eine Filmillustrierte mit Hochglanzfotos von Prominenten und Klatschartikeln über die berühmtesten Leinwandstars der damaligen Zeit: Jean Gabin, Arletty, Danielle Darrieux, Michèle Morgan, Louis Jouvet, Michel Simon, Raimu, Fernandel. Einmal in der Woche ging sie mit Memmette, die ihre beste Freundin geworden war, ins Kino und sah sich ihre Lieblingsstars an. Filme waren für Lilette schon bald die einzige Möglichkeit, ein bißchen Zerstreuung zu finden, und wenn die romantischen Liebesgeschichten auf der Leinwand sie wieder einmal mitgerissen hatten, sprach sie davon, einfach wegzulaufen und in aufregende Länder zu reisen, so wie sie es sich als Kind erträumt hatte. 1948 fanden diese Phantasien allerdings ein abruptes Ende, denn sie wurde mit ihrem dritten Kind schwanger. Diese Schwangerschaft verlief für Lilette weder leicht noch glücklich. Memmette half immer öfter als Haushaltshilfe und Kindermädchen für Alain und Hélène aus. In gewisser Hinsicht wurde Lilettes Nachbarin eine Art Ersatzmutter für ihre Kinder, und auch »Milou«, wie alle Memmettes Mann Gaston nannten, wurde ein enger Freund der Familie. Im Winter 1948 war Lilette hochschwanger und beklagte sich bitter darüber. Sie hatte über Weihnachten verreisen wollen, aber das ungeborene Kind in ihrem Bauch hatte ihr einen Strich durch die Rechnung gemacht, und sie war überzeugt, daß es ihr auch noch das Weihnachtsfest verderben würde. Am 27. Dezember setzten schließlich die Wehen ein, und sie brachte ihr drittes Kind, einen

kräftigen, eigensinnigen Jungen zur Welt, den sie Gérard Xavier nannte.
Lilette gebar ihr Kind daheim, mit Hilfe einer Hebamme. Dédé und sie hatten kein Geld für Ärzte und Krankenhäuser, außerdem war die Hausgeburt bei Bauernfamilien in vielen Regionen der französischen Provinz durchaus üblich. Dédé floh, der Tradition gehorchend, beim ersten Anzeichen von Wehen aus dem Haus. Er fand diese Geburten entsetzlich und dachte, daß es wohl das beste wäre, den Frauen aus dem Weg zu gehen – und in seinem Lieblingscafé Trost bei Rotwein in medizinischen Dosen zu suchen.
Mit den nunmehr drei Kindern war es jetzt in der Wohnung der Depardieus ziemlich eng. Gérard wurde von Anfang an zusammen mit Alain in einem Schlafzimmer untergebracht, und zwar im Eckzimmer mit Blick auf den Park, während Hélène im Alkoven neben der Küche schlief. Das Geld war nach wie vor knapp, und wenn die Sozialhilfe wieder einmal verspätet eintraf, mußte die Familie bei den Lebensmittelhändlern anschreiben lassen. Dédé, der noch nie ein großer Redner gewesen war, zog sich jetzt noch mehr in sich zurück. Wenn er einmal, was selten geschah, mittags heimkam, um eine warme Mahlzeit zu sich zu nehmen, aß er fast nie zusammen mit Lilette und den Kindern, sondern setzte sich allein in eine Ecke, bastelte an irgend etwas herum oder träumte vor sich hin. »Bei uns war es nicht wie in einer normalen Familie, mit einer Mutter und einem Vater«, erinnert sich Hélène. »Wir bekamen viel Liebe, aber das, was man als ein echtes Familienleben bezeichnen würde, gab es bei uns nicht.«
An seinen freien Tagen ging Dédé angeln oder, im Herbst, auf Pilzsuche in den Wald. Alles, was er fing oder fand, brachte er heim zu seiner Familie. Er arbeitete auch gern in dem kleinen Gemüsegarten, den er sich einige Jahre lang hinter dem Haus hielt. Bei der Kinderbetreuung aber half er Lilette nie und erfüllte auch nur selten die verschiedenen Pflichten, die ein Vater und Familienvorstand üblicherweise hat. Seine Kinder nannten ihn auch nicht »Papa« oder »Vater«, sondern Dédé. »Meine Mutter machte alles«, sagt Hélène, »während mein Vater keinen Finger

rührte. Dédé lebte in seiner eigenen Welt, und ich glaube, es ist bezeichnend, daß er seinen eigenen Vater nicht gekannt hatte. Er lebte ganz für sich, das hat meine Mutter oft gesagt. Wie ein Junggeselle. Wie ein kleiner Junge, der nie erwachsen geworden war.«
Die drei lebhaften Kinder, die jetzt durchs Haus tollten, sorgten für erhebliches Geschrei, aber auch zwischen Dédé und Lilette ging es oft lautstark zu. Und aus dem Lärm erwuchsen eine ständige Spannung und schließlich ein zorniges Schweigen. Dédé verbrachte immer mehr Zeit damit, in seinem Café zu sitzen und zu trinken, was Lilette zunehmend reizte. Schon als Kleinkind spürte Gérard, welche Spannungen in seiner Familie herrschten, und bekam die Unzufriedenheit seiner Mutter mit. »Es gab nie Gewalt oder offenen Haß bei uns«, erinnert er sich, »aber Mißverständnisse und dieses unverständliche Schweigen. Einmal durfte ich bei meiner Mutter sein, und sie streichelte mich, dann wieder war sie gestreßt und stieß mich von sich.«
Trotz des vielen Geschreis wurde bei den Depardieus kaum je wirklich gesprochen; es gab keine Kommunikation der Familienmitglieder untereinander. Dédé, dessen Sprechen im Ausstoßen lautmalerischer Grunzlaute bestand, ließ seine Gedanken meist formlos und unvollständig in der Schwebe. Mit Lilette unterhielt er sich im abgehackten Berrichon-Dialekt, wobei sie kaum je ganze Sätze sprachen oder ihre Gedanken und Gefühle wirklich zum Ausdruck brachten. Die drei Kinder konnten ihre Sprechfähigkeit dadurch nicht ausreichend entwickeln und üben. Die Kommunikation in dieser Familie bestand zum größten Teil aus einer chaotischen Abfolge von Brummlauten, unvollständigen Gedankengängen, unterdrückten Gefühlen und Gebrüll. Die Streitereien seiner Eltern erschreckten den kleinen Gérard immer aufs neue; dann flüchtete er sich zu Memmette und Milou. Nach einiger Zeit legte sich das Geschrei, aber die alles beherrschende Spannung vertiefte sich noch, und der Mangel an Kommunikation verhärtete sich zu einem noch eisigeren Schweigen. Als Gérard älter wurde, sprach er oft davon, daß seine Kindheit und seine Familie von *la loi du silence* beherrscht gewesen seien, vom Gesetz des Schweigens.

Dédé (Mitte) verbrachte nur wenig Zeit mit seiner Frau und seinen Kindern. Wenn er nicht arbeitete, ging er zum Angeln, zum Pilzesuchen oder ins Café.

Lilette und Dédé fiel es schon schwer, sich innerhalb ihrer Familie sprachlich auszudrücken; noch mehr Probleme hatten sie in dieser Hinsicht mit der Außenwelt. Lilette lernte zwar lesen und schreiben, aber es bereitete ihr immer Schwierigkeiten, zu schreiben und mit den Schulen oder der französischen Bürokratie zurechtzukommen. Wenn sie in späteren Jahren ihrer Mutter oder sonst irgendwem einen kurzen Brief schreiben wollte, bat sie häufig Hélène, es für sie zu tun. Dédé wiederum besaß nur eine sehr eingeschränkte Lesefähigkeit. Alain Depardieu glaubt, daß sein Vater lesen konnte, und hat auch Erinnerungen daran, wie Dédé daheim eine Ausgabe von L'HUMANITE liest. Gérard dagegen ist der Meinung, daß Dédé kaum lesen konnte, es jedoch sehr gut verstand, das Gegenteil zu suggerieren.
»Dédé hat L'HUMANITE nicht gelesen, sondern verkauft«, erinnert sich Gérard. »Wenn er die Zeitungen durchblätterte, machte er immer *spsss, spsss, spsss*, als könnte er lesen. Aber in Wirklichkeit konnte er weder richtig lesen noch schreiben.«

Während Dédé die Zeitung möglicherweise wenigstens zum Teil entziffern konnte, bedeutete ihm das Schreiben eine beinahe unüberwindliche Qual. Gérard sah oft, wie frustriert sein Vater schon war, wenn er nur versuchte, mit seinen Initialen zu unterschreiben, und hat einen Brief aufbewahrt, den Dédé an seine Mutter, Gérards Großmutter Denise, schrieb. »Der ganze Brief bestand fast ausschließlich aus Zeichen, und die Wörter waren rein phonetisch geschrieben«, erzählt er. Der Brief sollte mit den Worten *»Ma Chère Mère«* beginnen, aber Dédé schrieb *»Ma Chair Mere«*. Um auszudrücken, daß das Wetter schön sei, zeichnete er wie ein Kind eine winzige Sonne, die Strahlen aussandte. Für Gérard stellte diese Art zu schreiben eine sehr persönliche Hieroglyphenform dar, aus der zwar eine Schwäche im Buchstabieren und im Gebrauch der Grammatik sprach, die jedoch reich an Dédés ganz eigener sonderbarer, unergründlicher Poesie war.

Für einen Pariser oder jeden anderen Menschen, der dazu neigt, die Grandeur Frankreichs mit der Eleganz seiner Sprache und mit Schriftstellern wie Voltaire, Molière, Balzac, Hugo, Stendhal, Jules Verne, Sartre, Camus und unzähligen anderen gleichzusetzen, mag es schockierend sein zu erfahren, daß Mitte des zwanzigsten Jahrhunderts in einer der hochstehendsten Kulturen der Welt Analphabetismus überhaupt existierte. Die Depardieus stellten aber keineswegs eine Ausnahme in Châteauroux oder in der übrigen *France Profonde* dar. Gérards Familie war in der Nachkriegszeit auch nicht die einzige Familie, in der ein dramatischer Mangel an Kommunikation herrschte. Im Gegenteil – viele Menschen in Châteauroux und in ganz Frankreich lebten noch Jahre nach Ende des Zweiten Weltkriegs unter einem strikten, selbstauferlegten »Gesetz des Schweigens«. Nach dem Krieg senkte sich in zahllosen Dörfern und Städten in ganz Frankreich eine Art Vorhang des Schweigens. Bewußt oder unbewußt hatten sich viele Franzosen entschlossen, die Vergangenheit von sich abzuschotten und die Schrecknisse jener alptraumhaften Jahre zu verdrängen. Bis in die Privatsphäre hinein wurden Krieg und Besatzung als Ereignisse behandelt, die man am besten vergaß; was Papa während des

Krieges gemacht hatte, war kein Thema, über das Eltern mit ihren Kindern oder auch nur untereinander sprechen wollten.
Dieses Phänomen war keineswegs typisch für Frankreich allein. In Deutschland, Österreich, Ungarn, Polen, in fast jedem Land Europas herrschte das Gesetz des Schweigens. Viele Juden, die den Holocaust überlebt hatten, sprachen nie auch nur ein Wort über das, was sie erdulden mußten. Dieses kollektive Verdrängen mag den Menschen geholfen haben, ihr Alltagsleben zu bewältigen, aber es zog auch sehr gefährliche Konsequenzen nach sich. In den folgenden Jahrzehnten wurde Millionen von französischen Kindern der glorifizierende Eindruck vermittelt, jeder Franzose sei ein Widerstandskämpfer gewesen, General de Gaulle und die Streitkräfte seines Komitees Freies Frankreich hätten das Land mit nur geringer Hilfe der Alliierten befreit. Und in ganz Europa wuchsen viele Menschen auf, ohne genau zu wissen, was ihre Eltern im Krieg getan hatten. Hatten sie dem Widerstand angehört oder waren sie Denunzianten gewesen?
Fast dreißig Jahre brauchten die Franzosen, bis sie beginnen konnten, den Vorhang des Schweigens, den sie um ihre Kriegstraumen herum gesenkt hatten, endlich zu heben. Und so, wie die Kinos während des Krieges Ort des symbolischen Widerstands gewesen waren, so diente jetzt der französische Film als wichtiger Hebel, um den eisernen Vorhang aufzustemmen. In seinem Klassiker ›Jeux Interdits‹ (›Verbotene Spiele‹) aus dem Jahr 1951 schilderte René Clément die Schrecken des Krieges durch die Augen eines fünfjährigen Mädchens (gespielt von Brigitte Fossey, die noch immer zu den besten Schauspielerinnen Frankreichs zählt). Das Mädchen flieht mit seinen Eltern und seinem Hund aus Paris; der Konvoi der erschöpften Flüchtlinge wird von Flugzeugen der Nazis im Tiefflug angegriffen, das Kind wird Waise. Der Film erhielt einen Oscar und wurde bei den Filmfestspielen in Cannes und Venedig ausgezeichnet. Durch seinen Humanismus und kompromißlosen Realismus zählt ›Jeux Interdits‹ zu den Meisterwerken des französischen Films.
1969 wurden die wagemutigen Heldentaten der Résistance in ›L'Armée Des Ombres‹ (›Die Armee der Schatten‹) mit Simone

Signoret und Lino Ventura in den Hauptrollen gezeigt. Um Licht in die dunkleren Seiten der deutschen Besatzung zu bringen, bedurfte es aber noch fünf weiterer Filme. In ›Le Chagrin Et La Pitié‹ (›Das Haus nebenan‹) von 1970 untersuchte Marcel Ophuls, wie die »normalen« Franzosen, die sich nicht dem Maquis anschlossen, auf die Okkupation reagierten. Der Film sollte im Auftrag des französischen Fernsehens gedreht werden, das sich damals vollständig in staatlicher Hand befand, wurde aber, da man die Ergebnisse dieser filmischen Untersuchung als zu negativ und provokativ empfand, von der staatlichen Rundfunkanstalt schließlich abgelehnt. Erst 1981 zeigte man ihn im französischen Fernsehen. 1974 beleuchtete Louis Malle die Jahre der Besatzung mit seinem ›Lacombe, Lucien‹, dem vernichtenden Porträt eines jungen französischen Kollaborateurs.

Noch Ende der siebziger Jahre war das komplexe Thema Kollaboration so sehr in Schweigen gehüllt, daß die Ausstrahlung der amerikanischen Fernsehserie ›Holocaust‹ in Frankreich wie in Deutschland eine nationale Diskussion und Gewissenserforschung auslösen konnte. 1985 wurde Frankreich der bis dahin ausführlichste Bericht über die Okkupationszeit vorgelegt: Claude Lanzmanns erschütternder Dokumentarfilm ›Shoah‹. Marcel Ophuls ergänzte das Bild 1987 mit ›Hôtel Terminus‹, einem Film, in dem der Terror des Klaus Barbie, des fanatischen Nazis, den man den »Schlächter von Lyon« nannte, aufgezeigt wurde.

Alle diese Filme trugen dazu bei, das kollektive Bewußtsein der Franzosen zu öffnen. Über die meisten Filme wurde in den Medien ausführlich berichtet und in Fernsehdiskussionen zur besten Sendezeit diskutiert, so daß die kollektiven und individuellen Kriegstraumen endlich an die Öffentlichkeit gelangten. Diese öffentliche Aufklärung und Debatte bewirkte wiederum, daß sich auch der Vorhang des Schweigens lüftete, der innerhalb vieler französischer Familien herabgelassen worden war. Bei den Depardieus wurde das, was Dédé und Lilette während der Okkupation durchmachten, jedoch nie zum Thema eines Familiengesprächs. Auch die dann einsetzende nationale Gewissenserforschung veranlaßte sie kein einziges Mal dazu, mit ihren Kindern über den Krieg zu sprechen. Es ist heute unmöglich zu sagen, inwiefern der Krieg das in dieser Familie herrschende Gesetz des Schweigens mitformte. Ebensowenig kann man mit Sicherheit sagen, welche Rolle er bei der Entstehung der unterschwelligen Spannungen spielte, die häufig zwischen Dédé und Lilette herrschten. Auf jeden Fall aber wurde Gérards Sprachentwicklung durch die Sprach- und Kommunikationsprobleme der Familie sowie durch die psychischen Spannungen stark beeinträchtigt. Dies fand Jahre später ein Pariser Sprach- und Gehörspezialist heraus, nachdem Gérard mysteriöserweise fast seine ganze Sprechfähigkeit verloren hatte. Die von dem Spezialisten gestellte Diagnose und die Ergebnisse der Behandlung ließen darauf schließen, daß irgendein psychischer Mechanismus in Gérards Innerem »einen Vorhang herabgelassen hatte«, einen Vorhang, der seine Hör- und Sprechfähigkeit schwer in Mitleidenschaft zog.

Bezeichnenderweise glaubte Gérard den größten Teil seines Lebens, Châteauroux habe unter dem Krieg nicht sehr gelitten, und soweit er sich erinnern kann, sprachen seine Eltern niemals über die traumatischen Begleiterscheinungen der Besatzung. Fast alles, was er über diese entscheidende Phase im Leben seiner Eltern weiß, läßt sich von ihm in einem einzigen Wort zusammenfassen: »*Mystère*«.

Mit Bruder Alain und
Schwester Hélène (ca. 1951)

4 Pétarou

Es könnte alles eines Sonntags beim Mittagessen begonnen haben. An einem Wochenende Anfang der fünfziger Jahre, als Gérard gerade drei Jahre alt war, kam die Familie Depardieu zu einem großen Sonntagsessen mit Großmutter Denise, Dédés Mutter, zusammen. Denise war eine warmherzige, bodenständige Bauersfrau, sehr lebhaft und mit einem üppigen mütterlichen Busen. Schon seit Jahren verwitwet, lebte sie inzwischen in einem kleinen Häuschen außerhalb von Paris, und zu ihren größten Freuden zählte es, mit dem Zug nach Châteauroux zu fahren und einige Tage bei Dédé und Lilette und den drei Enkelkindern Alain, Hélène und Gérard zu verbringen.

An diesem Sonntag war es ein besonders festliches Mittagsmahl mit herzhaften Bauernspeisen, viel Wein und guter Laune. Großmutter Denise fühlte sich richtig wohl, aß viel und freute sich – besonders als mitten während des Essens plötzlich Gérard an ihrem Platz auftauchte. Er war ein süßer Kerl mit blonden Haaren und großen blauen Augen, und nun kletterte er mit strahlendem Gesicht seiner Großmutter auf den Schoß, legte seine Ärmchen um ihren Hals, wie um sie zu küssen, und steckte ihr eine Erbse ins Ohr. Mit einem seiner winzigen Finger bohrte Gérard ihr diese Erbse so tief in den Gehörgang, daß einige ihrer Enkel bis zum heutigen Tag überzeugt sind, die gute Denise habe den Rest ihrer Tage mit einem Stück Erbse irgendwo in der Nähe ihres Gehirns verbracht.

Man stelle sich das Schweigen vor, das plötzlich über dem Tisch lag. Niemand bewegte sich. Wie würde die alte Dame reagieren? Würde sie einen Wutanfall bekommen? Würde sie den kleinen Missetäter packen und ihm den Hintern versohlen? Oder ihn in sein Zimmer schleifen, die Tür zuknallen und ihn dort braten lassen, um ihm eine gründliche Lektion über gute Manieren und darüber zu erteilen, wie man sich Erwachsenen gegenüber zu benehmen hat? Nun, als sie ihren ersten Schreck überwunden hatte, brach Großmutter Denise einfach in lautes Lachen aus. Sie lachte so, daß sie sich den Bauch halten mußte, Lachtränen schossen ihr in die Augen, und die schweren Fettfalten an ihren Armen und unter dem Kinn begannen zu glänzen und im Rhythmus ihres Gelächters zu beben. Denise liebte Gérard abgöttisch und wußte, daß er ihr diesen Streich nicht aus Boshaftigkeit gespielt hatte. Sei es aus Instinkt, sei es wohldurchdacht – jedenfalls faßte sie diese Erbse nicht als Beleidigung auf, sondern nahm sie entgegen wie eine Perle, als einen einzigartigen Beweis der Zuneigung ihres lebhaften kleinen Enkelsohns.

Gott allein weiß, welche Konsequenzen sich ergeben hätten, wenn Denise nicht mit so viel Humor und großmütterlicher Nachsicht auf die Sache reagiert hätte. Aber sobald der kleine Unfug mit ihrem Lachen abgesegnet war, schlossen sich ihr alle anderen an und überschütteten den kleinen Gérard mit Gelächter und Beifall. Schlagartig verwandelte sich die mickrige Erbse in ein Familienjuwel, dessen Geschichte immer und immer wieder erzählt wurde und Gérard für alle Zeiten in den Mittelpunkt der Familie rückte. Vielleicht zeigten sich an eben jenem Mittag zum erstenmal die Eigenschaften, die später den Star – und unverbesserlichen Schelm – Gérard Depardieu ausmachten.

Und was für ein Schelm der kleine Gérard wurde! Seine wichtigste Komplizin, aber auch wichtigstes Objekt seiner Streiche, war Hélène. Die beiden backten im Garten für ihr Leben gern Kuchen aus Sand und Wasser, wobei ein Teil des Vergnügens darin bestand, herauszufinden, wer von ihnen den Kuchen mit der dreckigsten Füllung aus dem am kräftigsten stinkenden Dün-

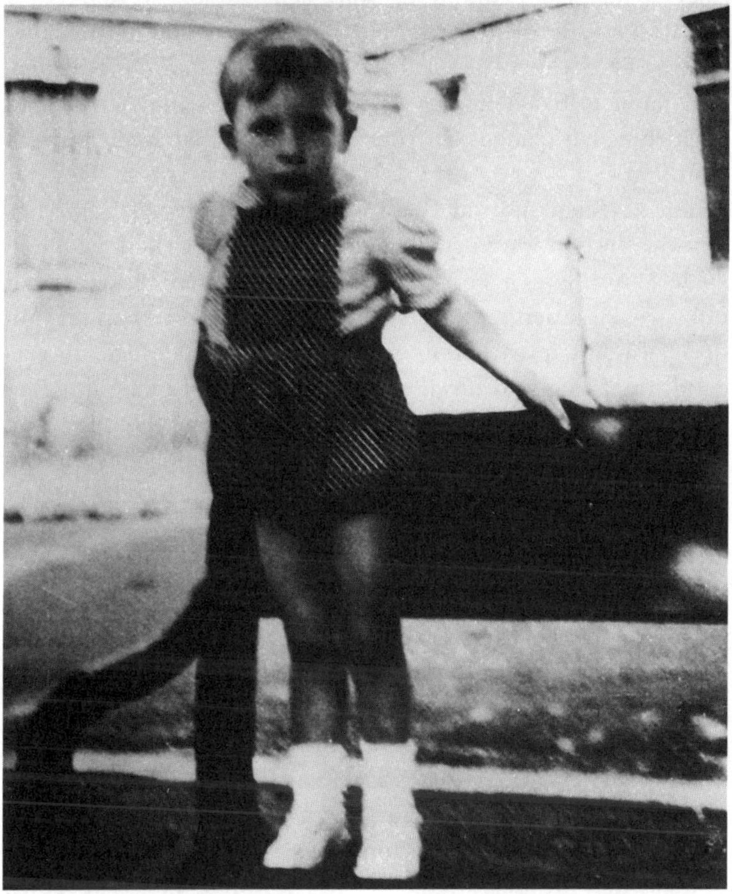

Gérard im Alter von etwa drei Jahren. Wegen seiner Ausgelassenheit und seiner vielen Streiche erhielt er den Spitznamen *Pétarou*, kleiner Knallfrosch.

ger aus den umliegenden Gärten backen konnte. Hélène war ein sehr ruhiges und braves Kind, das seiner Mutter gerne half, während Gérard immer irgendeine teuflische Methode auf Lager hatte, sie auf die Palme zu bringen. »Meine Hauptaufgabe war es, die Treppe zu putzen«, erzählt Hélène. »Ich mußte die Stufen bis zum Eingang hinunter bohnern. Das war Schwerstarbeit!

Aber sobald ich damit fertig war, kam garantiert Gérard daher und stapfte die Treppe rauf und runter, nur um mich zu ärgern. Er trat recht fest auf mit seinen schmutzigen Füßchen, und dann griff ich immer zu meinem Besen und warf damit nach ihm. Ich glaube, ein paarmal habe ich ihn auch wirklich getroffen.«

Schon als Kleinkind war Gérard ein echtes Original. Seine beiden Geschwister waren gehorsame, brave Kinder, die Lilette und Dédé kaum Sorgen bereiteten; Gérard dagegen verfügte über unbegrenzte Energien und stellte ständig irgend etwas an. Mit drei Jahren war er bereits so lebhaft, widerspenstig, anstrengend, unbändig und unwiderstehlich, daß die Familie ihn *Pétarou* nannte, kleinen Knallfrosch. Der Spitzname blieb ihm und bezeichnete auch wunderbar seine Rolle als Familienclown und Unruhestifter. Diese Rolle zu spielen fiel ihm nicht schwer, aber sie wirkte sich auch günstig auf die gesamte Familie aus. In Anbetracht des Mangels an Kommunikation zwischen Eltern und Kindern und der offenen Differenzen zwischen Dédé und Lilette erwiesen sich Pétarous Faxen als eine sehr notwendige Form der Entspannung und Ablenkung. Auf seine Weise fungierte er damit als *entremetteur* und wirkte dem Gesetz des Schweigens entgegen.

Viele Mädchen in der Gegend fanden Gérard süß, selbst als er noch ein ganz kleines Kind war. Eines Tages spielte er auf einem Sandhaufen vor dem Haus und begann plötzlich so laut zu weinen, daß die halbe Straße es hörte; von Lilette und seinen Geschwistern war nichts zu sehen. Gérard brüllte weiter wie am Spieß, bis ein kleines Nachbarmädchen aus ihrem Haus lief, um ihn zu trösten. Monique Dagaud war damals sechs und eine Spielkameradin von Alain und Hélène. Schniefend teilte Gérard ihr den Grund seines Kummers mit: Er hatte seinen Spielzeugpinguin verloren. Es handelte sich um ein billiges Ding, das ungefähr die Größe von Gérards Kinderfaust hatte, aber als Monique den Sand durchwühlte und den Pinguin tatsächlich fand, brach Gérard vor Erleichterung in breites Grinsen aus.

Gérard (rechts), das drittgeborene Kind, war viel frecher als Bruder Alain und Schwester Hélène. Die Aufnahme entstand wahrscheinlich 1951.

An diesen Pinguin kann Gérard sich nicht erinnern, aber seine damalige Liebe zu solch einem wertlosen Ding ist nur zu verständlich, denn er hatte nicht viel Spielzeug. In den frühen fünfziger Jahren kamen die Depardieus mit dem, was sie hatten, kaum aus. Dédé bearbeitete Metallblech in einer Fabrik am Ort, aber die Löhne waren noch immer niedrig. Alain und Hélène gingen inzwischen in den Kindergarten der Ecole St. Denis, und das bedeutete, daß sie ordentliche Kleider und Schuhe brauchten. Lilette schaffte es, das Familienbudget so zu strecken, daß es jeden Tag für ein gutes Mittagessen reichte, aber abends bekamen die Kinder oft nur Crêpes und Marmelade. Und wenn Lilette Lebensmittel und Kleider bezahlt hatte, blieb kein Geld übrig, um das Haus zu verschönern. Das Zimmer, das Alain und Gérard sich teilten, war spartanisch eingerichtet – zwei Betten und sonst kaum etwas. Die Familie badete in einer Wanne in der Küche, und es gab nur ein WC in der Wohnung. Aus dieser Zeit kann Gérard sich nur an ein einziges Dekorationsstück in der ganzen Wohnung erinnern: das Bild eines Jagdhundes, der einen Vogel zwischen den Zähnen davonträgt.

In Châteauroux ging fast jeder auf die Jagd. Die wirtschaftliche Lage der Stadt blieb lange auf Nachkriegsniveau. Von 1948 bis 1951 hatten die USA Europa im Rahmen des Marshallplans für den Wiederaufbau 12 Milliarden Dollar zukommen lassen, aber nur ein Bruchteil dieses Geldes war durch sämtliche bürokratischen Kanäle auch wirklich bis hinunter zu den Fabriken und Familien von Châteauroux gelangt. Grundnahrungsmittel waren immer noch knapp, und den größten Anteil an Energie und Kapital wandte die Stadt für den Wiederaufbau und die Grundversorgung auf.

Die Armut trug zu einer weiteren Verstärkung der Spannungen innerhalb der Familie Depardieu bei. Da Dédé nur selten daheim war und ihr, wenn er da war, nicht half, befand sich Lilette im Zustand permanenter Erschöpfung und war häufig gereizt. Schon Alain und Hélène bedeuteten, obwohl sie brav waren, eine Menge Arbeit; aber Gérard war einfach zuviel. Seine Streiche und Faxen konnten nicht darüber hinwegtäuschen, daß er ein Junge mit einem unbeständigen Wesen und ausgeprägter Launenhaftigkeit war, hypersensibel und oft von starken Gefühlen überwältigt. Seine Stimmung und sein Verhalten konnten sich von einer Sekunde auf die andere verändern, je nachdem, ob er sich mit den Menschen, die ihn gerade umgaben, wohl fühlte oder nicht. Manchen Leuten gegenüber war er schüchtern und zurückhaltend, anderen begegnete er aggressiv, wieder anderen als Clown. Jede moderne, gebildete Familie hätte ihre Schwierigkeiten gehabt, einen solchen Gefühlsvulkan zu verstehen, aber Lilette und Dédé wurden von ihrem kleinen Sohn Gérard in die totale Ratlosigkeit gestürzt. In ihren Augen war er ein *enfant sauvage*, ein wildes Kind, das alles überbot, was sie jemals gesehen hatten. Es gelang ihnen nicht, seine Launen, seine Ausbrüche, seine Flatterhaftigkeit zu verstehen, zu durchschauen, geschweige denn zu mildern. Der kleine Knallfrosch war so explosiv, daß seine Eltern nie wußten, wann und aus welchem Grund er in Tränen oder gar in Wut ausbrechen würde, und darüber hinaus behielt er seine Gefühle eisern für sich.

»Gérard und ich waren immer zusammen, aber er sprach nur selten, auch wenn wir beide allein in unserem Zimmer waren«, erinnert sich sein Bruder Alain. »Und als kleiner Junge war er so schüchtern, daß er sich im Schrank versteckte, wenn irgend jemand uns besuchen kam.«

Am wohlsten fühlte Gérard sich meistens draußen. Schon mit drei, vier Jahren zog er stundenlang allein durch die Gegend und kehrte erst dann zu Memmette oder nach Hause zurück, wenn er von seinen Wanderungen müde geworden war. Während er alleine dort draußen herumspazierte, bewies er ein großes Talent, sich Freunde zu machen – unter Kindern, Erwachsenen und Katzen aus den umliegenden Häusern. Seine Eltern verweigerten sich jeder Geselligkeit in Omelon, nicht so ihr außergewöhnlicher Sohn. »In gewisser Hinsicht wurde ich der Sohn von allen«, sagt Gérard. »Ich war nämlich fröhlich, hatte einen offenen Blick und ein offenes Lächeln. Ich war ungekünstelt, kräftig, blond, blauäugig und selbstbewußt.«

Schon früh wurde Gérard in der Gegend zu einer Art Familienabgesandtem. Wenn beispielsweise die lebenswichtige Sozialhilfe nicht rechtzeitig eintraf, wurde er beauftragt, die Metzgerin um den Finger zu wickeln und ein Pfund Fleisch auf Kredit zu erbitten. Von seiner äußeren Erscheinung her hatte er allerdings wenig von einem Diplomaten. Er kam immer ziemlich wild daher; seine Kleider und sein Haar wirkten leicht verwahrlost. Das einzige, was bei Pétarou wirklich gepflegt wurde, war die Steinschleuder, die er eigenhändig gemacht hatte und in seiner Gesäßtasche ständig bei sich trug. Dieses Kind befleißigte sich bei der Metzgerin auch keineswegs höflicher Worte wie *»Oui, Madame«* oder *»Non, Madame, merci«*. Aber ungepflegt oder nicht – das Kind hatte Charme; es kam fast immer mit einem Pfund Fleisch nach Hause zurück.

Schon als kleiner Junge rief Gérard bei anderen Menschen heftige Reaktionen hervor, und zwar sowohl negative wie positive. Während er die Metzgerin und andere Kinder mit seinem

Charme bezaubern konnte, klappte das bei einigen der spießigen, »anständigen«, bürgerlichen Nachbarn überhaupt nicht. Sie fanden ihn ganz und gar nicht originell, sondern sahen in ihm nur den wilden, aufsässigen Bengel, eine wahre Landplage. In Omelon herrschte die für die französische Provinz typische gesellschaftliche Hierarchie mit einem ausgeprägten Klassensystem, und Pétarou war weit davon entfernt, dem Ideal des *bien élevé*, des guterzogenen und braven Kindes, zu entsprechen. Er galt nicht einmal als *mal élevé*, als schlecht erzogen – er galt als überhaupt nicht erzogen. Klatschwütige Nachbarn waren der Ansicht, dieser Junge sei schon als ganz kleines Kind von seinen Eltern viel zu sehr sich selbst überlassen worden: »Sein Vater war nie da; er schien sich für die Kinder überhaupt nicht zu interessieren. Und von seiner Mutter bekam er auch nicht gerade viel Aufmerksamkeit«, erinnert sich Monique Dagaud.

Moniques Mutter erlaubte ihrer Tochter nach einigem Bedenken, mit Hélène zu spielen, aber was den Umgang mit Alain und Gérard betraf, so durfte Monique sich mit ihnen nur draußen auf der Straße, nicht aber im Haus treffen. Moniques Mutter hätte nie auch nur im Traum daran gedacht, Alain und Gérard einmal zum Mittagessen oder Abendessen einzuladen. Die beiden kamen einfach nicht aus einer ordentlichen Familie. Die Einstellung der Mutter von Dominique Meunier, die gleich um die Ecke wohnte, war sogar noch krasser: Dominique durfte mit Hélène spielen, es war ihr jedoch streng verboten, sich mit den Depardieu-Jungs herumzutreiben – und mit den meisten anderen Jungen. Dominiques Mutter war eine Lehrerin aus Paris, die es nicht zuließ, daß ihre Tochter sich mit »provinziellem« Gesindel abgab.

Schon als kleine Kinder spürten Gérard und Hélène die Mißbilligung ihrer bürgerlichen Nachbarn und reagierten darauf verwirrt und zornig. Es war entwürdigend und gab ihnen das Gefühl, Außenseiter, ja fast wie Unberührbare zu sein. »Wir spürten es ganz stark: Wir kamen einfach nicht aus demselben Milieu«, sagt Hélène. »In der Provinz merkt man so etwas sofort.«

Lilette und Dédé wußten, daß sie im Kastensystem ihrer Umgebung als Außenseiter galten; im Umgang mit ihren bürgerlichen Nachbarn duckten sie sich und hielten den Blick gesenkt, als könnten sie unbemerkt, unsichtbar durch die Stadt – und durchs Leben – gehen. Diesen Modus vivendi versuchten sie auch ihren Kindern nahezubringen, aber Gérard weigerte sich, ein solches Verhalten zu akzeptieren. »Ich bin aufgewachsen mit dem Spruch: ›Auf uns liegt Schande. Tu dies nicht, tu das nicht! Du darfst niemanden stören!‹ Wir lebten praktisch noch im Mittelalter, und waren stets voller Angst. Aber nichts davon wurde uns je erklärt – es war einfach da. Das Ergebnis war, daß wir alle unter psychischen Hemmungen litten.«

In den Augen der ordentlichen und wohlhabenden Familien von Omelon war Pétarou nicht nur lästig, und die Depardieus waren nicht nur ganz einfach primitiv und arm, sondern die gesamte Familie bildete eine unerschöpfliche Quelle, aus der sich der nachbarliche Klatsch speisen konnte. Dédés Besäufnisse, Lilettes Schwierigkeiten mit dem Zurückzahlen beim Metzger und in der *épicerie*, ihre vielen Schwangerschaften – das alles war allgemein bekannt. In den Romanen Balzacs und François Mauriacs findet man diese Art von Klatsch und Weltanschauung zuhauf beschrieben: Beides ist nicht nur typisch für Omelon, sondern für die gesamte *France Profonde.*

In späteren Jahren kam Jean Carmet oft mit, wenn Gérard heimfuhr, um Lilette und Dédé zu besuchen. Carmet lernte sie gut kennen und bewunderte ihre einfache, bescheidene Art. In Omelon bemerkte er immer die gleiche »dörfliche Neugier«, die er aus seiner Kindheit in einem Provinzdorf in der Nähe des Loiretals selbst kannte. »Mein Vater bohrte ein winziges Loch in die Eingangstür, um die Straßenecke überblicken zu können, wo vielleicht jede halbe Stunde jemand vorbeikam«, erinnert sich Carmet. In diesen Dörfern blieb nicht das kleinste Detail im Leben eines Nachbarn unbemerkt, vom täglichen Kommen und Gehen bis hin zu der Frage, was Madame wohl zum Abendessen kochen würde. »Gerüche zogen uns immer sehr an. Dem, was die Nachbarn an Essen auf den Tisch stellten, maßen wir eine immense Bedeutung bei«, sagt Carmet. »Lilette und Dédé waren bescheidene Leute mit wunderbaren Eigenschaften. Dédé hatte eine ungewöhnlich ausgeprägte Phantasie, war offen für Träume und spirituelle Vorgänge.«

Gérard ärgerte sich über die Mißbilligung durch seine bürgerliche Umgebung und reagiert bis heute allergisch auf bourgeoisen Pomp und Spießbürgerlichkeit. Ebendiese Mißbilligung trug jedoch dazu bei, daß er unter den Kindern im Block als ein ganz besonderer Junge galt. »Er war das *enfant terrible* der ganzen Gegend«, sagt Dominique Meunier. »Er hatte nämlich keine Angst, den Erwachsenen zu widersprechen und die Leute zu provozieren.« »Alle hatten Angst vor Gérard«, stimmt Monique Dagaud ihr zu, »er dagegen fürchtete sich vor niemandem.« Mit seinem flegelhaften Benehmen und seiner unabhängigen Art stellte Gérard für die Bürgerstöchter so etwas wie eine verbotene Frucht dar; mit ihm zu spielen galt als echtes Abenteuer. »Am Ende unserer Straße stand ein Herrenhaus mit einem großen Garten und Obstbäumen; dort schlichen wir uns oft hinein, um zu spielen«, erinnert sich Monique Dagaud. »Zum Mittagessen pflückten wir uns die Birnen und Äpfel und Pflaumen von den Bäumen. In dem Anwesen wohnte ein pensionierter Schuldirektor, den wir *La Taupe* nannten, den Maulwurf. Wenn er uns in seinem Obstgarten erwischte, lief er hinter uns her. Es gab nichts Aufregenderes, als so über die gepflegten Gartenwege zu rennen. Dann klopfte einem das Herz, und man fühlte sich wie ein Vogel im Flug.«

Vom vierten oder fünften Lebensjahr an verbrachte Gérard jeden Sommer einen Monat auf einem Bauernhof im Süden des Berry. Der Bauernhof gehörte einem Verwandten von Dédé. Hélène durfte einen Großteil des Sommers mit ihren Cousins Maxime und Clémence ganz in der Nähe verbringen. In diesen Sommermonaten weinte Hélène oft, weil sie so starkes Heimweh hatte; Gérard dagegen genoß es, alleine zu sein, weit weg von der erstickenden Enge, die in Omelon sowohl unter den Nachbarn als auch in der überfüllten Wohnung seiner Eltern herrschte. »Ich war glücklich auf dem Land, in der Natur, obwohl die

Arbeit schwer und anstrengend war«, sagt er. »Um vier Uhr morgens aufstehen und die Kühe zum Melken in den Bauernhof treiben, die Gerüche und der Rhythmus der Jahreszeiten. In der Natur ist alles sauber, auch der Boden; da gibt es keinen Schmutz. Und wenn man dort spazierengeht, ist es egal, ob man reich oder arm ist, und wenn man jemanden trifft, weiß der andere gar nichts über einen. Dann kann man ihm das sagen, wozu man gerade Lust hat.«

Aber selbst die Natur barg ihre Tücken, wie der kleine Gérard eines Tages lernen mußte, als er die Kühe hütete. »Ich war ein sehr neugieriges Kind, und wie alle neugierigen Kinder konnte ich sehr gefährlich werden. Eines Tages fand ich einen Stock und zog einen Kreis um das Auge einer der Kühe. Ich war ganz fasziniert, denn die Kuh bewegte sich überhaupt nicht. Sie stand da, als wäre sie hypnotisiert worden. Ich hatte es zum erstenmal geschafft, ein so wildes Tier zu zähmen, und noch dazu allein dadurch, daß ich sein Auge streichelte. Drei oder vier Tage später war das Auge der Kuh stark infiziert, überall saßen Fliegen, und das Ganze war völlig verschorft. Erst da wurde mir klar, daß das arme Vieh weder hypnotisiert noch gezähmt worden war, sondern daß sich im Ende des Stocks ein Nagel befunden hatte, mit dem ich der Kuh das Auge aufgekratzt hatte. Es war weder aus Sadismus noch überhaupt absichtlich geschehen; ich hatte es einfach nicht besser gewußt. Der Tierarzt kam, und ein, zwei Tage später ging es der Kuh wieder gut.«

Als kleines Kind entwickelte Gérard offenbar eine Doppelstrategie in bezug auf die Auseinandersetzung mit der Welt. Alleine draußen auf dem Land oder beim Herumstreunen in Omelon war er glücklich, sorglos und extrovertiert, solange er sich weit genug von den hochnäsigen Nachbarn entfernt hielt. Daheim bei Lilette und Dédé dagegen konnte er, wenn er gerade mal nicht den Familienkasper spielte, sehr verschlossen und launenhaft sein. Niemand in seiner Familie, am allerwenigsten Lilette und Dédé, konnte ihn verstehen und ihm Hilfe anbieten. Aber gleich, ob er sich nun bei den Kühen herumtrieb oder in der Nähe von Nachbarn, die ihn wie einen Tunichtgut behandelten, Gérard lebte immer in einer Welt voller bedrohlicher Widersprüche und Verworrenheiten, und wenn er heimkam, fand er dort keine warme, beschützende Schulter, an die er seinen Kopf legen konnte. Lilette hatte zuviel zu tun; Dédé war kaum zu Hause, und wenn doch, war er viel zu sehr mit sich selbst beschäftigt, um die emotionalen Bedürfnisse seines Sohnes wahrzunehmen. In seiner frühen Kindheit litt Gérard unter grauenhaften Alpträumen, die Lilette sehr ängstigten.

»Ich war eine Art Ungeheuer, frühreif und hypersensibel«, schrieb er Lilette in den *Gestohlenen Briefen.* »Ich spürte sehr wohl, daß Ihr ein bißchen Angst vor mir hattet. Oft wachte ich mitten in der Nacht schweißgebadet auf, voller Überzeugung, daß sich eine fette Ratte mit ihren Zähnen in meinen Hals verkrallt habe. Ich sagte mir, daß sie mich beißen würde, wenn ich eine Bewegung machte, nur eine einzige. Ich würde dann in meinem Blute sterben, ohne jemanden zu stören.«

Als er noch sehr klein war, vier oder fünf, übernahm Gérard eine problematische Angewohnheit seines Vaters: Er begann, ebenfalls stoßweise und stammelnd zu sprechen, verfiel in ein Stottern, das seine Sätze bruchstückhaft und unvollständig ließ. Im Kreis der Familie war das nicht weiter schlimm, denn seine Faxen machte er sowieso meist, ohne zu sprechen. Aber außer Haus und später in der Schule wurden seine Sprachstörungen zu einer Quelle der Frustration und Scham und führten manchmal dazu, daß er sich im Umgang mit Fremden sehr schwer tat. Genau wie Dédé verfiel Gérard manchmal in undurchdringliches Schweigen. Dann wieder brach ohne jeden äußeren Anlaß eine gewaltige Wut aus ihm hervor. In den *Gestohlenen Briefen* erzählt er seine Erinnerung an einen Ostermorgen, an dem er auf dem Gepäckträger von Lilettes Fahrrad zum Bäcker fuhr.

In der Bäckerei kaufte Lilette ihm Ostereier: wunderschöne Ostereier, die sie sorgsam in ihrem Korb verstaute. Als sie heimkamen, saß in der Küche ein Mann und hörte Radio. Er hieß Philippe Daudon; der kleine Gérard konnte ihn vom ersten

Augenblick an nicht leiden. Lässig auf dem Stuhl hingelümmelt, packte Daudon Lilettes Korb, und als er die Ostereier sah, betastete er eines nach dem anderen. Dann begann er sie der Reihe nach aufzuessen. Lilette schwieg und tat nichts, um ihn daran zu hindern, während Gérard vor Wut kochte. Jahre später traf Gérard diesen Daudon in Châteauroux auf der Straße. »Ich war wohl gerade dreizehn Jahre alt, aber ich war so groß wie ein Mann, hatte die Hände eines Würgers und einen wahrhaft bedrohlichen Zinken im Gesicht. Ich zeigte mit dem Finger auf ihn und brüllte: ›Philippe Daudon!‹« schrieb Gérard. Daudon erschrak; er erkannte den jungen Depardieu nicht. Gérard hob ihn hoch, drückte ihn gegen eine Mauer und preßte ihm die Faust auf die Kehle. Noch Jahre später war er entschlossen, ihn diese Ostereier ausspucken zu lassen. »Glücklicherweise war ich an diesem Abend mit einem meiner Freunde zusammen, der mich daran hinderte, eine große Dummheit zu begehen. Diese verdammten Ostereier hätten um Haaresbreite meine zukünftige Schauspielerkarriere zerstört!«

Wie diese Anekdote zeigt, herrschte in der Familie Depardieu während Gérards erster Lebensjahre tiefe Resignation. In ihrer eigenen Kindheit waren Dédé und Lilette romantische Träumer gewesen; dann hatten der Krieg und ihre Ehe diese Jugendträume in gewisser Hinsicht zerstört. Noch nach der Befreiung und bis weit in die fünfziger Jahre hinein stand über Châteauroux und über den Depardieus das Zeichen einer ausweglosen Niederlage. Lilette hätte sich am liebsten in irgendein exotisches Land geflüchtet; Dédé hatte offenbar keinen anderen Wunsch, als in Ruhe und in Frieden gelassen zu werden. Ihre Kinder waren für die beiden manchmal eine Freude, wesentlich häufiger jedoch eine Last. Gérard spürte natürlich die Ambivalenz und Resignation seiner Eltern, war aber viel zu klein, um ihre Gefühle nachvollziehen zu können. Und wenn Lilette ihm wieder einmal ihre Aufmerksamkeit versagte, ihn sogar körperlich von sich stieß, bestürzte ihn dies noch mehr. Daraus konnte nur ein sehr schwaches Selbstwertgefühl erwachsen. »Meine Mutter hat mir nie gesagt, daß ich talentiert sei«, erzählt

Gérard. »Sie sagte mir immer bloß, ich sei frech.« Einige andere Familienangehörige hatten dagegen das Gefühl, in Gérard könnte ein verborgenes Talent, vielleicht sogar so etwas wie Genie schlummern. Suzanne Marillier, Lilettes Mutter, galt als eine Art Medium und beschäftigte sich mit den harmloseren Formen von Hexenkunst – mit Tarotkarten und der Beschwörung verstorbener Ahnen. Eines Sonntagnachmittags setzten sich nach einem opulenten Mahl alle zu Großmutter Suzanne, um eine Séance abzuhalten. Sie verdunkelte das Zimmer und rief freundliche Geister herbei, die ihr helfen sollten, die Zukunft ihrer Enkelkinder vorherzusagen.

»Alain«, prophezeite Großmutter Suzanne, »du wirst deinen Namen auf riesigen Plakaten geschrieben sehen. Und auch Gérards Name wird darauf stehen. Er wird ein *petit Mozart* sein.«

Suzannes Vorhersage erwies sich als prophetisch. Alain arbeitete zunächst als technischer Zeichner, wurde später jedoch Leiter einer Filmproduktionsgesellschaft, und sein Name stand tatsächlich auf riesigen Filmplakaten, oft zusammen mit dem von Gérard. Lilette und Dédé glaubten zwar immer, daß in Alain eine Menge steckte, konnten sich aber trotz Suzannes Vorhersage nicht vorstellen, daß auch ihr jüngstes Kind zu großen Leistungen fähig wäre. Ganz im Gegenteil – seine gesamte Kindheit hindurch und besonders in der Zeit, als er in der Schule schlecht war, befürchtete Lilette, er sei schwachsinnig.

Besondere Schwierigkeiten hatte der junge Gérard mit Dédé. Sein Vater war ein sanfter Mensch, der, wie Gérard sagt, seine Kinder nie schlug. Aber er war stets verschlossen und passiv, konnte seinem kleinen Sohn kaum ein Beispiel sein, bot ihm wenig Orientierung und elterlichen Trost. Dennoch ging Gérard gern mit, wenn sich sein Vater auf den Weg machte, um im Fluß zu angeln, und wußte auch, daß er manchmal zu unglaublicher Energie und Leidenschaft fähig war. Einmal wachte er mitten in der Nacht auf und sah seinen Vater verbissen an einem Stück Metallblech arbeiten – an dem Stück, aus dem der Feuerwehrstiefel, sein Meisterwerk, wurde. Es war eine Vollmondnacht, und Dédé wollte das besondere Licht ausnutzen.

»Seiner Ansicht nach konnte man Metall am besten bei Vollmond bearbeiten«, sagt Gérard. »Dédé war ein wahrer Dichter, aber ein stummer.«

Auf einen Außenstehenden muß es wirken, als wären Gérards Entwicklungsjahre von körperlicher, emotionaler und sprachlicher Vernachlässigung geprägt gewesen. Aber Gérard und Hélène empfanden das nicht so; sie hatten keine Ahnung, daß sich das Leben in einer Familie auch anders gestalten kann. »Wir hielten uns nie für arm«, erzählt Gérard, »denn wir hatten gar keine Vorstellung, was es bedeutete, reich zu sein. Im Grunde war das sehr gut für mich – Geld ist für mich nämlich nie ein Problem. Wenn ich keines habe, bin ich mit einem Stück Brot vollauf zufrieden. Eigentlich geht mir nie etwas wirklich ab.« In seinem späteren Leben erkannte Gérard den Mangel an emotionaler Stütze und Balance, den er als Kind erfahren hatte, verstand aber auch, daß Dédé und Lilette letzten Endes nicht böswillig, sondern nur unwissend gewesen waren. Außerdem gelangte er zu der Auffassung, daß das viele Alleinsein auch seine positiven Seiten gehabt hatte: die Freiheit von jeglichen elterlichen Erwartungen. »Lilette und Dédé zwangen uns nie, ihren Erwartungen zu entsprechen. Sie hatten nämlich keine.«

Dennoch war Gérard oft unsicher und gekränkt. Wenn seine Mutter wieder einmal besonders gereizt war, warf sie ihm manchmal vor, er habe ihr das Weihnachtsfest 1948 kaputtgemacht und ihren Kindheitstraum vom Reisen zerstört. »Von Anfang an war ich der Mensch, dessentwegen sie nicht hatte abhauen können. Meine Mutter schwor, daß sie irgendwohin weggelaufen wäre, aber wohin hätte sie schon gehen sollen?« meint Gérard heute. »Wenn einem die eigene Mutter in Augenblicken der Verzweiflung so etwas ins Gesicht sagt, wenn sie sagt: ›Du bist schuld‹ ...«

Dédés häufige Abwesenheit und Gedankenverlorenheit, Lilettes Gereiztheit, die Unbeständigkeit ihrer Zuneigung, die Schuld, die sie Gérard an ihrer eigenen Frustration und Verzweiflung gab – all das bestürzte Gérard zutiefst. Er reagierte darauf hauptsächlich durch Aktivismus einerseits und Introvertiertheit

andererseits. Der Welt zeigte er ein lachendes Clownsgesicht; seine innere Verwirrung und die aufwühlenden Gefühle ließ er niemanden sehen. »Ich war zu voll davon«, erklärt Gérard heute. »Das, was da auf mich einstürzte, konnte ich gar nicht verstehen, und ich hatte keine Ausdrucksmöglichkeiten.«
Als Gérard noch ein kleiner Junge war und Lilette sich nicht mehr zu helfen wußte, erzählte sie ihm manchmal, sie hätte versucht, ihn abzutreiben. Laut Gérard beschrieb sie ihm sogar, wie sie dabei vorgegangen sei: mit Stricknadeln.
»In armen Familien gab es keine andere Abtreibungsmöglichkeit«, sagt Gérard. »Reiche französische Mädchen fuhren nach England oder in Schweizer Kliniken. Französische Ärzte nahmen keine Schwangerschaftsabbrüche vor, alles mußte heimlich geschehen. Arme Frauen hatten einfach keine Wahl.«
Wie immer die rationale Erklärung, die er heute verstehen kann, lauten mag – daß Gérard als kleines Kind solche Worte aus dem Mund seiner Mutter hörte, wirkte sich auf ihn verheerend aus. In seinen Alpträumen, aber auch in Tagträumereien, blickte er in den Spiegel und suchte sein Gesicht und die Schädeldecke nach Narben ab, die von den Stricknadeln stammen könnten. Das schreckliche Wissen und sein Entsetzen darüber ließen ihn zu der Überzeugung gelangen, er wäre ein ungewolltes Kind gewesen. Die Überzeugung sollte ihn und seine Beziehungen noch auf Jahre hinaus stark belasten.
Später, während der Pubertät, führten diese Kindheitstraumen zum Erlöschen seiner Sprechfähigkeit. Dem Arzt zufolge, der ihn behandelte, als er fünf oder sechs Jahre alt war, hatte Gérard sich offensichtlich in einen Gefühlspanzer zurückgezogen, der ihn von der Außenwelt isolierte und in dem er vor seinen Eltern und ihrer primitiven Art sicher und geschützt war. In der Phantasie besaß er die totale Freiheit, zu werden, wer immer er werden wollte, und zu sagen, was immer er sagen wollte. Derartige traumatischen Erfahrungen beeinträchtigten viele Kinder emotional schwer, erklärte der Arzt. Aber Gérard war mit einer sehr starken psychischen Konstitution gesegnet, und jener Panzer diente als Abwehr; in seinem Schutz konnte er das Trauma

verarbeiten, daraus kam er mit gestärktem Willen und größerer Entschiedenheit wieder hervor – so wie eine Kletterpflanze, die gestutzt wird und daraufhin üppiger wächst denn je.
»Ich hatte vor nichts Angst«, berichtet Gérard über seine frühe Kindheit. »Und ich wußte, daß ich etwas ganz Besonderes besaß: meine *joie de vivre*. Eine solche Eigenschaft hat man von Geburt an – lernen kann man sie nicht. Sie wurde immer stärker, je komplizierter die Frage wurde, wer ich eigentlich bin. Denn zunächst war ich ja ›Der Verhinderer des Weglaufens‹, derjenige, der seiner Mutter die Beine abgeschnitten hatte und es trotzdem irgendwie schaffte, weiterzuleben und groß zu werden.«

Im Alter von
sechs Jahren (zweite Reihe von unten, Mitte)

5 Pennies vom Himmel

Im Februar 1951, als Gérard zwei Jahre alt war, stattete ein amerikanischer General namens Joseph Hicks Châteauroux einen diskreten Besuch ab. Mit einem dreiköpfigen Beraterteam inspizierte der Brigadegeneral den Flugplatz La Martinerie und die angrenzende Flugzeugfabrik, die zu Beginn des Zweiten Weltkriegs von der Luftwaffe bombardiert worden war. Der eigentliche Zweck dieses Besuchs unterlag zwar der Geheimhaltung, aber Hicks war in einer dringlichen Mission für die NATO unterwegs, die neue westliche Allianz, welche die militärische, politische und wirtschaftliche Landschaft Europas und der Welt verändern sollte.

Am 19. März 1951 verkündete LA NOUVELLE REPUBLIQUE, die Lokalzeitung von Châteauroux, die Neuigkeit: Die U.S. Army würde viertausend Mann schicken, um den Flugplatz La Martinerie zu einer Militärbasis auszubauen. Die Castelroussins waren entsetzt. Viele hatten noch nie von der neuen *North Atlantic Treaty Organization* gehört und wußten überhaupt nicht, was das Kommen der Amerikaner zu bedeuten hatte. Als die Sache bekannt wurde, ahnte in Châteauroux kein Mensch, daß sich für die kleine Stadt und ihre Bewohner auf Jahre hinaus tiefgreifende Veränderungen ergeben würden.

Schon bald erfuhr man mehr über die Hintergründe und Ausmaße der NATO-Operation. 1949 hatten ein Dutzend westlicher Regierungen, darunter die Frankreichs und der Vereinigten Staaten, beschlossen, eine neue militärische Allianz zu gründen, um ein System kollektiver Sicherheit aufzubauen und den Erhalt des

Nachkriegsfriedens zu sichern, vor allem aber um die Macht der Sowjetunion auszugleichen. Um die NATO einsatzfähig zu machen, schufen die ihr angehörenden Länder 1950 ein militärisches Oberkommando für Westeuropa, dessen Sitz sich in Rocquencourt bei Paris befand und dessen Aufgabe darin bestand, über ganz Westeuropa ein unzerstörbares Netzwerk von Militärstützpunkten, Nachschublagern und Kommunikationszentren zu knüpfen. General Hicks' Besuch hatte zur Folge, daß Châteauroux zu einem Knotenpunkt innerhalb dieses Netzwerks werden sollte. Vor allem wollte man La Martinerie zum Endpunkt einer gigantischen transatlantischen Nachschublinie ausbauen; die Flugzeuge und das gesamte Material sollten direkt von der U.S. Army Base in Dayton, Ohio, kommen.

Die NATO hatte gute Gründe, sich Châteauroux auszusuchen. Einer davon war die strategische Lage der Stadt im Herzen Westeuropas; sie war nicht weit von Paris und Deutschland entfernt und hatte Anschluß an wichtige Eisenbahnlinien und Straßenverbindungen. Außerdem erwies die Region sich für den Flugverkehr als günstig: sie ist flach und nur selten von dem dichten Nebel verhüllt, der in anderen Teilen Zentralfrankreichs oft herrscht. La Martinerie war in beiden Weltkriegen als Manöverbasis benutzt worden, und durch die benachbarte Flugzeugfabrik standen der NATO sechshundert ausgebildete Flugzeugtechniker zur Verfügung.

Die französische Regierung hoffte, die NATO-Einrichtung werde der schwach industrialisierten und unter chronischer Arbeitslosigkeit leidenden Region neue Arbeitsplätze und Kapital einbringen und der Stadt wie dem Umland aus der wirtschaftlichen Misere heraushelfen. Le Berry und Châteauroux brauchten wirklich jede Hilfe, die sie bekommen konnten. Janine Gagné, die Ehefrau eines Amerikaners, der im Rahmen der ersten NATO-Vorbereitungen nach Châteauroux kam, erinnert sich, daß die Stadt damals in einem desolaten Zustand war. »Als die Amerikaner eintrafen, war die Stadt völlig tot. Alles war knapp. Es gab keine Lebensmittelkarten für staatlich subventioniertes Brot mehr. Es fuhren keine Züge und nur wenige Autos. Eis und Bier wurden in Pferdekarren geliefert. Die Franzosen fuhren überallhin mit dem Fahrrad. Die Castelroussins waren den Problemen kaum mehr gewachsen.«

Nach Hicks' erstem Besuch ging alles sehr schnell. Im April 1951, als die Amerikaner schon mitten im Koreakrieg steckten, kehrte Hicks mit einer Vorhut der 7300th Material Control Group zurück. Sie hatte einen doppelten Auftrag: eine Basis für die NATO-Truppen und unterstützenden Einheiten zu errichten und La Martinerie in einen Luftwaffenstützpunkt und ein Nachschublager umzubauen, von dem aus die NATO-Flugzeuge und -Streitkräfte in ganz Europa mit Nachschub und Wartungsdiensten versorgt werden konnten. Dies bedeutete, daß Hangars, Werkstätten und Wohngebäude errichtet werden mußten. Um Start und Landung großer Transportmaschinen mit Nachschub aus Amerika und leichterer Flugzeuge, die das Material auf andere europäische Basen verteilen sollten, zu ermöglichen, mußten Hicks und sein Team drei Kilometer lange Mammut-Rollbahnen bauen.

Bei der Errichtung des Stützpunktes und des übrigen Netzwerks für ganz Westeuropa wandten Eisenhowers Kommandeure die gleiche Planung und Organisation an und ließen das gleiche Kräfteaufgebot zum Einsatz kommen wie bereits bei der Vorbereitung auf die gewaltige D-Day-Landung. Und Châteauroux bekam das Ergebnis zu sehen. Beinahe über Nacht waren an die zweitausend Truppenangehörige in La Martinerie eingeflogen worden und begannen sofort mit dem Umbau. Mit Bulldozern und Baggern wurden die neuen Start- und Landebahnen angelegt. Die Aufstockung der Truppen und des Materials war gewaltig und geschah innerhalb kurzer Zeit. Schon bald campierten so viele Soldaten an der Baustelle, daß diese zu einer Art Behelfsdorf wurde, das sogar einen eigenen Namen bekam: *»Tent City«*.

Die Ankunft von *»les boys«* und dem Sternenbanner verwirrte die Castelroussins und spaltete sie in zwei Lager. Erst sieben Jahre zuvor waren die Nazis aus der Stadt verjagt worden; viele Leute hegten daher die Befürchtung, dies werde zu einer zweiten Besatzung durch eine fremde Macht ausarten, diesmal mit amerikanischen G.I.s auf französischem Boden. *»U.S. Go Home«* wurde zum Standardspruch bei Straßenversammlungen und in den Leitartikeln der prokommunistischen Zeitung LA MARSEILLAISE. Der Stützpunkt, den die U.S. Air Force vom französischen Staat mietete, fand unter den Bürgern allerdings auch zahlreiche Befürworter, wenn auch manchmal nur deswegen, weil man sich davon Arbeitsplätze für französische Arbeiter versprach, und zwar mit Löhnen, die das Dreifache dessen betrugen, was man in der Stadt verdienen konnte. Hunderte von Jobs sollten sofort an Franzosen gehen; später arbeiteten auf der Basis fünftausend Franzosen. Zum Vergleich: Der zweitgrößte Arbeitgeber der Stadt, die in Staatsbesitz befindliche Zigarettenfabrik, beschäftigte siebenhundert Arbeiter und Arbeiterinnen. Obendrein lagen sämtliche anderen Wirtschaftszweige des Berry – die Textil- und Metallindustrie sowie die Flugzeugfabrik – in dieser Zeit darnieder.

Durch den Zustrom von Soldaten und Wirtschaftskraft kamen auch Energie und Kapital nach Châteauroux. Ortsansässige Firmen schlossen Zulieferverträge mit dem Stützpunkt. Die Cafés und Restaurants der Stadt erfuhren durch die hungrigen G.I.s einen gewaltigen Aufschwung. Neben dem französischen Franc etablierte sich in der Stadt sofort eine zweite Währung; der US-Dollar. Die G.I.s bezahlten alles in Dollars beziehungsweise mit Militärzertifikaten, die in Dollars eingelöst wurden. Durch die hohen Löhne konnten die Franzosen, die für die Amerikaner arbeiteten, sich jetzt Waren leisten und auch bekommen, die seit dem Krieg äußerst knapp gewesen waren: Kaffee, Whiskey, Schokolade, Zucker und Elektrogeräte. Zwangsläufig entstand dadurch auch ein Schwarzmarkt mit den Waren, die in den amerikanischen PX-Läden angeboten wurden. Der Immobilienmarkt boomte; den französischen Familien kamen die überhöhten Preise in Form hoher Gewinne zugute. Viele zogen bereitwillig aus – manche richteten sich daraufhin in Gartenschuppen ein – und vermieteten ihre Häuser und Wohnungen an US-Offiziere, deren Frauen und Kinder jetzt nachkamen. Sogar Dédé Depardieu

profitierte von den Amerikanern. Eine Zeitlang arbeitete er in der Flugzeugfabrik, wo er Holzmodelle von Flugzeugteilen herstellte, die sich noch in der Planung befanden.
Auch Janine Gagné und ihr Mann Joe standen für die rapiden Veränderungen, die in Châteauroux stattfanden. Ihre wunderschöne Liebesgeschichte hatte noch im Krieg begonnen: Im März 1945 hatten sie sich in Paris kennengelernt, als Joe, Angehöriger der U.S. Army, sich dort während eines freien Wochenendes aufhielt. Sie trafen sich in einer Métrostation. Joe entstammte einer frankokanadischen Familie und kam aus Maine; Janine war Pariserin, Tochter eines Bäckers. Es war Liebe auf den ersten Blick; schon im Mai heirateten sie. Nach dem Krieg nahm Joe seine Braut mit nach Maine. Die beiden kehrten aber 1950 wieder zurück und ließen sich in Frankreich nieder. Die G.I. Bill, das Gesetz für entlassene Soldaten, ermöglichte es Joe, eine Ausbildung zu absolvieren: Er lernte an der berühmten Cordon-Bleu-Kochschule und half seinem Schwiegervater in der Bäckerei. Als ihm zu Ohren kam, daß die NATO in Châteauroux einen Stützpunkt errichten wollte, fuhr er hinunter, um sich nach einem Zivilistenjob in La Martinerie umzusehen. Als er dann aber *Tent City* sah und sich mit den G.I.s unterhielt, kam ihm eine andere Idee: »Die waren damals nicht gerade üppig ausgestattet. Und am allermeisten fehlte eine anständige Kantine.«
Joe eilte zurück nach Paris, packte Janine, fuhr mit ihr nach Châteauroux und eröffnete das »Joe from Maine«, ein Lokal für die ganze Familie, das dieser kleinen französischen Provinzstadt alle Genüsse brachte, welche die Gastronomie des Mittleren Westens zu bieten hat: Hamburgers, Hot dogs, Milkshakes und Sandwiches mit Schinken, Salatblatt und Tomatenscheiben auf amerikanischem Brot direkt aus dem PX-Laden. Joe meinte, mit amerikanischem Kaffee, Baseballwimpeln an den Wänden und Budweiser vom Faß wären hier mit den so weit von der Heimat entfernten G.I.s ganz gute Geschäfte zu machen. Das war weit unterschätzt: »Am zweiten Tag nach der Eröffnung wand sich die Warteschlange um den ganzen Straßenblock. Es war unglaub-

lich. Wir kamen überhaupt nicht mehr nach. Wahrscheinlich war ich das erste Fast-Food-Restaurant in Frankreich.«

Joes Lokal florierte, der Militärstützpunkt florierte, Châteauroux florierte, und bereits nach kurzer Zeit wurde das Nest in der *France Profonde* mit allen möglichen Dingen aus Amerika überschüttet. In den frühen fünfziger Jahren begannen die Franzosen ihre kleinen, schwarz oder dunkelgrün lackierten Renaults und Peugeots trotz der engen Straßen gegen Buicks, Chevrolets und Fords auszutauschen, Luxuskarossen mit funkelnden Chromstoßstangen und Lackierungen in Pink, Gelb oder blassem Blau. Außerdem machte die Stadt jetzt Bekanntschaft mit dem in Amerika üblichen, hier leicht französisierten Nachtleben: G.I.-Bars und Striplokale mit Namen wie »Le Crazy Bar«, »Rodeo Bar«, »Le Chat Qui Fume« oder »Lido«. Diese Etablissements wiederum brachten eine weitere Neuerung für die Stadt mit sich: Militärpolizisten, die nachts in Jeeps ihre Runden drehten und Raufereien unterbanden.

Die viertausend G.I.s und Piloten mit ihren Dollars in den Taschen und fleischlicher Lust im Sinn zogen ganze Zugladungen von Pariser Prostituierten nach Châteauroux. Die meisten arbeiteten nur am Wochenende hier und fuhren dann mit dem verdienten Geld und dem einen oder anderen Paar Seidenstrümpfen aus dem PX wieder nach Paris zurück. Es dauerte nicht lange, da schlossen sich den professionellen Damen leichte Mädchen aus den umliegenden Kleinstädten und Dörfern an.

Joe brachte einen richtigen Hamburger-Grill aus Amerika mit und beschränkte sich weiterhin auf seine Burgers und Milkshakes. Aber die Bars und Striplokale wurden zu reinen Anmach-Kneipen und inoffiziellen Sprachschulen: *»You buy me ze drink, chéri?« »Wee, wee, ma belle.«* Die Hotels um den Bahnhof hatten solchen Zulauf, daß unternehmerisch veranlagte Nachtportiers ihrem Wochenendlohn, wenn alle Zimmer belegt waren, durch die stundenweise Unterbringung der überzähligen Paare in Badezimmern und großen Schränken einige Dollars hinzufügten.

Auf dem Militärstützpunkt selbst wurde *Tent City* ziemlich bald durch richtige Baracken, Speisesäle und Büroräume ersetzt. Viele der G.I.s waren Reservisten mit Frauen und Kindern, so daß die Basis nach einiger Zeit auch einen Offiziersclub, eine Schule, eine Bücherei, eine Bowlingbahn, Baseballfelder, eine Rollschuhbahn und sogar einen Golfplatz bekam. Mitte der fünfziger Jahre hatte sich der Stützpunkt in eine kleine amerikanische Vorstadt verwandelt, die den amerikanischen Familien allen Komfort bot, den sie auch daheim gehabt hätten. »Es war wirklich wie eine amerikanische Stadt«, erinnert sich Annette Gagné, die Tochter von Joe und Janine. »Man hatte dort alles, was man sich erträumte. Ich ging auf dem Stützpunkt zur Schule, in die mich jeden Tag ein amerikanischer Schulbus mit einem amerikanischen Fahrer brachte.«

Die Invasion des amerikanischen Lebensstils beeinflußte natürlich das Leben und die Phantasie der französischen Eltern und Kinder. Maurice Croze war zu der Zeit Reporter bei LA NOUVELLE REPUBLIQUE und berichtete häufig über Ereignisse auf der NATO-Basis. Zu seinem Erstaunen durfte er sich in weiten Teilen des Stützpunktes ungehindert bewegen und die Soldaten und Offiziere besuchen. Er mischte sich unter die Armee-Journalisten, die ein Blatt namens THE CHAD NEWS herausgaben, so benannt nach dem Army-Akronym für die Basis, und erhielt das Angebot, mit US-Piloten zu fliegen, um sich einen eigenen Eindruck von den NATO-Manövern machen zu können. Die Offenheit und Mitteilsamkeit, mit der ihm jeder begegnete, verblüffte Croze geradezu. General Hicks, der mittlerweile zum Kommandeur des Stützpunkts ernannt worden war, lud ihn nach einem Interview zum Lunch ins Offizierskasino ein. Das Essen wurde dort serviert, wie Croze es nie zuvor erlebt hatte, nämlich im Cafeteria-Stil. Croze konnte nur noch staunen. »Die Auswahl, das Tempo, die Effizienz, die frisch desinfizierten Tabletts – für uns Franzosen war das etwas völlig Ungewohntes.«

Bald ließen sich zahlreiche U.S.-Offiziere mit ihren Familien auch in Omelon nieder. Sie brachten ihre amerikanischen Autos mit, ihre Kühlschränke, ihre gelben Schulbusse und andere faszinierende Gegenstände und Vorrichtungen, alles *made in U.S.A.*

In vielen der amerikanischen Häuser kochten nun französische Frauen, und französische Teenager hüteten die amerikanischen Kinder. Das verkrustete Kastensystem der Stadt hatte eine neue französische Elite dazubekommen, eine Elite, bei der weder der familiäre Hintergrund noch der Bildungsstand, noch die jeweilige berufliche Position ausschlaggebend waren. Innerhalb dieser Elite zählten einzig das Geld und die jeweilige Nähe zu den neuen einflußreichen Kräften in der Stadt. Als vornehm galt jetzt, wer beruflich mit den Amerikanern zu tun hatte.

Dennoch führte das Eintreffen der Amerikaner zu gemischten Reaktionen. Viele Castelroussins, darunter auch Dédé, ärgerten sich über sie, weil sie die alte Ordnung so durcheinanderbrachten. »Für meinen Vater war die Ankunft der Amerikaner ganz und gar kein glückliches Ereignis, sondern eine Invasion«, erzählt Alain Depardieu. Josette, die Frau von Maurice Croze, gehörte zu denjenigen, die den Einzug der NATO in ihre Stadt positiv sahen: »Für viele von uns war das keine zweite Besatzung, sondern geradezu ein Allheilmittel.« Und auch die Kinder von Omelon waren sich einig: »Unsere Väter sahen es nicht so, aber für uns Kinder waren die Amerikaner Befreier«, sagt Alain. »Sie fuhren mit ihren Lastwagen herum und warfen uns Kaugummi und Schokoriegel zu.«

Um den Kontakt zur Bevölkerung zu verbessern und die kulturellen, sprachlichen und sozialen Barrieren zu überwinden, die Franzosen und Amerikaner voneinander trennte, veranstalteten die US-Offiziere an Weihnachten einen Tag der offenen Tür für die Franzosen, die dann amerikanisch geschmückte Weihnachtsbäume und bunte Lämpchen zu sehen bekamen. Die Kinder erhielten kleine Geschenke. Das Fest fand entweder in einem der riesigen Hangars auf dem Gelände der Basis statt oder aber draußen auf dem Rollfeld neben einer der riesigen C-47-Transportmaschinen, die unter der Woche alle drei Minuten landeten beziehungsweise starteten. Für die Franzosen war es jedesmal ein Riesenspaß – es gab Champagner für die Eltern und Spiele für die Kinder. Die Kinder aus den ordentlichen bürgerlichen Familien verhielten sich meist höflich und zurückhaltend, aber draußen auf dem Rollfeld gab es immer einen Bengel, der sich auf seine Weise amüsierte: Er stellte sich an, um ein Geschenk in Empfang zu nehmen, versteckte es schnell und schlich sich wieder in die Warteschlange ein, um ein zweites zu ergattern: Pétarou.

Ihr erstes amerikanisches Weihnachtsfest war für Gérard und Alain wie die Offenbarung einer gänzlich neuen Welt: »Die Amerikaner brachten uns den ganzen Weihnachtsglanz«, erinnert sich Alain. »Sie gaben sogar Weihnachtsbäume aus, bereits komplett geschmückt mit Bändern, auf denen *»Merry Christmas«* und *»Joyeux Noël«* stand. Bis dahin hatten wir daheim noch nie einen Weihnachtsbaum gehabt, aber danach hatten wir immer einen, hinten im Garten.«

Von diesem Augenblick an wurden die Militärbasis und die Amerikaner in der Stadt zum Mittelpunkt im Leben der Depardieu-Jungen und ihrer Phantasiewelt. Als Gérard sechs oder sieben Jahre alt war, lernte er amerikanisches Kauderwelsch und hatte amerikanische Freunde, deren Eltern ihn heimlich auf das Gelände des Militärstützpunktes einschleusten: »Die Basis war eine völlig andere Welt – das PX, die Snackbar, alles echt amerikanisch. Um reinzukommen und auf der Rollschuhbahn fahren zu können, versteckte ich mich in den Kofferräumen von Autos. Oder ich versteckte mich hinten, und dann sagte die amerikanische Familie: ›Duck dich, Gérard!‹ Sobald wir das bewachte Eingangstor passiert hatten, kam ich wieder hoch und ging Rollschuh fahren. Es war einfach super!«

Mitte der fünfziger Jahre entdeckte Gérard auch das Kino. Der französische Film befand sich damals in einer sehr schöpferischen Periode, man denke an die Regisseure Robert Bresson, Jacques Tati und Jean Cocteau. Die meisten seiner Freunde sahen sich vor allem französische Filme an, aber Gérards Interesse galt darüber hinaus auch dem amerikanischen Kino: »Der erste Film, an den ich mich erinnern kann, war ein Chaplin-Film, den ich im Jugendclub unserer Kirche sah. Danach schaute ich mir regelmäßig Filme an. In der Kirche duftete es ganz herrlich, und all die Kinder hockten da im Dunkeln eng beieinander und starrten auf den Zaubervorhang.« Von nun an waren Filme für ihn ein beliebtes Mittel, die Phantasie anzuregen und sich zu entspannen. Er sah Filme von Chaplin und Keaton, ›Le Ballon Rouge‹ (›Der rote Ballon‹), ›In achtzig Tagen um die Welt‹ und ›20 000 Meilen unter dem Meer‹. 1954 bewunderte er Marlon Brando in ›Die Faust im Nacken‹ und im Jahr darauf James Dean in ›Denn sie wissen nicht, was sie tun‹. In seinen Jeans und T-Shirts und mit seinem unruhigen Blick sah Dean aus wie die jungen G.I.s, auf die Gérard und Alain jetzt in und um Châteauroux ständig trafen.

Alain vergötterte James Dean, und Gérard war mittlerweile von allem Amerikanischen hellauf begeistert: »Uns Berrichons faszinierten die Amerikaner nach dem Krieg unglaublich«, sagt Gérard. »Die Deutschen waren der reine Terror gewesen; die Amerikaner standen für die Freiheit. Die Amerikaner rochen völlig anders als wir – sie strömten eine Freiheit aus, die sich von unserer total unterschied. Alles an ihnen war anders, bis hin zu den Bügelfalten in ihren Hosen. Diese jungen Typen, neunzehn, zwanzig Jahre alt, dufteten nach Palmolive und Chlorophyll – das ist Amerika: Chlorophyll – und aßen Omelett-Sandwiches. Das hatten wir noch nie gesehen, daß einer ein Omelett auf eine Scheibe Brot legt, und wir fanden es sehr schlau und ganz wunderbar.«

Ganz im Gegensatz dazu war das Leben in der tristen, engen Wohnung in der Rue Maréchal Joffre 39 alles andere als wunderbar. Und als hätte Lilette nicht schon genug zu tun, wurde sie 1955 wieder schwanger. Als sie ihr viertes Kind zur Welt brachte – wieder daheim und mit Hilfe einer Hebamme –, floh Dédé einmal mehr den Schauplatz der Geburt. Der nunmehr sechsjährige Gérard dagegen harrte aus. Als bei seiner Mutter die Wehen einsetzten und sie schließlich ein Mädchen, Catherine, gebar, blieb er die ganze Zeit über bei ihr und beobachtete das dramatische Geschehen von Anfang bis Ende mit aufmerksamem, distanziertem Blick. Für ihn war es nichts anderes, als wenn er in den Sommermonaten auf dem Bauernhof den Kühen beim Kalben zugesehen hatte.

»Meine Mutter erinnert mich an eine dieser Kühe«, erklärt er. »Sie war Fleisch, Milch und Blut. Sie war eine aus mütterlichem Instinkt bestehende Masse. Ich meinte das überhaupt nicht negativ, sondern hatte eine fast hinduistisch zu nennende Auffassung davon: Ich sah sie als eine heilige Kuh. Aber gleichzeitig war es ganz real und natürlich, wie eine Kuh mit ihrem Kalb, wenn sie im wahrsten Sinne des Wortes Leben gebiert. Das alles sah ich als Kind mit eigenen Augen.«

Während dieser Zeit erlebte Gérard noch weitere nicht eben für Kinderaugen geschaffene Szenen. Dédés Alkoholkonsum war inzwischen zu einem ernsten Problem geworden. Eines Tages sah Gérard seinen Vater vor der Schule im Rinnstein liegen – und auch die anderen Kinder sahen es. Gérard schämte sich nicht nur, sondern war auch wütend, weil die internen Familienprobleme nun für die ganze Gegend offen zutage traten. Allerdings hatte auch Dédé selbst es alles andere als einfach. Er versuchte seine Familie damals mit Hilfe zweier Jobs zu ernähren: Er arbeitete als Handwerker und als freiwilliger Feuerwehrmann. Oft wechselte er die Stellung und ärgerte sich über die vielen Amerikaner in der Stadt und in der Nähe seiner jeweiligen Arbeitsplätze. Lilette, die jetzt für vier Kinder sorgen mußte, fand nicht mehr viel Zeit für ihn. Im Verlauf der nächsten Jahre sollte sie noch zwei Babys zur Welt bringen, so daß die Familie schließlich achtköpfig und Lilette permanent überlastet war.

Da Lilette sich in dieser Zeit vor allem um die kleine Catherine kümmerte, war Gérard nun gänzlich sich selbst überlassen und hielt sich immer seltener zu Hause auf. Er wurde ein richtiger Straßenjunge, streunte den ganzen Tag mit Alain und den Nachbarskindern herum, schlich sich in den Park, um Gitanes zu rauchen, spielte Fußball oder ging zum Angeln oder Schwimmen. Er schlug gewaltig über die Stränge, aber selbst auf die schlimmsten Sachen, die er anstellte, reagierten seine Eltern meist mit Gleichgültigkeit. Dieses Kind hätte Strafen vielleicht sogar als erleichternd empfunden, als eine Grenze und als Zeichen der Fürsorge. Aber man bot ihm nur wenig Disziplin, zeigte ihm keinerlei Grenzen auf. Manchmal wurde er ausgeschimpft, aber körperliche Bestrafung, sagt Gérard, habe es nie gegeben. »Dédé war überhaupt nicht gewalttätig. Ich bin nie geschlagen worden. Keines meiner Geschwister ist jemals geschlagen worden. Er war der Typ, der aufsteht und brüllt: ›*Aaaarrr, uuaahh, tschuuu!*‹ Das war's dann auch schon. Gewalt gab es bei ihm nicht.«

Diese Zeit – Gérard zählte sieben, acht Jahre – war für die Kinder von Omelon oft sehr schön; sie spielten zusammen, und zwar fast ausschließlich draußen. Nach dem Abendessen trafen sie sich auf der Straße oder vor einem Haus und spielten. Damals, Mitte der fünfziger Jahre, kaufte einer der Nachbarn, ein Vertreter für Dijon-Senf, den ersten Fernsehapparat in der Gegend; im Sommer ließ er immer sein Fenster offen, so daß auch die Kinder aus den umliegenden Häusern in die Wunderkiste starren konnten. An heißen Tagen schwangen sie sich auf Fahrräder und fuhren hinaus zu ihrer Badestelle bei Mousseaux. Gleich daneben war ein Café, das von einem alten Mann, Monsieur Robinet, geführt wurde. Im Keller lagerte immer kalte Limonade in Flaschen mit Keramikverschlüssen, und in den mageren Nachkriegsjahren bedeutete für die Kinder der Kauf einer Flasche Limonade von Monsieur Robinet den höchsten Luxus und den größten Spaß überhaupt – abgesehen davon, dem kleinen Teufelskerl Pétarou dabei zuzusehen, wie er mit dem Fahrrad direkt in den Bach fuhr.

Um die Hemmschwellen zwischen den amerikanischen und den französischen Kindern in Châteauroux abzubauen, wurden Austauschaktionen zwischen den Schulen organisiert. So fand sich die Klasse von Dominique Meunier jeden Donnerstagnachmittag geschlossen in der amerikanischen Schule ein. Dominique erinnert sich, wie fasziniert sie von bestimmten Einzelheiten war, welche die amerikanischen Schüler nicht einmal wahrnahmen. »Wir besuchten ihren Unterricht, sahen ihre Klassenzimmer und erlebten etwas, das wir ganz wunderbar fanden, nämlich die Freiheit, die diese Schüler genossen. Sie trugen, anders als wir, keine Uniform. In den Gängen gab es kleine Trinkbrunnen. Die

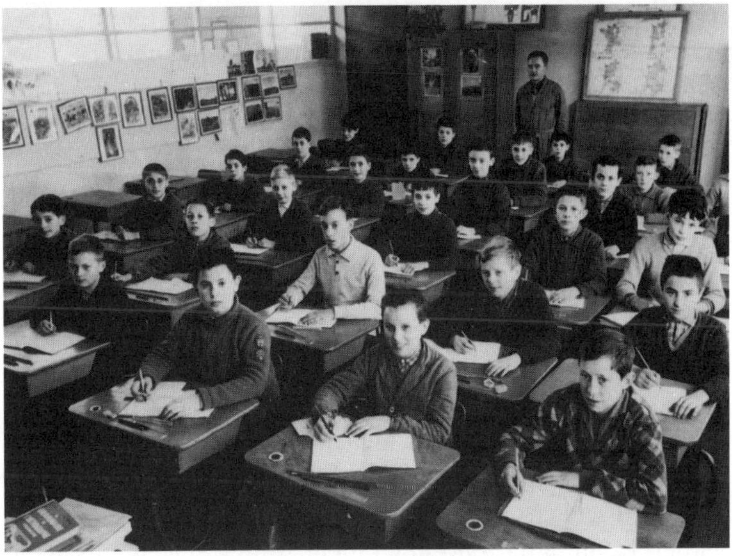

Gérard (zweiter Schüler vor dem Lehrer) machte seinen Hauptschulabschluß an der Ecole de l'Omelon. Er litt unter Sprachstörungen und hatte schlechte Noten: Die Schule langweilte ihn.

meisten von uns hatten noch nie so einen Trinkbrunnen gesehen, das fanden wir enorm fortschrittlich. In unserem Unterricht saß jeder von uns auf einem Stuhl an einem Tisch. Dort gab es Klassenzimmer, in denen kein einziger Tisch oder Stuhl stand. Auf uns machte das den Eindruck großer, großer Freiheit.«

Diese Freiheit verfehlte auch auf den kleinen Gérard ihre Wirkung nicht. Da er in einer amerikanisierten Stadt aufwuchs, idealisierte er die G.I.s und ahmte ihr Verhalten nach, was aber nicht hieß, daß er deshalb daheim, auf der Straße oder in der Schule besonders unfolgsam oder gar aggressiv wurde – er wurde nur aktiver. Im Beisammensein mit den amerikanischen G.I.s empfand er oft den starken Drang, sich gehenzulassen, Lärm zu machen, mit den Armen zu rudern, sich seiner selbst zu versichern. Erst viele Jahre später war er fähig, dieses Verhalten zu verstehen und zu artikulieren; heute weiß Gérard, daß er damals gegen die Gleichgültigkeit und Passivität seiner Eltern aufbegehrte. Er war entschlossen, auf jeden Fall *aufzutreten* – aber nicht im theatralischen Sinn, sondern im Sinn von (sich) aufführen, etwas ausagieren, mit dem Fuß aufstampfen, sich aller Hemmungen entledigen, sich befreien.

Verglichen mit der Freiheit, die er draußen auf der Straße erlebte, war die Schule für ihn streng und einengend. Im Vorschulalter besuchten die drei Depardieu-Kinder den Kindergarten der Ecole St. Denis; dann kamen sie in die Grundschule, die Ecole de l'Omelon, wo trotz der modernen Ausstattung die alten Traditionen vorherrschten. Wie bis zum heutigen Tag in der französischen Provinz – und sogar in manchen Pariser Schulen – üblich, besuchten die Mädchen und Jungen verschiedene, jeweils nebeneinanderliegende Schulen. Die Schüler lernten fast ausschließlich mechanisch, durch Auswendiglernen, und wurden kaum je dazu ermutigt, dem Lehrer Fragen zu stellen. Es herrschte strenge Disziplin und gab nur wenig Kommunikation zwischen Eltern und Lehrern oder Schulleiter und Eltern. Und selbst die Schüler, die sehr gute Leistungen erbrachten, wurden von den Lehrern nur selten gelobt und angespornt.

Einer der schlimmsten Aspekte der Schule bestand für Gérard in der Tatsache, daß dort das gleiche Kastensystem herrschte wie im restlichen Omelon – nur daß er den sozialen Strukturen in der Schule nicht entfliehen konnte, weil der gesamte Schulalltag von ihnen geprägt war. Sobald er durchs Portal ging, fühlte er sich wie ein Außenseiter – ein Gefühl, das er geradezu als erstickend empfand: »Als Kind spürte ich die Klassenunterschiede sehr stark. Es gab Zigeunerkinder bei uns in der Schule, deren Eltern in Zirkuswagen lebten und die, genau wie ich, anders behandelt wurden als die Kinder aus Arbeiter- oder Mittelschichtfamilien.« Gérard zufolge siedelte man seine Familie unter den Arbeiterfamilien an, weil Dédé keine feste Stellung hatte. Alain und Hélène hatten unter dem strengen Schulregiment allerdings kaum zu leiden. Sie waren beide eher ernst und fleißig, bekamen gute Noten und kaum je disziplinarische Maßnahmen zu spüren. Gérard war da aus einem anderen Holz geschnitzt. Die Schule langweilte ihn, und er lernte nicht gerade mit großer Begeisterung. Lilette machte sich deswegen ständig Sorgen; sie wußte einfach nicht, was sie mit Gérard anstellen sollte. Da sie selbst nicht besonders gebildet war, fiel es ihr immer schwer, in die Schule zu gehen und mit den Lehrern ihres Sohnes zu reden. Eines Tages im Herbst 1956, als Gérard sieben Jahre alt war, nahm sie aber doch einmal all ihren Mut zusammen und stattete dem Rektor, Roger Lucas, einen Besuch ab. Sie trafen sich in seinem Büro, begrüßten einander höflich, und dann platzte Lilette gleich mit ihrer großen Sorge heraus: »*Monsieur*, ist mein Sohn schwachsinnig?«

Lucas war völlig verdutzt. *»Mais non, Madame.* Ihr Sohn ist nicht schwachsinnig. Er ist nicht mal ein schlechter Schüler.« Er versicherte Lilette, daß Gérard im Rechnen durchschnittliche Leistungen erbringe, recht gut im Zeichnen sei und daß seine Handschrift schon schöne Fortschritte mache. Außerdem habe er ein Talent dafür, vor der Klasse Gedichte aufzusagen – eine Behauptung, der Gérard bis heute widerspricht. »Und singen tut er auch nicht schlecht«, beruhigte der Rektor die Mutter. Lilette ging erleichtert, aber immer noch skeptisch nach Hause.

Lucas, den die Kinder Père Lucas nannten, sollte als Rektor und später als Klassenlehrer noch großen Einfluß auf die schulische Laufbahn von Gérard haben. Lucas, der mittlerweile pensioniert ist, sagt, Gérards »bäuerliche Art«, seine Einfachheit und Spontaneität hätten ihm immer gefallen. »Er verteidigte stets die Kleinen. Wenn ein kleines Kind von einem größeren herumgeschubst wurde, kam Gérard und schrie: *›Huaaaarrrrggg!* Was machst du denn da? Laß ihn bloß in Ruh'!‹«

Lilettes Besuch hatte in Lucas den Verdacht geweckt, daß bei Gérard daheim einiges im argen lag. Hin und wieder sah der Rektor auf der Straße Dédé und wußte auch – wie jeder in Omelon –, daß dieser weit mehr Zeit in den Cafés als daheim bei seiner Familie verbrachte. Andererseits beklagte Gérard sich in der Schule nie, und Alain und Hélène waren beide gute Schüler, denen man nichts von möglichen Problemen anmerkte.

Deshalb machten sich Lucas und seine Frau, die in der Mädchenschule unterrichtete, auch keine Sorgen um Gérard. Sie dachten, daß er daheim wohl genauso ungestüm und übermütig wie auf dem Fußballfeld sei. »Er war der Torwart und ließ sich gern in den Dreck fallen«, erinnert sich Madame Lucas.
Wenn Großmutter Suzanne gespürt hatte, daß in Gérard ein *petit Mozart* steckte, so läßt sich das von seinen Lehrern nicht behaupten. Wie in den meisten Grundschulen Frankreichs, die allesamt unter der zentralen Aufsicht von Paris stehen, war der Lehrstoff in Omelon damals durch und durch traditionell und nicht im geringsten geeignet für Kinder, die über ungewöhnliche Formen von Intelligenz oder Kreativität verfügten. Bei vierhundert Kindern, die sich in dem nagelneuen Schulgebäude drängten, und bei Klassenstärken von dreißig, fünfunddreißig Schülern hatten die Lehrer kaum Zeit, sich den Kindern individuell zu widmen. Der Unterricht begann um neun Uhr, und zwar mit dreißigminütigen *leçons de morale*, einer Ethik- und Sozialkundestunde. Es folgten Rechnen, Geschichte und Erdkunde, wobei die Vormittagsroutine nur von einer zehnminütigen Pause unterbrochen wurde. Da ein anständiges warmes Mittagessen in Frankreich sakrosankt ist, gingen die Kinder über Mittag für zwei Stunden nach Hause. Am Nachmittag kehrten sie in die Schule zurück und wurden in Grammatik, Aufsatzschreiben und *orthographe*, der französischen Rechtschreibung, unterrichtet. Keines dieser Unterrichtsfächer konnte Gérard sonderlich beeindrucken, sein Interesse in der Schule galt hauptsächlich dem Fußball und dem Murmelspielen.
Nach dem Unterricht gingen Gérard und Alain in die Stadt, sahen sich die riesigen amerikanischen Autos an und lugten durch die Türen von Striplokalen. Samstags versuchten sie sich in die Rollschuhbahn auf dem Gelände des NATO-Stützpunkts zu schleichen oder schauten bei »Joe from Maine« vorbei und beobachteten die Amerikaner beim Hamburgeressen und Milkshaketrinken. Manchmal trieben sie sich abends, wenn Dédé daheim war, Radio Moskau hörte und L'HUMANITE las, in der Bahnhofsgegend herum und sahen sich die Prostituierten in

den Bars an. Aber auch wenn sie in Omelon blieben und mit ihren Freunden spielten, waren die Amerikaner das beherrschende Thema. In den Wortschatz und das Bewußtsein der beiden Jungen war ein neuer Ausdruck eingedrungen: *le Rêve Américain,* der amerikanische Traum.

»Ich liebte Amerika leidenschaftlich«, erinnert sich Gérard. »Viele meiner Freunde gingen nach Amerika. Einfach, um es sich mal anzusehen. Weil sie eben fasziniert waren, unglaublich fasziniert. Die Amerikaner waren diejenigen, die unsere Träume veränderten.«

Der etwa zehnjährige Gérard
in der Ecole de l'Omelon

6 Die wilden Jahre

1957, als Gérard acht Jahre alt war, konnte man Châteauroux nicht mehr als *eine* Stadt bezeichnen – es waren zwei Städte daraus geworden, zwei Städte mit zwei verschiedenen Sprachen, zwei Kulturen, zwei Wirtschaftsbereichen und zwei sehr unterschiedlichen Mentalitäten. Aus dem ursprünglichen Kontingent von viertausend US-Soldaten waren zwölftausend Männer und etwa dreitausend amerikanische Frauen und Kinder geworden. Am Stadtrand gab es jetzt zwei Siedlungen, die die Amerikaner erbaut hatten, um den Truppen und Familien Unterkunft zu verschaffen. Die erste hieß Touvent und bestand aus mehreren Wohnblöcken. Die zweite hieß Brassioux und war eine vornehme Vorstadtsiedlung, die aussah, als hätte man sie irgendwo in Oklahoma oder Arizona in ein Flugzeug verpackt und hier in Frankreich auf der grünen Wiese abgestellt. In Brassioux lebten vor allem Offiziere und ihre Familien; sie bewohnten geräumige Fertighäuser im Ranchstil, die einen Hauch vom amerikanischen Südwesten besaßen. Es fehlten nicht einmal die gepflegten Rasenstücke und säuberlich gestutzten Hecken vor den Häusern, die über die typisch amerikanischen großen Küchen und Badezimmer verfügten, in denen alles, von den Kühlschränken bis zu den Armaturen, *made in U.S.A.* war.

Viele französische Eltern regten sich auch weiterhin über dieses multikulturelle Zusammenleben auf; aber für die französischen Kinder glichen die Häuser der Amerikaner Süßwarenläden. Und einige von ihnen konnte man tatsächlich kaum anders bezeichnen. Die amerikanischen Familien machten die französischen

Kinder mit Popcorn, Marshmallows, Schokoriegeln und in Scheiben geschnittenem, plastikverpacktem amerikanischem Weißbrot, zum Beispiel »Wonder Bread«, bekannt. Im Sommer gab es für die französischen Kinder beim Spielen mit ihren amerikanischen Freunden hin und wieder einen weiteren kulinarischen Genuß: Eis am Stiel. Im Herzen des gastronomischen Frankreich, in einer von Ziegen und Kühen umgebenen ländlichen Kleinstadt, konnten die Kinder jeden Tag Rohmilch-Camembert, Ziegenkäse und frische Milch bekommen, wenn sie wollten – aber sie wollten amerikanische Milch, denn die kam nicht aus Kühen heraus, sondern aus den weit exotischeren Kartons. »Bis dahin hatten wir noch nie im Leben einen Milchkarton gesehen«, erzählt Monique Dagaud.

Trotz des Zaubers, der von Wonder Bread, Schokoriegeln und Erdnußbutter ausging, reichten diese Dinge nicht, um die Barrieren zwischen der französischen und der amerikanischen Gemeinde zu überwinden. Die Sprache, die Weltanschauung und der Stolz verhinderten das Zustandekommen einer tieferen *entente cordiale*. Den Franzosen mißfiel, daß die Amerikaner nicht nur ihre Wohnungseinrichtung, sondern auch ihr Essen aus der Heimat einfliegen ließen. Stimmte vielleicht irgend etwas nicht mit französischer Milch, französischem Brot oder gar mit französischen Tomaten und Salatköpfen? Außerdem sahen es die französischen Mütter und Väter – in lebhafter Erinnerung an die Mädchen der Stadt, die man wegen ihres Umgangs mit Deutschen später kahlgeschoren hatte – gar nicht gern, wenn ihre Töchter auf der Straße mit jungen G.I.s flirteten. Für die ängstlichen Eltern der Mittelschicht waren die sonntäglichen Tanznachmittage im amerikanischen Red-Cross-Gebäude die einzige akzeptable Veranstaltung, bei der ihre Töchter sich mit *les boys* treffen konnten.

Während das Tanzen es den anständigen französischen Mädchen erlaubte, die Demarkationslinie zwischen den beiden Gemeinden wenigstens für kurze Zeit zu überschreiten, sprang Gérard gleich ganz auf die andere Seite. Alain und er, denen von den Eltern keinerlei Einschränkungen auferlegt waren, starrten die Amerikaner nicht bloß aus der Ferne an, sondern mischten sich direkt unter die G.I.s. Sie schlichen sich in Bars und ließen sich im »Joe from Maine« Milkshakes und Cheeseburgers schmecken. Schon lange vor Beginn ihrer Pubertät ahmten Alain und Gérard die G.I.s und das, was sie in amerikanischen Filmen sahen, nach. Sie trugen T-Shirts und Levi's, hörten Jazz und übernahmen amerikanische Slangausdrücke. Sie hatten immer ein paar Dollars in der Tasche und fuhren per Anhalter zum Stützpunkt hinaus. »Châteauroux war hundertprozentig amerikanisiert, und wir dementsprechend auch«, sagt Alain. »Auf dem Stützpunkt spielten wir Softball und waren von Kopf bis Fuß von den Amerikanern eingekleidet.«

Auf ihren Rundgängen in der Stadt oder auf dem Militärgelände, wenn sie mit G.I.s zusammen waren oder im »Joe from Maine« saßen, genossen die beiden Depardieu-Jungen einen Sonderstatus als Kumpel und Maskottchen, als Übersetzer und Vermittler. Gérard war es, der besonders nach den Stars and Stripes hungerte: Daheim fühlte er sich einsam und unverstanden, die Schule fand er langweilig und kam sich dort wie ein Ausgestoßener vor. Obwohl er noch ein kleiner Junge war, hatte er sich bereits auf die Suche nach Möglichkeiten gemacht, sich eine eigene Familie nach seinen eigenen Vorstellungen zu formen: »Ich war ein einsames Kind, und in meiner Kindheit – ich nenne sie immer die erste Hälfte meines Lebens – versuchte ich mir meine Familie neu zu erschaffen. Ich habe immer von einer eigenen Familie mit vielen Kindern geträumt.«

Die Amerikaner nahmen Gérard wie eine Familie bei sich auf, und je mehr Zeit er mit ihnen verbrachte, um so weiter entfernte er sich allmählich von Lilette und Dédé. Alain und Gérard waren inzwischen immer unterschiedlicher geworden. Alain war zwar drei Jahre älter, aber Gérard war wesentlich unruhiger, er trachtete viel stärker als sein Bruder danach, sich ein eigenes Leben, eine andere Wirklichkeit aufzubauen. Alain blieb ein fleißiger Schüler und sauberer Knabe. Er wollte unbedingt auf ein *lycée*, das französische Gymnasium, überwechseln, während die Zukunftspläne des acht-, neunjährigen Gérard nicht über das bevorstehende Abendessen und die nächtliche Vergnügungstour hinausreichten. Er war zwar groß für sein Alter, wurde aber trotzdem noch bei seinem Spitznamen Pétarou gerufen und galt in Omelon noch immer als *enfant terrible.* Inzwischen hatte er allerdings dreistere Methoden entwickelt, um den Teufelskerl zu markieren und seine Freunde in Staunen zu versetzen. Zusätzlich zu den Fahrten auf den Stützpunkt, wo er sich einschlich, um Bowling zu spielen oder Rollschuh zu fahren, fand er nun auch Möglichkeiten, im amerikanischen PX einzukaufen. »Ich ging einfach mit erwachsenen Amerikanern rein und kaufte ihnen ihre Lebensmittelkarten ab«, erklärt Gérard. »Die hatten Lebensmittelkarten für alles, was man sich vorstellen kann. Ich sagte dann immer: ›Passen Sie auf: Sie trinken doch nicht, und rauchen tun Sie auch nicht. Verkaufen Sie mir Ihre Karten!‹ Ich machte kein schlechtes Geschäft dabei.« Er verkaufte den Whiskey beziehungsweise die Zigaretten an Franzosen weiter und kam so an Geld für Jeans und T-Shirts, für Hamburgers und Pommes frites. Fast alle Leute in Châteauroux stimmen darin überein, daß der Handel mit amerikanischen Zigaretten in den Schulen am Ort neben dem Fußballspielen der beliebteste Sport für Jungs war – was aber nicht heißt, daß man die Sache als Kavaliersdelikt betrachtete; sie galt als prestigefördernd, als Beweis für Gerissenheit und gute Kontakte zu den einflußreichen Leuten. Um bei den Kindern wie bei den Erwachsenen als Star zu gelten, mußte man sichtbar nachweisen, daß man Zugang zum Stützpunkt, Zugang zu den Stars and Stripes hatte. Eine Stange Camel-Zigaretten beispielsweise war bei den Jungen ein begehrtes Prestigeobjekt. Andererseits war die Kleinkriminalität dieser Art wirklich nur ein Kinderspiel verglichen mit dem, was die Erwachsenen in der Stadt trieben. »Châteauroux war das Havanna Europas geworden«, sagt Alain. »Man bekam dort alles, was verboten war, es wurde mit allem gehandelt. Mit Waffen, mit Autos, mit Lastwagen. Ganze Lastwagenladungen mit Waren aus dem PX. Einmal wurde sogar ein ganzer Flugzeugmotor geschmuggelt und den Schmugglern von anderen wiederum geraubt. Gott sei Dank spielte sich das alles ab, bevor das Zeitalter der Drogen anbrach. Drogen gab es damals überhaupt nicht.«

Der Journalist Maurice Croze verfolgte mit, wie sich Châteauroux zu einer in solchen Dingen ziemlich großzügigen Stadt entwickelte, und bemerkte, welchen Einfluß dies auf die Jugendlichen in Omelon hatte. »Alle Kinder verdienten sich ein bißchen Taschengeld dazu, indem sie mit amerikanischen Zigaretten handelten«, erzählt er. »Das gehörte damals zum Großwerden dazu, es war ein Teil der *quatre cents coups.*« Wenn die Franzosen über einen Jungen sagen, er »macht seine vierhundert Schläge«, dann heißt das, daß er alles mögliche anstellt, daß er die Trotz- und Rebellenphase durchläuft, die dem Erwachsensein vorausgeht. Truffaut benutzte den Ausdruck als Titel für seinen ersten Film, die autobiographische Geschichte seiner eigenen schweren Jugend. Es ist einer von Depardieus Lieblingsfilmen und erwies sich als ein starkes Verbindungsglied zwischen den beiden, als sie später miteinander arbeiteten. ›Les Quatre Cents Coups‹ (›Sie küßten und sie schlugen ihn‹) kam 1959 in die Kinos und handelt von einem Jungen, der unter ähnlichen Umständen aufwächst, wie dies bei Gérard der Fall war. In dem Film ist der zwölfjährige Antoine Doinel ein sensibler, aber zutiefst verunsicherter Junge, den das ewige Gezänk seiner Eltern so belastet, daß er Probleme in der Schule bekommt. Unweigerlich gerät Antoine dann auch mit dem Gesetz in Konflikt, aber nicht etwa, weil er eine kriminelle Ader hätte, sondern weil er innerlich so aufgewühlt ist, sich gleichzeitig aber weder seinen Eltern anvertrauen noch seinen Gefühlen sonst irgendwie Luft machen kann.

»Er war völlig allein«, sagt Gérard. »Keine Eltern mehr – nur noch er allein. Er mußte sich mit sich selbst auseinandersetzen. Ein Rebell; ich mag Rebellen, weil sie Menschen sind, die sich eines Tages selbst gegenüberstehen. Ganz allein. Manche werden Alkoholiker oder drogenabhängig. Das ist ja heutzutage ganz simpel. Aber damals hatte ein Rebell in einer einfachen Familie wie meiner keine anderen Möglichkeiten, als zu schreiben, zu malen, sich in seine Leidenschaft und seine Träume zu verlieren – und in die Filme.«

Während Gérards Rebellion ihn zu allem Amerikanischen hinführte und ihn träumen ließ, er wäre in einer amerikanischen

Familie aufgewachsen, gingen mit Lilette und Dédé kaum irgendwelche Veränderungen vonstatten; das einzige, was sich bei ihnen änderte, war die Anzahl der Kinder. Nach Catherine brachte Lilette Franck auf die Welt, ihr fünftes Kind; und nach einer nur kurzen Atempause wurde sie bereits mit dem sechsten schwanger. Wie immer, wollte sie auch dieses Baby daheim gebären, und wie zuvor war Gérard bereit zum Zuschauen. Aber diesmal ging etwas schief. »Als dieses sechste Kind – mein Bruder Eric – auf die Welt kam, hatte meine Mutter schreckliche Blutungen. Dédé war im Feuerwehrhaus, und zwar sturzbesoffen. Jemand schickte nach ihm, er solle sofort kommen; und weil er annahm, unser Haus stünde in Flammen, erschien er mit der großen Leiter, die er an ein Fenster im oberen Stock anlegte. Die ganze Zeit über blutete meine Mutter ganz schrecklich, so daß wir schließlich einen Krankenwagen riefen, der sie ins Krankenhaus fuhr.«
Auf Episoden dieser Art reagierte Gérard oft mit innerer Abgrenzung und schwarzem Humor. Außerdem entfernte er sich nach solchen Erlebnissen noch weiter von seiner Familie und vergrößerte seine eigene Familie, die aus Freunden bestand, darunter zahlreiche stadtbekannte Originale. Einer der denkwürdigsten von ihnen war »Maurice au Bar«, Maurice von der Bar, ein verwitterter alter Seebär, der Gérard wie einen Kumpel behandelte. Maurice hatte in der französischen Fremdenlegion gedient und in Indochina gekämpft. Inzwischen war er ein bißchen verwirrt und verbrachte seine Tage damit, die Wände von Bars mit Gemälden zu verschönern, auf denen vorwiegend vietnamesische Drachen zu sehen waren. »Gérard kannte wirklich jeden in der Stadt«, sagt seine Schwester Hélène. »Wir hatten keine Ahnung, wo er die überall kennenlernte. Alain und ich waren da völlig anders.«
Aber auch Gérards eigentliche Familie hatte eine stattliche Menge von Sonderlingen aufzuweisen. An manchen Sonntagen erhielten die Depardieus Besuch von Gérards Patenonkel, einem stämmigen Maurer, den alle »die Festung« nannten. Er kam immer mit seinem Sohn, einem muskulösen Jungen namens Riton. Bei jedem Besuch trank der Patenonkel viel zuviel und sackte nicht selten auf Gérards Bett zusammen. Das war zwar eine lästige

Gewohnheit, aber sobald »die Festung« eingeschlafen war, kam Riton und fischte seinem Vater ganz vorsichtig alle Francs aus den Taschen, während Gérard feixend zusah. »Meine Lebensfreude, die ich mir trotz der vielen Probleme bewahrte, rührte von der Tatsache her, daß ich einer Familie von wahren Dichtern entstamme«, sagt Gérard.

Gérard war von Natur aus clever und einfallsreich, er konnte sich allein durchschlagen und aus jeder noch so schlechten Situation das Beste herausholen. Seine Eltern waren arm, ungebildet, fast Analphabeten und von einer Mentalität, die in manchen Aspekten mittelalterlich war, obwohl Gérard heute, wenn er zurückblickt, durchaus auch ihre schöne, einfache Art, die man fast als Unschuld bezeichnen kann, sieht. Und Dédé besaß, trotz seiner ständigen Gedankenverlorenheit, eine sonderbare, fast unerklärliche Kraft, die er manchmal, besonders wenn die beiden zusammen zum Angeln gingen, auch seinem Sohn Gérard zeigte. »Ich angelte wahnsinnig gern, aber das Jagen haßte ich immer, weil der einzige Zweck des Jagens im Töten besteht. Angeln ist etwas Geheimnisvolles: das Wasser, und unter der Oberfläche der Fisch. Dédé saß immer stundenlang da, ohne ein Wort zu sprechen; dann war er ganz woanders und doch noch da. Es wäre ihm nicht schwergefallen, sein ganzes Leben mit Angeln zu verbringen. Ich ging wirklich gern mit ihm zum Angeln. Es war fast so eine Art Kommunion.«

In den späten fünfziger Jahren, um sein zehntes Lebensjahr herum, entfernte Gérard sich noch weiter aus dem Kreis seiner Familie. Sechs Kinder waren jetzt in der engen Wohnung eingepfercht – Grund genug für Gérard, die meisten Tage und viele Abende woanders zu verbringen. Im »Joe from Maine« war er mittlerweile Stammgast. Er ging meistens erst einmal in die Küche und sah Janine bei der Zubereitung von Omeletts oder Hamburgers zu; oder er setzte sich an die Theke und unterhielt sich mit Joe, während der Milkshakes machte und das Bier für die G.I.s zapfte. Joe war in Châteauroux eine feste Institution geworden. Er hatte sich in Amerika ein wirklich heißes neues Ford-Fairland-Cabrio gekauft, ein Modell in Rot und Weiß mit schwarzem Dach, chrom-

verzierten Kotflügeln und mehr Innenraum, als manche Hotelzimmer in Châteauroux zu bieten hatten. Da Joe frankokanadischer Abstammung war, bereitete es ihm keine Schwierigkeiten, sich mit Gérard zu unterhalten. Joe war ein kräftiger, väterlicher Mann, den Gérard und alle anderen sehr respektierten. Wenn sich G.I.s in den Nachtclubs und Stripkaschemmen prügeln wollten, dann war das ihre Sache, aber in seinem Lokal duldete Joe keine Raufereien. Er verfügte auch über eine entsprechend wirkungsvolle Methode, derartige Zusammenstöße zu beenden: Er besprühte jeden Übeltäter ganz einfach mit seinem zuverlässig funktionierenden Feuerlöscher.
Zur gleichen Zeit schwappte eine weitere mächtige Welle aus Amerika nach Châteauroux und in Gérards jugendliche Phantasiewelt hinein: Rock 'n' Roll. Über Schallplattenläden und beliebte Radiosendungen wie *»Salut les Copains«* entdeckte die französische Jugend Elvis Presley, Chubby Checker und Bill Haley and the Comets. Rock 'n' Roll wurde auf der Stelle sowohl eine große Mode als auch eine Waffe der rebellierenden Jugend. Elvis war für die Depardieu-Kinder von Anfang an ein Star, und mit Hilfe ihrer wachsenden Fähigkeit, zu schieben und zu tauschen, gelang es Gérard und Alain, eine riesige Sammlung amerikanischer Platten anzuhäufen sowie einen der ersten Plattenspieler in der Gegend zu organisieren. Samstagnachmittags kamen die Kinder vom ganzen Block zum Musikhören. Es gab eine ausgeprägte Chubby-Checker-Phase mit Twist-Training in der Depardieuschen Küche. Rock 'n' Roll bemächtigte sich der Clubs und der Jukeboxes in der ganzen Stadt und herrschte schließlich auch an Gérards Lieblingsschwimmstelle, einem Weiher am Stadtrand in der Nähe des Schlachthofs, eindeutig vor. Das Wasser war zwar nicht gerade sauber, aber Gérard ging am liebsten dort baden, weil man einen Lautsprecher aufgestellt hatte, aus dem die neuesten Hits dröhnten.
Elvis, Rock 'n' Roll, Coca-Cola und Levi's – das zählte damals, das waren die Symbole ihrer Kultur. Für Gérard und Alain, die mit Elvis und all den G.I.s aufwuchsen, war die Phase der vierhundert Schläge mit Südstaatenslang, texanischem Singsang und der träu-

merischen Vision von Heartbreak Hotels und Blue Suede Shoes verknüpft: »Wir erlebten als Kinder wirklich tolle Sachen«, sagt Alain. »Es gab für uns so viel zu sehen! Die ganze Welt lag offen vor uns. Und wenn wir in Gedanken flohen, dann immer nach Amerika.«

Besonders in der Weihnachtszeit bildete Amerika das Ziel der Träumereien Gérards und Alains. Für viele französische Familien war Weihnachten die Zeit des Jahres, die man zusammen verbrachte; selbst Familien, die sonst kaum in die Kirche gingen, besuchten jedes Jahr die Christmette. Nicht so die Depardieus. Obwohl sie Katholiken waren und ihre Kinder hatten taufen lassen, waren Lilette und Dédé alles andere als fleißige Kirchgänger, sei es an Weihnachten oder sonst. Außerdem verboten ihnen ihre begrenzten finanziellen Mittel, aus Weihnachten ein großes Fest zu machen. Lilettes Schwester Colette lud zwar meist die ganze Familie zu einem großen Weihnachtsessen ein, aber Gérard und Alain machten sich immer schon nach kurzer Zeit aus dem Staub. Für sie war Weihnachten die *American Christmas Party* draußen in La Martinerie, und den Weihnachtsabend selbst verbrachten sie mit amerikanischen Familien, manchmal auch mit einsamen G.I.s, die das Fest weit entfernt von daheim feiern mußten.

An einem Weihnachtsabend, als Alain etwa fünfzehn und Gérard zwölf war, schlichen sie sich in einen amerikanischen Privatclub, wo eine Weihnachtsparty stattfinden sollte. Es war nur ein improvisierter Club, den man in irgendeiner Scheune eingerichtet hatte, aber für die beiden Jungen war es wie der Eintritt in die Welt ihrer eigenen Phantasien. Es gab amerikanisches Essen und amerikanische Getränke, aus einem Plattenspieler ertönten schmalzige amerikanische Lovesongs von Dean Martin und Tony Bennett, und überall drängten sich sentimental gestimmte G.I.s, die vor Heimweh nach Ohio, Texas oder Oklahoma fast vergingen. Die ganze Nacht hindurch tanzten sie eng umschlungen mit warmen, zärtlichen, nach Parfüm duftenden Französinnen – entweder richtige Freundinnen oder aber Professionelle, die über die Feiertage von Paris nach Châteauroux gefahren waren. Wie immer nahmen die G.I.s Alain und Gérard auch an diesem Abend bei

sich auf wie eine Familie, und die zwei Jungs kuschelten sich gewissermaßen zufrieden und fasziniert in diese behagliche Atmosphäre.
»Wir waren weit weg von unserer Familie«, erinnert sich Alain, »wir waren in dieser völlig anderen Welt, die nach Cheeseburgers, Gingerbread und – wie heißt noch gleich dieser Kaugummi mit dem Fruchtgeschmack? – Juicy Fruit duftete. Das war nicht mehr Frankreich; das war irgendeine Stadt in Amerika. In Arizona vielleicht. Wir feierten sowohl Weihnachten als auch Silvester dort, und zwar bis drei Uhr früh. Mit diesen amerikanischen Schmalzsängern und sehr viel Rührseligkeit. Es war das schönste Weihnachtsfest in meinem ganzen Leben.«
Im Gegensatz zu dem Leben und der Familie, die Gérard jetzt in der Stadt und unter den Amerikanern aktiv für sich schuf, bewirkte die Schule bei ihm nur mehr Lustlosigkeit und Passivität. Zwei Jahre lang hatte er einen strengen, humorlosen Mann als Lehrer, den alle »Le Père Durand« nannten, Pater Durand. Er war zwar gar kein Priester, benahm sich aber so, als wäre er einer; Gérard konnte den Mann von Anfang an nicht leiden. Aber Père Durand zeigte seinerseits auch wenig Sympathie für Gérard und dessen großspuriges Gehabe. In Père Durands Klasse herrschte ein Geist, der dem von Gérard völlig entgegengesetzt war. Jeder Tag begann mit einer *leçon de morale*, in der Père Durand einen Zeitungsartikel über ein Verbrechen oder irgendeine andere Missetat zum Aufhänger nahm, um die einzelnen Gebote, um Gut und Böse zu erläutern. »Wir lasen einen Artikel, und dann sagte Père Durand: ›Seht ihr, ihr sollt nicht stehlen!‹ oder ›Ihr sollt nicht abschreiben‹«, erzählt Serge Dubreucq, ein Schulfreund von Gérard. Und Père Durand praktizierte, was er predigte. Wenn er gut gelaunt war, trat er an seine Geographiekarten, nahm einen Zeigestock aus Bambus zur Hand und brachte ihn vernünftigerweise an der Tafel oder auf der Landkarte von Frankreich zur Anwendung. War er schlecht gelaunt, beispielsweise wenn jemand abgeschrieben oder im Unterricht Unsinn gemacht hatte, verpaßte er dem jeweiligen Schüler mit dem Bambusstock scharfe Hiebe auf die Fingerspitzen. Noch schlimmer als der Zeigestock selbst war dabei

Gérard besuchte die Schule St. Denis in der Nähe seines Elternhauses in Omelon, einem Neubauviertel von Châteauroux.

meist der Schmerz, den die öffentliche Demütigung hervorrief. Für Serge und Gérard – beide alles andere als Musterknaben der Klasse – war die schlimmste Tortur das Aufsagen von Gedichten. Montags nannte Père Durand ein Gedicht zum Auswendiglernen, und jeden Mittwochnachmittag rief er dann einzelne Schüler nach vorn, wo sie das Gedicht vor der ganzen Klasse aufsagen mußten.

Dagegen brillierten Gérard und Serge in den Pausen und auf dem Fußballfeld. Beide Jungen waren groß und kräftig und gehörten auf dem Sportplatz zu den Anführern und Beschützern der kleineren Kinder. In den Pausen organisierten sie Murmelturniere und Fußballmatchs. Im Herbst spielten sie nach dem Unterricht im Schulteam: Am Donnerstagnachmittag wurden Fußballspiele gegen andere Schulen am Ort ausgetragen. Serge galt geradezu als Star. Sein Vater war der Trainer der besten Amateurmannschaft von Châteauroux, Les Berrichons, und Serge selbst, ein Junge wie ein Baum, spielte später zehn Jahre lang Profifußball. Gérard fing als Mittelstürmer an, wurde später aber als Torwart eingesetzt, weil er schnell reagierte und sich so gern zu Boden fallen ließ.

»Gérard hatte einen ausgeprägten Kampfgeist«, erinnert sich Serge. »Schon damals spürte man bei ihm eine Kraft, die andere nicht besaßen.«

Genau wie bei sich zu Hause, führte Gérard auch in der Schule eine Art Doppelleben. Draußen auf dem Schulhof war er fröhlich und glücklich, im Klassenzimmer dagegen saß er stets verdrossen herum. In den späten fünfziger Jahren, als er in die Pubertät kam, wurde er in der Schule aufsässig – ja, er störte den Unterricht so sehr, daß Père Durand ihm einen Platz direkt vor dem Lehrerpult zuwies, um ihn besser im Blick zu haben. Angesichts solcher disziplinarischer Maßnahmen hätten viele andere Jungen klein beigegeben, aber Gérard dachte gar nicht daran, sich zähmen zu lassen. Sein Benehmen wurde immer schlechter; das gleiche galt für seine Noten. Die Schule wurde zum Schauplatz eines Machtkampfes zwischen Gérard und Père Durand. Um den Jungen zur Räson zu bringen, griff der Lehrer immer häufiger zum letzten Mittel, seinem Zeigestab aus Bambus. Gérard erhielt Schläge auf die Finger, manchmal auch an den Kopf, aber sie stärkten nur seinen Widerstand.

So erzählt Roger Lucas, daß Gérard, als der Lehrer einmal nicht anwesend war, sich in Durands Klassenzimmer schlich, den Zeigestock zerbrach und der Aktion noch einen schlauen Dreh verlieh, indem er den Stock wieder zusammenklebte, so daß er wie neu aussah. Der Trick funktionierte. Als Père Durand ihn das nächste Mal vor der Klasse vermöbelte, brach der Stock in der Mitte entzwei und hing schlaff in der Hand des Lehrers. »Durand war unglaublich wütend«, erinnert sich Lucas. Wütend, aber noch nicht besiegt. Am Ende des Jahres ließ er Gérard durchfallen, und zwar praktisch in allen Fächern, so daß er nicht in die nächsthöhere Klasse aufsteigen konnte. Gérards Reaktion darauf fiel nicht weniger dramatisch aus: Er zerriß sein Zeugnis und steckte es in Durands Briefkasten.

Le Père Durand trug auch indirekt zu Gérards Abgang von der

Pflichtschule bei, und zwar im Zusammenhang mit einem besonderen Vorfall, der Gérard noch heute in Rage bringt. Am Ende des Schuljahres wurde in jeder Klasse Geld gesammelt, um ein Geschenk für den Rektor Père Lucas zu kaufen. Jeder Schüler gab fünf Francs. Eines Morgens fand man die Sammelbüchse leer. »Man beschuldigte mich, das Geld für Père Lucas gestohlen zu haben«, sagt Gérard. »Lucas rief mich in sein Büro. Er zog die Vorhänge vor. Und dann – *poff! poff!* – schlug er mir zweimal mit der Hand ins Gesicht. Ich stieß ihn zurück. Danach rief er alle Klassen auf dem Pausenhof zusammen und erklärte, ich sei von nun an sozusagen in Quarantäne. Wer dabei erwischt würde, wie er mit mir sprach, müsse mit Bestrafung rechnen. Das war nicht nur ein Schock für mich, sondern auch eine unglaubliche Demütigung – besonders deshalb, weil man mich für etwas bestrafte, was ich gar nicht getan hatte.«

Dieser Vorfall sei einer der Hauptgründe dafür gewesen, daß er Ende der fünfziger Jahre durchfiel, sagt Gérard. Im Sommer stellte er den Jungen zur Rede, den er verdächtigte, den Diebstahl begangen zu haben; es war der Kassenwart der Schule. Der Junge gestand die Tat, doch Gérard verriet ihn nie – für ihn eine Frage der Ehre und des Stolzes. Aber die Sache verbitterte ihn und machte ihn zu einem widerspenstigen Schulrebellen. »Es war ein Schlag direkt ins Gesicht«, sagt er heute. »Er stählte mich gegen die Schule.« Gérard zog sich von nun an noch mehr in sich zurück. Den Rest seiner Schulzeit stand er im Ruf eines schlechten und aufsässigen Schülers, und immer schwebte über seinem Kopf die Anschuldigung, einen Diebstahl begangen zu haben.

Im Frühling 1962 erhielt Gérard seinen Hauptschulabschluß, den die Franzosen *certificat d'études* nennen. Lucas zufolge war Gérard ein Jahr zu früh für sein Alter in die Schule gekommen. Trotz der erzwungenen Wiederholung des einen Schuljahres konnte er die Schule mit dreizehn Jahren, also im gleichen Alter wie seine Kameraden, abschließen. Lucas meint, wenn Gérard die Aufnahmeprüfung ins *lycée* gemacht hätte, wäre er wahrscheinlich durchgekommen. Aber sobald Gérard sein *certificat* in Händen hielt, wollte er im Leben keinen Fuß mehr in eine Schule setzen.

Seine Frustration und seine Wut sind verständlich. Während der vielen Jahre in der Ecole de l'Omelon argwöhnte kein Mensch auch nur eine Sekunde lang, was Professoren und Ärzte nur wenige Jahre später entdeckten: daß in diesem verstörten Jugendlichen erstaunliche intellektuelle und künstlerische Fähigkeiten steckten, darunter ein überaus hoher Intelligenzquotient und ein fast fotografisches Gedächtnis.

Gegen Ende seiner Schulzeit steckte Gérard, seiner rebellischen Haltung entsprechend, viel mit einem Jungen namens Jacky Merveille zusammen, der ebenfalls als Außenseiter und als hartgesotten galt. Er war fast drei Jahre älter und wohnte drei Häuserblocks von den Depardieus entfernt in Omelon. Jackys Eltern waren keine Arbeiter; sein Vater leitete die örtliche Filiale einer großen Bank. Trotzdem konnte man Jacky nicht gerade als einen braven Bürgersohn bezeichnen. Wie Gérard war er groß und kräftig und sprach nur wenig. Die Kinder respektierten ihn sehr, er hatte ein gewisses Charisma, aber die Erwachsenen sahen in ihm nur einen Unruhestifter, *un voyou*, einen jungen Rowdy. Für Gérard, der von Männern umgeben war, die ihm nur wenig Stärke und Vorbild vermitteln konnten, war Jacky ein französischer Jugendlicher, zu dem er aufschauen und den er nachahmen konnte. Und als er in die Pubertät kam, wurde ein solches Rollenvorbild unglaublich wichtig für ihn. Dédé hatte mittlerweile – aus Gründen, die sich nicht mehr klären lassen – seine Arbeit als Blechverarbeiter verloren und war in einem Abstieg begriffen, an dessen Ende er nur mehr den Fußboden der Werkstatt fegen durfte. Für die Ernährung ihrer sechs Kinder blieb Lilette weiterhin auf die Sozialhilfe angewiesen, und jetzt hatte die Familie eine zusätzliche Last zu tragen: Alain war auf ein *lycée* übergewechselt, wo er eine Ausbildung zum Industriedesigner machte und sich auf seinen Beruf vorbereitete. Die Schule befand sich in einer anderen Stadt der Region, und die Kosten für Alains Zimmer und Verpflegung belasteten das Familienbudget noch mehr.

Innerhalb der Familie Depardieu hatte sich inzwischen eine weitere tiefe Kluft aufgetan. Alain, Hélène und Gérard waren im Zeitraum von drei Jahren geboren worden; sechs Jahre später waren

Catherine, Franck und Eric auf die Welt gekommen. »Die Kinder verteilten sich praktisch auf zwei sehr unterschiedliche ›Generationen‹«, sagt Alain. »Wir drei älteren hatten eine sehr enge Beziehung zueinander, während ich meine jüngeren Brüder und die kleine Schwester kaum kannte.« Gérard stimmt Alain in diesem Punkt zu; bis auf den heutigen Tag sind sich die beiden »Generationen« in gewisser Hinsicht fremd geblieben, ähneln mehr Cousins als Geschwistern.

Damals teilte Gérard seine innere Aufregung und die Entfremdung, die er fast allen Menschen gegenüber empfand, niemandem mit, weder innerhalb noch außerhalb der Familie. Er ließ sich von seinem eigenen Kodex, seinem eigenen Gesetz des Schweigens leiten. Einige der Menschen, die ihm nahestanden, spürten seine Probleme, aber letzten Endes sahen sie meist doch nur die Äußerlichkeiten, seine Lebhaftigkeit, seine freche Art. Roger Lucas und seine Frau verloren Gérard, nachdem er von der Schule abgegangen war, aus den Augen. Einige Jahre später trafen sie ihn während eines Spaziergangs außerhalb von Omelon wieder. Er war damals gerade von seinem neuen Leben in Paris auf Besuch in die Heimatstadt gekommen. Er hockte am Randstein und befand sich in einem schrecklichen Zustand: ungepflegt, deprimiert und offenbar betrunken. Père Lucas war schockiert. Der Mann, unter dem Gérard seine sämtlichen Schulerfahrungen gesammelt hatte, sah sich plötzlich mit dem konfrontiert, was er sechs, sieben Jahre lang einfach nicht wahrgenommen hatte.

»Er sah aus wie ein Penner, als er so dahockte«, erzählt Lucas. »Und wir blieben stehen und sagten: ›Aber Gérard, was ist denn? Was ist denn los mit dir?‹« Da zog Gérard zum erstenmal in den vielen Jahren, die sie ihn gekannt hatten, für einen Augenblick den Schleier zurück, der über den verborgenen Qualen seiner Kindheit lag: »Die Erinnerungen hier tun einfach zu weh.«

Mit seinem Freund Jacky Merveille
(Anfang der sechziger Jahre)

7 Befreiung

Anfang der sechziger Jahre begann für Châteauroux eine Art Goldenes Zeitalter, das allerdings amerikanisch gefärbt war. Die Amerikaner brachten der Stadt nämlich nicht nur Elvis-Platten, Hamburgers und Coke, sondern auch große Mengen an Kapital, Energie und technologischem Know-how. Etwa fünftausend Franzosen arbeiteten inzwischen für die NATO-Basis. In der ganzen Stadt blühten die Geschäfte; die anfänglichen Spannungen zwischen der französischen und der amerikanischen Gemeinde hatten sich so weit gelegt, daß ein friedliches Zusammenleben möglich war, was franko-amerikanische Liebesbeziehungen und Eheschließungen untermauerten. Selbst die rückständigen Bauern des Berry wagten Neues: Sie benutzten jetzt zum Pflügen ihrer Äcker keine Maulesel und Pferde mehr, sondern bestellten ihre Felder wie die Farmer im Mittleren Westen Amerikas mit großen Traktoren.

Ganz Frankreich erlebte damals einen wirtschaftlichen Aufschwung. Trotz der instabilen politischen Führung der Vierten Republik begann im ganzen Land ein beispielloser industrieller Aufschwung – ein Boom, der durch die Gründung der Europäischen Wirtschaftsgemeinschaft ermöglicht worden war. 1958 kam General de Gaulle noch einmal an die Macht. Für viele Franzosen war er der Held des Zweiten Weltkriegs, der Retter der Nation; er konnte sich daher auf breite Zustimmung stützen, als er seine Vollmachten mit Hilfe einer neuen Verfassung ausbaute und damit die Fünfte Republik schuf. Der neue Präsident war entschlossen, das Land von den negativen Auswirkungen der Nachkriegszeit zu kurieren und der Nation wieder zu Selbstbewußtsein und Stolz zu verhelfen. Um diesem Ziel näherzukommen, meldete Frankreich sich 1960 durch die Detonation einer Atombombe in die Weltpolitik zurück und gehört seither dem exklusiven Kreis der Nuklearmächte an.

Selbst de Gaulle konnte jedoch nicht verhindern, daß ein Eckpfeiler von Frankreichs Grandeur allmählich abbröckelte: das Kolonialreich. Aber das Land wurde in den sechziger Jahren nicht nur vom Zusammenbruch des ausgedehnten Kolonialreichs gebeutelt, es gab noch andere politische Verwerfungen, etwa den Bruch mit der NATO und die Studentenrevolte in Paris. Auch in diesen Zeiten war das Schicksal des kleinen Châteauroux und damit auch Gérard den Unbilden der französischen Geschichte und der internationalen Konflikte ausgesetzt.

Gérard war 1960 elf Jahre alt und trat in eine Phase stürmischer pubertärer Rebellion. Er konnte seine innere Erregung nicht artikulieren, aber sein ungestümes Verhalten sprach für sich selbst. Er rebellierte gegen die Gleichgültigkeit und Passivität von Lilette und Dédé. Er rebellierte gegen den Klatsch und die Hochnäsigkeit der Nachbarn in Omelon. Er rebellierte gegen Le Père Durand und Le Père Lucas und all die Demütigungen, die er in der Schule über sich ergehen lassen mußte. Am Ende seiner Schulzeit hatte er sich seine eigene Vorstellung von Erziehung erarbeitet, der er bis heute treu geblieben ist: »Die einzige gute Erziehung besteht darin, Kindern Liebe und Selbstbewußtsein zu geben.«

Im Herbst 1962 ging Gérard nicht mehr zur Schule; die einzige Ausbildung, die er sich jetzt noch gefallen ließ, bestand in dem, was man auf der Straße lernen konnte. Im Alter von dreizehn Jahren war er bereit und sehr darauf bedacht, sich ganz allein durchzuschlagen. Er war immer sich selbst überlassen und gezwungen gewesen, schnell erwachsen zu werden; jetzt war er ein starkes Mann-Kind, brachte 155 Pfund auf die Waage und war fast einen Meter achtzig groß. Mit dreizehn wirkte er bereits wie ein Siebzehnjähriger, und in den Bars und im »Joe from Maine« stand er mit seinen G.I.-Freunden Schulter an Schulter. Im September dieses Jahres, in einem Alter, in dem die Jugendlichen in Amerika mit der High-School beginnen, fing er als Lehrling in der Druckerei Centre-Presse an, die im Stadtteil Contamines lag. Die Arbeit gefiel ihm, er mochte den Geruch der Druckerfarbe und die Kameradschaft, die dort herrschte. Er hatte noch immer Schwierigkeiten mit dem Reden, sprach in kurzen, abgehackten Sätzen, aber unter den Druckern erwies sich das nicht als Nachteil. Gérard fand großen Gefallen daran, Wörter in klare, lesbare Schrift zu setzen. Zusätzlich zog er einen gewissen Stolz daraus, daß es zu seinen Aufgaben gehörte, THE CHAD NEWS, die Zeitung des NATO-Stützpunktes, zu setzen.

Dédé und Lilette beobachteten mit großer Erleichterung, wie gut Gérard sich in seiner Lehrstelle eingelebt hatte. Dies schien genau das richtige für ihren sonderbaren, anstrengenden Sohn zu sein. Er erlernte einen guten Beruf, verdiente nach einiger Zeit ein bißchen Taschengeld – was konnte man mehr verlangen? Auch Gérard selbst war erleichtert, allerdings aus völlig anderen Gründen. Er war der Langweile in der Schule, war Le Père Lucas und Le Père Durand und ihren schikanösen *leçons de morale* entronnen. Nichts hinderte ihn mehr daran, seine Neugier zu stillen. Während er seinen Eltern den Eindruck vermittelte, ein geregeltes Leben zu führen, erkundete er in seiner Freizeit das Nachtleben von Châteauroux, streifte durch die Kneipen und Nachtclubs und benahm sich nicht wie dreizehn, sondern wie einundzwanzig. Ziemlich schnell glitt er in ein gefährliches, ungesundes Leben ab.

Gérard, Alain und ihr gemeinsamer Freund Jacky Merveille trafen sich oft am späten Nachmittag in der Bahnhofsgaststätte oder in den Cafés. Die Zeiten, in denen sie sich ein Vittel *menthe* oder eine Cola mit Zitrone bestellten, waren vorbei. Jetzt tranken sie, wie die G.I.s und ihre eigenen Väter, Bier oder ein Gläschen Wein oder, wenn es etwas Besonderes sein sollte, einen doppelten Pastis. Daß sie noch minderjährig waren, spielte keine Rolle; die Bars standen ihnen offen, die Besitzer nahmen es alle nicht besonders genau.

Nach Sonnenuntergang begann auf dem friedlichen kleinen

Bahnhofsvorplatz mit der schlichten Kirche Sainte Solange die allabendliche »Promenade«. Die G.I.s und Air-Force-Piloten fuhren nach Dienstschluß mit ihren amerikanischen Autos vom Stützpunkt in die Innenstadt; aus ihren Radios dröhnten in voller Lautstärke die neuesten Hits und die Golden Oldies von Buddy Holly, Elvis und den Everly Brothers.

Kurze Zeit später war es dann die Musik der Beatles und der Rolling Stones. Den Beschreibungen von Alain und Gérard zufolge hatte die nächtliche »Szene« von Châteauroux Ähnlichkeiten mit der in George Lucas' Film ›American Graffiti‹ so anschaulich dargestellten Rock-'n'-Roll-Zeit, allerdings ohne die dort gezeigte Teenager-Unschuld. *Les boys* parkten ihre Wagen, genehmigten sich ein paar Drinks und machten sich dann – Gérard und seine Freunde im Schlepptau – auf den Rundgang durch die Bars und Striplokale. Seine Hamburgers und Milkshakes konsumierte Gérard immer noch im »Joe from Maine«, aber nur, um eine Unterlage für eine feuchtfröhliche Nacht zu haben.

In den billigeren Bars und Striplokalen, die Châteauroux zu seinem Ruf als »Little Havana« verholfen hatten, bildeten Raufereien einen unverzichtbaren Bestandteil des männlichen Verhaltenskodex. Die jungen Soldaten konnten sich auf diese Weise abreagieren, den Frauen imponieren und sich innerhalb der G.I.-Family Ansehen und Respekt verschaffen. Als Junge hatte Gérard alles Körperliche sehr gemocht: Er hatte gern mit seinen Freunden auf dem Fußballfeld oder im Pausenhof gerauft und geboxt. Das Raufen hatte für ihn eine ähnliche Funktion wie das Torhüten beim Fußball – ein wohltuender Körpereinsatz, sei es auf Gras, sei es im Schlamm. Die richtigen Faustkämpfe waren da schon eine ernstere Angelegenheit. In der G.I.-Welt von Châteauroux gehörte Gewalt für einen Jungen ebenso wie für einen Mann zum Alltag. Um seine neue Selbständigkeit zu unterstreichen, nahm Gérard jetzt Boxunterricht.

Da er für sein Alter sehr groß und kräftig war, wurde er in einem Boxverein mit eigener Trainingshalle aufgenommen und durfte unter dem erfahrenen Blick eines polnischen Immigranten namens Jablonski trainieren, mit dem nicht zu spaßen war. Gérard

Mit dreizehn verließ Gérard die Schule und begann eine Druckerlehre. Außerdem nahm er Boxunterricht und wurde zum Lieblings-Sparringspartner eines amerikanischen Boxers vom NATO-Stützpunkt. Bei offiziellen Kämpfen litt er allerdings unter schrecklichem Lampenfieber.

fehlte es anfangs sehr an Technik und Finesse, aber er hielt sich von Beginn an sehr tapfer im Ring. Während eines Trainings wurde ihm seine üppige gallische Nase etwas nach rechts verschoben; mit dieser Kampfnarbe wuchs sein Ansehen bei seinen Freunden und Verwandten immens. Das Boxen wurde zu einem der Hauptventile für seine unglaubliche Energie. Die Halle, in der er trainierte, war düster und feucht wie in einem schlechten Hollywood-Film, aber Jablonski organisierte Kämpfe auf dem NATO-Stützpunkt. Gérard war einmal mehr erstaunt über die Riesenkluft zwischen dem Leben auf der französischen Seite von Châteauroux und dem der Amerikaner: »In La Martinerie war der Turnsaal ganz sauber und wunderschön. Wo ich trainierte, sah es eher wie in einer Höhle aus. Es gab kaum Luft da. Eigentlich gab es da überhaupt nichts.«

Das, was Gérard nicht in Worten ausdrücken konnte, vermochte er manchmal mit seinen Fäusten verständlich zu machen, und unter Jablonskis Obhut entwickelte er sich zu einem guten Fighter. Viele Boxer aus der Stadt, darunter auch ein hervorragender junger amerikanischer Fighter, der auf dem Stützpunkt trainierte, bevorzugten ihn als Sparringspartner. Alain begann Gérard in einer leichten Anwandlung von Schwärmerei für seinen Bruder den »Schrecken von Châteauroux« zu nennen, aber die Wirklichkeit war weit weniger glamourös. Wenn ein offizieller Kampf anstand und man Gérard vor Publikum in den Ring stellte, litt er unter katastrophalem Lampenfieber.

»Ich war ein idealer Sparringspartner«, sagt Gérard. »Ich wußte, wie man einen Boxer trainiert, ein Schlag hierhin, ein Schlag dorthin. Das Boxen wirkte ausgleichend auf mich. Aber wenn es zu einem offiziellen Kampf kam, war alles wie weggeblasen... Ich hatte beim Sport immer Schwierigkeiten mit öffentlichen Wettkämpfen. Der Wettkampf machte mir angst. Ich war ein guter Schwimmer und habe bei Wettkämpfen im städtischen Bad mehrmals auf der Fünfzig-Meter-Strecke gewonnen. Aber ich war dabei so aufgeregt, daß ich nicht mal mehr richtig geradeaus schwimmen konnte, sondern sozusagen im Zickzack-Kurs. Auf der Bühne war es dann später das genaue Gegenteil. Alle anderen hatten

Angst, ich nicht. Das Spielen machte mich ruhig. Denn da gab mir endlich jemand die Worte, die ich nie besessen hatte.«
Wenn er auch bei offiziellen Kämpfen versagte, so gewann Gérard durch das Boxen auf jeden Fall an Muskelkraft, Selbstbewußtsein und Renommee. Sein Jeans- und T-Shirt-Outfit erhielt jetzt einen letzten Touch: Er rollte die Ärmel bis zur Schulter hinauf, um seinen Bizeps zur Geltung zu bringen. Außerdem ließ er sich die Haare wachsen und trug ständig eine Bomberjacke aus Leder, genau wie die Fliegerasse der U.S. Air Force draußen auf dem Stützpunkt. Mit seiner gebrochenen Nase – Ausweis seines Mutes – und einer Gitane im Mundwinkel kultivierte er jetzt weniger das Aussehen des jungen James Dean, sondern eher das von Marlon Brando. Diese Montur machte aus Gérard etwas ganz Besonderes und vergrößerte sein Ansehen unter den Jugendlichen von Omelon; das *enfant terrible* von gestern war jetzt ein ausgewachsener Kerl. Der Junge, der seine Freunde früher damit beeindruckt hatte, daß er mit seinem Fahrrad in den Bach fuhr, lieh sich nun von älteren Freunden Autos aus und lud seine Kumpel auf Spritztouren ein. »Er hatte keinen Führerschein, nichts«, sagt Monique Dagaud. »Und er hatte immer noch keine Angst.«
Den Kindern von Omelon zu imponieren war eine Sache; die G.I.s zu beeindrucken eine ganz andere. Gérard bewegte sich fast nur mehr im rauhen, harten Nachtleben von Châteauroux, das vor allem aus Saufen und Raufen bestand. Er legte es zwar nicht direkt auf Schlägereien an, hatte aber aufgrund seiner Fähigkeiten als Boxer auch keine Bedenken, sein Können unter Beweis zu stellen. »Er war kein Schlägertyp, aber doch ein *provocateur*, und er mischte bei nicht wenigen Schlägereien mit«, erinnert sich Joc Gagné. »Ich sagte ihm immer: ›Gérard, entweder du gibst Ruhe, oder ich schmeiß' dich raus!‹ Dann gab er Ruhe.«
Für Gérard waren diese Kämpfe im Ring und in den Bars wichtige Rituale, die zu seiner Entwicklung beitrugen, und obendrein eine ständige Lektion über das Gesetz der Straße: »Ich schlug mich nie um des Schlägerns willen, sondern immer nur, um mich oder jemand anderen zu verteidigen«, versichert Gérard. »Aber in diesen Bars und Clubs gab es immer einen, der auf Zoff aus war,

und wenn man sich in diesem Milieu bewegte, wurde man unweigerlich mit Prügeleien konfrontiert. Ich war nie derjenige, der als erster zuschlug. Bei einem Straßenkampf schlägt immer der als erster zu, der Angst hat. Wenn sich einer mit mir anlegen wollte, achtete ich immer darauf, daß er als erster zuschlug und daß der Schlag entweder zu weit oder zu nah angesetzt war, so daß ich ihn abwehren konnte. Auf diese Art wurde der andere Bursche seinen Ärger und seine Energie los. Und dann konnte ich ihn mir vorknöpfen.«

In diesen rituellen Kämpfen entdeckte Gérard, daß es für die Amerikaner einen Ehrenkodex gab, den alle strikt einhielten. »Bei den G.I.s erstaunte es mich jedesmal wieder, daß wir uns sofort nach der Rauferei versöhnten. Für die Franzosen, zumindest für die in Châteauroux, ist es undenkbar, nach Beendigung eines Kampfes auch nur ein Wort miteinander zu wechseln; man geht dann auf die andere Straßenseite. Bei den Amerikanern gibt man sich die Hand, und dann trinkt man etwas zusammen, wobei man sich gegenseitig den Drink bezahlt. Das ist richtiges ›Fair play‹, sehr amerikanisch. Man kommt sich vor, als würde man einer Bruderschaft beitreten.«

Während er harte Kämpfe ausfocht, um sich vor den G.I.s zu beweisen, ging Gérard seine sexuelle Initiation weit sanfter an. Im Umgang mit Mädchen war er immer schon sehr schüchtern, ja scheu gewesen. Als er den Kindergarten in der Ecole St. Denis besuchte, verliebte er sich in ein kleines Mädchen namens Odile Lacote. »Sie hatte so ein strahlendes Lächeln, ich betete sie geradezu an«, schwärmt er. »Aber sie erfuhr es nie. Ich brachte es nicht über mich, auch nur ein einziges Wort an sie zu richten.«

Seiner Amerika-Begeisterung entsprechend, war seine erste richtige Freundin Amerikanerin, ein schwarzes Mädchen mit Namen Ronnie, das er beim Rollschuhfahren auf dem NATO-Stützpunkt kennengelernt hatte: »Ronnie konnte toll Rollschuh fahren und wirkte sehr exotisch auf mich. Wenn die Berrichons einen schwarzen Menschen sahen, war das für sie, als würden sie einen Gott sehen. Wir hatten ja nie zuvor Schwarze gesehen. Ronnie war umwerfend: groß, ungefähr so alt wie ich, aber fülliger, und ich

war selbst schon ganz schön füllig für mein Alter. Sie hatte einen Wahnsinnsmund. Ich war total verknallt in sie und unwahrscheinlich scharf darauf, diesen vollen Mund zu küssen.«
Händchenhaltend drehten sie zur Lautsprechermusik ihre Runden, und dort, mitten unter den amerikanischen Jugendlichen und Ronnie neben sich, empfand Gérard ein Glücksgefühl und eine innere Ausgeglichenheit, die er zuvor nicht gekannt hatte. »Wir fuhren eine Weile dahin, dann machten wir Pause und tranken eine Cola – das waren großartige Augenblicke für mich. Es war ein völlig anderes Leben; dort hatte ich das Gefühl, – fast – ein Amerikaner zu sein, ein richtiger amerikanischer Teenager.«
Nach dem Rollschuhlaufen ging Gérard mit Ronnie kurz hinter die Rollschuhbahn, wo sie sich ganz zart und unschuldig küßten. »Ich war grauenhaft schüchtern. Ihre Lippen waren so weich, und ich sah das Funkeln in ihren Augen und wußte, daß dieses Gefühl in mir Liebe war. Aber es war mir unmöglich, ihr meine Empfindungen mitzuteilen. Solche Gefühle konnte ich ja nicht mal in meiner eigenen Sprache ausdrücken. Ich hatte ja nicht mal das Zeug dazu, ›*Je t'aime*‹ zu sagen.«
Durch Ronnie kam Gérard zum erstenmal in seinem Leben mit Rassismus in Berührung. Ronnie und er standen eines Abends nach dem Rollschuhfahren knutschend draußen vor der Bahn, als ein amerikanischer Junge namens Billy auf sie zukam. »›Das darfst du nie tun, Gérard!‹ sagte er mit warnend ausgestrecktem Zeigefinger. ›Schwarz ist schwarz, und Weiß ist weiß.‹ Da verstand ich zum erstenmal, was Rassismus ist. Selbst in der tiefsten französischen Provinz habe ich nie einen solchen Rassismus erlebt wie unter den Amerikanern.«
Gérards erstes wirkliches sexuelles Erlebnis verlief völlig anders. Er hatte sich auf seinen nächtlichen Streifzügen mit zwei französischen Mädchen, Irène und Michèle, angefreundet. Sie wurden seine sexuellen Lehrmeisterinnen, während er für die beiden eine Art Maskottchen darstellte. Manchmal ging er zu ihnen ins Hotel Berry am Bahnhof; manchmal übernachtete er auch in ihrer gemeinsamen Wohnung am Lac de Belle Ile, einem malerischen Waldsee im Norden der Stadt. Die Mädchen waren bald wie

Schwestern für ihn. Michèle verpaßte ihm seine erste Tätowierung, einen Stern auf dem Handrücken, der ihn auch später immer wieder daran erinnerte, daß er seinem eigenen Stern folgen sollte. Später ließ er sich weitere Tätowierungen machen, beispielsweise ein kleines Herz, zur Hälfte leer und zur Hälfte ausgemalt, das offenbar eine wie auch immer geartete emotionale Spaltung symbolisierte.

In Gérards Augen waren Irène und Michèle keine Prostituierten, sondern einsame Rebellen, genau wie er selbst. Die Mädchen hingen in den Bars und Clubs herum und kannten – schließlich handelte es sich um eine Kleinstadt – die meisten G.I.s und französischen Burschen beim Vornamen. Die Pariser Prostituierten, die nur übers Wochenende blieben, kamen immer so schnell wie möglich zur Sache. Irène und Michèle waren da ganz anders. »Sie waren Mädchen aus der Mittelschicht, die aus Protest gegen ihre Familien sagten: ›Ha, das mache ich jetzt!‹«, erklärt Gérard. »Sie waren von der Schule abgehauen und leichte Mädchen für die Amerikaner geworden. Die G.I.s gaben ihnen ein bißchen Geld oder spendierten ihnen ein Abendessen. Sie waren, wie die meisten G.I.s, neunzehn Jahre alt, unkompliziert und lebenslustig.«

Welche Nuancen es auch immer sein mögen, durch die sich »leichte Mädchen« von »Prostituierten« unterscheiden, und wie moralisch anrüchig auch immer der illegale Handel mit Zigaretten gewesen sein mag, es spielte bald keine große Rolle mehr, denn Gérard überschritt nun die Grenze zu dem, was er klar als Kriminalität erkannte. »Manchmal klauten wir große Benzinkanister vom Stützpunkt«, sagt er. »Das Benzin verkauften wir, und dann schnitten wir die Kanister entzwei und machten kleine Boote zum Baden oder Angeln daraus.« Alain und er wandten sich dem Handel mit riskanteren Gütern zu; so organisierten sie ab und an den Verkauf von Lebensmitteln, die sie aus dem PX gestohlen hatten. In dieser Zeit wurde Gérard auch einige Male wegen Trunkenheit in der Öffentlichkeit von der Military Police aufgegriffen, die ihn an die französischen Behörden weiterreichte. Nach einer Ausnüchterungsnacht wurde er dann entlassen, ohne daß man ihm rechtliche Konsequenzen angedroht hatte; in derartigen Fällen begegneten die französischen Behörden Minderjährigen mit großer Toleranz. »Ein paarmal mußte ich Gérard aus dem Gefängnis holen«, erzählt Alain, »aber er wurde nie angezeigt oder gar verurteilt.« Wenn Minderjährige wegen Trunkenheit über Nacht in Haft genommen wurden, steckte man sie nicht ins eigentliche Gefängnis, sondern in einen Anbau des Postamtes, und fast immer ließ man sie ungeschoren davonkommen.

Gérard geriet nun aber in weit größere Schwierigkeiten. Eines Nachts hielten französische Zöllner ein Auto an und beschlagnahmten die im Kofferraum liegende Schmuggelware. Der Fahrer, den man festgenommen hatte, hoffte, die gegen ihn erhobenen Beschuldigungen entkräften zu können, indem er Gérard mit hineinzog und behauptete, dieser sei sein Komplize. Gérard versicherte, in keiner Weise mit der Sache zu tun gehabt zu haben, aber die Polizei tauchte bei ihm auf und durchsuchte das Haus seiner Eltern. Sie fanden nichts, wollten Gérard jedoch, obwohl sie nicht den geringsten stichhaltigen Beweis hatten, in ein Jugenderziehungsheim stecken. Das verhinderte schließlich Dédé, indem er sich weigerte, auf das Sorgerecht für seinen Sohn zu verzichten. Ein Richter verurteilte Gérard schließlich zu einer Jugendstrafe, die zur Bewährung ausgesetzt wurde; an einem Donnerstag pro Monat hatte er sich bei der Polizei zu melden. Als er ein Star wurde und Unmengen von Pressekonferenzen geben mußte, neigte er in der ersten Zeit dazu, diese Jugendsünden aufzubauschen; daraufhin berichteten mehrere Zeitungen, er sei einige Zeit im Gefängnis gewesen. Das war schiere Übertreibung. 1968 kam es zwar zu einem berühmt gewordenen Zusammenstoß zwischen ihm und der Polizei, wegen einer Polizistenmütze, aber ins Gefängnis mußte er nie.

Über mangelnde Erfahrung mit Gewalt konnte er sich allerdings nicht beklagen. Samstagabends, vor allem im Sommer, trafen Alain und er sich oft mit Jacky Merveille, »organisierten« ein Auto oder fuhren per Anhalter ins »Le Père Jean«, ein Landgasthaus und Tanzlokal an der Hauptstraße Richtung Lyon. Das Gasthaus lag direkt an einer sehr gefährlichen Kreuzung – die Samstagabende im »Le Père Jean« hatten bereits zu mehreren schrecklichen Autounfällen geführt. Aber das Risiko gehörte eben dazu. Das Lokal war Anziehungspunkt für eine ziemlich rauhbeinige Gesellschaft: G.I.s auf der Suche nach »Action«, starke Trinker von den umliegenden Bauernhöfen und Dörfern und jede Menge Frauen, die sich amüsieren wollten.

Das Lokal war geradezu prädestiniert für Schlägereien. Père Jean, der Besitzer, war ein knallharter, cleverer Wirt, der auch als Rausschmeißer fungierte und seine Gaststätte für größere Menschenmengen ausgestattet hatte. Die Taverne umschloß einen großen offenen Hof mit einem Fischweiher in der Mitte; im hinteren Teil befand sich ein großer Tanzsaal. Die Hauptattraktion bildeten samstags bei Père Jean immer die Frauen. Das waren keine braven Bürgermädchen oder Landpomeranzen, sondern Prostituierte und leichte Mädchen, die G.I.s in anderen Kneipen aufgegabelt hatten oder die von selbst gekommen waren. Manchmal verirrten sich in heißen Sommernächten auch ein, zwei verheiratete Frauen ins »Le Père Jean«, die sich ein bißchen Freizügigkeit mit einem tätowierten G.I. gönnen oder sich einmal mit einem jungen Franzosen vergnügen wollten, der nicht gerade ihrer Gesellschaftsschicht entstammte.

Bei Père Jean roch es nach Alkohol und Sex, alle tanzten wild zur Musik – die Tanzfläche war eine einzige großartige Showbühne. Für den Preis von ein paar Gläsern Bier hatten Gérard und seine Freunde hier genau den Spaß, den sie suchten. Wenn sie zusätzlich das Geld für eine Zigarre springen ließen, konnten sie sich in eine Ecke setzen und sich einbilden, sie wären Jean-Paul Belmondo in ›Außer Atem‹. Godards Film war 1959 herausgekommen und ein sensationeller Erfolg gewesen; Gérard und alle anderen Franzosen hatten ihn selbstverständlich gesehen. Belmondo spielte einen gerissenen, skrupellosen Kerl, der in Marseille ein Auto stiehlt, einen Polizisten tötet und sich nach Paris durchschlägt. Mit Hilfe seines gallischen Charmes gelingt es ihm, eine Kindfrau mit Engelsgesicht zu verführen, eine Amerikanerin, gespielt von Jean Seberg, ein Mädchen, das direkt aus den Maisfeldern von Iowa nach Frankreich gekommen war und in vielem den Amerikanerinnen ähnelte, die Gérard beim Rollschuhfahren auf dem NATO-Stützpunkt vor den Toren von Châteauroux sah.

Für Alain und Gérard hatten diese Samstagabende im »Le Père Jean« aber auch einen Hauch von ›Denn sie wissen nicht, was sie tun‹, dem phantastischen Film, in dem Nicholas Ray das Bild der unzufriedenen amerikanischen Jugend zeichnet. Als der Film 1955 in die Kinos kam, wurde er in Châteauroux geradezu ein Hit. James Dean spielt Jim Stark, einen einsamen, schwierigen High-School-Schüler, der sich in der Schule als Außenseiter und daheim unverstanden und von seinen Eltern nicht geliebt fühlt. Sein Vater meint es zwar gut mit ihm, ist aber selbst ein eher schwacher und einfältiger Mensch; die Mutter ist unzugänglich und ganz damit beschäftigt, nach außen hin den sozialen Schein zu wahren. Jim ist für sie ein Taugenichts, sie schämt sich seiner. Weder Vater noch Mutter verstehen Jim, und keiner von beiden ist fähig, ihm die emotionale Zuwendung und moralische Führung zu geben, nach der er sich so sehnt. Der Junge wünscht sich verzweifelt eine Richtschnur, ein Vorbild, um lernen zu können, wie man ein erwachsener Mann wird. Die Lieblingsbeschäftigung der High-School-Gruppe, der er sich gerne anschließen möchte, besteht im Angeben; Jim selbst liegt das zwar gar nicht, aber er will sich auch nicht vor einem Kampf drücken, will nicht kneifen. Weil er so sehr darauf aus ist, von der Gruppe akzeptiert, in ihrer Mitte aufgenommen zu werden, willigt er ein, sich einer Mutprobe, einem Initiationsritus zu unterziehen. Die Sache endet mit einer Katastrophe, einem schrecklichen Autounfall. Zu Beginn des Films sieht man Jim, der wegen Trunkenheit in der Öffentlichkeit aufgegriffen wurde; ein väterlicher Polizist ermutigt ihn, sich auszusprechen, ihm von seinen Problemen und seiner Frustration zu erzählen:

»Hast du's schwer daheim?«

»Das ist das reinste Irrenhaus... Mann, wenn es auch nur einen einzigen Tag gäbe, an dem ich nicht völlig durcheinander wäre und mich für alles schämen müßte, wenn ich nur ein einziges Mal das Gefühl hätte, daß ich irgendwohin gehöre...«

Die Autounfälle auf der Straße zu Père Jean, das ständige Angeben, die Samstagabende im »Le Père Jean«, der Handel mit Schmuggelware, die ersten sexuellen Erfahrungen mit Irène und Michèle – all das grub sich tief in Gérard ein. Er sog jede Einzelheit in sich auf, wandte nie den Blick ab. Gleichzeitig aber war er vollkommen unfähig, die Gefühlswallungen, die derartige Erlebnisse in ihm hervorriefen, zu verstehen oder gar zu verarbeiten. Er war ziemlich abrupt und unsanft von der Kindheit ins Erwachsenenleben gestolpert. Er fraß alles in sich hinein und ließ nur sehr wenig wieder heraus, es sei denn mittels Alkohols oder Angeberei. Er phantasierte sich ein anderes Leben zurecht, lebte in seiner selbstgeschaffenen amerikanischen Familie. Sein Rettungsanker war, von den G.I.s akzeptiert zu werden, zu ihrer Welt, zu ihrer erweiterten »Familie« zu gehören. Wenn er mit den Amerikanern zusammen war, hatte er das angenehme Gefühl, frei zu sein; dann hatte er nichts mehr mit Lilette und Dédé und Omelon, nichts mehr mit der Schule oder irgend etwas anderem zu tun, dann galten nur noch sein Grips und sein Humor. Er konnte immer neue Dinge erfinden, konnte ständig Sprachen, Kulturen, Masken und Rollen verändern. Er fühlte sich frei, aufzutreten.

»Ich führte damals zwei Leben«, sagt Gérard. »Die Tage verbrachte ich mit amerikanischen Teenagern, die Nächte mit G.I.s, die sich schlugen. Ich hatte das seltene Privileg, tagsüber mit den Kindern spielen und abends mit ihren Vätern saufen zu dürfen. In den Kneipen sah man oft Sergeants mit vier Streifen am Ärmel, total besoffen. Ich kannte sie alle, tagsüber spielte ich ja mit ihren Kindern, und abends in der Bar schlugen sie mir auf die Schulter und sagten: ›Hey, Jerrrrrard! Har you?‹«

Etwas in ihm begeisterte sich für dieses wilde Leben, aber etwas anderes wich zurück vor den Bars und der Angeberei und dem haltlosen kriminellen Dasein, in das er allmählich abglitt – nicht aus Angst, sondern aus Widerwillen: »Diese ganze Gewalt stieß mich einfach ab. Ich wuchs auf in dem Glauben, Gewalt sei die Norm.« Sein Leben daheim bestand aus Streitereien und Gebrüll, also verbaler Gewalt. Sein Leben in der Schule hatte aus Disziplin, Zwang und physischer Gewalt, aus brutalen Kerlen, die in der Pau-

Dem Amerikaner Joe Gagné und seiner französischen Frau Janine gehörte das Lokal »Joe from Maine«, ein beliebter Treffpunkt der heimwehkranken G.I.s. Bei »Joe's« bekam man amerikanische Spezialitäten wie Hamburgers, Milkshakes und Budweiser – und hin und wieder eine Rauferei zu sehen. Gérard und sein Bruder Alain wurden Stammgäste bei Joe, wo sie auch als Übersetzer und Maskottchen der G.I.s fungierten.

se kleine Kinder schikanierten, und aus Père Durand bestanden, der seinen Zeigestab dazu benützte, den Schülern auf die Finger zu schlagen. Mit dem Erwachsenwerden lernte Gérard vor allem diese eine Lektion: Wenn man hinausging in die Welt der Männer, in die Bars, ja selbst in ein Familienlokal wie das »Joe from Maine«, mußte man mit Gewalt rechnen; sie konnte einen jederzeit treffen. Man mußte lernen, mit allen denkbaren Formen von Brutalität, von rein verbaler bis hin zu körperlicher Gewalt, umzugehen. Boxen lernte man nicht, weil es Spaß machte oder weil man sich gern prügelte und die Nase brechen ließ, sondern man begann zu boxen, um seinen Körper und sein Selbstvertrauen zu stählen und um zu lernen, wie man sich wehren konnte. Im Grunde lief es darauf hinaus, daß ein Junge zu boxen begann, um einen Mann aus sich zu machen.

»Ich hatte nie den Traum, ein Gangster zu werden«, erzählt Gérard. »Aber viele Leute hatten diesen Traum, weil sie glaubten, es der Gesellschaft dann zurückzahlen zu können, und es war der Traum vieler Kinder, mit denen ich groß wurde. Ich hatte einen anderen Traum: Ich wollte etwas aus mir machen, etwas Gutes schaffen. Aber wenn man dort aufwächst, wo ich aufgewachsen bin, ist Gewalt nun mal ein wichtiger Faktor, ob es einem paßt oder nicht. Ganz egal, ob einer in Châteauroux oder in Paris oder in Los Angeles lebt, wenn er in einem Ghetto oder in einem armen Stadtviertel oder in einem rauhen Milieu aufwächst, so wie es bei mir der Fall war, dann wird er jeden Tag mit Gewalt konfrontiert. Und entweder haut man dann ab, oder es wird einem eines Tages auf irgendeine Weise Gewalt angetan.«

Gérard wußte bereits, wozu er sich entschließen würde: zum Abhauen. Als Kind war er meist am glücklichsten gewesen, wenn er nicht in Châteauroux war, angefangen von den Sommermonaten auf dem Bauernhof seiner Tante im tiefsten Berry. In den späten fünfziger Jahren verbrachte er die Sommerferien zum Teil bei seiner Großmutter Denise, der Mutter von Dédé. Denise war eine warmherzige, mütterliche, unkomplizierte Frau, und sie liebte Gérard heiß und innig, obwohl er ihr damals, mit drei Jahren, die Erbse ins Ohr gesteckt hatte. In ihrem Häuschen südlich von Paris hatte Gérard endlich einmal genug Platz und sehr viel Zeit für sich. Er arbeitete gern in ihrem Garten, stutzte die Büsche und Bäume, harkte den Boden und kümmerte sich um die roten Rüben, den Lauch, die Karotten und Radieschen, die sie jedes Jahr pflanzte, und um das Obst.

Schon mit elf Jahren gelang ihm etwas, worüber Dédé immer nur geredet hatte, ohne es je zu tun: Er fuhr ans Meer. Die Fußballmannschaft von Châteauroux bestritt ein Match in Monaco, und irgendwie schaffte er es, in den Bus zu kommen, der die Fans dorthin brachte. »Es war eine tolle Fahrt. Der Bus stank nach Rotwein, Eiern und Knoblauchsalami«, erzählt Gérard. »Das Spiel interessierte mich überhaupt nicht. Der Bus war billig, und ich wollte das Meer sehen. Ich war der erste in meiner Familie, der es ans Meer schaffte.« Die Weite des Meeres und der Geruch der salzigen Luft

begeisterten ihn; in einem anderen Jahr machte er mit einer Familie aus Omelon einen Monat Strandurlaub an der Atlantikküste.
Im Juni 1964, nach seinem zweiten Lehrjahr in der Druckerei, war Gérard alt genug, um alleine zu verreisen. Er packte ein paar Sachen in eine kleine Tasche, marschierte zur Ausfallstraße Richtung Süden und hielt den Daumen in die Luft. Ein bestimmtes Ziel hatte er nicht im Sinn, nur ganz allgemein: die Riviera. Während seines Kurzaufenthaltes in Monaco hatte ihn das, was er von Südfrankreich sah, total begeistert, Cannes kannte er von den Wochenschauen her und aus Lilettes CINEMONDE. Cannes, das war dieser magische Ort, an dem sich jeden Mai französische und amerikanische Filmstars zum Filmfestival trafen. Süden – das war für Gérard auch St. Tropez, der sonnige kleine Hafenort, wo Brigitte Bardot in Roger Vadims ›Und immer lockt das Weib‹ Jean-Louis Trintignant mit ihrer offenen, nackten Sexualität verführte und dann verließ. Der Film war 1956 in die Kinos gekommen und hatte auf Phantasie und Sinnlichkeit jedes pubertierenden Jungen in ganz Frankreich wie ein Zaubertrank gewirkt.
Gérard genoß die Aufregung und die Schwierigkeiten, die das Trampen mit sich brachte, und erfand oft, sobald er in ein Auto gestiegen war, eine neue Identität, um sich zu amüsieren und den Fahrer hinters Licht zu führen. Das war nicht nur ein privates Psychospiel, sondern auch eine gute Schule des Lebens: »Wenn man beim Trampen ein saures Gesicht aufsetzt, hält keiner an. Aber wenn man eine Weile getrampt ist, lernt man, von Fremden und allen möglichen anderen Leuten akzeptiert zu werden.«
Lange bevor er zum ersten Mal eine Bühne betrat, schlüpfte Gérard also in neue Identitäten, schuf sich eine eigene Wirklichkeit; nichts anderes tat er auch, als ihn das letzte Auto endlich an die Riviera gebracht hatte. Er suchte sich einen Job als *plagiste*, als Strandjunge. Die *plagistes* arbeiten an den schicken Mittelmeerstränden, wo sie Sonnenschirme und Liegestühle aufstellen, tagsüber als Pikkolos und Rettungsschwimmer fungieren und abends den Sand sauberrechen. Ein unfehlbarer Instinkt führte

Gérard an einen der exklusivsten Küstenabschnitte der Riviera, in die Bucht der Millionäre am Cap d'Antibes.
Selbst für den abgestumpftesten Blick ist die Bucht der Millionäre von überwältigender Schönheit; für das fünfzehnjährige Kind aus dem provinziellen Châteauroux war es geradezu das Paradies: das klare Blau des Meeres und die im Wind liegenden Segelboote, die Palmen und sauberen Promenaden, auf denen es nach Jasmin duftete, die an den Hügeln thronenden Villen, auf deren Terrakotta-Dächern und weißgetünchten Fassaden das Sonnenlicht funkelte. Diskret hinter makellos gestutzten Hecken verborgen lagen Fünf-Sterne-Hotels wie das Hôtel du Cap mit schnittigen Wagen in der Auffahrt, deren Chrom von livrierten Chauffeuren poliert wurde. In der Hitze spazierte Gérard die Küste entlang wie in einem Fiebertraum, blickte aufs Meer hinaus, sah zu, wie die Wellen auf dem schönen weißen Sand ausrollten, bis der Schaum die Zehen der jungen Frauen beleckte, die dort am Strand ihre geschmeidig hingegossenen, gebräunten, eingeölten Körper sonnten.
Er ging bis zum Ende von La Garoupe, zu einem privaten Strandclub namens »Chez Joseph«, einem idyllischen Plätzchen mit grün-weißen Badehütten, grün-weißen Sonnenschirmen und vielen Reihen von Liegestühlen, die so aufgestellt waren, daß man Blick auf die Bucht von Nizza hatte. In einem anderen Teil des Strandclubs gab es eine Bar und schattige Tische mit frisch gestärkten Tischtüchern, funkelndem Besteck und großen silbernen Eiskübeln, in denen der Weißwein gekühlt wurde, den das »Chez Joseph« mittags zu den Fischspezialitäten kredenzte.
Auf dem Weg zum »Chez Joseph« hatte sich Gérard mit zwei eleganten älteren Damen angefreundet. Er ging in den Strandclub und orderte Drinks, und als die Frauen gegangen waren, stellte er sich dem Geschäftsführer, einem gutgelaunten kleinen Kerl namens Loulou vor. Schüchtern und sehr höflich erklärte Gérard ihm, daß er gerne einen Job als *plagiste* hätte. Obwohl sie nur kurz miteinander sprachen, war Loulou ziemlich beeindruckt und stellte Gérard ein. Gérard wirkte auf ihn gutaussehend, lässig und selbstbewußt, so daß er den Eindruck hatte, Gérard komme aus einer kultivierten, ja adeligen Familie.

»Er kam mit zwei älteren Damen an, zwei sehr vornehmen älteren Damen, und jetzt erzähle ich Ihnen ein kleines Geheimnis: Ich bin mir ziemlich sicher, daß er sich damals Gérald nannte«, sagt Loulou. »Fast den ganzen Sommer hindurch hielt ich ihn für einen Gérald, und in den Ohren eines armen Fischers, wie ich einer bin, klang der Name Gérald einfach aristokratisch.«

Gérard schwört, er habe Loulou niemals weisgemacht, er heiße Gérald, aber mit Sicherheit versuchte er einen guten Eindruck zu erwecken, denn das »Chez Joseph« war als Aufenthaltsort für seinen ersten ganz allein verbrachten Sommer genau nach seinem Geschmack. Jedenfalls verschwanden die zwei eleganten Damen, Loulou nahm den Neuankömmling unter seine Fittiche und machte ihn mit den Gepflogenheiten an einem Rivierastrand bekannt. Gérard war zu allen sehr freundlich und stellte sich im Umgang mit Loulous vornehmer Klientel recht geschickt an, was Loulou in dem Glauben bestärkte, Gérald – oder Gérard – stamme aus einer reichen Familie. Schließlich kamen jedes Jahr wohlhabende Leute an die Riviera und suchten Ferienjobs für ihre Söhne, diese verwöhnten Jungen, die unbedingt Sonne und Ruhe brauchten, um sich von den Anstrengungen des *lycée* und den Vorbereitungen aufs *baccalauréat* zu erholen, die ausschlaggebende Prüfung für den nächsten Schritt auf dem Weg in die französische Elite.

Loulou hatte sein ganzes bisheriges Leben dort am Strand verbracht und die Reichen bedient. Er hatte das »Chez Joseph« von seinem Vater übernommen und bemühte sich, die Gäste zu halten, die nun schon seit Jahren in der Bucht der Millionäre und in seinem Club Urlaub machten. Und diese Gäste hatten es in sich! General Eisenhower pflegte, als er Kommandeur der NATO-Truppen in Europa war, den Sommer in der nahe gelegenen Villa Sous-le-Vent zu verbringen und kam zum Baden und zum Mittagessen oft ins »Chez Joseph«. Loulou höchstpersönlich hatte Churchill Matten und Handtücher gereicht. Und in den zwanziger Jahren war dies hier für Ernest Hemingway einer der Lieblingsorte an der Riviera gewesen; in Loulous privatem Album steckt sogar ein Foto von ihm. Gérard hatte natürlich noch nie etwas gesehen, was derartiger Exklusivität auch nur im Ansatz gleichkam, aber Loulou berichtet, er habe sich der Umgebung sofort angepaßt: »Er war schüchtern und zurückhaltend und sehr dünn und muskulös. Man merkte sofort, daß er mit Menschen umgehen konnte. Alle liebten ihn, und er bekam viel Trinkgeld. Er hatte ein Gespür für Menschen.«

Gérard machte Überstunden und schlief direkt am Strand in einer alten Fischerhütte, in der die Badematten und Rechen sowie die Segel der Boote verstaut waren, die Loulou tagsüber verlieh. »In der Hütte roch es nach Salz und nach Meer, und dort schlief Gérard den ganzen Sommer hindurch allein in einem Schlafsack. Und immer wieder hat er mir gesagt, wie gut es ihm gehe«, erzählt Loulou. Gérard fühlte sich wirklich wohl: »Für mich war das eine völlig andere Welt. Und ich mußte nicht einmal sprechen. Ich mußte nur immer die Leute anlächeln und ihnen Drinks bringen, und schon gaben sie mir dicke Trinkgelder. Ich verdiente damals wirklich nicht schlecht. Einen Teil des Geldes schickte ich nach Hause an Lilette und Dédé.«

Zu dem Wohlgefühl, das er in diesem Sommer genoß, trug auch Loulous Mutter bei, Jeanne, eine rundliche und fröhliche Frau vom Land, die in der Küche das Sagen hatte. Sie nahm Gérard in ihre Familie auf, bemutterte und bekochte ihn. Eines Nachts verarztete sie ihn sogar, nachdem er in einer Bar in Cap d'Antibes bei einer Rauferei mitgemischt hatte. Lilette hatte ihm solch mütterliche Wärme nur selten geschenkt, und Loulou zufolge sog Gérard diese Fürsorge förmlich in sich auf.

Als sein Körper gebräunt war und die Sonne seine Haare blond gebleicht hatte, zählte Gérard zu den attraktivsten jungen Männern am Strand. »Die Frauen fühlten sich sehr zu ihm hingezogen, das sah man gleich«, sagt Loulou. Aber Gérard blieb den ganzen Sommer hindurch diesen eleganten, ölglänzenden Sonnenanbeterinnen gegenüber stets höflich und reserviert. Es waren reiche, großbürgerliche Frauen, die ihn einschüchterten. Er konnte sich nicht vorstellen, daß solche Frauen jemals Interesse an einem derben, unkultivierten Jungen aus den Straßen von Châteauroux finden könnten. Dennoch schienen hier, unter der Son-

Mit fünfzehn trampte Gérard an die Riviera. Im »Chez Joseph«, einem exklusiven Strandclub, zu dessen Gästen Churchill, Hemingway und Eisenhower gezählt hatten, fand er Arbeit als Strandjunge. 1966 (oben) fuhr er noch einmal an die Riviera und arbeitete als Strandjunge in Cannes.

ne des Mittelmeers, einige der Klassenunterschiede, mit denen er aufgewachsen war, dahinzuschmelzen. Zum Beispiel Loulou: Er war klein und schwergewichtig und hatte die gleichen Bauernhände wie Gérard mit den gleichen fleischigen, rauhen Fingern. Auch er sprach unbeholfen, mit dem schweren Akzent des Midi, so daß die Wortendungen wie *raaannnggg* oder *maaannnggg* klangen. Selbst ein so simples und alltägliches Wort wie *pain*, Brot, klang aus Loulous Mund wie *paaannnggg*. Und trotzdem hatte er in dieser Welt der High-Society und des Geldes einen gewissen Status und bewegte sich darin sehr selbstbewußt – und nicht nur, weil er der Chef war, *le patron*. Nein, Loulou hatte ein ausgeprägtes Gespür im Umgang mit den Leuten, eine Fähigkeit, Beziehungen zu knüpfen. Und er tat inmitten dieser reichen Leute nicht so, als wäre er unsichtbar, so wie Lilette und Dédé es immer machten. Loulous Beispiel gab Gérard Auftrieb.

Als der Sommer zu Ende ging, war Gérard keineswegs darauf erpicht, wieder nach Hause zu fahren. Der Aufenthalt im »Chez Joseph« hatte ihm großen Spaß gemacht und ihm Neues eröffnet. Bei seiner Ankunft an der Riviera mit ihrem Luxus und Reichtum hatte er sich nicht träumen lassen, in einer solchen Welt je akzeptiert zu werden – nicht bei seiner Herkunft, nicht mit seiner unbeholfenen Redeweise und mangelnden Sprechfähigkeit. Er hatte geglaubt, um in dieser Welt akzeptiert zu werden, müsse man schon ein aristokratisches *de* vor dem Familiennamen vorweisen können und einen vornehm klingenden Taufnamen wie Frédéric, Jean-Christophe, Charles oder François-Valéry. Oder eben Gérald. Durch den Austausch eines einzigen Buchstabens klang sein Name plötzlich völlig anders; wie befreiend muß es da sein, gleich die ganze Identität zu verändern, wie Schauspieler dies tun!
Nach diesem so berauschenden Sommer kehrte Gérard mit klarem Blick und neuen Träumen nach Hause zurück. Dort aber hatte sich nichts verändert, genausowenig wie in der Druckerei oder im »Joe from Maine« oder bei seinen Freunden in Omelon. In der Stadt herrschten weiterhin Grobheit und Gewalt, so daß ihm jetzt, da sich seine Träume mit einem völlig anderen Ort verbanden, Châteauroux und sein Leben dort unerträglich trist und eingeengt erschienen.
Im Herbst 1964 begann Gérards drittes Lehrjahr als Drucker; jetzt arbeitete er jedoch in einer Druckerei, die Packkartons etikettierte, was nicht annähernd so interessant und prestigeträchtig war wie das Drucken der CHAD NEWS, sondern so öde, daß Gérard es bald satt hatte. Aber was sollte er sonst schon tun? Also hielt er durch und fraß seine Frustration in sich hinein, ohne irgendwem davon zu erzählen. Allerdings gewann er etwa zu dieser Zeit einen neuen Freund: Michel Pilorgé, einen schüchternen, ernsten, freundlichen jungen Mann. Michel war drei Jahre älter als Gérard und kam aus einer wohlhabenden Familie. Sein Vater war ein bekannter Arzt in Châteauroux; die Pilorgés wohnten in einem großen Haus auf dem Land. Diese zwei sehr unterschiedlichen jungen Männer trafen ganz zufällig an einem Abend im Herbst 1963 aufeinander.

»Ich saß gerade vor dem Mädchen-Gymnasium und wartete auf meine Freundin«, erinnert sich Michel. »Da kam dieser Typ mit einem Paar Boxhandschuhen über der Schulter daher. Man sah sofort, daß er vom Training kam. Ansonsten war die Straße leer, und ich beobachtete ihn, als er sich näherte. Er hatte eine Freundin bei sich und ärgerte sich offenbar über meinen musternden Blick, denn er blieb stehen und sagte: ›Willst du ein Foto von mir?‹«

Bald darauf begegneten sich Gérard und Michel in einem Café wieder. Sie unterhielten sich über die Musik von Jacques Brel und Georges Brassens, aßen etwas zusammen und trafen sich von da an oft im Café des Hôtel Faisan oder gingen auf einen Cheeseburger oder ein Omelettsandwich ins »Joe from Maine«. Einen Freund wie Michel hatte Gérard noch nie gehabt. Er war ein braver Bürgerssohn, fleißig und ein guter Schüler im *lycée*, begegnete den Erwachsenen respektvoll – ein junger Mann, den man in jeder Hinsicht als *bien élevé*, als wohlerzogen, bezeichnen konnte. Wie jeder Bursche in der Stadt, hatte auch er sich im illegalen Handel mit Zigaretten versucht, war aber schon bald vor den damit verbundenen Risiken zurückgeschreckt. Oberflächlich betrachtet, hatten Michel und Gérard nicht viel gemeinsam, aber die beiden fühlten sich zueinander hingezogen und wurden enge Freunde. Als sie sich einmal zu einer Kneipentour verabredet hatten, holte Michel Gérard zu Hause ab und lernte dabei Lilette und Dédé kennen. Er fand beide sehr sympathisch – warmherzig und ungekünstelt und auf jeden Fall ganz anders als seine vornehmen Eltern. Dédé mochte Michel vom ersten Augenblick an und nannte ihn gleich »Mimi«. Lilette, die sich immer Gedanken um etwaige Klassenunterschiede machte, nannte ihn »Monsieur Pilorgé« und konnte nie verstehen, was ein so eleganter junger Mann an ihrem Gérard fand. Lilette benutzte Michel sogar als strahlendes Vorbild für Gérard: So wie Michel sollte sich auch ihr Sohn benehmen!

Alle Leute seines Alters, Mädchen wie Jungen, Reiche wie Arme, waren mittlerweile von Gérard fasziniert. Schon mit fünfzehn hatte er Charisma und eine enorme Anziehungskraft. Manche seiner

Altersgenossen bewunderten sein übermütiges, großspuriges Gehabe; Michel dagegen fühlte sich von dem angesprochen, was er in Gérards Innerem spürte. »Er wollte von allen geliebt werden. Gérard wurde als Rohling abgetan, aber in meinen Augen war das immer falsch. Ich selbst war ja, weiß Gott, weit von diesem Milieu entfernt, aber er schien sich in beiden Milieus wohl zu fühlen, sowohl im eher zwielichtigen wie auch in einem privilegierten wie dem meinen. Er wollte allen diesen Gruppen angehören, wollte jeden für sich einnehmen.«

Das gelang ihm allerdings nicht, zumindest nicht bei den schicken Mädchen, die Michel kannte. So cool und selbstbewußt er sich Männern gegenüber verhielt, so grauenhaft schüchtern war er weiterhin im Umgang mit Frauen, vor allem wenn sie aus bürgerlichen Familien stammten. Mit einer Leichtigkeit, die Michel nie erreichen würde, knüpfte Gérard Kontakt zu »leichten Mädchen« wie Irène und Michèle und anderen Frauen aus seiner eigenen sozialen Schicht, aber bei einer intellektuellen jungen Frau aus Michels Milieu blieb er verlegen und brachte kein Wort heraus.

Viele von seinen Freunden, fast alle von denen, die älter waren als er, hatten sich inzwischen verliebt und eine Freundin gefunden. Die G.I.s mit ihren schnittigen Cabrios und den Taschen voller Dollars waren in Châteauroux natürlich tonangebend. »Die Französinnen beteten die G.I.s förmlich an«, sagt Gérard. »Ich habe meinen G.I.-Freunden oft französische Mädchen vorgestellt« – stets der *entremetteur*. Gérard selbst aber blieb emotional distanziert. Ronnie war mittlerweile mit ihrer Familie weggezogen, und wenn es darum ging, die französischen Mädchen zu umwerben, die er attraktiv fand, konnte er mit den G.I.s nicht konkurrieren. Abends sah er, wie sie die Frauen in ihren Cabrios herumchauffierten und sie auf dem Stützpunkt zu einem Eis und in einen amerikanischen Film einluden. Er konnte sich auch gut vorstellen, wie sich die Pärchen am Ende eines solchen Abends auf dem Rücksitz aneinanderkuschelten und die G.I.s ihren französischen Häschen alles über das Land der unbegrenzten Möglichkeiten erzählten, das vollgestopft war mit Erdnußbutter und Ranches mit

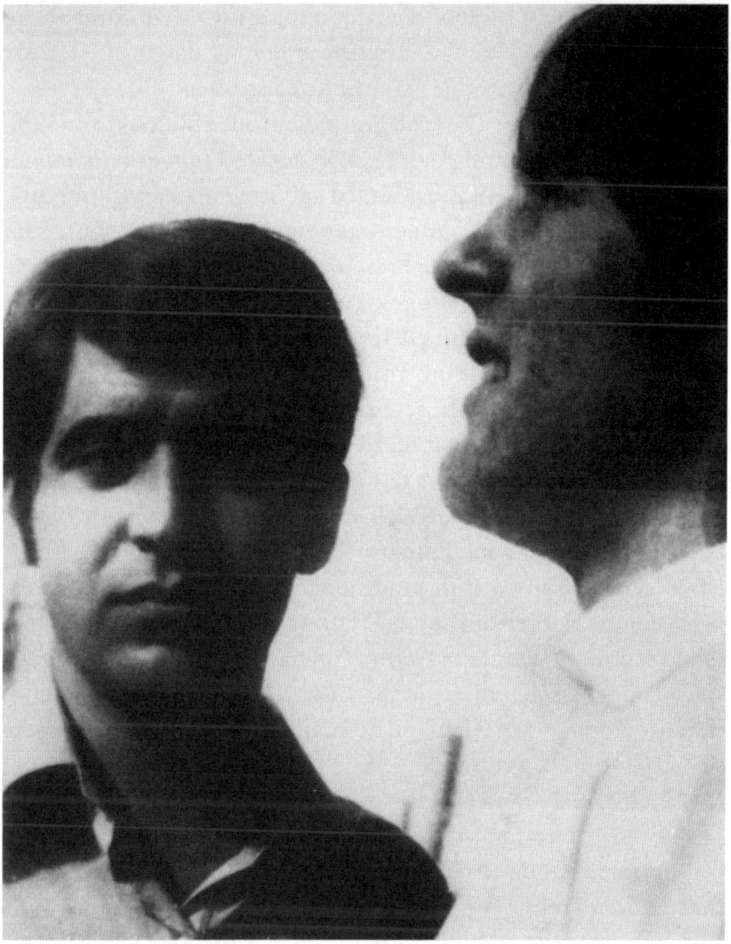

Gérard als junger Mann mit Michel Pilorgé. Michel ging später nach Paris und nahm Schauspielunterricht. Durch ihn entdeckte Gérard die Schauspielerei.

großen Kochherden und Kühlschränken, wie geschaffen, um eine Familie zu gründen.

»Viele Mädchen aus Châteauroux heirateten schließlich einen von *les boys*«, sagt Maurice Croze. »Und die meisten dieser Ehen gingen gut. Aber wir hörten auch immer wieder mal von Mädchen, die geglaubt hatten, der Mann wäre Ingenieur, und als sie dann nach Amerika kamen, stellte sich heraus, daß ihr Ingenieur nur Automechaniker oder Feuerwehrmann war.«

In dieser Zeit hatten Gérards Freunde großen Respekt vor ihm, aber er blieb ein Einzelgänger. »Wir steckten immer zusammen, mit Jacky und anderen, aber Gérard gehörte nie einer Clique an«, berichtet Alain. »Er war immer unabhängig.« Gérard konnte sich gut anpassen und hatte viele Freunde, aber noch immer kein wirkliches Zuhause, kein richtiges Zugehörigkeitsgefühl. Er wurde jetzt rastlos und zunehmend unzufrieden mit seinem Leben in Châteauroux und gab seine Druckerlehre auf, ohne das wichtige dritte Lehrjahr abgeschlossen zu haben, was ihm das entscheidende Zeugnis eingebracht hätte. Lilette und Dédé waren empört und rechneten von nun an fest damit, daß aus ihm nichts mehr werden würde. Gérard ließ sich treiben, nahm Gelegenheitsjobs an, trampte durch ganz Frankreich und gab sich auf jeder Fahrt einen neuen Namen und eine neue Identität. Wenn er wieder heimkam, wirkte er auf seine Freunde verschlossen und zunehmend launisch, vor allem wenn er getrunken hatte. »Bei Gérard spürte man immer diese innere Rebellion, diesen Drang, frei durchzuatmen«, sagt Alain. »Und man wußte nie, was er als nächstes sagen und tun würde.«

Das wußte auch Gérard selbst nicht. Aber eines Tages im Spätherbst 1965, als er fast siebzehn war, wanderte er ziellos am Bahnhof herum, und da tauchte plötzlich Michel Pilorgé auf. Gérard hatte seinen Freund Mimi schon seit einiger Zeit nicht mehr gesehen, denn Michel wohnte mittlerweile in Paris. Der Vater wollte, daß sein Sohn in seine Fußstapfen trat und Medizin studierte, aber Michel war wie viele junge Leute entschlossen, seinen eigenen Weg zu gehen, und hatte nur einen einzigen Traum: Theaterwissenschaft zu studieren und Schauspieler zu werden.

»Mimi! Was machst du denn hier?«

»Ich fahre zurück nach Paris.«

»Aha. Und das Theater? Wie geht's dir damit?«

»Danke, gut, Gérard. Und was machst du so?«

»*Ouff*. Nichts.«

Vielleicht lag es am Klang von Gérards Stimme oder an seinem Gesichtsausdruck, jedenfalls reagierte Michel ganz impulsiv. »Nichts? Dann komm doch mit nach Paris! Meine beiden Brüder und ich teilen uns eine Wohnung, wir haben noch viel Platz. Los, Gérard, komm mit nach Paris!«

Gérard lachte bloß und winkte ihm zum Abschied zu. Aber hinterher geriet er ins Grübeln. Mimi fährt nach Paris, einfach so. Er lernt schauspielern, einfach so. Das muß man sich mal vorstellen: Schauspieler werden, einfach so!

Drei Tage später, Michel war allein in seiner Wohnung und lernte gerade einen Text auswendig, klopfte es an der Tür. Michel öffnete, und da stand er.

»Non!« rief Michel.

»Si«, sagte Gérard.

»Alors«, sagte Michel und gab ihm einen Klaps auf den Rücken. *»Bravo!«*

Gérard war nur mit einer kleinen Reisetasche und ohne Rückfahrkarte nach Paris gekommen. Er hatte keinen Sou in der Tasche und keine Ahnung, wie er sich durchschlagen sollte. Er wußte nur, daß er endlich davongelaufen war. Er hatte sich befreit.

DREI

PARIS

Bei der Ankunft in Paris

8 La Crème de la Crème

Gérard war hingerissen von Paris. Michels Wohnung erschien ihm wie der Himmel selbst. Sie lag in einem ruhigen Viertel des linken Seineufers, am südlichen Stadtrand in der Rue de la Glacière. Es war keineswegs eine luxuriöse Wohnung, aber groß und hell, mit Blick über die Dächer von Paris. Die beiden älteren Brüder von Michel nahmen ihr Studium sehr ernst; jeder von ihnen hatte ein eigenes Zimmer im hinteren Teil der Wohnung. Michel hatte sich im Wohnzimmer eingerichtet, wo nun auch Gérard in einer Ecke frohgemut sein Lager aufschlug.

Wie schon viele Studentengenerationen vor ihnen, führten die Pilorgé-Brüder in Paris ein Bohemeleben; ihre Mahlzeiten nahmen sie in der Mensa, in billigen Cafés um die Ecke oder in Couscous-Lokalen ein. Die Wohnung lag in der Nähe mehrerer Pariser Hochschulen, darunter das angesehene Lycée Henri IV und die Ecole Polytechnique, eine von Frankreichs elitären *grandes écoles.* Michel war Stammgast in einem nahe gelegenen Café namens »Le Polytech«, einem familiären Treffpunkt für Castelroussins, die nach Paris gezogen waren. Mit Michel als Stadtführer besichtigte Gérard das *quartier* und fühlte sich dort sofort heimisch. Und er betrachtete es als ein glückverheißendes Zeichen, daß der Besitzer des »Polytech«, ein jovialer, herzlicher Mann, von allen Dédé genannt wurde.

Gérard war nicht zum ersten Mal in Paris. Er hatte die Stadt einmal mit Großmutter Denise besucht; die Atmosphäre war ihm also nicht ganz fremd, und er kannte auch schon einiges: den Eiffelturm, den Arc de Triomphe, die Seine. Aber so, wie zwei Sommer zuvor an der Riviera, war er auch jetzt mit lauter romantischen Vorstellungen in Paris angekommen, von denen viele aus Filmen stammten. In seiner Phantasie war Paris voll von schillernden, kultivierten Menschen, Menschen, die sich für einen Hinterwäldler wie ihn überhaupt nicht interessieren würden. Außerdem wimmelte es im Paris seiner Phantasie nur so von wunderbaren *parisiennes*, Frauen wie die, denen er im »Chez Joseph« in der Bucht der Millionäre die Drinks gebracht hatte, Frauen, die seiner Überzeugung nach an einem derben, ungebildeten Kerl aus Châteauroux mit abgebrochener Lehre nichts, aber auch gar nichts Attraktives finden konnten. Von Filmen her wußte er darüber hinaus, daß Paris eine anrüchige Kehrseite hatte, das Paris der Hallen, das Paris von Jean Gabin, Jean-Paul Belmondo und Edith Piaf. Dort, so glaubte er, könnte er hinpassen; vielleicht würde er einen Boxverein finden und ein bißchen Geld als Sparringspartner verdienen können.

Andererseits faszinierte ihn auch die Schauspielerei, und kaum war er angekommen, begann er auch schon, Michel danach auszufragen. Was genau bedeutete das eigentlich, schauspielern zu lernen? Was brachten die einem überhaupt bei in diesen Schauspielschulen? Einer, der aus einer armen Familie in Châteauroux kam und nur in die Hauptschule gegangen war, würde da wohl keine Chance haben, oder? »Seine größte Sorge betraf die Frage, wer diese Leute waren, die Schauspielunterricht nahmen«, erinnert sich Michel. »Woher stammten die? Mußten die Eltern Geld haben, damit man da reinkam?«

Damit Gérard Antwort auf alle diese Fragen erhielt, lud Michel ihn ein, zur nächsten Schauspielstunde mitzukommen. Gérard hatte sich zwar geschworen, nie wieder einen Fuß in ein Klassenzimmer zu setzen, aber das wollte er denn doch sehen. Der Unterricht wurde am anderen Ende der Stadt abgehalten; sie fuhren mit der Métro von der Station Glacière direkt zum Trocadéro. Dieser spezielle Unterricht fand abends statt, und als die beiden jungen Männer aus der Métrostation traten, erhob sich am anderen Ufer der Seine, direkt gegenüber, der graziöse, prächtig strahlende Eiffelturm in den Nachthimmel.

Die Schauspielschule, die Michel besuchte, hieß Cours Dullin, nach ihrem verstorbenen Gründer Charles Dullin, und gehörte zum Théâtre National Populaire, dem Nationalen Volkstheater. Die Schüler trafen sich im Palais Chaillot, in einem Probestudio mit einer kleinen Bühne. Michel ging hinein, unterhielt sich mit ein paar Freunden und stellte ihnen Gérard vor. Der sondierte mit seinem feinen Gespür sofort den ganzen Raum, musterte die Schüler und kam zu dem Schluß, daß sie allesamt nicht schlecht nach Geld rochen. Die jungen Männer waren adrett und sauber, einige trugen sogar Blazer und Krawatte. Die jungen Frauen waren sehr gepflegt, hatten strahlendweiße Zähne, und mehrere von ihnen trugen teure Ohrringe, Halsketten und frisch gebügelte Faltenröcke. Fast alle wirkten ungefähr drei Jahre älter als Gérard, und er erfaßte mit einem einzigen Blick, daß die meisten von ihnen das *lycée* abgeschlossen hatten und tagsüber wahrscheinlich an der Sorbonne oder einer anderen Hochschule studierten. Aber er sah genauso erwachsen aus wie sie, war sogar größer und kräftiger, und während er die Schüler eingehend betrachtete und die Atmosphäre in sich aufsog, merkte er, daß er sich wohl fühlte. Und anstatt wie früher in der Schule in Châteauroux das Gefühl zu haben, er müßte »unsichtbar« bleiben, um nicht in Schwierigkeiten zu geraten, hatte er hier den Eindruck, loslassen und ganz er selbst sein zu können. »Ich hatte das Gefühl, selbst Schauspielschüler zu sein«, sagte er. »Und ich fühlte mich sehr lebendig.«
An diesem Abend sollten Improvisationstechniken geübt werden, und zwar unter der Anleitung eines Professors namens Lucien Arnaut. Michel erklärte Gérard, daß dies zur Zeit den Mittelpunkt des Unterrichts bilde. Die Schüler meldeten sich freiwillig, gingen auf die Bühne und improvisierten ein bestimmtes Thema, das die anderen Schüler zu erraten versuchten; hinterher gab der Professor eine Beurteilung der Darbietung ab. Das wird bestimmt interessant, dachte sich Gérard. In diesem Moment betrat Professor Arnaut den Raum. »Da passierte etwas Unglaubliches«, erinnert sich Gérard. »Er war noch kaum durch die Tür, da wandte er sich an mich und sagte: ›Sie da – es wird Zeit, daß Sie mal auf die Bühne gehen!‹ Und ich war doch zum allerersten Mal da! Michel

besuchte den Unterricht schon seit Monaten, aber er war noch nie auf der Bühne gewesen.«

Gérard hatte keine Ahnung vom Schauspielern. Was sollte er bloß tun? Was für ein Thema sollte er improvisieren? Würde er sich lächerlich machen? Michel geriet in Panik: In was habe ich Gérard da nur hineingezogen? Aber als er an die Reihe kam, fing Gérard sofort an und tat so, als nähme er schon seit Monaten an diesem Unterricht teil. »Er ging schnurstracks auf die Bühne und fing an«, sagt Michel. »Schon nach wenigen Sekunden hielten sich alle die Bäuche vor Lachen.«

Gérard folgte auf der Bühne einfach seinem Gefühl und stützte sich auf seine reichhaltigen Jugenderlebnisse: »Ich stand dort oben auf der Bühne, im Licht, und hatte meine ganze Vergangenheit in Châteauroux bei mir. Es war, wie wenn man es mit der Polizei zu tun bekommt und der einzige Ausweg darin besteht zu lächeln. Ich fing also an zu lächeln und spürte, wie in mir ein total verrücktes Gelächter aufstieg. Ich sprach kein Wort, aber alle sahen dieses komische Lächeln in meinem Gesicht und begannen zu kichern, und dann kam dieses hysterische Lachen aus mir heraus, und alle stimmten darin ein. Ich mußte kein einziges Wort sagen.«

Gérards »Thema« war gewesen, alle zum Lachen zu bringen, und Professor Arnaut lobte seine Darbietung. »*Das* war eine Improvisation!« erklärte er den Schülern.

»Gérard hat ein Lachen, das automatisch bei anderen ebenfalls Gelächter hervorruft«, sagt Michel. »Von da an schaffte er es immer, die Schüler zum Lachen zu bringen, indem er irgendwen nachäffte oder einfach, indem er einen seiner lautmalerischen Grunz- und Knurrlaute ausstieß ... Am Ende dieser ersten Unterrichtsstunde gehörte er bereits zu den Stars der Klasse – mit einem Fingerschnippen praktisch. Es war unglaublich.«

Diese erste Stunde war der reinste Balsam für Gérard. Von nun an besuchte er den Unterricht regelmäßig, und zwar ohne zu bezahlen. In Michels Klasse im Cours Dullin waren etwa hundert Schüler, die ihm auch in der Folgezeit oft applaudierten und Respekt zollten. Der Unterricht fand dreimal wöchentlich statt, und fast jedesmal gingen die Schüler hinterher zusammen in ein Café, um ihren Text zu lernen und einzelne Szenen auszuarbeiten. Gérard ging immer gern mit. Diese jungen Leute stammten zwar aus wohlhabenden, kultivierten Familien, aber sie akzeptierten ihn, wie er war, ohne ihn so verächtlich zu behandeln, wie er es in Omelon erlebt hatte. Die Anerkennung, die er durch sie erfuhr, wirkte Wunder an seinem Selbstwertgefühl. So, wie er sich die Zuneigung der G.I.-Familien erarbeitet hatte, würde er sich jetzt, das spürte er, unter diesen Kindern der Pariser Elite eine Nische an der Schauspielschule erarbeiten können.

So angenommen zu werden machte ihn glücklich, aber was ihn wirklich aufleben ließ, war die Arbeit selbst. Die Tätigkeit in der Druckerei war körperlich anstrengend und langweilig gewesen; im Vergleich damit war das Schauspielern geradezu ein Kinderspiel, das er ganz selbstverständlich beherrschte – allerdings nur so lange, wie er nicht sprechen mußte. »Innerhalb kurzer Zeit wurde mir klar, daß die Schauspielerei genau das richtige für mich war. Wenn ich spielte, fühlte ich mich gesund und ausgeglichen. Ich konnte zwar nicht sprechen – was das betraf, war ich mittlerweile völlig blockiert –, aber beim Improvisieren mußte ich ja nichts sagen. Ich brauchte nur zu lachen.« Schon nach wenigen Wochen versetzte Gérard seine Professoren und Mitschüler in Staunen. Michel erkannte, zu welchen Leistungen sein Freund auf der Bühne fähig war, hörte die anderen Schüler darüber sprechen, und bald lautete das allgemeine Urteil: Gérard hatte zwar kein *lycée* besucht und sah wie ein ungehobelter Kerl aus, aber was das Schauspielern betraf, so konnte man diesen ungewöhnlichen Jungen aus Châteauroux nur als ein Naturtalent bezeichnen.

»Der Schauspielunterricht fiel Gérard sehr leicht«, erzählt Michel. »Es war genau das, was er bereits beherrschte. Aber selbst wenn es ihm leichtfiel – es war doch sehr bemerkenswert, daß dieser Typ, der noch nie auch nur in die Nähe des Phänomens Theater gekommen war, das so einfach konnte. Und ohne jedes Zögern ... Ich will ihn nicht zu einem mystischen Wesen hochstilisieren, aber ich kann schließlich nichts dafür, daß Gérard von Anfang an so außergewöhnlich war.«

Seltsamerweise erschien Gérard jedoch, nachdem er die neue Erfahrung erst wenige Wochen gemacht hatte, plötzlich nicht mehr zum Unterricht. Michel war völlig perplex, besonders deswegen, weil sein neuer Zimmergenosse so gut wie keine Erklärung dazu abgab. In Wahrheit hatte der plötzliche Umschwung ihn einfach überwältigt; Paris und der Schauspielunterricht hatten sein Leben und sein Selbstverständnis auf den Kopf gestellt. In den ersten sechzehn Jahren seines Lebens hatte er wegen seines ungewöhnlichen Gesichts und seiner Statur unter einer für ihn quälenden Schüchternheit gelitten; im Schauspielunterricht entdeckte er, daß sich diese körperlichen Merkmale als Gewinn erweisen konnten, denn sie halfen ihm, die Aufmerksamkeit der Menschen auf sich zu lenken und festzuhalten. Früher war ihm seine merkwürdige, abgehackte Sprechweise ständig peinlich gewesen; im Unterricht war er zwar immer noch zu ängstlich, um viel zu reden, aber er spürte, daß der komische Jargon, den er von Dédé übernommen hatte, sich auch zu seinem Vorteil auswirken konnte. In den Ohren dieser kultivierten Pariser und Professoren klang das frisch und ausdrucksstark. Dieser Jargon war jetzt nicht mehr eine Quelle der Peinlichkeit, sondern konnte die Leute zum Lachen bringen.

Gérard erkannte überdies, daß diese Pariser aus den Bourgeoisfamilien mit ihren guten Manieren und ihrer zurückhaltenden Art, an denen alles tadellos *bien élevé* war, in einer Künstlerwelt, in der Spontaneität und Originalität zählten, auf der Bühne oft schüchtern, fade und befangen wirkten. Gérard dagegen strahlte etwas Elementares, Freigeistiges aus und besaß mit seinem derben, feurigen Temperament etwas, das vielen der Pariser Schauspielschüler fehlte: dramatische Ausstrahlung. Unbelastet von jeglicher formalen Sprechweise und vor Worten zurückschreckend, hatte er sich immer auf seine Instinkte und seinen Körper verlassen, und auch das schien auf der Bühne gut zu funktionieren.

Gérard wußte allerdings noch nicht, was er aus alldem machen sollte. Er hatte das Gefühl, als wäre er durch einen Zauberspiegel gegangen und in eine Welt getreten, in der alles das genaue Gegenteil von Châteauroux war. Hier an der Schauspielschule dachten die Männer nicht im Traum an Prügeleien, und die Lehrer drängten die Schüler nicht dazu, sich zu verschließen, sondern sich zu öffnen. Diese jungen Frauen und Männer kamen aus bürgerlichen Familien, und trotzdem waren zwischen ihnen und ihm keine Klassengegensätze zu spüren. Nachdem er sechzehn Jahre lang in dem bedrückenden Glauben gelebt hatte, »auf uns liegt Schande«, glaubte Gérard jetzt, vielleicht doch über eigenes Potential und einen eigenen Wert zu verfügen. Diese Erkenntnis wirkte auf ihn wie ein starker Schock.

»Ich sah plötzlich, daß meine schlechte Bildung sich sogar als Glücksfall erweisen könnte«, sagt er. »Ich hatte erst einmal im Leben ein Theaterstück gesehen, ein Stück von Molière, und zwar eine Aufführung des ›Dom Juan‹ in Châteauroux. Die anderen Schüler waren gebildet. Sie konnten lesen und schreiben und wußten sich auszudrücken. Ich wollte auch zur Schule gehen und gebildet und kultiviert werden, aber dann wurde mir klar: Es konnte sich auch als Vorteil erweisen, daß ich immer alles auf meine Art gemacht hatte, so wie ich wollte und meiner jeweiligen Stimmung entsprechend, auch wenn vieles schwer zu verdauen gewesen war.«

Wie immer behielt Gérard auch diesmal seine innere Verwirrung ganz für sich. Auch Michel vertraute er sich nicht an. Alain war weit weg und mit seinem Architekturstudium beschäftigt, und zu Lilette und Dédé bestand praktisch kein Kontakt mehr. Auch jetzt, Mitte der sechziger Jahre, hatten seine Eltern noch immer kein Telefon, und Gérard weigerte sich, ihnen auch nur eine Postkarte zu schreiben. Er vertraute, wie üblich, seinem Gefühl, und sein Gefühl sagte ihm, daß er sich jetzt noch mehr in sich zurückziehen und den Unterricht nicht mehr besuchen solle. Zweifel und Unsicherheit quälten ihn. Ja, sagte er sich, es war teilweise von Vorteil, daß er alles auf seine Weise gemacht hatte, aber alle anderen wußten soviel mehr als er. Sie lasen, ihr ganzes bisheriges Leben hindurch hatten sie gelesen. Das kannst du nie nachholen, überlegte er. Gib diese Schnapsidee auf!

»Zwischen sechzehn und achtzehn, das war ein schrecklich schwieriges Alter, und es war schwer, allein zu sein in einer Stadt wie Paris und mit Schülern Umgang zu haben, die Gedichte und klassische Texte rezitieren konnten«, sagt Gérard. »Michel gab mir Texte zum Rezitieren, aber meistens verstand ich nicht mal ihre Bedeutung. Als ich mit dem Schauspielunterricht anfing, hatte ich die Namen ›Pyrrhus‹, ›Hippolyte‹ und ›Andromache‹ noch nicht mal gehört. Ich hielt sie für Hundenamen.«

In dieser Zeit des inneren Umbruchs schlief Gérard in der Wohnung von Michel und aß in billigen Lokalen. Auf einen Kaffee oder Drink ging er immer ins »Polytech«, wo Dédé ihm Kredit gewährte. Michel Mouilleron, einer seiner Kumpel von daheim, kam ebenfalls nach Paris und zog ganz in der Nähe in eine *chambre de bonne*, ein winziges Dienstmädchenzimmer. Dann trafen noch zwei weitere Castelroussins ein, Michel Demoule und Michel Arroyo, Sohn eines anderen bekannten Arztes in Châteauroux. Bald darauf zog es auch Alain nach Paris. Er hatte sein Architektur- und Designstudium abgeschlossen, eine Stelle als Zeichner in einem Studio für Industriedesign gefunden und sich Gérard als Stammgast im »Polytech« angeschlossen. Da er Geld verdiente und bei Großmutter Denise in deren Häuschen unweit des Flughafens Orly wohnte, bezahlte er in regelmäßigen Abständen Gérards Schulden im Café. Sie sprachen zwar nur wenig miteinander, aber Alain spürte genau, was in Gérard vor sich ging.

»Als er nach Paris kam, war Gérard in einem schrecklichen Zustand, in einem ganz schrecklichen Zustand. Er war auf der Suche, wollte unbedingt etwas finden, wo er hinpaßte. Für uns war Paris eine total andere Welt. Wenn ein Bursche aus der Provinz nach Paris kommt, geht es ihm ein, zwei Jahre lang dreckig. Das ist, wie wenn in Amerika ein Junge vom Land nach New York zieht, wo er niemanden kennt. Es gibt da zwar jede Menge Menschen, aber die Leute in Paris sind ziemlich hart drauf. Da fühlt man sich völlig allein.«

Die Castelroussins, die gehört hatten, daß Gérard Schauspielunterricht nahm, zogen mit ihrer ausgeprägten Vorliebe für Klatsch und Spottreden schon allein die Vorstellung ins Lächerliche. Ein Schulabbrecher aus einer solchen Familie – und nimmt Schau-

spielunterricht! Hatte man schon jemals etwas so Absurdes gehört! Auch Lilette und Dédé hielten das Ganze für reinen Unsinn. Zu dieser Zeit ging Michel Pilorgé mit einer netten jungen Castelroussine, die er bald darauf heiratete, und fuhr oft übers Wochenende heim, um sie zu besuchen. Bei einem seiner Aufenthalte in Châteauroux traf er einen Ladenbesitzer namens Chudi, der Gérard gut kannte. Chudi hatte ein Bekleidungsgeschäft in der Rue de la Gare, und Gérard hatte oft Hilfsarbeiten für ihn erledigt. Michel erzählte ihm begeistert von Gérards eindrucksvollem Debüt in der Schauspielschule. Chudi reagierte entsetzt, tadelte Michel und erklärte ihm, er erweise Gérard damit einen schlechten Dienst: »Du machst doch nur einen Affen aus ihm!« sagte er zu Michel. »Was denkst du dir dabei, einen solchen Kerl in so ein künstlerisches Abenteuer zu locken! Damit fällt er doch in kürzester Zeit auf die Nase!«
In trüben Stunden sah es Gérard selbst genauso. Gut – er konnte Grimassen schneiden und die Leute zum Lachen bringen, na und? Was er in den wenigen Wochen im Cours Dullin erlebt hatte, war doch bloß Schaumschlägerei gewesen, Spielereien für reiche Kinder; was hatte denn das bißchen Improvisieren mit richtigem Schauspielern zu tun? Dazu brauchte man Wörter und Sprache und mußte rezitieren können, man mußte gebildet und kultiviert sein, und er war nichts von alldem. Michel und seine beiden Brüder, beispielsweise: das waren die reinsten Leseratten, waren es immer schon gewesen. Sogar zu Hause unterhielten sie sich in einer Sprache, der Gérard kaum folgen konnte, ganz davon zu schweigen, daß er hoffen durfte, sie jemals selbst zu sprechen. Um Schauspieler zu werden, vertiefte Michel sich in Dramen von Molière und Racine und hörte sich nachts oft eine Aufnahme von Edmond Rostands ›Cyrano de Bergerac‹ in einer zungenbrecherischen Fassung an. Gérard erschienen klassische Texte wie unbezwingbare Barrieren. In seiner Kindheit und Jugend hatte er nie viel gelesen und schon gar nicht Texte, die auch nur annähernd an Molière oder Racine heranreichten. Gedichte waren ihm in der Schule eingedrillt worden, und das Rezitieren vor Père Lucas' Klasse hatte er als peinliche Tortur

empfunden. Wie in aller Welt sollte er da jemals Molière lernen? Nein, solche Handicaps ließen sich nicht überwinden. Die Idee, Schauspieler zu werden, war ganz einfach lächerlich.
Von Zweifeln geplagt, durchstreifte Gérard die großen Boulevards und kleinen Seitenstraßen von Paris. Eine Zeitlang war er mit einer jungen Holländerin befreundet, aber auch das erwies sich nur als eines seiner vielen kurzen, leidenschaftlichen Abenteuer. Er saß im »Polytech« herum und stattete hin und wieder seinen Freunden in Châteauroux einen Überraschungsbesuch ab. Michel Arroyo war, genau wie Michel Pilorgé, nach Paris gekommen, um gegen den Willen des Arztvaters Schauspielunterricht zu nehmen. Er hatte ein kleines Zimmer im Norden von Paris, an der Place de Clichy gefunden, dort, wo Henry Miller gewohnt hatte. Die Miete war niedrig, dafür mußte er mehrere Stunden pro Woche babysitten. Eines frühen Morgens, als Arroyo noch schlief, stand Gérard vor der Tür, völlig unerwartet selbstverständlich.
»Er wollte mit mir frühstücken«, erinnert sich Arroyo. »Das Problem war allerdings, daß ich nur eine Kaffeeschale besaß. Deshalb drückte ich ihm fünf Francs in die Hand und schickte ihn zu einem Laden in der Nähe, wo er einen zweiten *bol* kaufen sollte. Zehn Minuten später war er mit einer neuen Schale wieder da und gab mir die fünf Francs zurück. Ich fragte: ›Wie hast du das denn gemacht?‹ Er zuckte nur mit den Achseln: ›Es war niemand zum Kassieren da.‹«
Arroyo studierte in einer Privatklasse, die von einem gewissen Professor Jean-Laurent Cochet geleitet wurde. Michel erzählte Gérard, daß Cochet der angesehenste Schauspiellehrer in ganz Paris sei. Bei Kaffee und *tartines* beschrieb er ihm auch Cochets Methode. Im Gegensatz zum Dullin, wo es eher volkstümlich zuging, suchte sich Cochet seine Schüler sorgfältig aus und lehrte klassische *déclamation*, das heißt, er legte großen Wert auf formales Rezitieren. Dies entsprach der Tradition des angesehenen Pariser Conservatoire und der Comédie Française, in denen Cochet sowohl aufgetreten war als auch gelehrt hatte. Vom Stil her war Cochet ein *personnage*, eine große Persönlichkeit, und ein brillan-

ter und anspruchsvoller Lehrer; seine Klassen waren klein, im Unterricht ging es sehr streng zu. Spaßvögel duldete Cochet nur selten; wer schlechte Leistungen brachte, mußte seinen schneidenden Spott ertragen. Aber in der Welt des Theaters galt sein Unterricht als die *crème de la crème*. Wenn man wissen wollte, ob man das Zeug zum Schauspieler hatte oder ob schon allein der Gedanke daran ein lächerliches Hirngespinst war, konnte man das nirgendwo besser herausfinden als in Cochets Klasse.

Gérard war beeindruckt von dem, was er da hörte, aber noch nicht bereit, seine Fähigkeiten in Cochets Klasse auf die Probe zu stellen. Ganz im Gegenteil – er schlug sich die Sache so rasch wie möglich aus dem Sinn. An Weihnachten dieses Jahres wurde er siebzehn. Den ganzen Frühling 1966 hindurch steckte er mit Michel Pilorgé und Alain zusammen und durchstreifte mit ihnen die Stadt. Im Sommer beschloß er, statt nach Châteauroux zu fahren oder allein nach Südfrankreich zu trampen, mit Michel an die Riviera zu reisen, und zwar mit dem Zug. (»Ich weiß noch, daß ich die Fahrkarten bezahlte«, sagt Michel.) Einen Freund wie Michel hatte Gérard noch nie zuvor gehabt. Weil er schüchtern, ernst und mit einem sanften, selbstironischen Humor gesegnet war, konnte man gut mit ihm auskommen, ohne daß er sich allzusehr an einen klammerte. Außerdem war er jungenhaft hübsch und wußte gut mit Frauen aus dem Großbürgertum zu flirten. Die beiden fanden einen Job als Strandjungen an der »Plage des Sports« in Cannes, einem privaten Strandclub wie das »Chez Joseph«. Gérard empfand die Arbeit als angenehm und familiär. Auch Michel gefiel es. Die beiden wurden braun und erholten sich gut. Wieder einmal war Gérard von wunderschönen *parisiennes* umgeben, die in ihren Mikro-Bikinis badeten oder sich auf den Liegestühlen in der Sonne rekelten. Damals kam auch gerade das Sonnenbaden »oben ohne« in Mode.

»Da war ein Mädchen, das jeden Tag an den Strand kam«, erinnert sich Michel. »Sie war wirklich toll, hatte herrliche blaue Augen und kam eindeutig Gérards wegen. Aber er konnte das einfach nicht glauben.« Immer noch wagte Gérard nicht einmal zu hoffen, daß eine Frau, die aus einer kultivierten, privilegierten

Familie stammte, ihn auch nur ein bißchen attraktiv finden konnte. Seine Schüchternheit entsprang nicht etwa einem Mangel an Verlangen, sondern einem, wie Michel sehr wohl wußte, quälenden Schamgefühl wegen der sich zunehmend verschlimmernden Sprachstörungen. Gérard war inzwischen fast völlig verstummt. »Er stotterte grauenhaft. Er brachte nicht einen einzigen Satz zu Ende«, sagt Michel. »Er konnte sich durch Laute artikulieren, was oft völlig ausreichte, aber seine Sprache als solche war total primitiv.«

So wie mit Loulou und dessen Familie im »Chez Joseph«, knüpfte Gérard schon bald enge Beziehungen zu den Besitzern des Clubs. Immer der *entremetteur*, brachte er eines Tages Alain mit und stellte ihn dem Besitzer und dessen Familie vor, was damit endete, daß Alain später die Tochter des Chefs heiratete. Den Spaß an Raufereien hatte Gérard mittlerweile fast völlig verloren. Michel und er waren für die nächtliche Bewachung des Privatstrandes verantwortlich und schliefen in der Bar der »Plage des Sports«. Eines Nachts marschierte eine Gruppe Rowdys über den Strand – genau die Art von Provokation, auf die Gérard früher garantiert mit Aggressivität reagiert hätte. Jetzt aber blieben Michel und er vernünftigerweise in der Bar; beide hatten nicht die geringste Lust auf einen Kampf. Die beiden jungen Männer verlebten einen schönen Sommer, legten die Strandmatten aus und stellten die Sonnenschirme auf, servierten Drinks, rechten den Sand, bekamen schöne Trinkgelder und konnten jeden Morgen und dann noch einmal abends ausgiebig schwimmen. Gérard verspürte zwar noch immer eine unbezwingbare Lust auf kleine Streiche, aber Michel konnte doch sehen, daß sein Freund im Grunde gereift war und zu einer gewissen Ausgeglichenheit gefunden hatte.

Als der Sommer zu Ende ging, fuhr Gérard gebräunt, erholt und wild entschlossen nach Paris zurück: Er wollte sich vom Meister Jean-Laurent Cochet persönlich prüfen lassen. An einem Herbsttag des Jahres 1966 ging er mit Michel Pilorgé, Michel Arroyo und Michel Mouilleron zu Cochet ins Théâtre Edouard VII, ein hübsches kleines Theater, in dessen Nähe der legendäre Jean-Louis

Barrault seine Truppe geleitet hatte. Gérard wollte bei dem angesehensten Schauspielprofessor von ganz Paris sicherlich einen starken ersten Eindruck zurücklassen, aber er hatte nicht vor, sich dafür zu verstellen, und erschien in seiner üblichen Aufmachung: Jeans und T-Shirt mit bis zu den Schultern hochgerollten Ärmeln, die seinen Bizeps und seine Tätowierung voll zur Geltung kommen ließen.

Das Erscheinen dieser vier Castelroussins schockierte den etwas steifen, kultivierten Professor Cochet ein wenig. »Der Unterricht im Probesaal hatte gerade begonnen, da tauchen diese vier merkwürdigen Kerle auf, darunter ein riesengroßer, langhaariger Bursche, den ich für einen Holzfäller hielt«, erinnert sich Cochet. »Ich hatte keine Ahnung, woher die kamen und wohin sie wollten. Sie sahen aus, als wären sie geradewegs einem Sergio-Leone-Western entstiegen. Einen Augenblick lang dachte ich, vielleicht suchen die den Keller. Aber nichts da – sie sagten, sie seien gekommen, um sich in meinen Kurs einzuschreiben.«

Cochet schickte sie in sein Büro, immer noch hoffend, das Ganze sei nicht mehr als ein Mißverständnis. Aber gleich darauf stürzte seine Sekretärin in heller Aufregung zu ihm und raunte ihm mit einem panischen Unterton in der Stimme ins Ohr: »Diese Leute, die Sie mir da geschickt haben – was soll ich denn Ihrer Meinung nach mit denen tun? Das sind junge Rowdys, die machen mir angst. Und der Große erst! Der hat so ein unheimliches Lachen.«

Cochet beruhigte sie, und die vier angehenden Schauspielschüler konnten ihre Bewerbungen abgeben. Kurze Zeit später ließ der Professor sie vor der Klasse vorsprechen in der Erwartung, daß dies dem ganzen Abenteuer ein Ende machen werde. Geduldig hörte er zu, wie drei dieser Provinzheinis ihre Texte vorlasen oder auswendig vortrugen. Aber noch während die anderen rezitierten, konnte Cochet den Blick kaum von dem vierten – dem Holzfäller – abwenden. Dann ging Gérard auf die Bühne.

»Er hatte – ich weiß gar nicht, wie er darauf gekommen war – einen Text von Claudel einstudiert; es kann auch etwas von Jules Laforgue gewesen sein«, erzählt Michel Arroyo. »Jedenfalls war es kein einfacher Text, die Rolle paßte überhaupt nicht zu Gérard, und als er die Passage vor der Klasse rezitierte, klang das Ganze unglaublich falsch. Sein Vortrag stimmte überhaupt nicht mit dem Wortsinn des Textes überein. Die Schüler, ehrgeizige Schauspieleleven von ausgeprägter Gnadenlosigkeit, begannen zu lachen; dabei handelte es sich eigentlich um eine traurige Szene. Aber in dieser Situation zeigte sich, daß Professor Cochet kein Dummkopf war. Er lachte kein einziges Mal, während Gérard vorsprach, und als dieser fertig war, nahm er ihn zur Seite und sagte: ›Sie können wiederkommen.‹

›Aber Ihr Unterricht‹, wandte Gérard ein, ›der kostet doch was.‹

›Ja.‹

›Ich habe aber kein Geld.‹

›Hmmm‹, machte Cochet und sagte dann: ›Na gut, Sie können trotzdem wiederkommen.‹«

Dies war die entscheidende Begegnung. Zunächst erwartete Cochet noch, daß der ungewöhnliche junge Mann den Unterricht nur ein paar Monate lang besuchen würde, aber Gérard wurde innerhalb kurzer Zeit zu einem eifrigen, ja geradezu leidenschaftlichen Schauspielschüler. Zu Cochets größter Verwunderung ließ er darüber hinaus eine Empfindsamkeit und Sensibilität erkennen, die in krassem Gegensatz zu seinem grobschlächtigen Äußeren standen. Des weiteren erstaunte Cochet, daß dieser Koloß von einem jungen Mann mit wüsten Tätowierungen und hervorquellendem Bizeps sich im Unterricht recht artig benahm, gewissenhaft jeden Ratschlag befolgte und das Gehörte sofort auf seine Arbeit anwendete. Er studierte Texte von Molière und Racine ein, erzielte rasche Fortschritte, fand offensichtlich immer mehr Gefallen an der Sache und stürzte sich zur höchsten Freude des kompromißlosen Cochet mit einer wahren Gier und großen Begeisterung auf die Schauspielkunst.

»Der Erfolg dieses an ein Wunder grenzenden Abenteuers stand praktisch von dem Moment an fest, als Gérard mit seinen riesigen Ohren zuzuhören und mit seinen riesigen Augen zuzuschauen begann«, erklärt der Professor. »Bei der Arbeit mit Texten großer Autoren entdeckte er erstmals das Glück, die schiere sinnliche

Freude, welche Wörtern und dem, was sie an Ideen und Gefühlen vermitteln können, innewohnt.«

Auf dem klassischen französischen Repertoire aufbauend, brachte Cochet seinen Schülern die handwerklichen Grundlagen des Metiers bei. Sobald die Schüler ihr Gedächtnis ausreichend trainiert hatten und das Rezitieren so weit beherrschten, daß sie lange Sätze flüssig und frei aufsagen konnten, verlegte der Professor den Schwerpunkt darauf, die angehenden Schauspieler zu lehren, wie man Geist, Körper und Gefühle »frei« macht. Er wollte seinen Schülern die Fähigkeit vermitteln, natürlich und spontan auf die Atmosphäre einer Szene bzw. eines ganzen Stückes zu reagieren. Cochet glaubt und lehrt, daß das eigentliche Wesen der Schauspielkunst in emotionaler Befreiung liegt. Das Schauspielern soll seiner Ansicht nach keine geistige Tätigkeit sein, sondern eine physische und emotionale, und muß fast so spontan ausgeführt werden wie das Verstellen der Kinder beim Spielen: »Sobald man in der Lage ist, eine Situation neu zu erfinden, die eigene Phantasie zu öffnen und eine Komödie wirklich zu ›spielen‹, braucht man keinen Unterricht, kein Improvisieren und keine geistige Anstrengung mehr. Das sind nämlich alles nur Kompromisse.«

Schon nach den ersten Monaten hatte Gérard alles, was Cochet von einem Schauspielschüler erwartete: Bühnenpräsenz, Stimme, ein feines Gehör und vor allem den Willen, zu arbeiten, zu arbeiten und nochmals zu arbeiten. Eines Tages erschienen Gérard und drei seiner Mitschüler zum Unterricht mit einem Projekt, das sie selbst ausgearbeitet hatten. Während andere Schüler sich darauf beschränkten, eine einzige Szene aus einem Drama vorzubereiten, hatten die vier eine lange Passage aus einem sehr schwierigen Stück von Alfred de Musset einstudiert: ›On ne badine pas avec l'amour‹ (›Man spielt nicht mit der Liebe‹). Es waren zwei männliche und zwei weibliche Schüler, und sie trugen mehrere größere Szenen vor, wobei es ihnen gelang, den Rhythmus und den roten Faden des ganzen Stücks zum Vorschein zu bringen. Die treibende Kraft hinter dem Unternehmen war eindeutig Gérard. Cochet reagierte hellauf begeistert: »Zum ersten Mal hatte ein Schüler die Idee, den Antrieb und den Spürsinn gehabt, ein solches Stück zu präsentieren. Außergewöhnlich an Gérard war auch, daß er sich jedes Stück oder Buch, das ich erwähnte, sofort in Gedanken notierte und dann kaufte. Er wurde fast verzehrt von dieser Leidenschaft, dieser Begierde, aber er blieb immer der, der er war. Er war ein Gourmand, er schaufelte soviel wie möglich in sich hinein, um zu lernen und sich zu bilden.«

In dieser Zeit besuchte Gérard auch Unterricht in Körperausdruck bei Odette Laure, einer berühmten französischen Schauspielerin und Lehrerin. Ihr Ansatz war orientalisch inspiriert und beinhaltete Yoga-Atemübungen sowie Körperbewegungen, die ein »körperliches Erwachen« auslösen sollten. Mit diesem Unterricht tat Gérard sich schwer. Er hatte die Statur eines Holzfällers, und seine Vorstellung von körperlicher Bewegung ließ sich am besten als Fußballtorwart verwirklichen: nach einem Ball hechten, ihn mit den Fäusten abblocken und ihm dann einen anständigen Fußtritt versetzen. Grazie und Eleganz der Bewegung zählten nicht gerade zu seinen Stärken. Cochet zufolge war Odette Laure alles andere als beeindruckt von Gérard. Körperlich war er ziemlich unbeholfen und befangen; er hatte zwar eindeutig Talent, aber sie war nicht sicher, ob er es schaffen würde, seine vielen Handicaps zu überwinden. Einmal nahm sie Cochet zur Seite und fragte ihn, warum er eigentlich so hingerissen sei von diesem groben Klotz. Aber Cochet blieb bei seiner Ansicht: »Ich fand Gérards Aussehen für die jungen Leute jener Zeit derart typisch, daß er mir förmlich wie ein Symbol seiner Generation erschien. Als Odette mich daher fragte: ›Was sollen wir denn Ihrer Meinung nach mit diesem Kerl anfangen, was kann denn aus dem schon werden?‹, antwortete ich – zugegebenermaßen ein bißchen pathetisch, um es ihr auch wirklich klarzumachen: ›Ich glaube, daß er der beste Schauspieler unserer Zeit werden kann.‹«

Während Gérard sich immer intensiver mit der Schauspielerei beschäftigte, registrierten seine Freunde subtile Veränderungen in seinem Verhalten außerhalb des Unterrichts. Zwar lauerten gleich unter der Oberfläche noch immer die alte Überschwenglichkeit und Flatterhaftigkeit, aber sein Hang zu Späßen bekam jetzt einen theatralischen Touch, besonders in Szenen, die auf beinahe gespenstische Weise die Rolle vorwegnahmen, die er einige Jahre später in ›Die Ausgebufften‹ spielen sollte. Eines Nachts fuhren Michel Arroyo, Gérard und Michel Demoule mit der Métro nach Hause und stiegen in ein Abteil, in dem nur ein alter Mann saß. »Natürlich ging Gérard gleich hin und setzte sich neben ihn«, erinnert sich Arroyo. »Wir saßen vis-à-vis. Gérard nahm seine Métro-Fahrkarte, faltete sie und – plop! – steckte sie dem alten Mann in den Schuh. Der Alte bekam natürlich furchtbare Angst, schließlich war er ja ganz allein. Da sagte Gérard zu ihm: ›Jetzt fresse ich Ihr Ohr auf!‹« Nach dieser ziemlich unangenehmen Ankündigung beruhigte er aber den Mann sofort – das sei doch alles nur Spaß, sie seien Schauspielschüler, er habe ihn nicht beleidigen wollen, einen angenehmen Abend noch, *bonne nuit.* Vielleicht war der alte Mann durch diese Worte tatsächlich wieder einigermaßen friedlich gestimmt, aber mit Sicherheit hat er noch einen langen Blick über die Schulter geworfen, bevor er aus der Métro ausstieg...

Gérard wußte mittlerweile ganz genau, was er wollte, und verfolgte seine Pläne mit wahrem Feuereifer. Im Sommer 1967 machte Cochet mit einer Gruppe von Schülern in Südfrankreich Urlaub. Eines Nachmittags stand plötzlich, wie aus heiterem Himmel, Gérard vor dem Tor, nur mit einer Badehose bekleidet, so als kehrte er ganz einfach nach dem Baden ins Haus zurück. Cochet hatte ihm nicht die Adresse gegeben, aber Gérard hatte sie natürlich herausbekommen; zu dieser »Familie« wollte er unbedingt gehören. Er ging einfach rein, fraß sich durch den Kühlschrank und leerte eine Gemeinschaftsflasche Pastis. Einmal unterhielten sich er und sein Mentor die ganze Nacht lang – zum Ärger aller anderen, die schlafen wollten.

Gérard war jetzt achtzehn. Noch keine zwei Jahre waren vergangen, seit er Châteauroux verlassen hatte, aber sein ganzes Leben, seine ganze Lebenseinstellung hatten sich radikal verändert. Nach einer Kindheit, die von schulischem Versagen und dem Glauben geprägt war, er sei möglicherweise tatsächlich geistig etwas minderbemittelt, hatte ihn jetzt der angesehenste Schauspielprofessor von Paris unter seine Fittiche genommen und ihm versichert, er verfüge über eine enorme Begabung. Die Arbeit war aufregend, er wurde von den Söhnen und Töchtern der Pariser Elite akzeptiert und respektiert und mußte sich in diesem Milieu nicht schlagen und nicht ständig auf der Hut sein. Er konnte immer noch nicht besonders gut sprechen, und im Vergleich zu den Intellektuellen unter seinen Mitschülern kam er sich hoffnungslos ungebildet vor. Aber er hatte den Eindruck, daß er, um bei allen beliebt zu sein, nur ein bißchen von dem, was er in sich aufgestaut hatte, loszulassen brauchte, auch wenn es in keiner Weise den Verhaltensregeln entsprach, die er in Châteauroux gelernt hatte.

»Am stärksten fiel mir bei Gérard immer seine Sanftheit auf«, sagt Cochet. »Wenn ich ihn mit nur einer einzigen Eigenschaft beschreiben müßte, würde ich es mit dieser Sanftheit tun, die in so krassem Gegensatz zu seiner äußeren Erscheinung stand.«

Von nun an setzten Cochet und Odette Laure alles daran, Gérards Talent umfassend zur Entfaltung zu bringen. Sie lehrten ihn, sich für die Bühne passend anzuziehen, veränderten seine Frisur und erreichten innerhalb kurzer Zeit, daß er selbst die anspruchsvollsten Aufgaben innerhalb der Schauspielausbildung meisterte. Cochet ließ ihn schwierige Texte einstudieren – zunächst de Musset –, und je mehr die beiden Lehrer ihren Schüler antrieben, um so besser wurde er. Ein großes Hindernis schien allerdings weiterhin unüberwindlich: Gérards quälende Schwierigkeit mit der Sprache, der Artikulation und dem sprachlichen Vortrag. Sie arbeiteten intensiv an der Verbesserung seiner Stimme, versuchten ihr etwas von dem gutturalen, schweren Klang zu nehmen und Gérard beizubringen, seine Sprechmuster zu modulieren und ihnen mehr Rhythmus und lyrische Ausdruckskraft zu verleihen. Das Resultat all dieser Bemühungen fiel jedoch mager aus. »Er hatte nur einen sehr kleinen Wortschatz«, erklärt Cochet. »Und er litt zwar nicht an einer totalen Sprechblockade, aber er sprach mißtönend und stockend.« Der Professor war überzeugt, daß in Gérard eine Art Knoten saß, den er, Cochet, nicht entwirren konnte. Dieser Schüler besaß mehr Naturtalent, als Cochet je zuvor bei einem achtzehnjährigen Mann gesehen hatte, aber der Lehrer befürchtete, daß, wenn es nicht gelang, den Knoten zu lösen, dieses Talent, dieses Potential ewig brachliegen würde – was in seinen Augen einer Tragödie riesigen Ausmaßes gleichgekommen wäre.

Als Cochet klar wurde, daß er nichts mehr tun konnte, um Gérards Sprachstörungen zu beheben, wandte er sich an Dr. Alfred A. Tomatis, einen umstrittenen Sprachtherapeuten und Forscher. Cochet arbeitete schon seit Jahren mit Tomatis zusammen und schickte ihm regelmäßig Schüler zur Untersuchung des Gehörs und der Sprechfähigkeit. Tomatis hatte seine berufliche Laufbahn als Arzt begonnen, zunächst als Allgemeinmediziner, dann als Facharzt für Hals-, Nasen- und Ohrenkrankheiten. Später richtete er seine Aufmerksamkeit fast ausschließlich auf das Gehör und die Gehör- und Sprachtherapie. Seine Theorien über Gehör und Stimme waren ziemlich unkonventionell, aber viele Leute aus dem künstlerischen Bereich, vor allem Sänger der Pariser Opéra, hielten ihn für ein wahres Genie. Auch Cochet glaubte unerschütterlich an ihn und war sicher, daß nur Tomatis in der Lage wäre, Gérards inneren Knoten zu lösen und seine Stimme »frei« zu machen. Deshalb ging er eines Vormittags in sein Büro und griff zum Telefon: »Alfred, ich erspare mir die Einzelheiten – die wirst du selbst erleben. Ich habe hier einen jungen Mann, der wirklich außergewöhnlich ist. Meiner Meinung nach steht ihm eine glänzende Karriere bevor. Er hat allerdings ernste Schwierigkeiten, sehr ernste Schwierigkeiten. Ich weiß nicht, woher sie stammen oder was ihm möglicherweise fehlt. Aber ich bitte dich, ihn zu behandeln, Alfred. Nimm diesen jungen Mann und bereite ihn auf seine außergewöhnliche Zukunft vor!«

Dr. Alfred Tomatis

9 Dr. Mozart

Gérard hatte große Bedenken. Er vertraute Professor Cochet und suchte verzweifelt Hilfe, aber er wußte nichts über diesen Dr. Tomatis und konnte sich sowieso nicht vorstellen, daß es irgend jemandem gelingen könnte, ihn von den beschämenden Sprachstörungen zu heilen, unter denen er sein ganzes bisheriges Leben gelitten hatte. Was konnte der Mann denn schon tun – ihm eine neue Zunge einpflanzen? Obwohl er sehr nervös war, fuhr er dann aber doch mit der Métro in die Nähe des Arc de Triomphe und ging zu Fuß weiter, bis er zu einem vornehmen Wohnhaus gleich gegenüber dem Parc Monceau gelangte.

Seinem provinziellen Blick erschien das Gebäude wie der steingewordene Inbegriff Pariser Kultiviertheit. In dem Haus befanden sich eine Anwaltskanzlei und sehr luxuriöse Wohnungen; das Messing im Entrée war frisch poliert, und in der Mitte wand sich eine majestätische Treppe spiralförmig nach oben wie eine Straße in den Himmel. In Châteauroux konnte man solche Häuser lange suchen. Das Centre Tomatis umfaßte eine ganze Etage, und als Gérard eintrat, traute er kaum seinen Augen: Er hatte eine Arztpraxis erwartet, in der es leicht nach Desinfektionsmitteln roch; statt dessen stand er in einer durchgestylten, mit Bildern und Skulpturen geschmückten Lobby. An den Eingangsbereich schlossen sich zwei große Räume an, in denen Leute mit Kopfhörern saßen. In dem einen Zimmer schienen alle in Tagträume versunken zu sein, die Menschen wiegten sich zur Musik oder blickten durchs Fenster. In dem anderen Zimmer befanden sich kleine farbige Nischen, in denen jeweils eine Person mit aufgesetzten

Kopfhörern saß und Skizzen machte, zeichnete oder mit Wasserfarben malte. Zwischen den beiden Räumen lag ein hervorragend ausgestattetes Tonstudio mit elektronischen Apparaten und riesigen Tonbandgeräten, deren Spulen sich langsam drehten. Es ging sehr leise zu, die Atmosphäre war fast feierlich zu nennen. Doch was war das für eine überschäumende Musik, die aus all den Kopfhörern drang, so daß Gérard sie wenigstens schwach hören konnte?

Mozart.

Völlig verwirrt stellte Gérard sich an der Rezeption vor und wurde gleich darauf zum berühmten Herrn Doktor persönlich geführt. Professor Tomatis begrüßte ihn mit der für ihn typischen Fröhlichkeit. Dann setzten sie sich, um miteinander zu reden. Tomatis war groß und wirkte sehr selbstsicher. Er hatte riesige Hände, einen gewaltigen, völlig kahlen Schädel und ein gewinnendes Lächeln, das die etwas weit auseinanderstehenden Zähne sehen ließ. Obwohl er nicht mehr als Arzt praktizierte, entsprach seine ganze Art der eines erfahrenen Doktors: freundlich, aufmunternd, väterlich. Seinen Bedenken zum Trotz, fand Gérard ihn sofort sympathisch. Schon während dieses ersten Gesprächs erkannte Tomatis, daß der junge Mann extreme Probleme hatte. »Er war sehr schüchtern, sehr verschlossen«, erinnert sich der Professor. »Er wollte unbedingt Schauspieler werden und glaubte auch, daß er das Zeug dazu habe, aber er hatte Angst, es einfach nicht zu schaffen.« Tomatis erkannte auch sofort, woher Gérards Ängste rührten. »Hinsichtlich der Körpergröße war er schon damals der Gigant, den wir heute kennen, er hatte auch schon diese unglaubliche Muskulatur, war aber behindert durch eine Stimme, die einfach nicht tönte. Da kam nur ganz wenig raus. Und das Schlimmste war: Je mehr er sich bemühte, um so weniger funktionierte es.«

Nach dem Gespräch ordnete Professor Tomatis eine Reihe von scheinbar einfachen diagnostischen Tests an, denen Gérard sich unterziehen mußte. In einer schalldichten Zelle setzte ein Labortechniker ihm Kopfhörer auf und begann seine Hörfähigkeit zu prüfen. Zunächst erklangen in den Kopfhörern einzelne Töne, und Gérard mußte Zeichen geben, sobald er sie gehört hatte; jedes Ohr wurde separat getestet. Dann schob der Techniker einen der Kopfhörer auf die Schläfe hinauf, den anderen befestigte er am Hinterkopf. Damit sollte gemessen werden, wie gut Gérards Knochenstruktur den Schall zu seinen Ohren leitete. In der nächsten Testphase wurde gemessen, wie gut Gérard Töne voneinander unterscheiden konnte; er sollte immer Zeichen geben, wenn der an sein Ohr geleitete Ton höher oder tiefer war als der vorangegangene. Es folgten acht weitere Tests, die wiederum sehr simpel wirkten. Deuten Sie auf ein Ohr, auf ein Auge, auf das Auge des Testers. Schauen Sie durch diese Röhre. Werfen Sie einen Ball hoch. Treten Sie den Ball. Zeichnen Sie mit einem Fuß ein Quadrat auf den Boden. Schlagen Sie mit der Faust in die Luft. Damit sollte festgestellt werden, ob Gérard Rechts- oder Linkshänder bzw. Rechts- oder Linksfüßer war. Zum Schluß wurde er aufgefordert, zwei Minuten lang in ein Mikrophon zu sprechen, damit sein Stimmvolumen und Stimmuster aufgenommen werden konnten.

Unmittelbar nach den Tests wurden die Resultate in Form eines Graphen dargestellt, den Professor Tomatis als »Hörkurve« bezeichnet – die visuelle Wiedergabe der Leistungsfähigkeit von Gérards Gehör. Mit Hilfe der Hörkurve gelangte Professor Tomatis bereits zu einer ersten Diagnose: Gérards Gehör war ganz und gar nicht in Ordnung, sein rechtes Ohr sogar schwer geschädigt. »Wegen seines rechten Ohrs konnte er die eintreffenden Töne nicht regulieren«, erklärt Tomatis. »Auch wenn er leise sprach, hörte er das als sehr laut.«

Tomatis hatte keine Ausbildung als Psychotherapeut oder Psychiater. Dennoch konnte er jetzt, aufgrund der Hörkurve und seiner dreißigjährigen Erfahrung mit der Behandlung ähnlicher Sprachstörungen, eine zweite Diagnose stellen: Die Ursache von Gérards Hörschädigung war nicht körperlicher Natur, sondern »rein psychisch bedingt«. Er folgerte, daß durch das beschädigte rechte Ohr zwei weitere zerebral gesteuerte Aktivitäten beeinträchtigt wurden: das Gedächtnis und die Konzentration. Tomatis war überzeugt, daß dieser junge Mann in einem Gewirr emo-

tionaler und psychischer Probleme steckte, die sein Leben zu einem einzigen Alptraum machten. »Junge Leute, die voller Aggressionen sind und sich nicht mehr ausdrücken können, sind irgendwo verletzt«, erklärt der Professor. »Gérard war in dieser Hinsicht ein extremer Fall. Er besaß eine unglaubliche Kraft und konnte sehr aggressiv werden; aber er konnte sich nicht artikulieren, was die Sache noch schlimmer machte. Das Frappierendste an diesem Fall war, daß Gérard sich jedesmal, wenn er sprechen wollte, quasi selbst strangulierte. Und wenn er einen Text zu lernen versuchte, konnte er sich nichts merken. Er hatte einfach kein Erinnerungsvermögen.« Gérard wußte, daß dies stimmte. Zu Beginn seiner Therapie bei Tomatis war das Auswendiglernen für ihn eine Höllenqual, und selbst wenn er es schaffte, einen Text zu lernen, behielt er ihn nie besonders lang.
Tomatis teilte ihm die Diagnose nicht mit, sondern erklärte dem nervösen jungen Mann in klaren, einfachen Worten, daß er ein Behandlungsprogramm mit ihm durchführen werde, um seine Sprachstörungen zu mildern und es ihm zu ermöglichen, seinem Interesse an der Schauspielerei weiter nachzugehen. Was für eine Behandlung denn? wollte Gérard wissen. Eine Operation? Medikamente? Sprachtherapie? Nein. Was Tomatis ihm nun darlegte, hatte nichts mit alldem zu tun: »Ich möchte, daß Sie in den nächsten Wochen täglich für zwei Stunden hierherkommen und Mozart hören.«
»Mozart?«
»Mozart.«
»Hmm … Muß ich etwas zahlen?«
Tomatis lächelte nur. Ihm war klar, daß der Junge kein Geld hatte. Aber er beschloß, ihn kostenlos aufzunehmen. »Nein, Sie brauchen nichts zu zahlen.«
Gérard ging völlig entgeistert nach Hause. Wie um alles in der Welt sollte er durch das Anhören von Mozarts Musik von seinen Sprachstörungen geheilt werden? Was war diese groteske Behandlung eigentlich – Hokuspokus? Aber vom nächsten Tag an ging er, trotz seiner starken Zweifel, täglich ins Centre Tomatis und ließ sich eine zweistündige Dosis Mozart verabreichen. Aus

dem Kopfhörer kam allerdings nicht Mozart pur; die Musik erreichte seine Ohren durch eine Reihe von Filtern. An manchen Tagen fiel die Filterung minimal aus, dann hörte er ein Mozart-Konzert nur leicht verzerrt. An anderen Tagen aber wurde so stark gefiltert, daß fast nur mehr ein rhythmisches Kratzen wahrzunehmen war. Das Ganze fand er reichlich seltsam und verwirrend, aber nach nur drei oder vier Sitzungen bemerkte er deutliche Veränderungen in seinen körperlichen und mentalen Aktivitäten. Sein Schlafrhythmus begann stark zu schwanken, ebenso sein Appetit und seine Konzentrationsfähigkeit. Und während die ersten Sitzungen für ihn nicht gerade lustig gewesen waren, stellte er jetzt fest, daß er es kaum erwarten konnte, eine frische Injektion Mozart zu bekommen. Er spürte, daß etwas von großer Tragweite mit ihm vorging, auch wenn er nicht die geringste Ahnung hatte, wohin das Ganze führen würde.

In Anbetracht dessen, was mit Gérard Depardieu während der Behandlung vorging, müssen Tomatis' Ideen und Methoden einer genauen und gründlichen Betrachtung unterzogen werden.*

Die komplexen Gedanken Alfred Tomatis' erklärt man am besten, indem man seinen privaten und beruflichen Werdegang betrachtet, denn der Antrieb, Mediziner und Forscher zu werden, läßt sich bei ihm bis zu seinen eigenen Kindheitstraumen zurückverfolgen. Seine Mutter war Italienerin, sein Vater Franzose. Tomatis wurde 1919 in Nizza geboren, und zwar zu früh, nach einer nur sechseinhalb Monate dauernden Schwangerschaft. Als er aus dem Bauch seiner Mutter kam, glaubte die Familie, er sei tot. Er wog nicht einmal drei Pfund und gab kein Lebenszeichen

* Für diese Biographie erklärte sich Professor Tomatis (mit Depardieus Erlaubnis) einverstanden, ausführlich über seine Arbeit und diesen speziellen Fall zu sprechen. Um seinen ungewöhnlichen Ansatz verständlich zu machen, schlug Tomatis außerdem vor, daß der Autor sich selbst einer Diagnose und anschließenden Behandlung ähnlich der Depardieus unterziehen solle. Der Autor willigte ein. Die folgenden Passagen basieren auf Interviews mit Tomatis und seinen Mitarbeitern, auf der Lektüre von Tomatis' Büchern, auf Gesprächen mit Depardieu und anderen ehemaligen Tomatis-Patienten sowie auf den Erfahrungen, die der Autor selbst während zweier Wochen mit Tomatis' Methode und Therapieverfahren gemacht hat.

von sich. Wie Tomatis erzählt, wurde er von einer scharfsichtigen Großmutter wiederbelebt. Aufgrund dieses Ereignisses hegte er eine sein ganzes Leben hindurch anhaltende Vorliebe für die Naturwissenschaften und die Medizin und entwickelte darüber hinaus ein besonderes Interesse am Leben im Mutterleib, das einen wichtigen Bestandteil seiner Forschungen bildet.

Tomatis' Forschungen lassen sich aber auch auf ein anderes Kindheitstrauma zurückführen. Er wuchs in einer Familie auf, deren gemeinsame Sprache der Dialekt des Midi war. Französisch war für ihn eine Fremdsprache, die er so gut wie gar nicht beherrschte, was sich in der Schule als entsetzlich demütigend erwies – aber auch als sehr anspornend. Unter großen Anstrengungen überwand er seine Schwächen im Französischen, schloß die Schule in Nizza ab, ging, um Medizin zu studieren, nach Paris und schrieb sich in die Sorbonne ein.

Während der Nazi-Okkupation studierte er Allgemeinmedizin und Neurologie und beschloß, sich auf die Hals-, Nasen- und Ohrenheilkunde zu spezialisieren. Als die Alliierten in der Normandie landeten und die Bombenangriffe auf Paris immer heftiger wurden, half er, wie die meisten Medizinstudenten damals, bei der Versorgung der Verletzten. Nach dem Krieg eröffnete er eine eigene Praxis und wurde außerdem beratender Arzt der Luftwaffe; in dieser Funktion behandelte er Männer, deren Gehör durch Schüsse, Explosionen oder das Dröhnen von Düsenflugzeugen geschädigt war. Diese Arbeit wurde zum Schlüssel seiner späteren Tätigkeit. Unter Zuhilfenahme eines aus Amerika importierten Audiometers, eines Hörmeßgerätes, testete er die gehörgeschädigten Männer und begann zu untersuchen, in welcher Hinsicht ihre beruflich bedingte Taubheit auch die motorischen Fähigkeiten und die allgemeine psychische Stabilität beeinträchtigte. Dabei entdeckte er ein bestimmtes Muster: Hörschäden führten oft auch Schädigungen am Gehirn und an anderen Körperteilen herbei.

Von nun an konzentrierte Tomatis sich vor allem auf das menschliche Ohr, beschäftigte sich aber auch mit Stimm- und Sprachstörungen. Sein Vater, Umberto Tomatis, war Opernsänger, und

Alfred behandelte in seiner Praxis viele professionelle Sänger mit Stimmproblemen. Einmal kamen zwei Kollegen seines Vaters, zwei Baritone, mit den gleichen Beschwerden zu ihm: Sie trafen bestimmte Töne nicht mehr. Damals herrschte unter den Medizinern Einigkeit darüber, daß alle Stimmprobleme vom Hals bzw. Kehlkopf herrührten. Als Tomatis die Sänger untersuchte, fand er jedoch keinerlei organische Schäden im Hals bzw. Kehlkopf. Daraufhin untersuchte er ihr Gehör.

Er testete die Sänger mit denselben audiometrischen Geräten, die er auch bei den Soldaten der Luftwaffe anwandte, und das Ergebnis fiel eindeutig aus: Die »Hörkurven« der beeinträchtigten Sänger ähnelten auffallend denen der Luftwaffenangehörigen, deren Gehör durch das Dröhnen von Flugzeugdüsen oder durch Explosionen geschädigt war. Die Baritone hatten einen teilweisen Gehörverlust erlitten. Aber wodurch war es zu diesem Verlust gekommen? Mit Hilfe seiner audiometrischen Geräte führte Tomatis nun eine Reihe von Experimenten durch. Er plazierte ein Meßgerät einen Meter vor dem Mund der Sänger, ließ sie so singen, wie sie es in einer Probe oder Aufführung taten, und testete zur Gegenprobe die Stimmen vieler anderer Sänger. Die Ergebnisse waren dramatisch:

»Gute professionelle Sänger erreichten 80 bis 90 Dezibel, wenn sie mit halber Kraft sangen. Bei voller Stimmkraft erreichten sie mühelos 110, 139, ja sogar 140 Dezibel. 130 Dezibel auf einen Meter Distanz entsprechen 150 Dezibel im Schädel.« Das ist ein ohrenbetäubender Lärm: Einige Düsenflugzeuge der damaligen Zeit produzierten bei Geschwindigkeiten in Bodennähe nur 132 Dezibel. In den Köpfen der Sänger kam es also zu einem Widerhall, dessen Lautstärke der eines Düsenflugzeugs entsprach. Kein Wunder, daß ihr Gehör anfällig für Schädigungen war.

Das beeinträchtigte Gehör der Sänger erklärte jedoch nicht, warum sie bestimmte Töne nicht singen konnten. Tomatis stellte nun eine verblüffende Hypothese auf: Die Stimme kann nur die Töne produzieren, die das Ohr zu hören vermag. Wenn ein Sänger einen bestimmten Ton nicht richtig hört, kann er ihn auch nicht mit seiner Stimme reproduzieren. Tomatis gelangte demnach,

kurz gesprochen, zu folgender Erkenntnis: »Man singt mit dem Gehör.«
Um seine Hypothese zu überprüfen und die aus ihr zu ziehenden Konsequenzen zu erkunden, studierte der Professor nun die Stimme des legendären italienischen Tenors Enrico Caruso. Der war zwar schon 1921 gestorben, es existierten jedoch zahlreiche Aufnahmen seiner Auftritte, und diese Aufnahmen testete Tomatis jetzt mit seinen Meßgeräten. Er fand heraus, daß Carusos Stimme zwischen 1896 und 1902 beeindruckend, aber keineswegs strahlend schön gewesen war. Nach 1902 aber verbesserte sich die Stimmqualität und wies die ganze Reinheit und strahlende Kraft auf, durch die sie so berühmt geworden war. Tomatis hörte die Veränderung deutlich, und aufgrund der Testergebnisse konnte man von einer quantifizierbaren Verbesserung der Stimmqualität sprechen. »Offenbar hatte Caruso von einer Art Filter profitiert, der es ihm praktisch ermöglichte, Hochfrequenztöne mit allen Obertönen zu hören, im Gegensatz zu Grundtönen mit niedriger Frequenz.«
Wodurch aber waren diese Filterung und die plötzliche Verbesserung der Stimmqualität bewirkt worden? Auf der Suche nach einer Antwort las Tomatis mehrere Biographien über Caruso und entdeckte, daß sich der Tenor Ende 1901 oder Anfang 1902 einer nicht genauer erklärten Operation an der rechten Gesichtshälfte unterzogen hatte. »Der Autor berichtete keine Einzelheiten, aber ich konnte mir schon vorstellen, was da gemacht worden war«, schrieb Tomatis. »Seine Eustachische Röhre wurde beschädigt, dadurch kam es zu einer teilweisen Taubheit, die zur Verwandlung eines begabten Sängers in den größten Stimmkünstler der Welt führte! Nach seiner Operation hörte Caruso keine niedrigen Frequenzen mehr. Er sang so unglaublich schön, weil er nur mehr innerhalb des Stimmumfangs hören konnte.«
Für Tomatis' Beschäftigung mit dem Gehör eröffnete sich jetzt ein ganz neues Feld. Wenn die Stimme vom Gehör und nicht ausschließlich vom Kehlkopf bestimmt wurde, konnten Stimm- und Sprachstörungen dann möglicherweise durch eine Behandlung des Gehörs erkannt und beseitigt werden. Und wenn die Qualität

von Carusos Stimme in ungeahnte Höhen aufgestiegen war, weil er Musik durch »eine Art Filter« wahrnahm, konnte eine beeinträchtigte Stimme dann vielleicht durch das Anhören von Musik durch eine andere Art von Filter therapiert werden?
Um diese Gedanken auf ihre Richtigkeit zu prüfen, entwickelte Tomatis einen Prototyp dessen, was er heute als das »elektronische Ohr« bezeichnet. Vereinfacht gesagt, bewirkte das Gerät, daß über Tonbänder und Kopfhörer gefilterte Musik ans Ohr des Patienten drang. Die Filterung zwang das Gehör, sich auf einen ungewohnten Frequenzbereich einzustellen. Tomatis glaubte, daß das gesamte Hörmuster eines Menschen »umerzogen« werden könne, wenn man dem Ohr diese Neuanpassung immer wieder aufzwang, und daß wiederum durch diese »Umerziehung« eine beschädigte Stimme wiederhergestellt würde. Mit anderen Worten: Tomatis glaubte, daß man die Stimme heilen könne, wenn es gelänge, das Gehör zu heilen.
Die Anfangsversuche mit dem »elektronischen Ohr« überzeugten ihn davon, daß seine Theorie hielt, was sie versprach. Aber wie sollte er Patienten dazu bringen, sich wochenlang – in schweren Fällen sogar monatelang – zwei Stunden täglich einer intensiven Gehör-Umschulung zu unterziehen? Jetzt kam Wolfgang Amadeus Mozart ins Spiel. Während mehrerer Tests erfuhr Tomatis von Patienten und Mitarbeitern, daß Mozart unglaublich angenehm anzuhören sei; außerdem war sein musikalisches Werk so reichhaltig und vielfältig, daß keine Gefahr bestand, es könnte langweilig werden. Die Musik Mozarts bevorzugte Tomatis auch deswegen, weil sie ungewöhnlich reich an Hochfrequenztönen ist, und diese Töne stellen nun einmal einen Problembereich bei vielen Sprachstörungen dar.
Durch Forschung und zahlreiche Tests auf diesem Gebiet entwickelte Tomatis sein wichtigstes Werkzeug zur Diagnostizierung der Hörprobleme eines Patienten und zur Messung der Therapiefortschritte: die »Hörkurve«, das sichtbare Abbild eines individuellen Hörmusters. Durch diagnostische Prüfverfahren, wie sie auch bei Gérard angewandt wurden, erstellen Tomatis und seine Mitarbeiter zwei Hörkurven. Die eine ist die ideale Hörkurve

eines Menschen und zeigt, welche Frequenzen und Töne er in welcher Qualität hören müßte. Die zweite Kurve zeigt, wie gut Ohren und Gehör der jeweiligen Person tatsächlich funktionieren. Die ideale Hörkurve besteht gewöhnlich aus einem schön geschwungenen Bogen. Die tatsächliche weist dagegen häufig gezackte, von der Normallinie abweichende Teilbereiche auf, manchmal sogar Bruchstellen bei Frequenzen, die ein Patient mit beeinträchtigtem Gehör überhaupt nicht wahrnimmt. Durch den Vergleich der beiden Kurven miteinander können Tomatis und seine Spezialisten Gehörschädigungen exakt bestimmen und messen.

Diese Verzerrungen und Brüche in der Kurve führen Tomatis und seine Mitarbeiter zu den Problemen, die bei einem Patienten Sprechschwierigkeiten hervorrufen – egal, ob diese Probleme nun organisch bedingt oder »rein psychisch« sind, wie im Fall von Gérard. Tomatis und sein Team können Hörkurven lesen, als handle es sich dabei um umfassende Aufzeichnungen über die körperliche und seelische Gesundheit eines Patienten. In Tomatis' Praxis in Paris werden die neuen Patienten nach den ersten, diagnostischen Hörtests zu Dominique Cavé geführt, einer Psychologin, die seit der Zeit von Depardieus Behandlung zu Tomatis' wichtigsten Mitarbeitern gehört. Zunächst beschäftigt Cavé sich eingehend mit den Hörkurven des Patienten; dann stellt sie eine Reihe von Fragen zum Testergebnis, aus dem sie Krankheiten, Anomalien, Vorlieben eines Patienten erkennen kann.

Wie läßt sich all das aus einem Hörtest ersehen? Aus einem Test, obendrein, der nicht komplizierter wirkt als das, was eine Schulärztin einem Kind vorlegen würde? Die Antwort auf diese Frage liegt in der Bedeutung des Gehörs in Relation zum übrigen Körper und zum Gehirn. Seine Forschungsarbeit überzeugte Tomatis davon, daß das Ohr für das »Funktionieren« des Körpers eine weit wichtigere Rolle spielt, als die meisten Menschen und eben auch viele Ärzte ahnen. Es ist in der Medizin unumstritten, daß vom Innenohr das Gleichgewicht und die aufrechte Körperhaltung abhängen; Menschen mit Ohreninfektionen leiden oft an Schwindelgefühl oder Kinetosen. Tomatis betont, daß ein beschädigtes Ohr alles, von der Körperhaltung über die Verdauung bis hin zur physischen und sogar mentalen Stabilität beeinträchtigen kann. Außerdem ist er überzeugt, daß das Innenohr und dessen überaus sensibler Vestibularapparat »die gesamte Körpermuskulatur« kontrollieren. Tomatis unterscheidet streng zwischen dem, was das Ohr physikalisch empfängt, und den Botschaften, die das Gehirn dann entschlüsselt und »hört«. Es kann, so erklärt er, organische Schäden im Ohr selbst geben, aber auch Probleme mit der Verbindung des Ohrs zum Gehirn.

Tomatis zufolge ist das Gehör von großer Bedeutung für alle Hirnfunktionen. Töne mit hoher Frequenz sind, wenn sie, wie in der Musik Mozarts, harmonisch übermittelt werden, laut Tomatis in besonderem Maße zur Stimulation des Gehirns und dessen vielfältigen Aktivitäten geeignet. Seine Forschungen sowie physiologische Tests, die von anderen Wissenschaftlern durchgeführt wurden, bewiesen ihm, daß das Ohr dem Gehirn und dem zentralen Nervensystem Schallwellen und Energie in einem ganz bestimmten Muster liefert. Vereinfacht ausgedrückt, gelangen höhere Frequenzen in die obersten Bereiche des Körpers und des Gehirns, während niedrigere Frequenzen in den unteren Körperregionen schwingen. Jede Frequenz »massiert« also einen ganz bestimmten Körperteil. Wenn ein geschädigtes Gehör Schallwellen, die in einer bestimmten Frequenz eintreffen, blockiert, dann wird der mit ihnen korrespondierende Teil des Gehirns bzw. des Körpers in Mitleidenschaft gezogen: Er erhält keine angemessene »Schallmassage«. So können Gehörschäden, die sich auf eine bestimmte Frequenz beziehen, zu Rückenschmerzen führen, während Störungen bei einer wieder anderen Tonfrequenz unter Umständen Magenbeschwerden hervorrufen. Dies ist die Erklärung dafür, daß Tomatis' Hörkurven sich wie Fingerabdrücke des körperlichen und seelischen Zustandes eines Patienten lesen lassen.

Nun treten die Grundprinzipien des von Tomatis entwickelten Therapieablaufs in den Vordergrund. Tomatis filtert die Mozartsche Musik so, daß die »Schallmassage« auf die geschädigten Hörbereiche eines Patienten gerichtet wird, wobei man die Hörkurve wie eine Landkarte einsetzt. Durch die tägliche Wiederholung zwingen diese Schallmassagen das Ohr, sich umzustellen und sich dem gesamten Bereich der eintreffenden Frequenzen zu öffnen. Wenn sich das Ohr »öffnet«, erhält der Körper als Ganzes eine angemessene Schallstimulation. Sobald der Körper und das zentrale Nervensystem sowie die lebenswichtigen Organe angemessen stimuliert werden, gewinnt das ganze System seine Harmonie, sein Gleichgewicht und die richtigen Energieflüsse zurück. Tomatis, dessen Bild vom menschlichen Körper dem in der chinesischen Medizin ähnelt, glaubt, daß die eigene innere Heilkraft des Körpers auf natürliche Weise Rückenschmerzen, Haltungsschäden und Probleme mit den Nebenhöhlen mildern kann, wenn das Gehör wieder vollständig in der Lage ist, dem Gehirn und dem Körper Energie zukommen zu lassen, und wenn diese Energie ohne Störungen durch das gesamte zentrale Nervensystem fließt.

Vor diesem Hintergrund muß nun die Frage beantwortet werden, wie Tomatis' Methode im speziellen Fall von Gérard Depardieu funktionierte. Die Diagnose des Professors lautete, daß vor allem Gérards rechtes Ohr so schwer geschädigt war, daß es den Schallzustrom nicht regulieren konnte. Anstatt wie ein Filter zu funktionieren, glich das Ohr einem geöffneten Ventil und ließ dadurch zuviel Schall ins Gehirn und ins zentrale Nervensystem gelangen. Gérard wurde also permanent mit eintreffendem Schall überschwemmt. Sein Gehirn wurde sozusagen überrumpelt und überwältigt von Geräuschen, die seine Fähigkeit, das Gehörte zu entschlüsseln, weit überstiegen. »Wenn jemand Töne nicht mehr entschlüsseln kann, wird er unfähig, sich gegen Geräusche zu wehren«, erklärt Tomatis. »Er hört schlecht und wird von allen Geräuschen attackiert. Viel zu viele Geräusche stürmen gleichzeitig auf ihn ein. Das kann sehr quälend sein.«

Durch diese Geräuschflut wurde die Verbindung zwischen Gérards Gehör und seiner Stimme unterbrochen, und diese Unterbrechung wiederum beeinträchtigte seine Sprechfähigkeit. Mit dem Zusammenbruch seiner Artikulationsmöglichkeiten verwandelte sich seine Psyche quasi in eine implodierende Bombe. »Wenn ein Mensch psychische Probleme hat, hört er nicht mehr auf seinen Körper, verschließt sich völlig und gerät in einen Zustand tiefer Entfremdung. Alles implodiert. Sein ganzes Leben wird zum Alptraum«, sagt Tomatis.

Die Implosion verzerrter Geräusche und verzerrter Energie führte, wie der Professor darlegt, zu noch schwerer wiegenden Schädigungen: »Gérard war nicht in der Lage, zwischen Realem und Irrealem zu unterscheiden. Er sah die Welt wie durch einen Zerrspiegel. Sein Gehirn war also ständig gezwungen, ein wahres Bild wiederherzustellen, und das bedeutete eine unglaubliche Anstrengung. Wenn jemand etwas zu Gérard sagte, fiel es ihm schwer, herauszufinden, ob es real war oder nicht. Wenn es um einen einzigen Satz geht, ist das nicht weiter schlimm. Aber nach drei oder zehn Sätzen wird es anstrengend und unglaublich mühsam. Noch schlimmer war, daß er jedesmal, wenn er sprechen wollte, durch seinen Zerrspiegel hindurch mußte. Das muß schrecklich gewesen sein.«

Wie aber ist es möglich, daß das Gehör durch Ursachen beeinträchtigt wird, die »rein psychischer Natur« sind, wie Tomatis behauptet? »Nehmen wir an«, erklärt er, »ich hätte in meinem Leben Stimmen gehört, die grob und verletzend waren. Als ein Mittel des Selbstschutzes gegen verletzende Stimmen schaltet sich das Gehör buchstäblich ab und geht dabei selektiv vor, an genau der einen Stelle in der Hörkurve. So schützt es sich vor Übergriffen, die mit genau dieser Frequenz erfolgen ... Ich bezeichne das als ›selektives Schließen‹. Wenn die Stimme eines Vaters extrem warm klingt, werden unsere sozialen Fähigkeiten durch sie gefördert. Klingt sie dagegen grob und aggressiv, dann unterbrechen wir das Hören genau an dieser Stelle. Zusätzlich brechen wir auch die Beziehung zu der jeweiligen Person ab. Das Gehör eines Menschen, der pausenlos verbal angegriffen oder von den Eltern ständig bedrängt wird, bricht einfach zusammen. Wenn einen der eigene Vater tagein, tagaus verbal fertigmacht und die eigene Mutter einen nicht liebt, was soll man da schon anderes tun, als den Vorhang runterzulassen?«

Den Vorhang runterlassen. Dieses Phänomen hat Tomatis bei Opernsängern, unglücklichen Kindern und Soldaten mit Kriegs-

traumen beobachtet und behandelt. Soldaten, die Bombenangriffen, Gewehrschüssen und Motorenlärm ausgesetzt waren, erlitten einmal aus rein physischen Gründen Gehörschäden, aber auch, weil ihre Psyche letztlich einen Vorhang herabließ, um sich vor dem Lärm zu schützen, sagt Tomatis. Er ist der festen Ansicht, daß die Stimme eines Elternteils ebensoviel Schaden anrichten kann wie eine explodierende Bombe. Die Hörkurven unglücklicher Kinder, wie Gérard eines war, lassen sich also wie eine detaillierte Darstellung der kindlichen Psyche lesen. Die unteren Bereiche der Hörkurve entsprechen meist dem Bereich der väterlichen Stimme, und ein Abbruch in diesen Bereichen bedeutet oft, daß der Patient Schwierigkeiten mit seinem Vater hatte. Ein Abbruch der Kurve in den höheren Bereichen deutet darauf hin, daß der Patient seine Ohren vor der mütterlichen Stimme und sich selbst entsprechend der Mutter gegenüber verschloß. Bei der Behandlung kleiner Kinder mit Sprachstörungen läßt Tomatis oft die Mutter etwas auf Band sprechen und verwendet diese Aufnahmen dann zusammen mit der Musik Mozarts, um das Kind im Lauf der Therapie allmählich so »umzuschulen«, daß es die Stimme seiner Mutter akzeptiert.
Tomatis befragte seinen Patienten kein einziges Mal über dessen Kindheitstraumen, erfaßte aber mit Hilfe der Hörkurve und seiner Intuition schon bald die groben Umrisse von Gérards emotionalen Schwierigkeiten mit Lilette und Dédé und der Frustrationen, die ihm aus dem Leben mit fünf Geschwistern in einer Zweizimmerwohnung erwuchsen. Tomatis, der sich Französisch als Zweitsprache in seiner Jugend hatte erkämpfen müssen, wußte auch, daß Gérard in der Schule sehr unter dem Stottern und Stammeln gelitten hatte. Klassische Psychoanalytiker und Psychiater hätten hier wahrscheinlich eine Therapie angewandt, bei der Gérard mit den Traumen seiner frühen Kindheit konfrontiert worden wäre. Tomatis vermeidet aber alles, was irgendwie mit der Freudschen Psychoanalyse zusammenhängt. Er nimmt Hinweise von psychiatrischer und tiefenpsychologischer Seite durchaus zur Kenntnis, legt aber hinsichtlich seiner eigenen Theorie und Behandlungsweise den Schwerpunkt auf die »Umschulung« des

geschädigten Gehörs und der gestörten Hörfunktionen. Er ist überzeugt, daß Gehirn und Psyche durch »Mozart satt« und durch ausreichende Schallenergie ihre natürliche Balance zurückgewinnen und sich selbst heilen können.

»Das elektronische Ohr versetzt den Patienten in die Euphorie des Hörens«, erläutert Tomatis, »und vor allem ermöglicht es dem Ohr, seine ganze, umfassende Funktion zurückzugewinnen – eine Funktion, die sogar die meisten Ärzte völlig vergessen haben. Wenn Sie viele Probleme haben, befinde ich mich in der glücklichen Lage, Ihr Gehirn mit enormer Energie zu versehen. Und wenn ich Ihr Gehirn auf diese Weise belebe, ist es intelligent. Es wird sich die Probleme dann genau ansehen, sie wieder ins richtige Verhältnis rücken und letztlich geheilt sein.«

In Gérards Fall verschrieb Tomatis etwas Typisches für die erste Behandlungsphase: sechzig Stunden gefilterte Musik von Mozart. Der Grad der individuellen Filterung der Musik, die Gérard jeweils hörte, hing von seinem Hörprofil und der jeweiligen Behandlungsphase ab. Während der Sitzungen sollte er sich, wie die meisten anderen Patienten auch, nicht mit geistigen Tätigkeiten wie Lesen und Schreiben beschäftigen. Schlafen ist dagegen erlaubt, da Tomatis der Meinung ist, daß die Wirkungen der »Schallmassage« auch dann eintreten, wenn der Mensch sich nicht im Wachzustand befindet.

Zusätzlich zu den fast sofort und sehr intensiv eintretenden Veränderungen in seinem Schlaf- und Eßverhalten stellte Gérard bei sich eine verbesserte Körperhaltung und ein größeres Energiepotential fest. Das alles sind, Tomatis und Cavé zufolge, typische Reaktionen. In manchen Fällen gerät der Patient in den ersten Behandlungstagen in einen Zustand der Lethargie und Müdigkeit; wenn dies eintritt, fordert man ihn dazu auf, zu schlafen, soviel er will, damit sein Schlafmuster sich umstellen kann. Im weiteren Verlauf der Behandlung wird der Schlaf des Patienten oft tiefer und kürzer. Gérard erlebte auch das – und zwar als einen anhaltenden Effekt. Er, der schon immer ein Frühaufsteher gewesen war, kommt jetzt problemlos mit drei, vier Stunden Schlaf pro Nacht aus.

Während seiner Sitzungen mit Mozart-Musik wurde Gérard aufgefordert, sich mit unstrukturierten kreativen Tätigkeiten zu beschäftigen, insbesondere mit Zeichnen und Malen. Tomatis wertet den bildnerischen Ausdruck sehr hoch; die Bilder und Skulpturen in seiner Eingangshalle sind Geschenke von Patienten. In den ersten Tagen der Therapie nutzen manche Patienten ihre Mozart-Sitzungen als angenehme Pause inmitten ihres Arbeits- oder Schultages, in der sie über dieses oder jenes Problem nachdenken können. Nach einigen Tagen aber – und besonders, wenn das Zeichnen oder Malen einem Patienten hilft, alle Gedanken beiseite zu schieben – beginnt der Patient, die von Tomatis so bezeichnete »Euphorie des Hörens« zu erleben. In manchen Patienten läßt diese Euphorie glückliche Kindheitserinnerung aufkommen, Erinnerungen daran, wie sie als Kind zeichneten oder mit Wasserfarben malten oder Modellschiffe und -flugzeuge bastelten. Dominique Cavé verstärkt diese kindliche Freude noch, indem sie die Patienten davon abzuhalten versucht, etwas Figuratives oder Hochkompliziertes zu malen, denn auch das wäre eine zu große kognitive und intellektuelle Anstrengung. Statt dessen hält sie die Patienten dazu an, Mozarts Musik in die Malfarben einfließen zu lassen. Diese Betonung des bildlichen Ausdrucks soll den Patienten helfen, sich von den Barrieren des rationalen Denkens und der Sprache zu lösen – vor allem der französischen Sprache.

»Das Französische ist eine rationale Sprache«, erklärt Tomatis, »und wenn man sich zu weit in die Rationalität hineinwagt, entfremdet man sich. Die Rationalität führt dazu, daß man nur noch an die Ratio, also an die Vernunft glaubt. Das wahrhaftige Denken wurde durch Descartes zerstört, denn der sperrte uns in ein rationales Denksystem ein. Die kartesische Analyse und Synthese erfolgt innerhalb einer mechanistischen und systematisch aufgebauten Struktur. Einstein dagegen ging intuitiv vor. Er lauschte – so, wie auch ein großer Sänger es tut.«

Gérards Hörschäden und Sprachstörungen waren so schwerwiegend, daß seine Behandlung mehrere Monate länger dauerte als die der meisten anderen Patienten. Außerdem benötigte er zusätzliche Übungen, um die Harmonie zwischen Gehör und Stimme wiederherzustellen. Zu diesen Übungen gehörte es beispielsweise, etwas vor einem Mikrophon vorzutragen und dabei das Playback der eigenen Stimme über Kopfhörer zu hören, allerdings mit einer winzigen Verzögerung, die das Gehör »aufrütteln« und die »Umschulung« stimulieren sollte. Gérard hörte sich auch viele Stunden lang Gregorianische Gesänge an, um das Gehör in den unteren, »väterlichen« Bereichen wiederherzustellen. Im Verlauf der Therapie bemerkten Tomatis und seine Mitarbeiter an Gérard eine Reihe bemerkenswerter Veränderungen. Seine mentale Energie wurde gesteigert, seine Erinnerungs- und Konzentrationsfähigkeit verbesserte sich enorm. Als sich die psychische Anspannung allmählich legte, verschwand auch ein Teil seiner Aggressivität. Mit zunehmender Dauer der Therapie wurde Gérards tatsächliche Hörkurve immer glatter. Sein Gehör, seine Sprechfähigkeit und sein Erinnerungsvermögen stellten sich nach und nach wieder her.

»Bei Gérard hatten wir großes Glück«, sagt Tomatis. »Die Wiederherstellung seines Gehörs und die Freisetzung seiner mentalen Energie machten große Fortschritte; er fand seine Stimme und sein Erinnerungsvermögen wieder.«

Tomatis spürte von Anfang an, daß dieser Depardieu ein ganz außergewöhnlicher Fall war, und berechnete, wie auch Cochet, keinen einzigen Franc für die monatelange ärztliche Betreuung, die er Gérard angedeihen ließ. Immer wieder versetzte ihn das, was im Lauf der Therapie an die Oberfläche trat, in Erstaunen. Als Gérards physische und psychische Blockaden beseitigt waren und seine angeborene Sprech- und Erinnerungsfähigkeit sich entfalten konnte, erkannten Tomatis und Cochet, daß er unglaubliche Talente und Möglichkeiten besaß: eine ungewöhnlich kreative Intelligenz, ein fast fotografisches Gedächtnis und das absolute Gehör – das alles steckte in einem jungen Kerl, dessen schulische Leistungen alles andere als glänzend gewesen waren. Wie ließ sich das erklären?

Gérard wurde bestimmt mit ungewöhnlichen Begabungen geboren, aber Tomatis ist überzeugt, daß dieselben Kindheitstraumen, die seine Sprechfähigkeit beeinträchtigten, paradoxerweise dazu beitrugen, seine Phantasie, sein Bewußtsein und seine überragenden mentalen Fähigkeiten zu stärken. Vereinfacht ausgedrückt, kamen die starken Traumen und Emotionen, mit denen er in seinen ersten Lebensjahren konfrontiert war, ohne sie je ausdrücken zu können, ständig zur Explosion und bereicherten seine Träume, seine Phantasie und Kreativität. »Wir sind Geburtshelfer«, sagt Tomatis über sich und seine Mitarbeiter. »Wir können niemandem Intelligenz verleihen; wir können den Menschen nur helfen, zu ihrer Intelligenz zu finden und sie optimal zu nutzen... Ironischerweise gilt: Je mehr Sorgen und Ängste man als Kind hatte, um so mehr kann man in vielen Fällen von Glück reden. Nehmen wir Depardieu als Beispiel: Bei ihm kam alles von innen heraus. Er litt große innere Not – als Kleinkind, als Schulkind und auch später noch. Und genau das macht einen Teil seiner künstlerischen Könnerschaft aus: Er versteht jeden anderen. Er hatte so viele Probleme und mußte so viele Hindernisse überwinden, daß sich an einem bestimmten Punkt eine Wandlung einstellte und diese Probleme zu einem riesigen Archiv wurden, in dem alles lagerte, was er wissen mußte, um andere Menschen zu verstehen.«

Die Ergebnisse von Gérards Behandlung flossen direkt in seine Arbeit mit Cochet ein. Tomatis schlug vor, Gérard solle seine Lerntexte laut vorlesen, damit sein Gehör, seine Augen und seine Stimme gleichzeitig gefordert seien. Als Gérard mit dieser Technik begann, wurde das Auswendiglernen für ihn wesentlich einfacher. Und wenn er jetzt auf die Bühne ging, um eine Passage zu rezitieren oder eine Rolle zu spielen, quälte ihn kein lähmendes Panikgefühl mehr. Er konnte nun lange Passagen selbst der schwierigsten Texte locker und flüssig vortragen. Um seine Schauspieltechnik und seine darstellerischen Fähigkeiten voll zu entwickeln, mußte er noch viel mit Cochet arbeiten, aber dic neugewonnene Sprechfähigkeit bewirkte, daß er nicht mehr ständig von Angst überflutet wurde und sein Selbstvertrauen rasch wuchs.

Zu einem großen Teil hat er dies, wie er selber sagt, Mozart zu verdanken. So schwierig es auch gewesen war, in Châteauroux aufzuwachsen – es hatte immerhin dazu geführt, daß Gérard sich nie dem strengen Schema der französischen Sprache mit ihrer Formalität, ihren Regeln, gesellschaftlichen Zwängen und ihrer Unterwürfigkeit gegenüber der kartesischen Logik und Vernunft anpaßte. Gérard glaubt, daß Mozart ihm eine ganz neue Sprache beibrachte: die Sprache der Musik, der Poesie, der Intuition und der Gefühle. »Meine mangelhafte schulische Ausbildung bewirkte, daß ich in bezug auf die Sprache ohne Verbote, ohne Beschränkungen aufwuchs«, erklärt Gérard. »Als ich mit Tomatis und Cochet zu arbeiten begann, war für mich jedes Wort mit einer eigenen visuellen Vorstellung verbunden. Und als ich Racine und Molière las, hörte ich die Worte als Musik.«

Das war der Schlüssel: Das Hören der Worte als Musik öffnete wie durch Zauberhand Gérards Merk- und Konzentrationsfähigkeit. Wie einem musikalischen Wunderkind, das eine Melodie einmal hört und sich für immer merkt, genügte es Gérard von nun an, ein Gedicht oder eine Szene ein einziges Mal zu lesen, um sich, wenn er sich auf die innere Harmonie und den Rhythmus des Textes einlassen konnte, ganze Passagen fehlerfrei zu merken. Dieses Talent in sich zu entdecken bedeutete ihm eine große Freude und Erleichterung. Noch gestern – so schien es – hatte er in der Schule kläglich versagt. Er war nicht der *petit Mozart* geworden, den seine Großmutter prophezeit hatte, und es sollte noch lange dauern, bis er sich vorstellen konnte, Cyrano de Bergerac zu spielen, aber jetzt hatte er eine starke Hoffnung – die Hoffnung, daß er eines Tages einige der Bildungslücken und kulturellen Schwachpunkte überwinden könnte, die er noch wenige Monate zuvor für unüberwindbar gehalten hatte.

Seine Mitschüler im Schauspielunterricht, und erst recht natürlich Cochet, bemerkten, wie er sich veränderte. »Gérard hatte eine Leidenschaft, eine Sehnsucht in sich entdeckt«, sagt Cochet. »Er stürzte sich auf Bücher, arbeitete hart und sammelte Wissen an. Die meisten Leute glauben, die Schauspielkunst wäre einfach zu beherrschen. Da hat einer einen guten Körper, das entsprechende Temperament, und schon lernt er seinen Text und spielt seine Rolle. In Wahrheit ist es natürlich das genaue Gegenteil. Gut zu spielen ist ebenso mühevoll, kompliziert und schwierig wie das Musizieren oder jede andere Kunstausübung. Das Schauspielern ist beinahe eine exakte Wissenschaft, und Gérard war nun entschlossen, diese Wissenschaft zu meistern.«

Am auffälligsten war Gérards Veränderung für die Freunde, die ihn noch aus Châteauroux kannten. »Ganz plötzlich geschah etwas mit ihm – ich würde es als eine Erleuchtung bezeichnen«, sagt Michel Arroyo. »Alle bemerkten es.« Alain Depardieu ist überzeugt, daß diese Veränderung für seinen kleinen Bruder die Rettung bedeutete. »Gérard entdeckte in sich ein unglaubliches Talent, und ich habe immer gesagt, wenn er nicht an die Schauspielerei geraten wäre, wäre er wahrscheinlich im Knast gelandet, wenn er überhaupt bis dahin überlebt hätte.«

Auch Michel Pilorgé und einige andere Schüler aus Cochets Klasse konsultierten Tomatis, um Gehör und Stimme zu verbessern. Pilorgé war vom Ergebnis seiner Behandlung so beeindruckt, daß er Jahre später, nachdem er ein psychisches Trauma erlitten hatte, noch einmal zu Tomatis ging und auch seine Kinder von ihm behandeln ließ. Gérards radikale Veränderung aber erschreckte ihn fast. In Châteauroux hatte er ihn als einen aggressiven, schweigsamen Kerl kennengelernt, in Cannes als einen schüchternen Strandjungen mit guten Manieren, und jetzt war er plötzlich der Star der renommiertesten Schauspielschule in Paris. Er beobachtete, wie Gérards verborgene Talente sich immer weiter entfalteten, und wußte, daß er Zeuge eines ganz erstaunlichen Ereignisses wurde: der Geburt eines Künstlers.

»Als eine der ersten Aufgaben, die Cochet uns stellte, mußten Gérard und ich ein Gedicht von Jules Laforgue erarbeiten, und Gérard konnte sich praktisch nichts merken. Kaum ein Jahr später hatte er ein wahres Wundergedächtnis. Und er begann, jedes Buch, das er in die Hand bekam, zu verschlingen – jedes Buch, das seinen Geist und sein Talent bereichern konnte«, erzählt Michel. »Er war in der Lage, alles, was er lernte, ganz in sich aufzunehmen. Innerhalb eines Jahres wurde er ein völlig anderer Mensch und blieb doch ganz derselbe. Er erwarb die Sprache, die er nicht besessen hatte, behielt aber den Charakter und die Ausstrahlung, die ihm von Anfang an zu eigen waren.«

Im Herbst 1965, als er Châteauroux verließ und nach Paris zog, hatte Gérard sich geschworen, ein neues Leben zu beginnen. Im Sommer 1967, keine zwei Jahre später, hatte er es geschafft. Durch einige zufällige Begegnungen hatte er seine schauspielerische Begabung entdeckt. In den Theaterleuten von Paris hatte er Gleichgesinnte gefunden, die ihm menschliche Wärme und Geborgenheit gaben. Er hatte den namhaftesten Schauspielprofessor von Paris kennengelernt und zu seinem Mentor gemacht und nach dem jahrelangen Leiden unter demütigenden Sprachstörungen durch einen der prominentesten Stimmspezialisten ganz Europas Heilung erfahren. Mit der Hilfe von Cochet und Tomatis hatte er ein Erwachen, ja fast eine Wiedergeburt erlebt. Was Kunst, Literatur und das Theater betraf, so wußte er wohl, daß er noch in den Anfängen steckte, und er glaubte noch immer, daß er niemals die Zuneigung einer jener kultivierten *parisiennes* erringen könnte. Aber für einen Burschen mit abgebrochener Lehre, der ohne einen Sou in der Tasche nach Paris gekommen war, hatte er es schon recht weit gebracht – weiter, als er es sich hatte träumen lassen an jenem schicksalhaften Tag, an dem er Michel Pilorgé im Bahnhof von Châteauroux traf.

»Jean-Laurent Cochet öffnete mir den Zugang zur Schauspielkunst, und Alfred Tomatis öffnete mich für die Sprache«, sagt Gérard. »Bevor ich Tomatis kennenlernte, konnte ich keinen Satz zu Ende führen. Er half mir, meinen Gedanken Kontinuität zu verleihen, und er gab mir die Fähigkeit, das, was ich dachte, zu einem Ganzen zusammenzufügen und zu verstehen; aber auch Michel Pilorgé spielte eine Schlüsselrolle. Er zeigte mir, daß es noch einen anderen Weg, eine andere Möglichkeit gab. Durch ihn entdeckte ich eine andere Welt, eine Welt, in die ich Hoffnung setzen konnte. Ich spürte, daß es möglich war. Was man wirklich will, kann man auch erreichen.«

Als Schauspielschüler
Ende der sechziger Jahre

10 Le Képi

Am 8. März 1966 gingen die Bürger von Châteauroux wie gewöhnlich ihren Geschäften nach, als aus Paris erstaunliche Nachricht eintraf: General de Gaulle verwies alle amerikanischen Truppen des Landes. Nach einem dramatischen Bruch mit den westlichen Alliierten verkündete die französische Regierung, daß sie sämtliche militärischen Verbindungen zur NATO kappen, alle französischen Truppen aus der NATO-Befehlsstruktur herauslösen und die Schließung aller NATO-Stützpunkte auf französischem Boden anordnen werde. Durch einen einseitigen Erlaß befahl de Gaulle darüber hinaus dem NATO-Oberkommando, das Hauptquartier bei Paris aufzugeben und Frankreich zu verlassen. Die Kommuniqués aus dem Elysée-Palast übermittelten diese dramatische Entscheidung zwar in diplomatischen Formulierungen, aber in Châteauroux vernahm man die Neuigkeit laut und deutlich: *Yankee Go Home!* Und zwar sofort!

»Es war ein unglaublicher Schlag für die Stadt«, sagt Joe Gagné. »Niemand hätte sich je träumen lassen, daß der Stützpunkt über Nacht geschlossen werden könnte.«

Aber er mußte schließen, und das zu einem denkbar ungünstigen Zeitpunkt, wie die meisten Castelroussins fanden. Zum ersten Mal seit dem Krieg, ja im Grunde zum ersten Mal überhaupt in ihrer Geschichte, erfreute sich die Stadt eines wirklichen Aufschwungs, fast eines Goldenen Zeitalters. Die anfänglichen Spannungen zwischen den französischen und den amerikanischen Bewohnern waren zum größten Teil überbrückt oder sogar völlig ausgeräumt. An die zehntausend Amerikaner lebten in der Stadt und pumpten

gewaltige Dollarsummen in die kommunale Wirtschaft. Die Zahl der französischen Einwohner war auf fünfzigtausend gestiegen, etwa fünftausend arbeiteten auf dem Stützpunkt, weitere Tausende waren in Industriezweigen bzw. Dienstleistungsunternehmen tätig, die mit dem Stützpunkt zu tun hatten. Die nach dem Krieg vorherrschende, von hoher Arbeitslosigkeit und mangelnden Investitionen geprägte düstere Stimmung war wie weggeblasen; man hatte neue Unternehmen gegründet, um den Stützpunkt von La Martinerie zu versorgen. Beispielhaft für den neuen Wohlstand war das Quartier Omelon. Es hatte sich zu einer blühenden Enklave des Mittelstandes entwickelt, verfügte über eigene kleine Läden und andere Annehmlichkeiten und bildete ein kleines Wirtschaftszentrum. Auch die Lage von Dédé und Lilette Depardieu hatte sich wesentlich verbessert. Gérard besuchte die Schauspielschule in Paris, Alain studierte Industriedesign, Dédé hatte einen sicheren Arbeitsplatz, und Hélène ging fleißig zur Schule und hatte obendrein zwei Teilzeit-Jobs angenommen, um ihrer Familie finanziell unter die Arme zu greifen. Nach der Geburt des sechsten Kindes besaßen Dédé und Lilette sogar die Mittel, in ein eigenes Haus zu ziehen, das zwei Straßen weiter lag. Es war ein nettes kleines, zweigeschossiges Gebäude mit einem großen Vorgarten, einem noch größeren Garten nach hinten und viel Wohnraum für die ganze Familie. Außerdem lag es genau gegenüber der Ecole de l'Omelon, was Lilettes Betreuung der drei jüngsten Kinder etwas leichter machte.
In anderen Teilen Frankreichs wurde de Gaulles Beschluß, die Stützpunkte zu schließen, als ein geschickter Schachzug begrüßt. Die Bewohner von Châteauroux dagegen reagierten aufgrund ihres neuen Wohlstandes teilweise sehr erzürnt. Was sollte mit den fünftausend Franzosen geschehen, die auf dem NATO-Stützpunkt gearbeitet hatten? Was würde die Schließung der Basis für die anderen Castelroussins bedeuten? Was sollte aus ihren Läden und Unternehmen werden, die in den vergangenen fünfzehn Jahren dank des Handels mit den Amerikanern einen einzigartigen Aufschwung erfahren hatten? Sollte Châteauroux jetzt in die wirtschaftliche Depression früherer Zeiten zurücksinken? Keiner

wußte es, und wieder einmal fühlte sich die Stadt als Spielball der internationalen Politik. Wie bei fast allem, was mit Châteauroux und dem Leben seiner Bürger geschah, blieb die gesamte Entscheidungsmacht in Paris und kam in Form von einseitigen Erlassen auf sie hernieder. Der Zorn der Castelroussins wie auch von Millionen von Amerikanern richtete sich auf eine einzige Person: General Charles de Gaulle.

Als der General sich aber einmal entschieden und auch seine Regierung sich in seinem Sinne ausgesprochen hatte, war die Schließung der NATO-Stützpunkte in Frankreich nicht mehr zu verhindern. Auf den riesigen Rollfeldern und in den höhlenartigen Hangars von La Martinerie packten die Amerikaner ihr ganzes Material zusammen und transportierten es zu Stützpunkten in der Bundesrepublik Deutschland, die damals die Frontlinie im Kalten Krieg bildete. Flugzeuge, Radarausrüstung, Maschinenwerkstätten und Büros wurden verpackt und abtransportiert, ebenso sämtliche Einrichtungen der amerikanischen Kolonie, die um den Militärstützpunkt herum entstanden war. Mit Sack und Pack verließen die Familien die Stadt. Die PX-Läden schlossen, die amerikanische High-School wurde geräumt, alle Bücher und Pulte verschiffte man nach England. Und in einem Akt, der sowohl von Effizienz als auch von Gereiztheit zeugte, demontierten die Amerikaner dann auch noch den Golfplatz, den sie auf dem Stützpunkt angelegt hatten, gruben sogar die Greens aus und schickten die Grasnarben zu einer U.S. Base in der Bundesrepublik Deutschland.

»Ich erinnere mich noch gut an den Abend, an dem die letzten Amerikaner sich draußen bei Belle Ile von den Castelroussins verabschiedeten«, schrieb der Journalist Maurice Croze, »das Licht der untergehenden Sonne fiel auf das einzige Hochhaus der Stadt und färbte seine Mauern erst rötlich, dann bläulich. Wie die Farbe der Hochhausmauern, so veränderte sich schon bald die ganze Stadt«, schrieb Croze. »Châteauroux wurde sich der Tatsache bewußt, daß die amerikanischen Soldaten, die einen flüchtigen Wohlstand gebracht hatten, in den nächsten Tagen nach Hause zurückkehren würden. Es war einer der letzten Abende, an denen die Stadt sich noch in der Illusion wiegen konnte, Straßen voller Autos zu haben, die vom Reichtum Amerikas kündeten. In den Nachtclubs, im ›Blue Moon‹ und im ›Le Crazy‹, tranken Menschen, die allein der Zufall zusammengeführt hatte, ihre letzte Runde.«

Die Nachtclubs verschwanden bald darauf, und auch die anderen Spuren, die der amerikanische Lebensstil hinterlassen hatte, wurden rasch beseitigt. Noch bevor die letzten Amerikaner die Heimreise angetreten hatten, stürzten die Immobilienpreise – außer in der früheren amerikanischen Enklave Brassioux – in den Keller. Die französische Gesellschaft, unter deren Leitung die Siedlung stand, wurde mit Angeboten für die amerikanischen Ranch-Häuser mit den großen Kühlschränken und den amerikanischen Küchenspülen und Armaturen überhäuft. Die französische Armee übernahm La Martinerie mitsamt den hochentwickelten Anlagen und den riesigen Drei-Kilometer-Rollfeldern. Da Frankreich innerhalb kurzer Zeit zu einem der größten Rüstungsexporteure wurde, blieb die Basis in den folgenden Jahren Dreh- und Angelpunkt für die französische Militär- und Waffenindustrie.

Joe Gagné war von der Eröffnung bis zur Schließung des NATO-Stützpunktes dabeigewesen. Seine Frau und er blieben und nahmen in einem kleinen Haus außerhalb der Stadt ihren Altersruhesitz. Ihre Tochter und Enkelin führen das Familienunternehmen weiter, aber für Joe ist das alles nur noch Historie: seine Hamburgers und Budweisers, sein Feuerlöscher, der jede Schlägerei im Keim erstickte, und sein legendäres Ford-Fairlane-Cabrio. »De Gaulles Entscheidung läutete das Ende einer Ära ein«, sagt er, in seinem Wohnzimmer an einem alten Kamin sitzend. »Ich bin der einzige, der von damals noch übrig ist.«

Nach der Schließung des Stützpunktes kehrte Gérard nur noch selten nach Châteauroux zurück. Er war jetzt vollauf damit beschäftigt, Schauspieler zu werden und sich in Paris ein neues Leben aufzubauen. Wenn er seiner Heimatstadt doch einmal einen Besuch abstattete, waren diese Aufenthalte niemals fröhlich, manchmal sogar sehr traurig, beispielsweise an dem Tag im Jahr 1968, als er nach Châteauroux kam, um an Jacky Merveilles

Begräbnis teilzunehmen. In den Augen der braven Bürger war Jacky ein wilder junger Rowdy gewesen, für Gérard und seine Freunde aber ein charismatischer Rebell und loyaler Freund. Selbst Hélène, die mit den Kumpanen ihres Bruders nicht allzu oft einverstanden war, hatte Jacky gemocht. »Er war tough«, sagt sie, »aber kein richtiger Ganove.« Er hatte kein schönes Ende. Eines Nachts hatte er in betrunkenem Zustand mit Freunden ein Auto aufgebrochen, war von einer der Brücken in Châteauroux abgekommen und in den Indre gestürzt. Zwei Tage dauerte die Suche nach den Leichen. Jacky war an einem Pfeiler hängengeblieben.

Gérard war beim Begräbnis seines Freundes am Boden zerstört. Alle alten Kumpel von Jacky waren gekommen; Gérard stand am Grab und weinte. Er sah Jacky als das Symbol der *quatre cents coups*; Jacky hatte für ihn Rebellion, Abenteuer, Freiheit und ein aus tiefstem Herzen kommendes, gegen das oppressive Klassensystem und den erstickenden Provinzialismus gerichtetes »Ihr könnt mich mal!« bedeutet. Als sie Jackys Sarg zur Erde ließen, war es, als würde eine Phase von Gérards eigenem Leben zu Grabe getragen, als würde man nun seine letzten Tage als Pétarou begraben.

1968 kehrte Gérard noch ein zweites Mal nach Châteauroux zurück; auch dieser Besuch verlief nicht fröhlich. Er nahm damals in Paris Schauspielunterricht bei Cochet und wurde von Professor Tomatis behandelt. Er war neunzehn und von dem Wunsch erfüllt, sich zu bilden und die riesigen Wissenslücken in bezug auf Theater und Literatur zu füllen. Um ihn herum aber brodelte die politische Rebellion unter Leitung einer kleinen, fröhlichen Schar von selbsternannten Revolutionären mit Hauptsitz Sorbonne. In bezug auf familiären Hintergrund und Bildung fühlte Gérard sich mit diesen Studenten aus gutsituierten Pariser Familien nur wenig verbunden; er fand, daß sie gar nicht wußten, wie gut es ihnen ging. Außerdem hatte er kaum Zeit für Politik, egal, ob es sich um Hochschulpolitik, französische oder internationale Politik handelte. Er war und blieb ein krasser Individualist, den ein Hauch von Anarchie umgab; die Politiker hielt er samt und sonders für Heuchler.

Aber in Paris entgeht man der Politik nicht. Der Alltag der französischen Hauptstadt, Sitz der Regierung, der Verwaltung und des Finanzwesens, ist von Politik durchdrungen. Das fängt bei den Strafzetteln an falsch geparkten Autos an und reicht bis zur Wahl der Elternbeiräte in den Schulen und der Mühe, eine Tagesbetreuung nach Wahl für das eigene Kind zu finden. Auch in das kulturelle und intellektuelle Leben der Stadt und des ganzen Landes ist die Politik fest verwoben. Der Kulturminister nimmt eine der mächtigsten Positionen im Land ein und übt auf Kunst, Theater, Film, Tanz, Museen und Kunsthochschulen einen Einfluß aus wie in keinem anderen Land der Welt. Mit Einwilligung des Präsidenten der Republik kann er mitten im Stadtzentrum ein Museum errichten und im Hof des Louvre eine postmoderne Pyramide aufstellen lassen. Frankreich hat die Kultur auch zu einem wichtigen Element seiner Außenpolitik gemacht.
Von alldem hatte Gérard nichts verstanden, als er nach Paris zog, aber die Studentenrevolte im Mai 1968 vermittelte es ihm nun im Schnellverfahren. Dem Beispiel einiger Intellektueller wie Jean-Paul Sartre und Simone de Beauvoir nacheifernd, betrachteten viele seiner Pariser Mitschüler und Mitschülerinnen in der Schauspielklasse den politischen Aktivismus jetzt nicht mehr als einen Begleitumstand ihres Studiums, sondern als unabdingbar für ihre intellektuelle und kulturelle Entwicklung. In Gérards Augen waren die politischen Aktionen allerdings eher befremdlich und abstrakt, ein Luxus für die Reichen, und auch als Tausende von Studenten und Arbeitern auf die Straße gingen und die Sorbonne im Verlauf der berühmten Unruhen, die heute einfach als »Mai '68« bezeichnet werden, schlossen, blieb er gegen dieses Fieber immun.
»Der Mai '68 war nicht besonders interessant für mich«, sagt er im Rückblick. »Es war keine Revolution. Es war die Sache der bourgeoisen Studenten – der Leute, mit denen ich nichts gemein hatte. Das waren die kultivierten Leute, die Leute, die lesen und schreiben und sich artikulieren konnten.«
Ganz entkam er dem Umbruch allerdings nicht, denn die Revolte der Studenten und Arbeiter erreichte schließlich auch den Kunst-,

Theater- und Kinobereich. Die Nouvelle-Vague-Regisseure Jean-Luc Godard und François Truffaut weiteten den Studentenaufstand auf die alljährlich stattfindenden Filmfestspiele in Cannes aus, und in Paris selbst bewirkten die Protestierenden die Schließung der meisten Theater und Schauspielschulen. Manche Professoren hätten den Unterricht vielleicht gerne fortgesetzt, aber ihre Schüler waren draußen auf der Straße. Es gab noch einen weiteren Grund, weshalb Gérard auf die radikalen Studenten mit Befremden reagierte: Ihre Revolte kippte seine allererste Bühnenrolle. Cochet hatte gerade eine kleine Aufführung von ›Boudu Sauvé Des Eaux‹ (›Boudu – aus den Wassern gerettet‹) einstudiert, einem Stück nach dem Film von Jean Renoir aus dem Jahr 1932 mit Michel Simon in der Hauptrolle. »Er stand zum erstenmal auf der Bühne und hatte nur eine kleine Rolle«, erzählt Cochet, »aber er war köstlich. Als Schauspielschüler wirkte er schüchtern und zurückhaltend, aber auf der Bühne sprühte er vor Charme und agierte völlig ungekünstelt.«

Als die Aufführungsreihe des Stücks durch die Studentenunruhen unterbrochen wurde und Paris tagsüber gelähmt und nachts von Straßenkämpfen beherrscht war, fuhren Gérard und Michel Pilorgé nach Châteauroux, um sich eine Verschnaufpause zu gönnen. Wie immer bei diesen seltenen Besuchen daheim, traf Gérard sich mit seinen alten Freunden in einer Kneipe. Die Einzelheiten sind mittlerweile etwas verschwommen, auf jeden Fall aber brach dort eine Schlägerei aus, und man rief die Polizei. Nach kurzer Zeit fuhr mit heulendem Motor ein Polizeiwagen vor, und eine Gruppe Polizisten stürmte schlagstockschwingend das Lokal. Sie trieben mehrere der Raufbolde zusammen und schoben sie in den Polizeiwagen, aber Gérard war nicht in der Stimmung, sich einsperren zu lassen. Seit er wegen seiner Schiebereien mit dem Gesetz zusammengestoßen und nur knapp dem Jugendgefängnis entgangen war, hatte er eine übertriebene Angst vor der Polizei und weigerte sich dementsprechend, ruhig in den Polizeiwagen zu steigen. Da er sehr kräftig war, nahmen sich mehrere Polizisten seiner an und versuchten ihn in den Wagen zu zerren. Das erregte Gérard natürlich noch mehr und verstärkte seinen Widerstand.

Schließlich wurde er aber doch überwältigt. Allerdings hatte einer der Polizisten während des Handgemenges sein *képi* verloren – die charakteristische Mütze der französischen Gendarmen –, und in dem Tumult war nun ein Absatz darauf herumgetreten und hatte es zerknittert. Niemand wußte mit Sicherheit zu sagen, ob es Gérards Absatz gewesen war oder nicht, auf jeden Fall wurde er eines ziemlich ungewöhnlichen Vergehens beschuldigt: der Beschädigung eines *képi*.

Manche von Gérards Freunden fanden diese Anklage zum Totlachen. Die für die Aufrechterhaltung der öffentlichen Ordnung zuständigen Behörden behandelten die Sache jedoch als einen schwerwiegenden Gesetzesverstoß, der zwar nicht gerade mit Hilfe der Guillotine geahndet werden sollte, aber doch fast. Gérard wurde vorübergehend auf freien Fuß gesetzt; man legte einen Termin fest, zu dem er vor einem Richter erscheinen sollte. Am Verhandlungstag füllten Gérards Freunde und Verwandte den Saal, in dem eine ziemlich gespannte Atmosphäre herrschte. Die Ereignisse des Mai '68 hatten die Vollstreckungsbehörden nervös gemacht; die alte Ordnung in Frankreich wurde bestürmt, de Gaulle selbst befand sich im Fadenkreuz der Revoltierenden, und hier vor dem Richter stand offenbar einer dieser langhaarigen radikalen Hippies aus Paris, dem Sitz der Andersdenkenden, des Revoluzzertums und der Gewalt. Und was noch schlimmer war: Der Angeklagte war schon einmal mit dem Gesetz aneinandergeraten. Gérards Entourage hegte die Befürchtung, die Staatsanwaltschaft werde weder Gnade noch Humor walten lassen.

Aber sein Anwalt verteidigte ihn klug und führte folgende Argumente ins Feld: »Euer Ehren, Sie haben bestimmt gesehen, welche Gewalt, welch Aufruhr durch die Straßen von Paris fegt. Wir sind Zeugen einer dramatischen Zeit, einer Zeit starker Spannungen und explosiver politischer Konflikte. Die Leidenschaften lodern hoch und bedrohen die Grundfesten unseres Landes. Mein Klient aber, Euer Ehren, ist ein friedlicher Mensch, ein ruhiger Schauspielschüler aus Paris, und kaum erhob sich die Gewalt in unserer schönen Hauptstadt, tat er, *bien élevé* wie er ist, das einzig Richtige und Vernünftige: Er eilte heim zu Maman und Papa. Heim zu seiner geliebten Familie in Omelon, die immer zusammenhält. Und, Euer Ehren, als mein braver, unschuldiger Klient nichts weiter tat, als hier in seinem geliebten Châteauroux ein Bier zu trinken und die Nähe und Kameradschaft zu seinen Jugendfreunden wiederaufleben zu lassen, wurde er in diesen unglückseligen und bedauernswerten Zwischenfall mit hineingezogen. Ihn jetzt wegen des Zerknitterns eines *képi* zu bestrafen wäre ein grober Justizirrtum, eine Tragödie großen Ausmaßes und würde nur dazu führen, das Vertrauen, das die Jugend unseres Landes in unser Staatssystem setzt, weiter zu untergraben ...«

Der Richter, Verkörperung der Justiz und der moralischen Autorität der Fünften Republik, hatte eine schwierige Entscheidung zu treffen. Vor ihm stand ein nicht besonders gepflegter langhaariger Student, der in seiner Heimatstadt Châteauroux äußerst dubiose Spuren hinterlassen hatte. Er hatte sich in unmittelbarer Nähe des Rathauses betrunken und damit gegen die öffentliche Moral verstoßen; durch die Widersetzung seiner Verhaftung hatte er der öffentlichen Ordnung getrotzt. Und mit einem einzigen Fehltritt auf ein *képi* hatte er die Ehre der französischen Polizei, die Ehre der Gesetzeshüter besudelt. Der Mann mußte bestraft werden. Man mußte ein Exempel statuieren, ganz besonders in Anbetracht der augenblicklich herrschenden, von Gewalt und Anarchie geprägten Atmosphäre.

Die Ironie, die in diesem Rechtsfall lag, konnte der Richter natürlich nicht erkennen, und auch Gérard war sich ihrer nicht völlig bewußt. Er verabscheute die Politik zutiefst und wollte mit dem Mai '68 nichts zu tun haben, aber auf naive Weise und ohne daß er es selbst merkte, versinnbildlichte gerade er viele der sozialen und generationsbedingten Konflikte, um die es bei der Studentenrevolte ging. Denn was sich an der Oberfläche als ein Kampf um Politik und Hochschulreformen darstellte, war in gewisser Hinsicht der Beginn eines viel umfassenderen Aufstands gegen die Politik einer streng in Klassen eingeteilten Gesellschaft. Auch Arbeiter aus den Autofabriken und Stahlwerken gingen auf die Straße und marschierten Seite an Seite mit den Pariser Studenten

aus dem Bürgertum. Diese Arbeiter fühlten sich durch verschiedene Aspekte ebenjenes Klassensystems eingeengt und unterdrückt, das auch Gérard in Châteauroux keine Luft zum Atmen gelassen hatte. Zumindest als Sympathisanten aus sicherer Distanz konnten den Demonstranten auch Millionen normaler Bürger zugerechnet werden, die gegenüber der in Paris gestalteten Politik Ohnmacht empfanden und sich schikaniert fühlten. Viele Franzosen sahen sich damals von einem patriarchalischen System regiert, das sich durch mangelnde Flexibilität und durch Gleichgültigkeit auszeichnete.
Vom Kopf her wollte Gérard nichts mit Politik zu tun haben, aber die Empörung und die Wut, die der Revolte vom Mai '68 zugrunde lagen, zerrissen ihm schon seit Jahren das Herz. Politik und soziale Konflikte waren für ihn Abstraktionen. Aber als bürgerliche Nachbarn verächtlich auf seine Familie herabsahen und ihn behandelten, als hätte er eine ansteckende Krankheit, da hatte er das sehr wohl gespürt. Und als seine Freunde und Nachbarn in Omelon und selbst seine Eltern, nachdem es ihnen finanziell bessergegangen war, sich einzig und allein wegen eines Präsidentenerlasses von einem Tag auf den anderen dem wirtschaftlichen Ruin gegenübersahen, bekam Gérard das mit und konnte ihre Wut nachempfinden. Vom Intellekt her mag er wenig von Politik verstanden haben, dafür verkörperte er die sozialen Umbrüche des Mai '68 auf viel tiefgründigere Weise, und vielleicht war es kein Zufall, daß er sechs Jahre später aus dem revolutionären Film ›Die Ausgebufften‹ als ein internationales Symbol der Achtundsechziger mit ihrer nach außen gerichteten Empörung, ihren inneren Qualen und ihren moralischen Widersprüchen hervorging.
Der Richter war weise – vielleicht aber hatte er auch nur den feigen Wunsch, weder die Polizei noch diesen schmuddeligen, hitzigen aufrührerischen Kerl vor den Kopf zu stoßen, der im Grunde beschuldigt wurde, die Ehre und Autorität Frankreichs befleckt zu haben. Er fand einen Kompromiß, der beide Seiten zufriedenstellte. Eine Gefängnisstrafe wäre übertrieben, sagte er, und niemand wolle diesen jungen Menschen zum Verbrecher gebrand-

markt sehen. Gérard wurde daher der Beschädigung eines *képi* für schuldig befunden und nicht auf die Teufelsinsel verbannt, sondern zu einer Geldstrafe von 300 Francs verurteilt. Gérard, seine Freunde und die Familie waren froh über das Urteil, und noch mehr freute Gérard sich, als Michel Pilorgé die 300 Francs für ihn bezahlte. »Was blieb mir übrig?« sagt Michel achselzuckend. »Gérard hatte nicht einen Centime.«

Der Gerechtigkeit war Genüge getan, die Ehre Frankreichs war wiederhergestellt, und man kann sich beinahe vorstellen, daß auch General de Gaulle selbst das Urteil gutgeheißen hätte – mit einem leichten Nicken, bei dem sein charakteristisches, respekteinflößendes *képi* kaum verrutscht wäre.

Elisabeth Guignot

11 Elisabeth

Im Herbst 1968 war Gérard wieder ganz mit dem Schauspielunterricht beschäftigt. Jetzt, da seine Sprech- und Merkfähigkeit sich entfalten konnten, machte er sich daran, die großen Bildungslücken in bezug auf Kunst und Kultur zu beseitigen. Mit einem Eifer, der jeden in seiner Umgebung erstaunte, saß er über den Büchern. Ob nun allein in Michels Wohnung oder während einer Unterrichtspause bei Cochet – Gérards Nase steckte in einem Buch. Er las Dramen, er las Romane, er las Science-fiction, und besonders gern las er Künstlerbiographien. Um ein Theaterstück oder einen Roman wirklich zu verstehen, mußte er ein genaues Bild vom jeweiligen Autor haben, ihn soweit wie möglich kennenlernen. Erst dann konnte er in die Haut und den Geist des jeweiligen Kunstwerks schlüpfen.

Wenn er nicht las oder den Schauspielunterricht besuchte, streifte er durch die Straßen von Paris. Die Lichterstadt ist ein einziges Fest sinnlicher und ästhetischer Freuden, und was Mozart für Gérards Ohren war, war Paris für seine Augen und seine Nase. Mit der gleichen Geselligkeit, mit der er als Kind durch die Straßen von Omelon gezogen war und sich mit allen möglichen seltsamen Vögeln angefreundet hatte, durchschlenderte er jetzt die Rive Gauche, besuchte die Treffpunkte der Pariser Künstlerelite und gewann neue Freunde. In einem von Künstlern frequentierten Nachtclub lernte er Pierre Brasseur kennen, einen der berühmtesten französischen Bühnen- und Filmstars; die beiden tranken und unterhielten sich die ganze Nacht hindurch. In einem großbürgerlichen Salon freundete er sich mit einer älteren Dame an, deren Wohnung mit Gemälden von Bernard Buffet vollgestopft war. Sie war sozusagen eine Künstlermatrone; mit ihr konnte Gérard sich über seine neueste Leidenschaft austauschen: die Lyrik.

Er war damals völlig begeistert von den Gedichten Alfred de Mussets. Die Sinnlichkeit und Laszivität dieser Sprache empfand er als neu und aufregend und erkannte in de Musset einen Geistesverwandten. De Musset war ein großer Romantiker des neunzehnten Jahrhunderts; seine *Confession d'un enfant du siècle* (›Die Beichte eines Kindes seiner Zeit‹) gilt als Klassiker der französischen Literatur der Romantik. Außerdem verband ihn etwas sehr stark mit Gérards eigenen Wurzeln: Er war eine Zeitlang der Geliebte von George Sand, der berühmtesten Künstlerin im Berry gewesen. George Sand lebte abwechselnd in Paris und in ihrem Landhaus in Nohant, wo ihre Freunde, darunter Chopin, Liszt, Balzac, Delacroix und de Musset sie oft für mehrere Wochen besuchten, um sich zu amüsieren und gegenseitig zu inspirieren.

Michel Pilorgé, der die Gedichte von Alfred de Musset ebenfalls sehr bewunderte, war anfangs ein wenig skeptisch in bezug auf Gérards Fähigkeit, sich mit einem so schwierigen Autor ernsthaft zu beschäftigen. Schließlich besaß sein Freund nur geringe Kenntnisse der französischen Literatur, und es war noch nicht allzu lange her, daß sich seine Interessen auf Prügeleien und eine durchzechte Nacht beschränkten. War es da nicht ein bißchen voreilig, sich gleich auf de Musset zu stürzen? Aber wie schon so oft, überraschte Gérard seinen Freund auch diesmal. »Er war eigentlich noch nicht soweit, de Musset verstehen zu können, aber er stürzte sich trotzdem auf diese Lyrik, sprang einfach ins kalte Wasser. Und kurz darauf rezitierte er de Musset, wie ich es noch nie gehört hatte.« Die Sprache und der lyrische Stil de Mussets schienen ihm Flügel zu verleihen, und er wiederum verlieh dem Dichter Atem und ließ ihn lebendig werden. »Es war alles andere als eine klassische Rezitation, aber Gérard hatte eine so große Liebe, eine so fesselnde Kraft in sich, daß es einfach wunderbar wirkte«, sagt Michel. So wunderbar, daß Michel noch heute, etwa fünfundzwanzig Jahre später, den Klang von Gérards

Musset-Rezitationen im Ohr hat, insbesondere eine bestimmte kurze romantische Passage, gleichsam eine Vorahnung von der so wichtigen Begegnung mit Elisabeth:

L'amour, vous le savez, cause une peine extrême:
C'est un mal sans pitié que vous plaignez vous-même

Gérard war mittlerweile zu einem der Stars in Cochets Schauspielklasse avanciert. Er hatte den muskulösen Körper und die Kraft eines Preisboxers, aber auch die Zartheit und Sensibilität eines romantischen Dichters. Viele seiner Mitschülerinnen im Schauspielunterricht fanden ihn, wenn sie ihn auf der Bühne sahen oder mit ihm zusammen auftraten, faszinierend, allerdings auch verwirrend. Manchmal war er schüchtern und schweigsam, dann wieder emotional übersprudelnd – ein junger Mann voller chaotischer Extreme, zu dem sich die Frauen hingezogen fühlten und doch Distanz zu wahren suchten. Für eine ganz bestimmte junge *parisienne* aber stellte Gérard ständig ein Faszinosum dar.
»Er war völlig anders als die anderen«, erinnert sich Elisabeth Guignot. »Gérard war ein ganz besonderer Mann.«
Und Elisabeth Guignot war in Cochets Klasse eine ganz besondere Frau: Etwas älter als die meisten anderen Schüler, hatte sie bereits einige Erfahrung als Schauspielerin sammeln können. Sie hatte bei Tanya Balashova, einer ebenfalls sehr namhaften Pariser Schauspiellehrerin, gelernt und war mehrere Monate lang mit einer Theatertruppe auf Tournee gewesen. Sie studierte Psychologie an der Sorbonne und arbeitete gerade an ihrer Dissertation.
»Sie war schon eine richtige Frau, viel reifer als wir, und sie hatte als Schauspielerin bereits einiges erreicht«, erzählt Michel Pilorgé. »Sie hielt sich immer ein bißchen abseits, aber sie wußte, was sie wollte.«
Auch von ihrer äußeren Erscheinung her war Elisabeth überaus attraktiv: sehr klein, mit einer guten Figur, strahlendblauen Augen und langem, rotgold glänzendem Haar. Auf der Bühne wie im Leben strahlte sie Sicherheit und Selbstbeherrschung aus. Elisabeth Guignot gehörte in jeder Hinsicht zu den elitären *pari-*

siennes, was sich auch an der adeligen Herkunft ihrer Familie zeigte. Ihre Mutter entstammte den Amat-Dupeix, einer Grenobler Familie, deren aristokratische Vorfahren sich bis ins elfte Jahrhundert zurückverfolgen lassen. Elisabeths Vater Jean hatte die höchsten Ränge des französischen Staatsdienstes erreicht.
Angesichts dieser Herkunft wäre Elisabeth die perfekte Ehefrau eines aufstrebenden jungen Mannes mit Abschluß an einer der französischen *grandes écoles* geworden, die Frau eines jener Männer aus dem Kreis der Allerbesten und Allerklügsten, die unweigerlich Minister, zumindest aber *chef de cabinet*, Staatssekretär, werden. Mühelos bewegte sie sich in den Kreisen der begüterten Pariser, die im Racing Club Tennis spielten, zum Skilaufen nach Val d'Isère fuhren und mit ihren Familien in den schicken Wohnungen in Neuilly oder im siebten bzw. sechzehnten Pariser Arrondissement residierten. Unter dieser glänzenden Oberfläche war Elisabeth jedoch alles andere als eine bourgeoise Prinzessin. Im Grunde ihres Herzens war sie eine Rebellin und Poetin mit einem Künstlertemperament, das sich in Rastlosigkeit und starken Stimmungsumschwüngen austobte. »Eine Abenteurerin«, so sah sie sich selbst, und die Liebschaft, auf die sie sich in Cochets Klasse einließ, reichte bereits aus, ihr für immer diesen Titel einzutragen.
»Zuerst fühlte ich mich zu Gérard überhaupt nicht hingezogen«, erzählt sie. »Aber er faszinierte mich als Mann. Ich beobachtete ihn; ich blieb ihm auf den Fersen. An ihm war alles ungewöhnlich. Er hatte nichts Falsches, keine Spur von Heuchelei. Er war durch und durch echt.«
Was Herkunft und äußere Erscheinung betrifft, so läßt sich ein ungleicheres Paar kaum vorstellen. Als sie sich kennenlernten, war Elisabeth dreiundzwanzig und Gérard siebzehn. Er war ein ungehobelter Junge vom Land mit Händen wie Bärenpranken und tätowierten Armen; Elisabeth, zart und fein wie eine Orchidee, maß gerade einen Meter fünfzig, und hundert Pfund brachte sie nur dann auf die Waage, wenn Gérard ihr die Hand auf die Schulter legte. Auch an der jeweiligen Artikulationsfähigkeit zeigte sich, daß die beiden aus völlig verschiedenen Welten kamen. Vielleicht war sie angeboren, vielleicht rührte sie auch von

Seit den Tagen als Strandjunge an der Riviera war Gérard von kultivierten Pariserinnen gleichzeitig fasziniert und verunsichert. Nie hätte er es sich träumen lassen, daß eine von ihnen sich jemals zu dem schweigsamen Provinzler aus Châteauroux hingezogen fühlen könnte. Aber dann lernte er Elisabeth Guignot kennen, eine brillante Studentin der Psychologie und Theaterwissenschaft. Die beiden heirateten im April 1970.

ihrer psychologischen Ausbildung her, jedenfalls besaß Elisabeth eine Beobachtungsgabe von unglaublicher Präzision und verfügte über eine verbale Ausdruckskraft, die durch Mark und Bein ging, während Gérard zu dieser Zeit noch mit Dr. Tomatis arbeitete und sich bemühte, sein sprachliches Schneckenhaus zu verlassen. »Es gab Zeiten, da brachte er kein einziges Wort heraus«, erinnert sich Elisabeth. »In anderen Situationen trat das genaue Gegenteil ein – ein wahrer Sprachdurchfall, sozusagen; er konnte gar nicht mehr aufhören zu reden.« Außerdem hatte Gérard die Angewohnheit, alle möglichen Geschichten über sich zu erzählen, und zwar immer wieder anders. Elisabeth konnte nie ganz sicher sein, wo in diesen Erzählungen die Wahrheit lag, aber sie verstand, daß er zwanghaft bemüht war, sich eine neue Herkunft und Realität zu schaffen, und dazu seine Vergangenheit, auf die er nicht besonders stolz war, etwas ausschmücken mußte. Aber Elisabeth fand in ihm eine Ehrlichkeit, die für sie weit mehr zählte: »Gérards Gefühle waren ehrlich, von Grund auf wahr. Unsere Herkunft war zwar völlig unterschiedlich, aber genau diese Ehrlichkeit hatte ich gesucht.«

Die beiden strichen monatelang umeinander herum, bis sie 1968 der gegenseitigen Anziehung nicht mehr widerstehen konnten. Gérard wurde das bewußt, als er mit Elisabeth in einer Szene des Stücks ›La Lune Est Bleue‹ auf der Probebühne stand. »Im Licht sah ich Deine zwei blauen Augen, ich habe viel Blau gesehen«, schrieb Gérard ihr in den *Gestohlenen Briefen.* »Auch Dein Kleid war blau mit einer Nuance Weiß ... Ich dachte: ›Sie ist klein. Wie schön doch eine kleine Frau ist.‹ Ich war gerührt von Deinen vollkommenen Formen, Deinem rührenden Körper. Deine Stimme war trotz der Emotion, des Lampenfiebers würdevoll. Jean-Laurent Cochet, der normalerweise mit seinen Schülern sehr autoritär und streng umging, sprach mit Dir sehr respektvoll. Von Dir ging durch Deine Weiblichkeit, Deinen Mut, Deine Phantasie ein außergewöhnliches menschliches Gefühl aus.«

Als Elisabeth Gérard kennenlernte, war sie mit einem Iren befreundet, einem Maler, der aber, als sie sich immer öfter mit Gérard traf, aus ihrem Leben verschwand. Sie wußte von Anfang an, daß Gérard für sie kein kurzes, leidenschaftliches Abenteuer sein würde, sondern die große Liebe ihres Lebens. »Schon ziemlich bald war klar, daß wir zusammenleben würden«, sagt Elisabeth. »Gérard war für mich wie das letzte Teilchen eines Puzzles.«

Keines einfachen Puzzles allerdings. Elisabeth wurde am 5. August 1941 geboren und wuchs in Bourg-la-Reine, einem noblen Pariser Vorort, auf. Sie hatte drei Geschwister und war, wie Gérard, das dritte Kind. Ihre Eltern gaben sich – was in den gutsituierten französischen Familien häufig der Fall ist – im Umgang mit ihren Kindern sehr reserviert und förmlich und waren Elisabeth gegenüber emotional unterkühlt. »Ich komme aus einer Familie, in der es als schlechte Umgangsform gewertet wurde, wenn man Gefühle zeigte. Bei uns waren Gefühle immer etwas Peinliches, man sprach nicht über sie, sondern verbarg sie. Wir wurden von den Anstandsformen beherrscht.«

Elisabeth war jedoch von Natur aus sehr emotional; wenn die Gefühle aus ihr hervorbrachen, reagierten ihre Eltern sowohl mit Verlegenheit wie mit Angst. Sie sagten ihr dann immer, sie solle still sein oder ein Lächeln aufsetzen oder sich irgendwie ablenken – alles, nur ihren angestauten Gefühlen ja keinen Ausdruck verleihen. »In der Pubertät hatte ich oft emotionale Ausbrüche, und jedesmal befürchteten alle, ich könnte verrückt sein«, erinnert sie sich. »Meine Ausbrüche machten alle unglaublich nervös. Ständig sagte man mir: ›Beruhige dich! Tu dies! Tu das!‹ Aber keiner verstand mich.«

Ihre Familie war nicht reich, aber doch privilegiert und kultiviert, und Elisabeth wuchs in einer Umgebung auf, in der man großen Wert auf Literatur, Musik, bildende Kunst und Theater legte. Sie war zwar emotional aufgewühlt, besaß andererseits jedoch eine große geistige Klarheit und war eine gute Menschenkennerin, so daß die Psychologie ihr als das geeignete Studium erschien. Aber auch die Schauspielerei und das klassische Theater faszinierten sie; sie hielt beides für reine Psychologie mit einer theatralischen Maske. Durch die Arbeit mit Madame Balashova und dann mit Professor Cochet wurde ihr bewußt, was sie immer schon geahnt hatte: daß Gefühle für die Entwicklung der inneren Stärke und der Kreativität eines Menschen ungemein wichtig sind und am Anfang eines jeden künstlerischen Ausdrucks die Gefühlsintensität steht. Zu dieser Erkenntnis trug der junge Gérard maßgeblich bei.

»Auf der Bühne entsteht Schönheit immer durch Gefühle. Gefühlsschmerz und Leid bestimmen die Qualität einer Darstellung. Und als ich Gérard sah, dieses Riesengefühlsbündel, als ich sah, wie er preisgab, was er auf der Bühne preisgibt, sagte ich mir: ›Genau! Das ist es!‹ Ich hatte recht daran getan, mich von meinen Gefühlen beherrschen zu lassen. Denn seine Kraft entstand mit Hilfe von Gefühlen. Als ich ein Kind war, wurden mir Gefühle immer als großer Störfaktor dargestellt, nie als eine Quelle der Kreativität. Als ich Gérard zum erstenmal sah, war es, als würde von irgendwoher eine Stimme zu mir sagen: ›Schau, du hast recht gehabt.‹«

Zunächst waren sie eher schüchtern, aber als die beiderseitige Zurückhaltung schließlich gewichen war, stellten Elisabeth und Gérard fest, daß sie im andern die verwandte Seele gefunden hatten. Beide waren emotional isoliert aufgewachsen und konnten sich jetzt, zusätzlich zu den vielen anderen Freuden, die das Verliebtsein mit sich bringt, gegenseitig beruhigen: Sie waren nicht abnorm; es gab tatsächlich einen Menschen, der ihre ungewöhnliche Mentalität, ihre ungewöhnliche Art verstand. »Unsere Begegnung hatte etwas sehr, sehr Tröstliches für mich«, sagt Elisabeth, »Gérard bestärkte mich so, weil er wie ich war. Wenn ich meinen Gefühlen freien Lauf ließ und mich niemand verstehen konnte – Gérard verstand mich immer.«

Bevor Elisabeth in sein Leben trat, hatte Gérard immer geglaubt, wirkliche Liebe liege außerhalb seiner Möglichkeiten. »Die Hoffnung auf Liebe hatte ich aufgegeben. Ich erwartete nur noch, mit Frauen zusammenzusein, die gerne vögelten. Ich hatte nie geglaubt, daß mich eine Frau lieben könnte, denn ich hielt mich ja – das stammte von meiner Mutter – für nicht begehrenswert. Als Kind wurde ich nicht begehrt – also war ich nicht begehrenswert.« Elisabeth wirkte beruhigend auf ihn, sie überzeugte ihn davon, sehr wohl begehrenswert zu sein, sogar für eine Elite-*parisienne.* Die gegensätzlichen Charakterzüge und die gefühlsmäßige Übereinstimmung bewirkten ein Zusammengehörigkeitsgefühl, durch das Gérard sich endlich als vollständig empfinden konnte.

Das Wichtigste war, daß Elisabeth ihn in fast jeder Situation, auch in der grauenhaftesten Stimmung, immer *verstand.* »Ich fühlte mich sofort wohl bei Dir. Ich wußte nicht einmal, warum, weil ich nichts von Gefühlen wußte«, schrieb er in *Gestohlene Briefe.* »Du redetest so mit mir, daß ich alles verstand. Ich war nicht mehr taub, eingeschlossen. Im Kino, neben Dir, verstand ich alles, ich verstand alles, weil wir zusammen waren. Danach konnten wir nicht mehr ohne einander auskommen. Ich hatte meinen Weg, meine Stimme gefunden.«

Michel Pilorgé, stets in Gérards Nähe, wurde jetzt Zeuge einer weiteren Veränderung seines Freundes. Er ging mit Gérard und Elisabeth ins Kino, rezitierte Texte und probte Szenen mit ihnen. Wenn er mit dem Paar zusammen war, spürte er allerdings manchmal einen Anflug von Eifersucht. Er war nämlich auch in Elisabeth verliebt und beneidete die beiden um die Intensität und Vollkommenheit ihrer Beziehung. Gérard und Elisabeth schienen vor seinen Augen miteinander zu verschmelzen und sich gegenseitig Kraft einzuflößen. »Elisabeth war sehr, sehr verliebt«, erzählt Michel. »Gérard und sie lebten da etwas ganz Außergewöhnliches. Wir anderen standen abseits, beobachteten es und empfanden Neid. Diese Liebe war so schön, daß wir alle sagten: ›Scheiße, ich will auch so eine Liebe leben können!‹«

Elisabeth wohnte damals in einer winzigen Wohnung in der Rue Lepic unterhalb des Montmartre; dort verbrachte Gérard jetzt immer mehr Zeit. Die Wohnung war hell und freundlich, mit Blick auf einen Garten. Alles war sehr schick und elegant: die Pflanzen und Bilder, die Bezüge der Sofakissen, die Nippes auf der Kommode. In Elisabeths Welt herrschte eine völlig andere Atmosphäre als bei den Pilorgé-Brüdern, ganz zu schweigen von dem tristen, engen Haus, in dem Gérard aufgewachsen war. Diese Welt war eine weibliche Welt, eine Welt des guten Geschmacks: Elisabeth wurde daher nicht nur Gérards ständige Begleiterin, sondern auch eine wertvolle Führerin auf seinem Weg in die Welt des Wissens und der Kultur. Sie zeigte ihm die Kunstmuseen von Paris und die kleinen Galerien in der Rue de Seine. Sie sahen sich Aufführungen in abgelegenen kleinen Theatern an und studierten zusammen Szenen für Cochet ein. Und in Elisabeths Armen lernte Gérard eine ihm bisher unbekannte Zärtlichkeit und eine neue Sprache: die Sprache der Liebe.

»Bevor ich Elisabeth kennenlernte«, sagt Gérard, »wußte ich nie, wie ich mit einer Frau reden sollte. Bevor ich sie kennenlernte, hatte ich solche Gefühle überhaupt nicht, geschweige denn die Fähigkeit, sie auszudrücken.«

Elisabeths Begabung und ihre Ausbildung als Psychologin und Schauspielerin erwiesen sich für Gérard von Anfang an als unschätzbar wertvoll. Er war der geborene Künstler, bewegte sich aber in einer Art geistigem Nebel, ohne genaue Vorstellung, was er mit seinen Talenten machen sollte. Aus ihrer Doppelperspektive konnte Elisabeth sowohl die Künstlermentalität als auch den kreativen Prozeß verstehen und Gérard gegenüber beides klar artikulieren. In gewisser Hinsicht erinnert die Liebesgeschichte der beiden an die Geschichte von ›Pygmalion‹: Elisabeth trifft auf einen ungehobelten Naturklotz, bearbeitet und glättet ihn und vermittelt ihm einen differenzierten Sinn für Sprache und guten Geschmack, der weit von dem entfernt ist, was er in seiner Kindheit und Jugend kennenlernte. »Elisabeth spielte ›My Fair Lady‹, aber mit vertauschten Rollen«, sagt Michel Pilorgé. »Sie hatte die Fähigkeit, den Willen, den entsprechenden familiären Hintergrund und das Talent dazu. Und sie half Gérard wirklich. Cochet und Tomatis hatten ihm schon viel geholfen, und auch ich, auf meine Weise. Letztlich aber war Elisabeth die wichtigste von allen.«

Elisabeth selbst dagegen vermag in ihrer Beziehung zu Gérard überhaupt nichts von einem Meister-Schüler-Muster zu erkennen. »Natürlich hatte Gérard zu Beginn einige Schwachstellen, und natürlich erklärte ich ihm manches. Aber wir ergänzten uns hervorragend, und Gérard brachte umgekehrt auch mir vieles nahe. Er ist extrem ›durchlässig‹, öffnet sich allem und läßt sich von allem durchdringen. Er nähert sich der Welt auf eine animistische Weise, die keine Einschränkungen kennt. ... Auch wenn wir uns nicht begegnet wären, hätte er in seinem Drang, sich zu bilden, rasche Fortschritte gemacht.«

Sein Wissen über Künstler, ihren Charakter und ihr ›Handwerk‹ konnte Gérard durch die Lektüre von Biographien und die Beschäftigung mit den Kunstwerken selbst vertiefen, aber Elisabeth war auf einzigartige Weise dazu ausgebildet und ausersehen, ihm verständlich zu machen, daß künstlerische Talente nicht ausschließlich für Pariser Intellektuelle und Kulturbeflissene reserviert waren, sondern daß ein ungebildeter Junge aus einer armen Familie in Châteauroux unter Umständen sogar besser in der Lage war, Originalität und Kraft in eine Kunstform wie das Schauspiel einfließen zu lassen. Im Grunde verlieh Elisabeth – ob nun absichtlich oder nicht – Gérard einen klaren, wissenden Blick, mit dem er sich selbst viel positiver betrachten konnte.

»Als ich Gérard kennenlernte, haßte er sich«, erklärt Elisabeth. »Er verabscheute den Körper, der ihn umgab; er hatte das Gefühl, keinen Umriß, keine körperliche Begrenzung zu haben. Er wußte nicht, wer er war. Er wußte nicht, ob er schön oder häßlich war. Er wußte überhaupt nichts. Er hatte keine innere Mitte.«

Kein inneres Zentrum, kein klar definiertes Selbstbild zu haben bedeutet wohl für die meisten Menschen eine schreckliche Beeinträchtigung; Elisabeth aber sah in diesen Mängeln große Möglichkeiten für einen Schauspieler und Künstler wie Gérard. »Die Tatsache, daß Gérard keine Konturen hatte, bedeutete auch, daß er keine inneren Schranken hatte, keine Grenzen. Er konnte sich in alles hineinstürzen. Weil er keine Mutter hatte, die ihm sagte: ›Wenn du so bist, bist du in Ordnung, wenn du so bist, bist du nicht in Ordnung‹, war er frei von Beschränkungen. Und auch das betrachte ich als ziemlich positiv für die Entwicklung einer künstlerischen Begabung. Wenn man keine Grenzen kennt, kann man alles geben.«

Und genau das – sich hineinstürzen und alles geben – tat Gérard jetzt, sowohl in seiner Beziehung mit Elisabeth als auch in seiner zunehmend anspruchsvollen Arbeit mit Cochet. Er studierte Szenen und Stücke von Corneille, Marivaux, Camus und Tschechow ein. Sein Handwerk beherrschte er inzwischen so gut, daß er tief in die Haut und den Geist der von ihm dargestellten Figuren eindringen konnte – so tief, daß er oft jeden Sinn für sich selbst verlor; die Grenze zwischen Schauspieler und Rolle verwischte sich. Wer bin ich? Wo bin ich? Oft wußte Gérard das selbst nicht mehr genau. Die meisten Menschen würden einen solchen Mangel an geistiger Klarheit, auch wenn er nur kurz andauerte, als Qual empfinden; für einen Schauspieler wie Gérard konnte er sich, das sah Elisabeth, als Stärke erweisen. »Klarheit ist nicht immer das Wichtigste für einen Schauspieler«, sagt sie. »Wenn ein Schauspieler zu klar ist, fällt es ihm schwer, sich in die jeweilige Figur zu verwandeln. Für einen Schauspieler wie Gérard ist Klarheit eher

eine Last, eine Fessel. Er muß sich in etwas stürzen und darin eintauchen können.«
Elisabeth erkannte in Gérard die Fähigkeit, ein gestalteter Charakter zu »werden«. Diesen auf ein vollständiges Eintauchen und totale Selbstnegierung gerichteten Impuls spürte Elisabeth auch bei ihrer eigenen Bühnenarbeit, aber sie konnte sich dabei nur selten so fallenlassen wie Gérard, und nach ihrer Heirat wurde es für sie noch schwieriger. »Auch ich stürze mich hinein«, sagt sie, »aber ich sehe immer ein kleines Licht, das mich wieder zurückzieht. Ich habe eine Familie mit zwei Kindern und will wissen, wo sie sind, was sie gerade tun. Wie viele Frauen, stelle auch ich Liebe und Mutterschaft über alles andere. Wenn ich in einem Stück spiele, stürze ich mich schon hinein, aber dann ziehe ich mich immer wieder heraus. Gérard dagegen bleibt immer drin.«
Ähnlich wie Elisabeth verstand auch Professor Cochet Gérards Stimmungen und Exzesse; auch er erkannte, daß Gérards Freiheit von konventionellen Beschränkungen zu seinen größten Vorteilen zählte. Bei einem so raren Talent, wie Gérard es besitzt, hielt Cochet es für das Beste, ihm viel Spielraum zu geben, anstatt ihn in eine vorgegebene Form zu pressen. »Cochet behandelte Gérard anders als die anderen«, sagt Elisabeth. »Cochet ist ein sehr strenger, sehr penibler Mensch. Ich mochte ihn sehr gern, er war immer freundlich zu mir. Allerdings ließ er sich manchmal von den kleinsten Dingen reizen. Aber Gérard gegenüber verhielt er sich großartig. Er ließ ihm immer seine Freiheit. Gérard hatte, beispielsweise, als einziger die Erlaubnis, den Unterricht zu verlassen und draußen auf dem Gang eine Zigarette zu rauchen. Cochet sagte dann immer: ›Er kann nicht anders. Er muß einfach rauchen. So ist das nun mal.‹ Mit Gérard nahm Cochet ein großes Risiko auf sich.«
Cochet hielt Elisabeth für eine sehr gute Schauspielerin und gab ihr oft die besten Rollen in seinen Inszenierungen. »Sie war wirklich süß, sehr quirlig, winzig und sehr intelligent. Ein charmantes Mädchen«, sagt er. Aber er spürte auch, daß die Erziehung, die einen so kultivierten, taktvollen Menschen aus ihr gemacht hatte,

sich für ihre weitere Entwicklung als Schauspielerin einengend auswirken könnte. Cochet glaubt sogar, daß Elisabeths größte Theaterrolle gerade die ist, die sie so bewundernswert im realen Leben spielt: ihre Rolle als Gérards Ehefrau und »Geburtshelferin« seines gewaltigen Talents. »Ich weiß, daß sie Gérard unglaublich geholfen hat, wie nur wenige Menschen es konnten«, sagt Cochet. »Aber ich glaube, daß sie für die Unterstützung, die sie ihrem Mann gab, einen bestimmten Preis in ihrem Leben und in ihrer eigenen Karriere zu zahlen hatte.«

Diese Beobachtung sollte sich im Verlauf der stürmischen Ehe als sehr wahr erweisen. Elisabeth wurde Gérards Frau, die Mutter seiner Kinder, der Resonanzboden für seine Projekte und die Hauptdarstellerin in zweien seiner Filme. Sie schrieb sogar mehrere Lieder, die Gérard auf einer in Frankreich erschienenen, sehr beliebten Platte sang. Aber der Hauptgrund, weshalb er sich in die Arbeit stürzen, vier, fünf Filme pro Jahr drehen und den größten Teil seines Lebens unterwegs verbringen konnte, war Elisabeth. Sie verstand und akzeptierte seinen kreativen Impuls. Durch seine Unbeständigkeit und das totale Engagement, das er in seine Filme und Rollen investierte, wurde Gérards Leben zu einem endlosen Wirbelsturm; aber Elisabeth war immer da und zeigte ihm die innere Mitte.

Zu Beginn ihrer Liebesbeziehung mit Gérard hatte Elisabeth einen Kampf mit ihren Eltern auszufechten. Sie selbst akzeptierte zwar seine unkonventionelle Art, aber was würde passieren, wenn sie ihn mit nach Hause brachte, um ihn ihren traditionsbewußten Upper-class-Eltern vorzustellen? Gérard und Elisabeths Eltern kamen von einander diametral entgegengesetzten Enden der französischen Gesellschaft. Würde ihr Vater sie für verrückt erklären? Bei seinem ersten Besuch erschien Gérard in Jeans und T-Shirt, mit, wie üblich, langem Haar und unbeholfenem Auftreten. Die Guignots empfingen ihn im Salon ihrer Luxusvilla in Bourg-la-Reine. »Meine Eltern waren total überrascht«, erinnert sich Elisabeth. »Als hätte ich einen Wilden mit nach Hause gebracht.«

Ihr Vater erkannte jedoch bald, daß Gérard trotz seines zweifelhaften Äußeren eine selten anzutreffende Ehrlichkeit und innere Kraft besaß, zwei Eigenschaften, die Monsieur Guignot sehr schätzte. Außerdem sah er, daß seine Tochter trotz ihrer ungestümen Art gute Gründe dafür hatte, diesem jungen Mann ihr Herz zu schenken. »Wenn es um wirklich wichtige Dinge geht, ist mein Vater großartig; er gehört zu den wenigen Menschen, die tatsächlich mit ihren Aufgaben wachsen«, sagt Elisabeth. »Letztlich hatte er eben doch Vertrauen zu mir und wußte, daß ich keinen Idioten nach Hause bringen würde, auch wenn Gérard völlig anders war als meine Eltern.«

Am 11. April 1970 heirateten Gérard und Elisabeth in Bourg-la-Reine – das sinnigerweise als der Ursprungsort des Namens Depardieu gilt. Die beiden wurden von einem Standesbeamten im Rathaus getraut, dann gaben Elisabeths Eltern einen prächtigen Empfang im Garten ihrer Villa. Elisabeth war eine strahlende Braut in einem Kleid von einfacher Eleganz; Gérard hatte sie in einen ordentlichen Anzug gesteckt. Da er gegen Krawatten jeder Art allergisch war, trug er einen eleganten Rollkragenpullover aus weißer Seide.

Monsieur Guignot, groß, vornehm und immer ein perfekter Gentleman, begrüßte den Vater des Bräutigams sehr würdevoll. Michel Pilorgé stand daneben. »›*Uaff, bof, uuuf!*‹ war so ungefähr das einzige, was Dédé in seiner Nervosität herausbrachte«, erinnert sich Michel. »Danach schwieg er eisern. Und er hatte ein Problem: Er brauchte dringend ein Glas Rotwein.« Bei dem Empfang nach der Trauung wurden Champagner, Whiskey und diverse Sorten Likör gereicht, aber eine Flasche Rotwein war nicht in Sicht. Daher vernachlässigte Michel kurz seine Pflichten als Trauzeuge und ging mit Dédé auf ein paar Gläser *vin ordinaire* in ein nahe gelegenes Café.

Als sie zum Empfang zurückkehrten, hob Michel sein Champagnerglas, um einen Toast auf die Frischvermählten auszusprechen. Für Gérard und Elisabeth war es der Höhepunkt einer leidenschaftlichen Liebesgeschichte und der Beginn eines neuen, gemeinsamen Lebens. Für Michel bedeutete es eher ein Ende, denn seine beiden Freunde sollten bald an Orte reisen, zu denen er ihnen nicht folgen konnte. Michel würde bald darauf zum Theater und zum Film gehen, heiraten und Kinder bekommen. Aber er würde Gérard und Elisabeth bei ihrem Aufstieg zu Stars immer im Blick behalten, wenn auch meist aus der Ferne. Heute sieht er die beiden nur selten, aber er ist immer noch voller Bewunderung für ihre gegenseitige Zuneigung und ihre beständige Ehe, wie turbulent sie auch sein mag. In seinen Augen ist und bleibt die Geschichte dieser Beziehung eine einzigartige Liebesgeschichte, poetisch und ergreifend wie in den Gedichten von Alfred de Musset.

»Elisabeth gab ihm etwas von ihrer Lebenseinstellung«, sagt er, »und Gérard wußte diese Lebenseinstellung anzunehmen und zu seiner eigenen zu machen.«

Auch für Gérard bedeutete die Heirat ein Ende: das Ende seiner langen Bemühungen, sich ein neues Leben und eine für ihn passende Familie zu erschaffen. Er war überzeugt, das Unmögliche erreicht zu haben: Er hatte das Herz einer kultivierten *parisienne* erobert und in Elisabeth eine Liebe und Zärtlichkeit entdeckt, von deren Existenz er nichts geahnt hatte. Und Elisabeth empfand genauso. Vielleicht hatte sie das Gefühl, etwas aufgegeben zu haben, aber sie hatte es freiwillig getan und war glücklich, Gérard etwas von ihrer Lebensfreude vermitteln zu können und von ihm dafür das Gefühl tiefer Erfüllung zu bekommen.

»Wir haben einander auf wunderbare Weise ergänzt«, sagt Elisabeth, »und unsere jeweiligen Mängel in einen großen Reichtum verwandelt.«

Mit Patrick Dewaere
und Miou-Miou in ›Die Ausgebufften‹

12 Die Ausgebufften

Die Ehe bedeutete für Gérard und Elisabeth von Anfang an ein kreatives Abenteuer. Elisabeths Wohnung in Montmartre war zu klein, als daß Gérard sich dort wohl gefühlt hätte, und so zogen sie kurz nach der Heirat in eine größere Wohnung in der Nähe der Porte de Vanves am Südrand von Paris. Sie verbrachten ganze Wochenenden und jeden freien Nachmittag auf den Flohmärkten der Umgebung, auch in Vanves selbst – immer auf der Suche nach Antiquitäten und anderen Einrichtungsgegenständen. Gérard hatte einen Blick für hochwertige Sachen, aber anfangs überließ er doch lieber Elisabeth die Entscheidung. Sie besaß Geschmack, kannte sich aus und hatte einen offenbar untrüglichen Instinkt dafür, eine Wohnung gemütlich auszustatten.

Aber sie erschloß ihm noch andere Bereiche. In Châteauroux, wo er unter G.I.s erwachsen geworden war, hatte Gérard in einer von Männern dominierten Welt gelebt. Jetzt brachte Elisabeth ihm Sprache und Empfindungen von Frauen nahe. In den Anfangsphasen seiner Karriere gehörten die Gespräche mit großen Frauen der französischen Literatur und des Films wie Marguerite Duras und Jeanne Moreau zu den wichtigsten Begegnungen. »Ich habe mich immer an solche Frauen gewandt – Mütter der Sprache nenne ich sie –, die mich Schritt für Schritt zu all dem führen konnten, was Frauen von Männern unterscheidet«, erklärt Gérard.

Eine erste solche Begegnung war die mit Agnès Varda, einer der schöpferischsten Autorenfilmerinnen Frankreichs. Elisabeth hatte das Zusammentreffen arrangiert, und zwar bereits lange vor der Hochzeit. 1967 schickte ihr Agent sie zu Agnès Varda, die Regisseurin von ›Cléo De Cinq A Sept‹ (›Mittwoch zwischen fünf und sieben‹) und ›Le Bonheur‹. Varda plante einen kurzen Film über drei desillusionierte junge Leute in Paris, und Elisabeth interessierte sich für eine der Hauptrollen. Auf Cochets Vorschlag hin hatte sie ihren Namen zu Guy verkürzt, damit er eingängiger und schöner klang, und mit diesem Namen stellte sie sich nun der Regisseurin in deren hübschem kleinen Haus in der Rue Daguerre vor, die am Rand von Montparnasse liegt. Agnès Varda ist sehr klein, warmherzig, hoch intelligent und ein bißchen verrückt. Ihr Wohnzimmer paßt zu ihr: voller Bücher, Manuskripte, Sonnenlicht und mit einer solchen Masse von Möbeln vollgestopft, daß der Raum fast einem Flohmarkt gleicht. Inmitten dieses Möbellagers begannen Varda und Elisabeth nun ein Gespräch, das sich zu einer Art zwanglosem Vorsprechen entwickelte. Die Unterhaltung verlief zwar sehr gut, aber Elisabeth mit ihrer feinen, eleganten Erscheinung und der majestätischen Ausstrahlung war nicht das, was Varda sich vorgestellt hatte.

»Sie war eine sehr liebenswürdige junge Frau und sehr intelligent«, erzählt Varda, »aber viel zu vornehm für die Rolle.« Die Regisseurin wollte abgebrühte Leute von der Straße, verkrachte Existenzen, und diese Beschreibung traf auf Elisabeth nun einmal nicht zu, wie talentiert sie als Schauspielerin auch sein mochte. Dennoch beeindruckte Elisabeth Agnès Varda als eine sehr scharfsichtige junge Frau, und sie bat sie um einen Gefallen. Für eine der männlichen Hauptrollen in dem Kurzfilm hatte sie bereits einen Darsteller gefunden, aber die Besetzung der zweiten Rolle, der Figur eines wild aussehenden Beatniks namens Igor, bereitete ihr große Schwierigkeiten. Kannte Elisabeth vielleicht junge Schauspieler, die wie Beatniks aussahen und zu denen der Name Igor paßte? Ja, antwortete Elisabeth, sie kenne einen perfekten Igor, einen jungen Mann in Cochets Schauspielklasse. Aufgrund von Elisabeths nachdrücklicher Empfehlung bat Varda um Gérards Besuch. Das alles lag noch vor dem Beginn von Gérards Therapie bei Tomatis.

»Er war der reinste Engel«, erzählt Varda. Sie sitzt auf einem Sofa in demselben Wohnzimmer, in dem sie Gérard zum erstenmal begegnete. »Hübsch, mit Bart, stark behaart, dünn. Er hatte so etwas Fiebriges. Wilde Augen. Sah aus wie ein Aussteiger.«
Varda gab ihm die Rolle des Igor und drehte einige Filmminuten in den Straßen von Paris, legte das gesamte Projekt dann aber zur Seite. Nicht jedoch Gérard. Er besuchte sie von nun an sehr oft, kam zum Abendessen vorbei, verbrachte aber oft auch viel Zeit tagsüber in ihrem Haus. Dieser sonderbare junge Mann aus der Provinz machte einen starken Eindruck auf Varda und ihren Ehemann Jacques Démy, der den großartigen Film ›La Baie Des Anges‹ (›Die blonde Sünderin‹) mit Jeanne Moreau und ›Le Parapluies De Cherbourg‹ (›Die Regenschirme von Cherbourg‹) gedreht hatte, den Film mit den gesungenen Dialogen, der Catherine Deneuve bekannt machte. »Gérard war ein sehr ungewöhnlicher Mensch«, sagt Varda. »Er sagte ziemlich brutale Sachen und stotterte grauenhaft. Und trotzdem hatte er etwas sehr Liebenswertes.«
Gérards grobschlächtiges Äußeres und seine schwerfällige Art störten Varda nicht, aber ihr Mann äußerte Bedenken. Eines Abends gingen Agnès und Jacques aus und baten Gérard, im Haus zu bleiben und auf ihre Tochter Rosalie aufzupassen, die damals ungefähr acht und gerade an Windpocken oder etwas Ähnlichem erkrankt war. Irgendwann an diesem Abend sagte Démy zu seiner Frau: »Meinst du, daß es richtig war, unsere Rosalie diesem Typen anzuvertrauen? Im Grunde wissen wir nicht mal, wo er herkommt.« Agnès beruhigte ihn, und als sie zurückkehrten, war mit Rosalie nicht nur alles in Ordnung, sondern sie befand sich geradezu in Hochstimmung. Gérard hatte stundenlang am Fuß ihres Bettchens gesessen und ihr Geschichten vorgelesen. »Er war sehr zerbrechlich damals«, erinnert sich Rosalie. »Er entsprach überhaupt nicht dem Image, das er heute hat.«
Cochet inszenierte damals gerade eine französische Bearbeitung des Stückes ›The Boys in the Band‹ (›Die Harten und die Zarten‹), ein Stück über Homosexuelle, und wollte Gérard als Überraschungsgeschenk bei einer Geburtstagsparty eine größere Rolle

antragen. Aber als der Produzent Gérard sah, reagierte er entsetzt: »Dieser Schädel! Dieses Gesicht! Niemals!« Cochet blieb hartnäckig. »Entweder er wird genommen, oder ich gehe«, erklärte er dem Produzenten. Gérard bekam die Rolle, die nicht viel Text enthielt. Das Stück wurde ein Erfolg und erlebte fünfzig Vorstellungen. »Gérard war wundervoll und bekam hervorragende Kritiken«, erinnert sich Cochet. »Er hatte eine ganz besondere Art zu schauen, zuzuhören und hin und wieder zu lachen. Er war ein Monster und gleichzeitig ein großer Schauspieler. Nachdem er diese Rolle gespielt hatte, konnte er alles spielen.«

Gérards Name begann jetzt innerhalb der Pariser Theaterwelt zu kursieren. In einigen Stücken und Fernsehfilmen spielte er kleine Rollen, meist Schlägertypen, die nicht viel zu sagen hatten. Wenn er Zeit hatte, trat er mit witzigen Improvisationen im »Café de la Gare« auf, einem Theaterlokal, das zum Sprungbrett für einige der besten französischen Komiker wurde. Sein Darstellungsdrang und Erfahrungshunger waren so groß, daß er sogar mehrere kleine Auftritte in einem Nachtclub in der Rue de la Gaîté in Montparnasse absolvierte. 1969 bekam er in diesem Club eines Nachts Besuch von Claude Regy, einem renommierten Schauspiellehrer und Regisseur, dessen besondere Liebe den englischen Dramatikern Harold Pinter, Tom Stoppard und John Osborne galt. Regy hatte bereits von Gérard gehört und war auf der Suche nach einem Schauspieler für die Rolle eines jungen Schlägertypen in Edward Bonds brutalem Stück ›Saved‹ (›Gerettet‹), das Regy für das Théâtre National Populaire inszenieren wollte. Gérard hinterließ einen tiefen Eindruck bei Regy, der ihn prompt engagierte und in den folgenden drei Jahren immer wieder mit ihm zusammenarbeitete.

»Man mußte kein Genie sein, um zu erkennen, daß er ein ganz außergewöhnlicher Mensch war«, sagt Regy. Hatte Gérard bei Cochet eine rein klassische Schauspielausbildung erfahren, so konfrontierte Regy ihn nun mit der zeitgenössischen Avantgarde in puncto Ausbildung und Inszenierungen. Unter Regys Anleitung porträtierte Gérard reiche Jungs, Ganoven, Verrückte, Träumer und Menschen mit unterschiedlichen sexuellen Ausrichtungen. Für eine Übung forderte Regy Gérard auf, einen Alkoholiker zu imitieren, der an einem Tisch in einem Café sitzt. Gérard hockte eine Ewigkeit völlig bewegungslos da, ganz in eine ferne Phantasiewelt versunken; aber auf seinem Gesicht spiegelten sich starke innere Spannungen und Empfindungen wider. Regy war verblüfft.

»Ich bat ihn, seinen Vater zu imitieren, seine Mutter zu imitieren, Huren zu imitieren – solche Übungen sollen dem Schauspieler den Bezug zu seinem eigenen Leben und seinen Gefühlen erleichtern. Wir alle sahen deutlich, daß Gérard einen Anflug von Genialität besaß. Man brauchte ihn nur zu beobachten, wie er mitten auf der Probebühne mit seiner Angelrute angelte. Ich habe viele Leute auf dieselbe Art vorsprechen lassen, aber da passierte überhaupt nichts. Gérard dagegen ließ uns seine Träume, Vorstellungen, Leidenschaften sehen. Er wußte, daß ein Schauspieler alles, was er hat, einsetzen muß – seine Gefühle, seine Erinnerungen –, um seine Phantasie völlig frei werden zu lassen. Im Verlauf von zwei Jahren zeigte er einen solchen Reichtum an Möglichkeiten, daß ich den Eindruck gewann, er verfüge über ein grenzenloses Talent.«

Ein grenzenloses, aber auch beunruhigendes Talent. Denn Regy entdeckte noch etwas anderes in Gérard: Das Schauspielern war für ihn nicht einfach nur ein Beruf oder eine Kunstform, sondern eine Möglichkeit, sich psychisch zu stabilisieren. »Ihm war immer klar – vielleicht auch nur unbewußt –, daß er ganz dicht an der Grenze zum Irren oder zum Mörder stand«, sagt Regy. »Er hatte das vage Gefühl, die Schauspielkunst könnte für ihn eine Art Therapie sein. Er benutzte die Schauspielerei, um sich vor Geisteskrankheit oder Gefängnis zu retten.«

Durch die Arbeit mit Regy in den frühen siebziger Jahren hatte Gérard ein Auskommen und lernte einige der besten und kreativsten Schauspieler und Autoren Frankreichs kennen: Im Espace Cardin, dem Theater Pierre Cardins an den Champs-Elysées, zeigte Regy experimentelle Kurzdramen, dargestellt von Schauspielern wie Jeanne Moreau, Delphine Seyrig, Sami Frey und Michel Lonsdale. In diesen Zirkel führte er jetzt auch Gérard ein. Einige

der kurzen Stücke, die Gérard mit diesen Kollegen aufführte, waren hoch intellektuell, abstrakt und sehr anspruchsvoll und stammten aus der Feder von Autoren wie Nathalie Sarraute und Peter Handke. Gérard trat auch in dem von David Storey verfaßten Stück ›Home‹ auf, das Marguerite Duras ins Französische übersetzt hatte. Regy war ein großer Bewunderer der Duras, ihrer Romane und ungewöhnlichen Filmarbeiten, und sie war eine häufige Besucherin seiner Produktionen. Eines Abends sah sie sich seine Inszenierung von ›Saved‹ an und war ganz hingerissen von dem Neuzugang der Truppe. Die Duras arbeitete damals an der Besetzungsliste für einen neuen Film mit dem Titel ›Nathalie Granger‹, für den sie noch einen Schauspieler suchte, der die Rolle eines Waschmaschinenvertreters spielen sollte. Sie sprach mit Regy über Gérard als möglichen Kandidaten, und nach der Vorstellung nahm Regy seinen Jungstar beiseite: »Hör mal, Gérard, Marguerite Duras will dich kennenlernen. Sie hat vielleicht eine Rolle für dich.«
Marguerite Duras war eine der *grandes dames* des intellektuellen und künstlerischen Lebens von Paris. Gérard wußte nur wenig über sie, machte sich aber am nächsten Nachmittag auf den Weg zu ihr. Er bewegte sich mittlerweile per Motorrad durch die Stadt und fuhr jetzt durch eine verkehrsreiche kleine Straße in St. Germain des Prés, dem Herz des literarischen Paris, zur Wohnung der Duras. »Ich klingelte unten an der Tür«, erzählt er. »Eine Stimme forderte mich auf, in den ersten Stock hinaufzukommen. Es war Winter, ich trug einen dicken Mantel und meinen Motorradhelm. Die Tür ging auf, da stand diese winzige Frau vor mir. Ich stellte mich vor: ›Gérard Depardieu. Claude Regy hat mir gesagt, daß Sie mich sprechen wollen.‹ Da wich sie durch die ganze riesige Wohnung so lange rückwärts vor mir zurück, bis sie mit dem Rücken an eine Wand stieß. ›Kommen Sie!‹ sagte sie. Ich war total perplex, aber ich ging auf sie zu und kam dieser winzig kleinen Frau immer näher, bis ich direkt vor ihr stand und sie überragte. Erst da rief sie: ›Halt, das reicht. Sie erschrecken mich! Sie können die Rolle haben.‹«
Bis zu diesem Zeitpunkt hatte Gérard nur relativ kleine Rollen in

einigen eher unwichtigen Filmen und Fernsehdramen gespielt. Die Zusammenarbeit mit Marguerite Duras war eine gänzlich andere Erfahrung. Für seine Rolle als Waschmaschinenvertreter erhielt er weder ein Drehbuch noch Handlungsanweisungen, an denen er sich hätte orientieren können; er sollte einfach in Duras' Landhaus in Neauphle-le-Château, einem westlich von Paris gelegenen Dorf, erscheinen, das zehn Jahre später zum Hauptquartier des exilierten iranischen Geistlichen Ayatollah Khomeini wurde. Depardieu war ziemlich erstaunt, fuhr aber auf seinem Motorrad brav hinaus aufs Land, knatterte durch die Alleen und stand zur festgesetzten Stunde vor Duras' Haustür.

»Es war noch früh am Morgen«, erinnert er sich. »Die Tür stand offen, also ging ich hinein und tat etwas für mich ganz Normales: Ich ging rum und steckte den Kopf in jedes Zimmer. In einem Zimmer sah ich eine wunderschöne schlafende Frau. Plötzlich wachte sie auf und starrte mich an, als wäre ich ein Monster. ›*Oh, pardon*‹, sagte ich und ging schnell hinaus. Dann lugte ich in ein anderes Zimmer, und da lag Jeanne Moreau.« Selbstverständlich wollte Marguerite ein cineastisches Experiment durchführen und zwang Gérard, den ganzen Film rein nach Gefühl, ganz aus dem Bauch heraus zu spielen. Das Ergebnis war zwar nicht gerade ein grandioser Erfolg, aber die Dreharbeiten waren eine gute Übung für Gérard, eine Übung, bei der er sowohl das, was er von Regy gelernt hatte, als auch seine eigene intuitive Zugangsweise anwenden konnte. Nach ›Nathalie Granger‹ drehte er drei weitere Filme mit Marguerite Duras: ›La Femme Du Gange‹ (›Die Frau vom Ganges‹), ›Baxter, Vera Baxter‹ und ›Le Camion‹ (›Der Lastwagen‹). Bei den Dreharbeiten mit Marguerite Duras spielte er nicht nur, sondern machte sich an ihren improvisierten Kulissen zu schaffen, bediente die Scheinwerfer, stellte die Kameras auf und spendierte manchmal sogar das Mittagessen. Es waren Dreharbeiten der familiären Art, mit winzigem Budget und einer kleinen Gruppe sehr talentierter Schauspieler. Diese Filme gehören zu Gérards Initiation in die französische Filmwelt – zu einer Initiation, wie sie exemplarischer nicht hätte ausfallen können: durch die Arbeit mit einer *femme auteur*, deren Interessen vorrangig dem literarischen und künstlerischen Bereich galten und nicht im geringsten kommerziell ausgerichtet waren. Das war Kino als *le septième art.*

Ein merkwürdiges Paar gaben sie allerdings schon ab, die Pariser Intellektuelle und der ungebildete Lümmel aus Châteauroux. Duras und Gérard wurden schnell Freunde. Auch wenn sie ihn manchmal wie ein Faktotum behandelte – er freute sich immer darüber, zu ihrer ausgeflippten Filmfamilie zu gehören. Und die Duras war ein echtes Original, immer für eine Überraschung gut. In einem Sommer in den frühen siebziger Jahren hielten sich Gérard, Elisabeth und die Duras mit ihrem Mann Anthelme an der Küste in Trouville auf.

Manchmal radelte Gérard morgens zum Sommerhaus der Duras hinüber und rief schon im Näherkommen: »Marguerite! Marguerite!« Die streckte daraufhin einmal den Kopf aus dem Fenster und rief ihm zu: »Ah, sehr gut, Depardieu! Ich brauch' dich. Komm rein!« Gérard stellte sein Rad ab, ging hinein – und da stand Claude Berri, der eben aus Paris eingetroffen war. Berri galt damals bereits als einer der namhaftesten französischen Produzenten und Regisseure, und Gérard war über seine Anwesenheit entsprechend erstaunt. Marguerite Duras machte die beiden miteinander bekannt und erklärte Gérard, Berri sei eigens, um sie zu besuchen, aus Paris gekommen. Sie wollten ein wichtiges Gespräch miteinander führen.

»Gérard, du könntest mir einen Riesengefallen tun!«

Einen Gefallen? Gérards Phantasie bekam augenblicklich Flügel: Marguerite Duras trifft sich mit Claude Berri und wendet sich an mich! Will sie einen Rat von mir? Oder schlägt sie mich etwa für eine Rolle in einem Berri-Film vor? *Mon Dieu! »Oui,* Marguerite, was immer du willst.«

»Sehr gut! Paß auf, Gérard, mein Lieber, die Toiletten hier sind alle verstopft und müssen dringend repariert werden!«

Die Duras bot Gérard eine Ausbildung ganz eigener Art. Mit ihren Romanen, allen voran ›L'Amant‹ (›Der Liebhaber‹), der Geschichte des sexuellen Erwachens eines französischen Mädchens im Indochina der Kolonialzeit, hatte sie sich als eine literarische Größe Frankreichs etabliert. Die bikulturelle Liebesgeschichte, die sie als Drehbuch für den Film ›Hiroshima Mon Amour‹ verfaßte, galt als Meisterwerk. Mit ihren Filmen erntete sie zwar nie soviel Erfolg wie Godard, Truffaut, Claude Chabrol oder Eric Rohmer, die Begründer der Nouvelle Vague, aber sie strahlten eine Intimität und Originalität aus, die sie von den Filmen anderer *auteurs* unterschied. Dem Geist Sartres, Camus' und Simone de Beauvoirs verpflichtet, stand sie im Zentrum des künstlerischen, literarischen und politisch-historischen Geschehens, so wie Paris den Mittelpunkt des internationalen Kinos bildet. Dieses kosmopolitisch orientierte Filmverständnis und Duras' kultivierte Welt lernte Gérard aus nächster Nähe kennen und schaffte es irgendwie, in beides hineinzupassen. Zunächst hatte er sich von der Duras und ihren intellektuellen und künstlerischen Fähigkeiten einschüchtern lassen; dann aber spürte er eine starke Verwandtschaft zu einem weiteren Aspekt ihrer Persönlichkeit: ihrer poetischen Einfühlsamkeit.

»Poesie besteht nicht aus Worten und Büchern, sondern ist eine Art, das Leben zu sehen«, sagt Gérard. »Nicht jeder Dichter hat sprachliches Talent, aber alle haben Inspiration. Ein Dichter ist ein Mensch, der sich in die Tiefen seines Wesens versenkt, auch wenn er nicht sicher weiß, wer er ist. Ein Dichter ist ein Mensch, der es wagt, der zu sein, der er ist, der keine Hemmungen hat und sich abseits von der Masse hält. Ein Dichter lebt immer am Rand, in seiner Kunst und mit seiner eigenen Weltsicht. Auf die Gefahr hin, zu schockieren oder zu kränken, bleibt der Dichter immer authentisch. Die Duras ist eine Dichterin: sie transzendiert die Worte.«

Als Gérard mit Marguerite Duras arbeitete und ihre Lebensweise und ihren künstlerischen Ansatz kennenlernte, wurde ihm etwas Erstaunliches klar: die Duras und sein Vater Dédé hatten eine gewisse Ähnlichkeit. Mit seiner Weise, das Leben zu betrachten und Metallblech zu bearbeiten, war auch Dédé ein Dichter gewesen, wenn auch ohne die Kraft der Sprache. »Er war überzeugt, daß man das Metall bei Vollmond bearbeiten muß, und das ist Poesie. Dédé brauchte die Sprache gar nicht, weil er nur mit seiner Familie und seinem Handwerk in Kommunikation treten mußte. Er war ein stummer Dichter.« Die *grande dame* der französischen Literatur und Dédé Depardieu, durch denselben poetischen Geist miteinander verbunden! Die Erkenntnis dieser Verbindung war sehr erhellend für Gérard. Elisabeth hatte recht: Kultur und Sprache allein garantierten noch lange keine Begabung wie die der Duras. Kunst und Kreativität hatten ihre Wurzeln nicht nur im Reichtum, in Privilegien und einer in Paris absolvierten Ausbildung, sondern ebensogut in Metallblech und in einem stummen Dichter wie Dédé oder einer leidenden Seele wie Lilette. Diese Erkenntnis half Gérard, den Zugang zu seinen eigenen Wurzeln zu finden. Jahrelang hatte er seine Familie und seine Herkunft als beschämend empfunden; jetzt wurde ihm klar, daß sie auch eine Quelle der Kraft und des Stolzes sein konnten. Das war eine wichtige Lektion für ihn. Wie er bereits von Cochet und Regy gelernt hatte, mußte ein Schauspieler auf der Bühne Echtheit und Gefühlsreinheit vermitteln; für beides waren die eigenen Wurzeln äußerst wichtig; ein Schauspieler, der sich von seinen Wurzeln abschneidet, begibt sich in große Gefahr. Diese Lektion versuchte Gérard später auch seinem Sohn Guillaume zu vermitteln, als dieser sein Filmdebüt in ›Tous Les Matins Du Monde‹ (›Die siebente Saite‹) gab: »Ich habe ihm gesagt, daß er der Versuchung ausweichen soll, der so viele Schauspieler erliegen, nämlich ein bestimmtes Image zu entwerfen und dann an diesem Entwurf zu arbeiten. Ich finde es besser, das Image, das man von selbst, ganz natürlich ausstrahlt, zu akzeptieren – es zu akzeptieren und dann damit zu arbeiten. Aus den eigenen Wurzeln kommen die innere Kraft und der innere Antrieb. Sie sorgen dafür, daß man natürlich und authentisch bleibt und nicht affektiert wird. Mit Schauspielern, eigentlich mit Menschen überhaupt, ist es genau wie mit dem Wein. Manche Böden sind sehr lehmhaltig, andere sandig, und dementsprechend unterschiedlich sind dann auch die Reben. Aber man muß den Wein pflegen, um die wesentlichen Elemente seiner Wurzeln, seiner Natur zu bewahren. Das ist sehr wichtig beim Keltern, aber es ist auch eine Philosophie des Schauspielerns und eine Lebensphilosophie.«

Auch von Jeanne Moreau erhielt Gérard Lektionen in Sachen Natürlichkeit und Großzügigkeit. Die Schauspielerin war durch Filme wie Truffauts ›Jules Et Jim‹ und ›La Mariée Etait En Noir‹ (›Die Braut trug Schwarz‹) zu einem Star des französischen und internationalen Kinos geworden. Sie besaß eine hypnotisierende Leinwandpräsenz; ihr Gesicht war unglaublich fein und brachte einen immensen Reichtum an nuanciertesten Emotionen zum Ausdruck. Sie war in jeder Hinsicht ein großer Star – außer in bezug auf ihr Ego. Vom Ruhm und den äußeren Zeichen des Erfolgs ließ sie sich nicht beeindrucken; Egotrips waren etwas für Hollywood und für die Starlets, die sich in Cannes produzierten. Wenn sie in Regys Kurzdramen oder in Duras' Improvisationsfilmen auftrat, sah Gérard eine stille, ausgeglichene, sehr professionell zu Werk gehende Frau, der jede Hierarchie ein Greuel war und die sich nie gekünstelt gab. Die Moreau war durch und durch echt, das wußten alle, die mit ihr arbeiteten. Gérard und anderen jungen Schauspielern gab sie selten Ratschläge, sie zeigte ihnen die Dinge lieber anhand des eigenen Beispiels. Das Handwerk dieser jungen Leute war auch ihr Handwerk, sie hatten das gleiche Ziel; alles andere war entweder künstlich oder traf nicht das Wesentliche.

Auch in der Zeit, als Gérard mit Marguerite Duras arbeitete und kleine Film- und Fernsehrollen spielte, galt seine größte Aufmerksamkeit weiterhin dem Theater. Anfang der siebziger Jahre bekam er eine kleine, aber gute Rolle in einem neuen Stück, das in Paris uraufgeführt wurde: ›Galapagos‹. Die Hauptrolle hatte einer der hervorragendsten französischen Schauspieler übernommen, Bernard Blier, der Vater von Bertrand. Blier war klein, rundlich, völlig kahl und strahlte sowohl auf der Bühne als auch privat etwas Bedrohliches aus. Er war der ideale Gangsterdarsteller und hatte in einer seiner größten Rollen 1957 in der Verfilmung von Victor Hugos ›Les Misérables‹ (›Die Elenden‹) den unbarmherzigen Inspektor Javert gespielt. Bei der Zusammenarbeit mit seinen Schauspielerkollegen erwies sich Blier als das krasse Gegenteil einer Jeanne Moreau. Er war launisch, überraschte alle mit seinen unvorhersehbaren Stimmungsumschwüngen und sah ständig düster drein. Wenn es seiner augenblicklichen Gemütsverfassung und der Rolle, die er gerade spielte, entsprach, konnte er, wie jeder in der französischen Film- und Theaterbranche wußte, zu einem wahren Tyrannen werden.

Bei den Proben für ›Galapagos‹ wurde Blier seinem Ruf schon nach kurzer Zeit gerecht. Rücksichtslos setzte er sich über den Regisseur, das Theaterteam und seine Kollegen hinweg, zu denen Gérard und Nathalie Baye gehörten. Es dauerte nicht lange, da hatte er erreicht, daß der Regisseur gefeuert wurde, und er schikanierte fortwährend eine der Schauspielerinnen. »Die Proben waren grauenhaft«, erinnert sich Nathalie Baye. »Sein Benehmen entzweite das Ensemble.«

Jemanden wie Blier hatte Baye noch nie erlebt, obwohl sie im von schwierigen Menschen bevölkerten Künstlermilieu aufgewachsen war. Nathalie hatte den größten Teil ihrer Kindheit in Paris verbracht, im Jardin du Luxembourg gespielt und die angesehene Ecole Alsacienne besucht. Sie war eine begabte Tänzerin und widmete sich nun ernsthaft dem klassischen Ballett. Sie studierte am Pariser Conservatoire, wo sie sich vom Tanz ab- und den dramatischen Künsten zuwandte. In manchem ähnelt sie Gérard. Sie ist sehr zäh und sehr zart, und auch sie hatte in ihrer Kindheit mit Lernstörungen zu kämpfen: Sie litt an Legasthenie. Während sie auf Blier wegen dessen widerwärtigen Verhaltens wütend war, nahm Gérard eine Haltung ein, über die sie sich zunächst sehr ärgerte. »Das Ensemble war zerstritten«, erzählt sie, »und Gérard stand auf unserer Seite. Aber er war klug und schlau und intelligent genug, um Blier Gläser mit *confit de canard* mitzubringen. So ist Gérard!«

Zuerst betrachtete Nathalie diese Gläser mit eingemachter Ente als Zeichen des Hochverrats, aber Gérard war, wie die Bauern, die Nathalie im Midi kennengelernt hatte, schlauer, als sie sich vorgestellt hatte. »Gérard schaffte es, die Situation mit Blier zu entschärfen. Er brachte ihm alles mögliche mit, darunter eben auch *confit*; das stimmte Bernard sehr viel angenehmer und friedlicher. Gérard handelte nicht wie ein Verräter, sondern als ein großer Menschenkenner.«

Die Uraufführung von ›Galapagos‹ im Pariser Théâtre de la Madeleine wurde ein großes gesellschaftliches Ereignis: Da Blier mitwirkte, kamen viele einflußreiche Leute des französischen Theaters und Films, darunter Jean Carmet und Jean Gabin. Für Gérard und Nathalie war es eine Riesenchance, den Durchbruch zu schaffen, und selbstverständlich meisterte Gérard die Sache unter Einsatz eines nicht geringen Quantums kreativen Übermuts. In einer Szene mußten Nathalie und er eine Leiche vom Boden heben und über die Bühne tragen. Das sollte nüchtern und feierlich absolviert werden, aber es gab Schwierigkeiten. Der Schauspieler, den sie Abend für Abend herumschleppen mußten, strömte einen ziemlich beißenden Körpergeruch aus. Deshalb begann Gérard jeden Abend, wenn sie mit der Leiche etwa in der Bühnenmitte angekommen waren, unweigerlich zu schnüffeln, zu brummen und die Nasenflügel beben zu lassen – alles, um bei Nathalie einen Kicheranfall zu provozieren.
Einem Menschen, der nicht in der Welt des Theaters lebt, mag ein solcher Scherz infantil erscheinen, aber Baye erkannte die Methode, die hinter Gérards Faxen steckte: Er sorgte dafür, daß sie nervös und angespannt blieb, er versuchte, ein bißchen Aufregung, etwas Unvorhergesehenes in die allabendliche Routine zu bringen. Und sein Übermut zahlte sich aus: Das Stück war zwar ein Flop, aber Gérard und Baye boten außergewöhnliche darstellerische Leistungen.
»Gérard ist ein Genie«, sagt Baye, »aber er kann auch ganz schrecklich sein, geradezu teuflisch und manchmal regelrecht widerlich.« Baye stand später mit ihm in ›Le Retour De Martin Guerre‹ (›Die Wiederkehr des Martin Guerre‹) und ›Rive Droite, Rive Gauche‹ (›Die Enthüllung‹) vor der Kamera und kennt seine boshafte, aber auch seine dunkle Seite: die häufige Blindheit anderen Menschen, auch seinen engsten Familienangehörigen gegenüber und seine Tendenz, sich zu überfressen und zuviel zu trinken, ja eigentlich von allem zuviel zu tun. Sie glaubt aber, daß gerade seine emotionalen Ausschweifungen und Überspanntheiten wie auch seine böse Seite das produzieren, was er vor der Kamera und vor einem Theaterpublikum zu leisten imstande ist:

»So schrecklich er manchmal auch ist, man kann ihm nicht lange böse sein, weil er sich andererseits immer so großzügig zeigt. Wenn Gérard gibt, dann gibt er mehr als jeder andere. Wenn er überquillt, dann in jede Richtung. Kleinliche Gefühle oder kleinlichen Ärger kennt er nicht, nur gewaltige Gefühle und gewaltigen Zorn. Deshalb ist die Arbeit mit ihm so schön. Er macht alles mit einer solchen Leidenschaft, daß man schon allein von seiner Präsenz mitgerissen wird und Flügel bekommt.«
Carmet und Gabin, beide eng mit Blier befreundet, waren von Gérards Darbietung tief beeindruckt. Er spielte die Rolle eines gefühllosen Zollbeamten – mit einer respekteinflößenden Uniform und kurzgeschnittenem Haar. Es war nur eine kleine Rolle, aber er benutzte sie wirkungsvoll dazu, sein Talent unter Beweis zu stellen. »Er war wirklich erstaunlich«, sagt Carmet. »Schon mit zwanzig hatte er die Bühne fest im Griff, genau wie heute. Gérard ist der Traum eines jeden Malers oder Filmregisseurs. Wo er ist, ist die Action: ›Depardieu vor dem offenen Kamin.‹ ›Depardieu im Weinberg.‹ ›Depardieu auf einem Stuhl.‹ Es ist verblüffend. Aus seinem Mund klingen selbst die übelsten Banalitäten wie Poesie. Das erkannten wir alle von Anfang an.«
Abseits von Bühne und Kamera bildeten Gabin, Carmet und Blier ein vergnügtes Dreigestirn. In diesen Zirkel wurde nun auch Gérard aufgenommen. Die drei Männer brachten ihm viel über ihre schauspielerische Auffassung und ihr Berufsethos, aber auch über edle Weine und gutes Essen bei. Sie wurden Gérards Paten in der Filmwelt. Auch Bertrand Blier, der Sohn des Schauspielers und der Mann, der Depardieu zum internationalen Filmruhm führte, war von dessen Darstellung in ›Galapagos‹ beeindruckt. Der junge Blier war in vielem das genaue Gegenteil seines Vaters, obwohl sie den gleichen sarkastischen Humor hatten: Er war schüchtern und introvertiert, und hinter der Maske aus beißendem Witz und bürgerlichen Manieren verbargen sich eine quälende Empfindlichkeit – und Hemmungen.
Gérard wurde sein Alter ego und Spiegelbild; er agierte das aus, was der *auteur* aufs Papier zu bringen wagte. Als Bertrand ihn allerdings zum erstenmal auf der Bühne sah – in ›Galapagos‹ –,

glaubte er nicht, daß Gérard je ein ernster Bühnenschauspieler werden würde; dazu war sein komödiantisches Talent viel zu groß. Bertrand steckte damals gerade in einer Schaffenskrise. »Es war eine schwarze Periode für mich«, sagt er im Rückblick. Sein Hauptinteresse galt dem Dokumentarfilm im Stil des *Cinéma-Vérité*, er hatte damit bisher jedoch nur wenig Erfolg gehabt. Schon im Alter von zwanzig Jahren hatte er sich an Spielfilmen versucht und ›Hitler Connais Pas‹ und ›Si J'Etais Un Espion‹, eine James-Bond-Parodie, gedreht. Beide Filme wurden Flops. Aber es kam schlimmer: Bliers neueste Versuche, Drehbücher zu schreiben, hatten ihn noch mehr deprimiert. Er wollte sich endlich freischwimmen, ausbrechen, aber er wußte nicht, wie.

Das Leben im Schatten seines Vaters machte die Sache nicht einfacher. Der alte Blier war schon auf der Bühne schlimm genug; daheim gerierte er sich oft als reines Monster. »Einmal spielte er über ein Jahr lang einen Mörder, und wenn er nachts heimkam, war es jedesmal ziemlich grauenhaft, kann ich Ihnen sagen«, erzählt Bertrand. Als Bertrand Jahre später Filmregisseur wurde, hatten sich zwar weder sein Vater noch dessen Ruf verändert, aber Bertrand war nun in der Lage, beides zu seinem Vorteil zu nutzen. »Als er einmal einen Film drehte, wurde einer der Darsteller wegen einer bestimmten Regieanweisung sehr wütend auf ihn«, erinnert sich Nathalie Baye. »Der Mann brüllte ihn an: ›Wenn Sie mir weiter so kommen, hole ich meinen Hund!‹ Da erwiderte Bertrand: ›Nur zu! Dann hole ich meinen Vater!‹«

Um sich vom Drehbuchschreiben zu lösen und ein wenig von der Pariser Film- und Theaterwelt wegzukommen, in der er aufgewachsen war, beschloß Bertrand nun, einen Polizeithriller zu schreiben. Kurz nachdem er damit begonnen hatte, stellte er jedoch fest, daß er in ein völlig anderes Genre abdriftete: in den Schelmenroman. Die Geschichte, die ihm da aus der Feder floß, handelte von drei französischen Jugendlichen, die von einem wilden, pubertären Drang nach Aufregung und Abenteuer beseelt waren. Damals, Ende der sechziger Jahre, brauchte Blier keine aufwendigen Recherchen zu treiben, um sich inspirieren zu lassen; er mußte nur durch die Straßen von Paris gehen, Zeitung lesen oder in irgendeinem großbürgerlichen Pariser Salon sitzen und sich die Gespräche über den Mai '68 und diese frustrierte Jugend anhören, über diese Hippies und Blumenkinder, die auf Freiheit und Revolution aus waren.

Diese Stimmung fing Blier ein, entblößte sie aller politischen Rhetorik und siedelte seine Geschichte in der französischen Provinz an, in einer Stadt, die ebenso niederdrückend wirkte wie Châteauroux in seinen tristesten Zeiten. Das Ergebnis war ›Les Valseuses‹ (›Die Ausgebufften‹), ein wilder, pikaresker Roman, der die traurigen Abenteuer zweier Burschen auf einer verlängerten Vergnügungsfahrt beschreibt, deren Konsequenzen den beiden egal sind. Die Geschichte wird von einem verlebten Erzähler in der Ich-Form erzählt; Ton und Sprache waren neu und frech. Die Qualität des Buches rührt zum Teil von Bliers Fähigkeit, seine Figuren unglaubliche Gaunerstücke vollführen zu lassen, dies aber mit so viel Charme, daß sie schließlich ihre Opfer und den Leser um den Finger wickeln. Die zwei jungen Männer zeigen keinerlei Interesse an der Zukunft, sie leben für den Augenblick, und ihre »Ihr-könnt-uns-mal«-Einstellung kommt schon im Titel zum Ausdruck. ›Les Valseuses‹ bedeutet, wörtlich übersetzt, »die Walzertanzenden«, aber im Pariser Argot werden mit diesem Ausdruck die »Eier« bezeichnet. Der Roman wurde sofort ein Bestseller. Viele Kritiker und Leser fanden in ihm die Stimmung einer ganzen Generation wieder: die Stimmung der rebellischen, anarchischen Achtundsechziger.

Blier wurde mit Angeboten für die Filmrechte nur so überschüttet, beschloß aber, das Risiko auf sich zu nehmen und den Roman selbst zu verfilmen. Wer sollte die beiden jungen Kerle spielen? Blier machte sich auf die Suche nach den passenden Schauspielern. Diese Suche zog sich sechs Monate hin. Er sah sich unter anderem auch im »Café de la Gare« um, dem kleinen Theater am linken Seineufer, das für seine burlesken Komödien, witzigen Darbietungen und manchmal brillanten Improvisationen bekannt war. Der Spaß begann schon an der Tür. Jeder Besucher durfte ein Los ziehen, die Gewinner hatten freien Eintritt. Die Verlierer mußten zahlen, erhielten jedoch einen kostenlosen Teller Suppe.

Das »Café de la Gare« galt als Spielwiese und Sprungbrett für junge Komiker, und Blier fand dort auch tatsächlich drei aussichtsreiche Kandidaten, unter ihnen ein süßes, elfenhaftes Wesen mit dem ungewöhnlichen Namen Miou-Miou. In Bliers Roman schleppen die beiden Burschen eine umherstreunende Friseuse ab, verführen sie und nehmen sie in ihrem fröhlichen Bund auf. Der Part war Miou-Miou wie auf den Leib geschneidert.

Neben Miou-Miou ließ Blier auch Coluche und Dewaere vorsprechen, beide für die Rolle eines der zwei Burschen. Nach mehreren nervenaufreibenden Vorsprechterminen entschied Blier sich schließlich für Dewaere. Coluche wurde in den folgenden Jahren zum verrücktesten Komiker Frankreichs und tat sich auch als politischer Aktivist hervor. Er trat in Nachtclubs auf, drehte Filme und bestritt 1981 als Kandidat für das Präsidentenamt einen verrückten Wahlkampf – eine für das gesamte politische Establishment Frankreichs recht quälende Eskapade. Später hatte er eine eigene, täglich ausgestrahlte Radiosendung, die zur Sensation wurde, als er vom Studio aus eine sehr erfolgreiche Wohltätigkeitskampagne organisierte, bei der die Hörer anrufen und Geld für »Restaurants des Herzens« genannte Suppenküchen spenden konnten, in denen die Armen und Obdachlosen Essen bekamen.

Zur Vervollständigung des Trios zog Blier auch Depardieu in die engere Wahl, aber der schien nicht recht dazuzupassen. »Ich hatte ein Problem mit Gérard. Die Profis kannten ihn schon recht gut, und alle wußten, daß er ein hervorragender Schauspieler war, aber niemand wußte, wie man ihn einsetzen könnte. Bis zu diesem Zeitpunkt hatte er nur kleine Filmrollen gespielt, nichts Wichtiges.«

Gérard begann daraufhin, um die Rolle des Jean-Claude, des »älteren Bruders« der beiden jungen Ganoven, regelrecht zu kämpfen. »Ich wollte einen Schauspieler, der zerbrechlicher wirkte«, erklärt Blier. »Depardieu war damals zwar dünn, aber er hatte noch so einen Touch Bauernhof an sich. Der Kerl, den ich mir für den Film vorstellte, war ganz anders. Aber Gérard ließ sich nicht abwimmeln. Er merkte, daß ich ihn nicht haben wollte, hatte aber den Roman gelesen und wollte unbedingt mitspielen. Er besuchte mich jeden Tag in meinem Produktionsbüro am Boulevard des Invalides und versuchte sich aufzudrängen. Tag für Tag saß er vor mir und rührte sich nicht vom Fleck. Und jedesmal war er anders angezogen. Einmal kam er – *très chic* – im Blazer, am nächsten Tag in Jeans, dann wieder wie ein Gammler gekleidet. Es war wirklich witzig. Und als uns klar wurde, daß die anderen Schauspieler, die wir im Auge hatten, nicht über eine auch nur annähernd so starke Persönlichkeit verfügten, nahmen wir Depardieu, und das Ergebnis war natürlich umwerfend.«

Vom ersten Drehtag an »stimmte die Chemie«. Blier glaubt, daß die besten Schauspieler sich immer ganz ihren Leinwandfiguren angleichen, so wie er es von seinem Vater her kannte, und das Trio enttäuschte ihn nicht. Die drei versetzten sich so sehr in die wilden Rowdys, die sie spielten, daß sie abends nach den Dreharbeiten aus ihren Rollen gar nicht mehr herausfanden. In Hochstimmung stürmten sie Bars und Bistros und gerieten oft in Schwierigkeiten. Manchmal begannen sie schon in der Mittagspause, Champagner zu trinken, und Blier hatte alle Hände voll damit zu tun, ihre ungezähmte Energie in die Dreharbeit zu lenken, damit die Kameras sie auffangen konnten. Blier, der Bewunderer des *Cinéma-Vérité* und des Improvisationsstils von John Cassavetes, fand die Stimmung ideal und merkte bald, daß sein Film ein großes Kinoereignis werden würde. Sein Chefkameramann Bruno Nuytten und er wandten eine extrem einfache, traditionelle Bildführung und Beleuchtung an; das Anarchische des Films sollte allein durch die Darstellung entstehen. Blier gestattete zwar Improvisation in den Bewegungen, bestand aber darauf, daß die Schauspieler sich Wort für Wort an sein Drehbuch hielten. Er war, wie auch Claude Berri und viele andere französische Regisseure, ein grundsätzlich literarisch, nicht visuell orientierter Mensch; wenn der Drehbuchtext stimmte, dann stimmten auch die Gefühle, und die richtigen Körperbewegungen dieser drei hervorragenden Schauspieler würden dann ganz von selbst kommen.

»Vor allem Gérard fiel es schwer, wieder aus seiner Rüpel-Rolle zu schlüpfen. Eines Nachts geriet er in einem Restaurant in eine Schlägerei unter Betrunkenen; es dauerte zwei Jahre, bis die

Schadensersatzleistungen abbezahlt waren.« Blier wußte nicht recht, ob er sich über diese drei jungen Schauspieler freuen oder entsetzt sein sollte. Er gehörte ihrer Clique nicht an und ging auch nur selten mit ihnen auf einen Drink in eine Bar oder zum Essen ins Restaurant. Das Trio hielt ihn im Grunde für einen Wichtigtuer und Spielverderber. Besonders Miou-Miou war oft wütend und fühlte sich ausgenutzt; ihrer Überzeugung nach beutete der Regisseur sie und ihre Freunde aus, entblößte sie buchstäblich, um seine eigenen Phantasien auszuleben und das Kinopublikum zu schockieren. »Wie konnte *der* nur diesen Roman schreiben?« fragte sie oft kopfschüttelnd.

Der Film beginnt mit einem erstaunlichen Bild: Ein erwachsener Mann rollt in einem Einkaufswagen die Straße hinunter, wobei sein Gesicht die Ausgelassenheit und Intensität eines fünfjährigen Bengels ausstrahlt, dem gerade eine Riesenidee gekommen ist. Depardieu, geschoben von Dewaere. Die beiden scheinen aus einem Traum oder einem Märchen herauszurollen, so als wären plötzlich Tom Sawyer und Huckleberry Finn mit ganz neuen Abenteuern und Streichen zurückgekommen. Aber diesem Tom und diesem Huck fehlte jeder Anstrich von Unschuld; die beiden Witzbolde hatten es eindeutig darauf abgesehen, auf den Boulevards und Promenaden der Reichen für Unruhe zu sorgen. Der von Gérard gespielte Junge, ein buchstäblich rasender Teufel, wird auf eine arrogante alte Dame aufmerksam, die mit einer Schachtel Gebäck unterwegs ist. Ihre Hochnäsigkeit und der Watschelgang machen sie zum Inbegriff bourgeoiser Schicklichkeit, und als der Einkaufswagen sich ihr von hinten nähert, bereitet sich der Zuschauer auf eine mittlere Katastrophe vor – oder aber auf einen Riesenspaß. Die Spannung rührt von der Tatsache her, daß er einfach nicht vorhersehen kann, was nun kommen wird. Einerseits fühlt der Zuschauer sich innerlich zu der Mahnung aufgerufen: »Laßt sie in Ruhe!« Andererseits denkt er: »Klaut ihr die Baisers!« Die Rowdys treiben Madame vor ihre eigene Haustür, halten sie dort fest, entreißen ihr das Gebäck, und wenn alle im Kino erwarten, daß diese ach so feine Dame »Polizei!« ruft, lächelt sie voller Entzücken. Etwas so Aufregendes hat sie offenbar schon seit Jahren nicht mehr erlebt. Wenn man schwarz auf weiß liest, was die von Depardieu und Dewaere dargestellten Figuren – noch dazu ungestraft – machen, kann man das nur als empörend bezeichnen. Denn nach dieser Eingangsszene legen die beiden Gauner erst richtig los – sie klauen Autos, fahren schwarz im Zug und belästigen Frauen, die von Miou-Miou, Jeanne Moreau, Brigitte Fossey und Isabelle Huppert gespielt werden; Huppert hat übrigens einen wunderbaren Auftritt als bürgerliche Jungfrau, die unbedingt defloriert werden will. Die Herausforderung für die Schauspieler und Blier bestand darin, einen ganz bestimmten Ton zu finden, der die sorglosen, nihilistischen kleinen Gangster schockierend und empörend, gleichzeitig aber auch so liebenswert erscheinen läßt, daß das Publikum ihnen immer auch Sympathie entgegenbringt. Diesen Ton erzielte Blier zum Teil dadurch, daß er das Entkommen der Burschen jeweils mit der lustigen Musik von Stéphane Grapelli unterlegte; am meisten aber trugen die hervorragende Interpretation und das atmosphärisch dichte Zusammenspiel der drei Hauptdarsteller zum Gelingen bei.

»Wir hatten eine unglaubliche Beziehung zueinander«, erinnert sich Miou-Miou. »Wir verstanden uns so gut, daß das Ergebnis wirklich erstklassig war. Neben dem wirklichen Film lebten wir sozusagen einen zweiten Film. Die Stimmung bei den Dreharbeiten war genau so, wie man sie dann auch im Film spürt, und zwar immer schon von dem Augenblick an, wenn wir morgens zusammen Kaffee tranken.«

Obwohl Blier der Regisseur des Films war, stützte er sich stark auf Gérard, wenn es darum ging, die für die Dreharbeiten so wichtige Atmosphäre zu erzeugen und aufrechtzuerhalten. Genauso setzten später auch viele andere Regisseure Gérard ein. »Als Schauspieler gelingt ihm einfach alles, seine innere Palette ist unwahrscheinlich breit«, erklärt Blier. »Das gibt dem Regisseur eine Lockerheit und ein Zutrauen, die er bei anderen Schauspielern kaum hat.« Die Beziehung zwischen Gérard und Patrick war in den Drehpausen nicht anders als vor der Kamera: Gérard war der dominierende, beschützende ältere Bruder, zu dem Patrick gewissermaßen aufblickte. »Gérard weiß, wie man Frauen verführt, und ist mit sehr vielen Frauen befreundet«, sagt Miou-Miou. »Aber er übt auch auf viele Männer eine starke Anziehungskraft aus. Er verkörpert eine Energie, die die meisten dieser Männer nicht haben.«

Bevor der Film in die Kinos kam, entwarf Bliers Team ein gewagtes Plakat für die Filmanzeigen an den Kinos und die Werbekampagne. Auf dem Plakat sah man sonnenbeschienene Bäume und Sträucher und in der Mitte eine Landstraße, auf der drei fröhliche, aufgekratzte junge Leute dahinschlenderten. Depardieu und Dewaere hatten Strohhüte auf und grinsten breit, während Miou-Miou vor sich hin kicherte – und ein Kleid trug, das bis zum Nabel hinunter aufgeknöpft war. Das Plakat und der Film selbst läuteten eine neue Ära des französischen Films ein.

Als ›Die Ausgebufften‹ 1974 anlief, nannte die katholische Kirche Frankreichs ihn skandalös. Durch den frontalen Angriff auf die konventionelle Moral und die traditionellen Werte fühlten sich die konservativen Kreise Frankreichs in ihren Gefühlen verletzt, und wie zuvor Bliers Roman wurde auch der Film ein *succès de scandal.* Man erwog sogar, ihn auf rechtlichem Weg verbieten zu lassen – eine Idee, die, wenn sie verwirklicht worden wäre, den Ruhm des Films in die Höhen von Henry Millers ›Wendekreis des Krebses‹ oder D. H. Lawrences ›Lady Chatterley's Lover‹ gehoben hätte. ›Die Ausgebufften‹ rief auch eine hitzige Debatte in der französischen Presse hervor – eine Debatte, die nicht ausschließlich entlang der vorgegebenen liberalen bzw. konservativen Linien verlief. LE FIGARO, das Organ des konservativen Frankreich, zeigte sich besorgt darüber, daß »diese sorg- und gesetzlosen Anarchisten Nachahmer finden könnten, besonders unter den geistig entsprechend anfälligen Zuschauern«. LIBERATION, die Stimme der Achtundsechziger-Revolte, verdammte die moralischen Implikationen des Films ebenfalls, allerdings aus feministischer Perspektive: Die Kritikerin des Blattes bezeichnete den Film als »phallokratisch«. Einzig über die Qualität der Darstellung war man sich einig: Die französischen Kritiker schrieben unisono, daß die drei jungen Schauspieler frech, unkonventionell und wirklich brillant gewesen seien. »Gérard Depardieu ist im Film wie auf der Bühne die Offenbarung des Jahres«, schrieb Jean de Baroncelli in LE MONDE. »Mit ›Die Ausgebufften‹ hat er es an die Spitze geschafft.«

Was Godards ›Außer Atem‹ Ende der fünfziger Jahre bewirkt hatte, bewirkte ›Die Ausgebufften‹ jetzt in den frühen siebziger Jahren: Der Film kündigte einen neuen Ton an, eine neue Frische, eine neue Generation und einen gewaltigen Bruch mit dem französischen Kino der Vergangenheit. Unter den jungen Schauspielern galt er als Beginn eines ganz neuen Darstellungsstils vor der Kamera. »Plötzlich wollte jeder junge Schauspieler in Frankreich Depardieu sein«, erzählt Jean-François Perier, ein Politologe, der zu einem herausragenden Charakterdarsteller des französischen Theaters und Films wurde. Für Tchéky Karyo, einen türkischstämmigen Schauspieler, der in einem Arbeiterviertel im Norden von Paris aufwuchs und später eine Hauptrolle in ›La Femme Nikita‹ spielte, hat ›Die Ausgebufften‹ den Zeitgeist seiner Generation mitbestimmt und inspiriert: »›Die Ausgebufften‹, das war ein Meilenstein für uns. Der Film fing den Geist unserer Generation ein. Er war einfach echt. Das waren wir.«

In Amerika, zumindest in New York und anderen Großstädten, in denen man französische Filme zu sehen bekommt und das französische Kino schätzt, wurde ›Die Ausgebufften‹ von vielen Kritikern gelobt und von einem weitaus größeren Publikum als für Filmkunst üblich gesehen. »›Going Places‹ [so der amerikanische Titel] ist ständig ausverkauft«, schrieb die New Yorker DAILY NEWS, die gemeinhin nicht als Fan französischer Filme gilt. »Es ist ein lustiger, tragischer, sanfter, brutaler, erotischer, pornographischer, kluger, derber, romantischer, frauenfeindlicher, charmanter, unmoralischer, lyrischer und düsterer Film. Ein überspannter, außergewöhnlicher Film – ein Film von seltener Kraft und künstlerischer Wirkung.«

Aber auch in Amerika fand ›Going Places‹ seine Kritiker. Paul D. Zimmerman, ein Kritiker von NEWSWEEK, sah in dem Film einen traurigen Kommentar zur Generation des Mai '68 und ihrer »Revolution«. Er wies darauf hin, daß General de Gaulle über diese »Revolution« zwar gestürzt, aber durch Georges Pompidou ersetzt worden war, einen Gaullisten, der wohl kaum auf John Lennon oder Bob Dylan, Coluche oder Jacques Brel hören werde. ›Going Places‹, so Zimmerman, »beschreibt die schreckliche Entfremdung einer neuen Generation, deren Angehörige, das insinuiert der Film, Vulgarität ihrer angeblichen Ehrlichkeit wegen hochschätzen, ausschließlich in permanenter Bewegung und Veränderung eine Möglichkeit erkennen, der Korruption zu entgehen, und die sexuelle Befriedigung für die einzige glaubhafte menschliche Reaktion halten. Ob er einem nun gefällt oder nicht – dieser Film bringt – und zwar mit extremer Kompromißlosigkeit – die Gefühle vieler der besten und fähigsten jungen Leute im heutigen Frankreich zum Ausdruck.«

Blier war von der allgemein positiven Aufnahme seines Films in Amerika überrascht. Als er ihn, auf der Suche nach einem Verleiher, nach New York brachte, befürchtete er schon, niemand wolle ihn haben. Als er ihn Donald Rugoff, dem Leiter des New Yorker Verleihs Cinema Five, vorführte, hatte er dies mit der Erwartung getan, Rugoff werde den Streifen grauenhaft finden. Rugoff war zwar ein treuer Promoter und Verleiher französischer Filme in Amerika, aber Blier dachte, der Film wäre zu derb für seinen Geschmack. Rugoff zeigte sich begeistert, fand jedoch den Schluß problematisch. »Ursprünglich kam das Trio bei einem Autounfall ums Leben«, erklärt Blier. »Aber Rugoff sagte zu mir: ›Den Schluß müssen Sie ändern. Sie können diese Kids nicht sterben lassen, die sind viel zu sympathisch.‹« Blier gab Rugoff in diesem Punkt schließlich recht, änderte den Schluß, bevor der Film in Frankreich und Amerika anlief, und ist heute sehr froh darüber. Ein trauriges Ende hätte die ganze Atmosphäre des Films verändert und die »Ihr-könnt-mich-mal«-Satire in ein tragisches Moralstück verwandelt.

Nach ›Die Ausgebufften‹ galt Blier in Frankreich als einer der kühnsten und schöpferischsten Autorenfilmer. Seine drei Hauptdarsteller genossen nun internationales Ansehen und waren zu Symbolen der Sechziger-Generation geworden. Gérard wertete diesen Erfolg als die angemessene Krönung seiner persönlichen

Verwandlung. Im Grunde war er immer ein Kind seiner Zeit gewesen. In den vierziger Jahren war er in einer vom Zweiten Weltkrieg und der Nazi-Besatzung stark in Mitleidenschaft gezogenen Stadt geboren worden, und zwar in einem Jahr, das ihn zum »Baby-Boomer« machte. In den späten fünfziger Jahren wuchs er in einer von G.I.s, amerikanischen Waren und Elvis Presley geprägten Subkultur auf und war Teil einer die nationalen Grenzen überschreitenden Rock-'n'-Roll-Generation. In den späten Sechzigern schließlich wurde er in die politischen Unruhen der Zeit hineingezogen und in seiner Heimatstadt, wie die Episode mit dem *képi* zeigte, sogar als ein Symbol der Studentenrevolte vom Mai '68 dargestellt. Jetzt, in den siebziger Jahren, avancierte er dank eines großartigen Romans und des wachsenden Einflusses, den das Kino in unserer Kultur ausübt, zum Filmstar und internationalen Symbol seiner Generation.

In seiner Heimatstadt feierte man ihn allerdings nicht uneingeschränkt als Helden – Châteauroux war über den Film durchaus geteilter Meinung. Gérards alte Kumpel freuten sich, daß aus ihrer Mitte ein echter Prominenter hervorgegangen war, und einige junge Frauen brachen plötzlich ihr jahrelanges Schweigen und erklärten öffentlich, sie seien schon als Kind mit Gérard befreundet gewesen – was allerdings nicht auf Tatsachen beruhte, sondern der Phantasie entsprang. In den konservativeren Kreisen der Stadt waren die Leute dagegen entsetzt. LA NOUVELLE REPUBLIQUE brachte einen Artikel im Stil von »Junge aus Châteauroux Hauptdarsteller in skandalöser Komödie«. In der Ecole de l'Omelon konnten Le Père Lucas und seine Frau über die grauenhaften Geschmacklosigkeiten des Films nur die Köpfe schütteln. Viele brave Castelroussins befürchteten, der Skandal und Gérards Mitwirkung daran könnten dem Image der Stadt schaden und die jungen Leute verderben.

Aber alle sahen sich den Film an. Er wurde im »Apollo« gezeigt, in einem jener Kinos also, in denen die Castelroussins einmal Pétain und Pierre Laval ausgezischt hatten und in denen Gérards Mutter noch immer jeden Mittwoch mit ihrer Freundin Memmette saß. Auch Lilette und Dédé schauten sich den Film an. Dédé ging nur

1980 veranstaltete Châteauroux ein Filmfestival zu Ehren des berühmten Sohnes der Stadt. Natürlich kam auch Gérard selbst und ging mit Dédé (Mitte) und Patrick Bordier, seinem Schwager und Geschäftspartner (zweiter von links) in eines seiner Lieblingsrestaurants.

selten ins Kino und war zwar sehr stolz auf seinen Sohn, wußte aber nicht recht, was er davon halten sollte, daß sein Gérard sich auf der Leinwand genau so benahm wie die jungen Rowdys der Stadt. Lilette, die Filme über alles liebte, hätte eigentlich darüber erfreut sein müssen, daß ihr Sohn jetzt mit einigen der von ihr bewunderten Kinogrößen verglichen wurde: mit Jean Gabin, Michel Simon, Raimu. Aber als sie an jenem Abend aus dem Kino kam, war sie alles andere als glücklich.

»Er war ja völlig nackt!« klagte sie ihrer Nachbarin Josette Croze ihr Leid. »Ich schäme mich so!«

Gérard, Julie,
Elisabeth und Guillaume

13 Der Pate

Am 7. April 1971, ein Jahr nachdem sie Gérard geheiratet hatte, brachte Elisabeth ihr erstes Kind, Guillaume, zur Welt. Er war ein hübsches Baby, man sah, daß er Elisabeths Augen und ihre feinen Gesichtszüge geerbt hatte. Gérard fand die Geburt des Kindes nicht nur aufregend, sondern tief bewegend. So oft hatte er in seinem turbulenten Leben davon geträumt, eine eigene Familie zu gründen; jetzt besiegelte Guillaume das neue Leben, das er mit Elisabeth aufbaute.

Gérard konnte mit Babys und kleinen Kindern sehr gut umgehen und kümmerte sich viel um seinen kleinen Sohn. Besonders gern schnitt er ihm Gesichter und spielte den Clown, um das Baby zu unterhalten. Wie er sich wohl ausgedrückt hätte, waren Guillaume und er nicht nur bluts-, sondern auch geistesverwandt: Beide lebten in der »ursprünglichen, vorsprachlichen Welt des *Ahhh!*«. Während Gérard also den Unterhalter spielte, übernahm Elisabeth die tägliche Pflege des Kindes und blühte dabei auf. Sie hatte nicht die Absicht, das Schauspielern und ihr Interesse an der Psychologie für immer aufzugeben, wollte aber ganz für ihre Kinder dasein, zumindest in den wichtigen ersten Jahren. Elisabeth war alles andere als eine konventionelle Französin – eine Frau, die es gewagt hat, einen Gérard Depardieu zu heiraten, kann gar nicht konventionell sein! Sie wollte einfach jede Minute ihrer Mutterschaft genießen. Und da sie in einer von emotionaler Distanz geprägten Familie groß geworden war, hatte sie ein ganz besonders starkes Bedürfnis, ihren Kindern nahe zu sein.

Gérard nahm seine Verantwortung als Vater sehr ernst. Schon in den ersten Jahren der Ehe bestand sein Alltag aus einem wilden Durcheinander von Theaterstücken, Filmen, Proben, dazwischen auch mal einer kleinen Komiker-Improvisation, wenn dafür gerade ein bißchen Zeit war. Ein traditioneller Haushalt ließ sich so natürlich nicht führen, aber Gérard versuchte trotzdem, Elisabeth wenigstens dann mit dem Baby zu helfen, wenn er daheim war. Wenn er nicht daheim war, bemühte er sich, zumindest telefonisch engen Kontakt zu ihr zu halten – eine Gewohnheit, die er bis heute beibehalten hat und der er auch dann frönt, wenn er sehr weit weg ist. Als Elisabeth ihn heiratete, wußte sie, daß ihr Mann im Grunde seines Herzens ein Troubadour war, und verstand auch die Begeisterung, mit der er sich auf neue Rollen stürzte und die Schauspielerei betrieb. Sie akzeptierte seine körperliche Abwesenheit, weil die beiden immer eine große gefühlsmäßige Nähe verband.

»Wenn Gérard sich in eine Rolle vertieft, dann weiß ich, daß er nicht mehr ganz er selbst ist; dann muß ich mir sagen, daß ich eine Zeitlang nicht mit ihm rechnen kann«, erklärt Elisabeth. »Aber er zeigt immer den guten Willen, unter allen Umständen bei seiner Familie zu sein. Er hat auch den starken Wunsch, die sehr reale Verantwortung eines Familienoberhauptes zu übernehmen.«

Am 18. Juni 1973, zwei Jahre nach Guillaumes Geburt, kam das zweite Kind, Julie, zur Welt. Auch sie war ein süßes Baby und später ein wunderschönes, sanftes, ruhiges Mädchen. Gérard und Elisabeth beschlossen, mit den beiden Kindern aufs Land zu ziehen, irgendwo außerhalb von Paris. Nach langer Suche fanden sie ein Haus in Bougival, das wie für sie gemacht war. Es sah aus wie ein altes Bauernhaus, war im Inneren aber geräumig und elegant. Die vielen Zimmer boten der Familie ausreichend Platz, gleichzeitig sorgte das Labyrinth aus Räumen und Gängen für große Behaglichkeit. Sie kauften das Haus 1975, zum Teil noch von Gérards Gage für ›Die Ausgebufften‹, und durchstöberten in den darauf folgenden Jahren die Flohmärkte, um es nach ihren Vorstellungen einzurichten.

Das Haus bot noch weitere Vorteile für eine junge Familie. Hinter dem Gebäude befand sich ein schöner großer Garten, geradezu

Großmutter Denise, Dédés Mutter (links), mit dreien ihrer Enkelkinder: Gérard, seiner jüngeren Schwester Catherine und dem jüngeren Bruder Franck. Elisabeth hat ihren Arm um Guillaume gelegt; sie ist schwanger mit Julie, ihrem zweiten Kind.

ideal für Kleinkinder. Die Straße, an der es lag, war sehr verkehrsarm und ruhig, und ganz in der Nähe gab es gute öffentliche Schulen. Guillaume und Julie hatten nicht weit in die Grundschule und die weiterführende Schule. Obendrein verfügte das Haus über etwas für Gérard sehr Wichtiges, nämlich über einen großen Keller. Als er sich ernsthaft für das Sammeln von Wein zu interessieren begann und die entsprechenden finanziellen Mittel besaß, baute er sich selbst einen schönen Weinkeller aus, den er mit guten Flaschen bestückte. Mit seinem wachsenden Erfolg als Filmschauspieler wuchsen auch Haus und Weinkeller. Schließlich kaufte er zwei angrenzende Häuser dazu, in die später, nach einem Umbau, Guillaume und Julie ziehen konnten, während die Weinkeller auf der Stelle gefüllt wurden.

Gérard übernahm nun auch Verantwortung für seine anderen Verwandten. Von den ersten Gagen kaufte er Lilette und Dédé einen Fernseher (sie hatten bis dahin keinen besessen), und half seinen Eltern mit der Bezahlung der Hypothek für ihr Haus in Omelon. Gérard, der ewige Vermittler, versuchte auch das Leben seiner Schwester Hélène zu organisieren, der er schon als Kind sehr nahegestanden hatte. Hélène, die fleißig, freundlich und im Umgang mit Männern ein bißchen schüchtern war, hatte eine Ausbildung zur Buchhalterin gemacht und mehrere Jahre lang in einer Psychologenpraxis in Zentralfrankreich gearbeitet. Diese Stelle gab sie 1974 auf und zog nach Paris, wußte aber noch nicht genau, was sie dort tun wollte. Doch Gérard hatte schon eigene Pläne mit ihr.

Ende 1974 ging er für die Dreharbeiten zu Bertoluccis ›1900‹ nach Rom. Elisabeth und die beiden kleinen Kinder sollten ihm dorthin für mindestens ein halbes Jahr nachfolgen, und Gérard bat Hélène, mitzukommen und Elisabeth zu helfen. Hélène willigte ein und wurde für die Familie bald unentbehrlich. Hélène ist heute Gérards Assistentin, Büroleiterin, Terminsekretärin und der ruhende Pol in seinen chaotischen internationalen Verpflichtungen. Aber das reichte Gérard noch nicht. Elisabeth und er hatten sich auf einem Flohmarkt mit einem großen, gutaussehenden Antiquitätenhändler angefreundet, der aus Burgund stammte: Patrick Bordier. Gérard arrangierte ein Treffen zwischen ihm und Hélène, die beiden verstanden sich auf Anhieb, heirateten, bekamen zwei Kinder und zogen in ein Haus gleich gegenüber von Elisabeth und Gérard.

Auch mit Patrick hatte Gérard seine Pläne. In den siebziger Jahren brauchte er einmal einen Fahrer, der ihn zum Drehort eines

Films von Marguerite Duras bringen sollte. Er bat Patrick, ihn zu chauffieren, und schon am Mittag des ersten Tages, den er je an einem Drehort verbracht hatte, war Patrick unentbehrlich geworden. »Eigentlich war es ganz simpel«, erzählt er. »Marguerite hatte einfach niemand anderen für die Aufnahmeleitung.« Patrick besaß eine rasche Auffassungsgabe, großes Organisationstalent, konnte effizient arbeiten und wurde innerhalb kurzer Zeit ein angesehener Aufnahmeleiter. Für die Anstellung von Technikern, das Auffinden geeigneter Drehorte und die Durchführung der Aufnahmen brauchte er allerdings einen kompetenten Mitarbeiter, den er schließlich in Alain Depardieu fand. Gérards älterer Bruder war seiner Tätigkeit im Bereich des Industriedesigns überdrüssig geworden und bereits seit einiger Zeit als Aufnahmeleiter tätig. Mehrere Jahre lang arbeiteten Patrick und er gemeinsam sowohl bei Dreharbeiten für Filme mit Gérard als auch unabhängig voneinander. Alain wurde später Produktionschef bei Ciby 2000.

Gérard besaß ein ausgeprägtes Talent, seine engsten Freunde dem Kreis seiner erweiterten Familie einzuverleiben. Damals, als die Mitwirkenden in ›Galapagos‹ zerstritten waren und alle versuchten, mit dem Stück trotz der Schwierigkeiten, die Bernard Blier machte, ihren Durchbruch zu erzielen, waren Gérard und Nathalie Baye gute Freunde geworden. Als Gérard und Elisabeth aus der Rue Lepic auszogen, gaben sie die schöne Wohnung nicht auf, sondern vermieteten sie an Nathalie weiter, die sechs Jahre lang darin wohnte. Es standen ihr damals einige große berufliche Höhepunkte bevor: Für die Darstellung einer mißhandelten Prostituierten in dem Film ›La Balance‹ von Bob Swaim erhielt sie einen César und feierte einen ihrer größten Erfolge als Gérards Frau in ›Die Wiederkehr des Martin Guerre‹. Sie hatte allerdings auch einige Durststrecken zu überwinden, und wenn sie den Mut zu verlieren drohte, spürte Gérard das meist und besuchte sie in der Rue Lepic. Wenn er wußte, daß sie kein Engagement hatte, versuchte er ihr in den Filmen, die er gerade drehte, Rollen zu verschaffen. Nathalie ist, ähnlich wie Elisabeth, eine starke, sehr feminine Frau, vor der Gérard großen Respekt hat. Bei gemeinsamen Dreharbeiten gehört sie zu den wenigen Menschen, die den Mut haben, Gérard ins Gesicht zu sagen, daß seine Darstellung einmal nicht geglückt war. Sie zählt auch zu den wenigen, die es wagen, ihm zu sagen, er solle weniger trinken. »Wir haben eine sehr starke Bindung zueinander«, sagt Nathalie Baye. »Wenn wir zusammen arbeiten, sprechen wir nie über unsere Rollen; es gibt da nämlich meistens nichts zu erklären. Das läuft alles ganz von allein.«

Auch den Kontakt zu Michel Pilorgé erhielt Gérard aufrecht. Als er ›Die Ausgebufften‹ drehte, machte er Michel mit Blier bekannt, woraufhin Michel eine kleine Rolle in dem Film erhielt; er spielte einen reichen Jungen mit einem neuen Motorrad. In der Fiktion wie im realen Leben war Gérard immer der Rauhere und Aggressivere von beiden: Im Film schubst er Michel weg und klaut ihm das Motorrad. Gérard und Elisabeth sehen Michel inzwischen nur mehr selten, aber er gehört weiterhin dem engsten Kreis an. Manchmal hat Gérard monatelang keinen Kontakt zu ihm, ruft ihn dann aber in typischer Manier völlig unerwartet an und nimmt die Unterhaltung mit ihm dort wieder auf, wo sie lange Zeit zuvor abgebrochen war.

Als Gérard und Elisabeth Anfang der siebziger Jahre ihre Familie gründeten und Gérard kurz vor dem Durchbruch stand, zählte Jean-Louis Livi bereits zu den besten jungen Agenten Frankreichs. Er war ein umgänglicher, sehr belesener Mensch mit einem guten Blick für talentierte Leute und einem ruhigen Wesen. Wie in Hollywood spielen die Agenten auch in Paris zwei ganz unterschiedliche Rollen. Die eine ist voller Glamour: Man managt Filmstars, handelt Verträge aus, speist in erstklassigen Restaurants und gebietet während des Filmzirkus der Festspiele in Cannes über eine Suite im Majestic oder Carlton. Agenten müssen aber auch weitaus weniger angenehme Aufgaben erledigen, beispielsweise das Kindermädchen für verwöhnte Primadonnen mit unmäßigen Ansprüchen spielen. Livi liebte beide Seiten seines Jobs.

Das erste Zusammentreffen zwischen Depardieu und Livi verlief ziemlich merkwürdig. Livi ging, sowohl aus Neigung als auch berufsbedingter Notwendigkeit wegen, in Paris oft ins Theater und wollte sich eines Abends im Jahr 1971 im Théâtre de la Madeleine Bernard Blier in ›Galapagos‹ ansehen. Blier stellte wie immer seine gewaltige Bühnenpräsenz unter Beweis, aber noch mehr erregte der von Gérard gespielte Zöllner Livis Aufmerksamkeit. Livi hatte den jungen Mann schon in einem früheren Stück gesehen und interessant gefunden; jetzt fand er ihn absolut hinreißend: ein Anfänger mit ungewöhnlich starker Ausstrahlung und einer rätselhaften Mischung aus Kraft und Zerbrechlichkeit. Livi war beeindruckt – nicht vom Stück, sondern vom jungen Depardieu.

Kurze Zeit darauf wandte sich der Regisseur Claude Sautet an Livi. Sautet stellte gerade die Besetzungsliste für einen Film mit dem Titel ›César et Rosalie‹ zusammen, in dem Romy Schneider und Yves Montand die Hauptrollen übernehmen sollten. In dem meisterhaften Drehbuch von Jean-Loup Dabadie spielen Schneider und Montand ein liebendes Ehepaar, das Inbild einer stabilen, netten Familie – bis Romy sich eines Tages Hals über Kopf in einen charismatischen jungen Mann verliebt. Was Schneider und Montand betraf, so brauchte man sich um die Leinwandausstrahlung keine Sorgen zu machen, aber Sautet hatte keine Ahnung, welcher junge französische Schauspieler in der Lage wäre, Yves Montand auszuspielen und Romy Schneider zu verführen, die wohl betörendste und sinnlichste Frau des gesamten europäischen Kinos. Er hatte zur Vervollständigung des Liebes-Dreiecks bereits mehrere Schauspieler in Erwägung gezogen, war jedoch von keinem restlos überzeugt. Livi spielte bei dem Projekt eine große Rolle: Er vertrat Sautet und war auch gerade der Manager seines Onkels Yves Montand geworden. Aber auch Livi wußte nicht weiter. Dann fiel ihm Depardieu ein. Gut, der Mann war völlig unbekannt – das Ganze spielte sich noch vor ›Die Ausgebufften‹ ab –, und die Darstellung eines einfachen Zollbeamten war etwas anderes, als Romy Schneider vor der Kamera zu verführen. Aber Livi war von seiner Idee überzeugt und bat Depardieu um ein Gespräch in der ArtMedia. Wie immer machte Gérard auch diesmal einen unvergeßlichen ersten Eindruck.

»Er war geradezu bizarr angezogen«, erzählt Livi. »Ganz in Leder, wie ein Motorradfahrer, und unter dem Arm trug er einen Motorradhelm. Ich erkannte ihn überhaupt nicht.«

Gérard war natürlich das krasse Gegenteil des berühmten französischen Liebhabers: weder höflich noch kultiviert, weder elegant noch eloquent. Mit Alain Delon, Louis Jourdan, Charles Boyer oder dem jungen Maurice Chevalier hatte er nicht die geringste Ähnlichkeit. Er erinnerte eher an ein Rauhbein wie Belmondo oder Gabin, aber ihm fehlten die Unbeschwertheit eines Belmondo und der Schliff des jungen Gabin. Vor Livi stand ein Schauspieler *sui generis*, ein wirkliches Original. Der Agent war überzeugt, daß Gérard viel zum erotischen Kitzel in der Dreiecksbeziehung mit Schneider und Montand beitragen könnte, und erzählte Sautet von seiner Idee. »Ich sagte ihm: ›Paß auf, du wirst ein bißchen erschrecken, aber ich will, daß du dir mal einen jungen Schauspieler namens Gérard Depardieu ansiehst.‹« Sautet traf sich mit Gérard und war beeindruckt, gab die Rolle von Romys Liebhaber dann aber doch dem gewandten, gutaussehenden Sami Frey.

Einige Tage später rief Gérard Livi in der ArtMedia an. Gérard war zu diesem Zeitpunkt nur ein kleiner Schauspieler, der hochkommen wollte, während Livi zu den ersten Künstleragenten Frankreichs zählte. Aber von hierarchisch begründeten protokollarischen Usancen ließ Gérard sich nicht bremsen: *»Voilà«*, sagte er zu Livi, »ich fand das sehr gut, wie Sie diese Gespräche mit Claude Sautet geführt haben. Ich wüßte gern, ob Sie mein Agent werden wollen.«

Livi war sowohl amüsiert als auch beeindruckt von Gérards Direktheit und Offenheit und willigte ein, ihn bei der ArtMedia aufzunehmen – eine Entscheidung, die er nicht bereuen sollte. »Es war eine der drei oder vier wichtigsten Begegnungen in meinem Leben«, sagt er. Aber auch für Gérard erwies sie sich als äußerst positiv. Livi wurde sein Agent, Manager, Berater, Vertrauter und schließlich auch sein Partner in Filmgeschäften, angefangen von der Produktion und dem Verleih französischer und ausländischer Filme bis hin zur Durchführung großer Retrospektiven, beispielsweise der Filme von John Cassavetes.

Drei »Paten« des französischen Kinos nahmen den jungen, vielversprechenden Schauspieler unter ihre Fittiche: Jean Carmet (rechts), Bernard Blier (links) und der legendäre Jean Gabin. Bliers Sohn Bertrand schrieb das Drehbuch zu dem Film ›Les Valseuses‹ (›Die Ausgebufften‹), mit dem Gérard ein Star wurde. Das Foto zeigt eine Szene aus Bertrand Bliers ›Buffet Froid‹.

An den Arbeiten zu ›Die Ausgebufften‹ war Livi von Anfang an beteiligt. Bertrand Blier war schon lange Zeit sein Klient. Eines Tages, als er ganz tief in der Krise steckte, brachte er Livi ein paar Seiten des Romans, an dem er gerade schrieb und der den Arbeitstitel ›Brav sein bringt nichts‹ trug. Livi las die Seiten und erkannte sofort, was er da in Händen hielt: einen potentiellen Bestseller und vielleicht sogar einen riesigen Filmerfolg.
»Ich war so begeistert von dem Ton und der Qualität der Geschichte«, sagt Livi, »daß ich Blier das Geld besorgte, das er brauchte, um den Roman fertigzustellen.« Die erste Teilsumme stammte von der französischen Abteilung von Paramount. Aufgrund interner Querelen gab Paramount Blier danach allerdings nichts mehr. Kaum hielt Livi Bliers fertiges, aber noch nicht ver-

öffentlichtes Buch in Händen, begann er auch schon mit den Verhandlungen über die Filmrechte für ›Die Ausgebufften‹. Zunächst allerdings ohne Erfolg.

»Bei dem großen Erfolg, den ›Die Ausgebufften‹ später hatte, geriet etwas sehr Wichtiges völlig in Vergessenheit: Ursprünglich wollte diesen Film nämlich niemand machen«, erklärt Livi. Er wandte sich an Produzenten und Geldgeber in der ganzen Filmindustrie, aber alle fanden Bliers Drehbuch zu derb, zu geschmacklos und in kommerzieller Hinsicht zu wenig erfolgversprechend. Außerdem hatte Blier keinen Ruf als *auteur*, aufgrund dessen die potentiellen Geldgeber einen Prestigeerfolg erhoffen konnten. Schließlich handelte Livi einen Vertrag aus, der Blier verpflichtete, den Film innerhalb von acht Wochen abzudrehen. Blier begann mit den Dreharbeiten, geriet dann aber in Verzug, und den Geldgebern platzte der Kragen – auszubaden hatte es Livi. Unter Aufwendung seines ganzen diplomatischen Geschicks handelte er eine zweiwöchige Verlängerung der Dreharbeiten aus, mußte Blier allerdings ein Ultimatum der Geldgeber übermitteln: »Entweder du schaffst es, den Film in zehn Wochen abzudrehen, oder wir drehen dir den Geldhahn ab.« »Völlig unmöglich«, erwiderte Blier, »ich brauche mindestens zwölf Wochen, eher dreizehn.« Livi erklärte sich bereit, den Geldgebern noch ein bißchen zeitlichen Spielraum abzuhandeln, sprach Blier gegenüber aber eine knallharte Warnung aus: »Hör zu, Bertrand, die Sache ist ganz einfach. Entweder wird dieser Film ein Erfolg, dann kannst du weiter Filme machen, oder aber der Film wird ein Flop, und dann kriegst du ziemliche Schwierigkeiten.« Blier drehte den Film in dreizehn Wochen ab und produzierte einen Kassenschlager, der die Erwartungen der Geldgeber weit übertraf.

Für Livi wurde ›Die Ausgebufften‹ zu einem Dreifacherfolg. Blier war sein Klient, Livi hatte eine wichtige Rolle als »Geburtshelfer« gespielt, und obendrein erwies sich der Film als das ideale Karriere-Sprungbrett für seinen neuen Klienten Gérard.

Die Zusammenarbeit mit Depardieu wurde für Livi nicht nur abenteuerlich, sondern auch lehrreich, denn Gérard war völlig anders als die Schauspieler, die Livi bisher gekannt oder auch nur gesehen hatte: »Wenn man Gérard verstehen will, stellt sich folgendes Problem: Er ist kein Schauspieler, sondern ein genialer Künstler. In ihm findet man nichts von dem, was man in einem Schauspieler zu finden befürchtet. Die meisten suchen sich eine Nische, und dann vermeiden sie es geflissentlich, ihr Talent auszubauen. Sie hören einfach auf, sich weiterzuentwickeln. Gérard ist das genaue Gegenteil. Er ist ständig auf der Suche nach Neuem, ständig auf Erkundung aus.«

Gérard freute sich natürlich über das Geld und die persönliche Bestätigung, aber beides gehörte nie zu seinen wichtigsten Motiven. 1976 stand er neben Isabelle Adjani in einem Film mit dem Titel ›Barocco‹ (›Mord um Macht‹) vor der Kamera. Bevor der Streifen in die Kinos kam, bat Livi Gérard zu sich ins Büro, um ihm das Plakat für den Film zu zeigen. Gérard warf einen Blick darauf und schüttelte den Kopf. »Ein hübsches Plakat, aber da ist ein Fehler. Ich werde bei den Darstellern vor Isabelle genannt.«

»Genau«, sagte Livi. »So steht es ja auch im Vertrag.«

»Vertrag hin, Vertrag her, es ist falsch«, erwiderte Gérard. »Eine Frau muß immer vor dem Mann genannt werden.« Das Plakat wurde entsprechend geändert.

Gérard ging nun daran, seine eigene Filmfamilie zu gründen. In Blier fand er einen geistesverwandten Regisseur mit einer ausgeprägten Sprachbegabung und in Livi einen Agenten und Geschäftspartner mit ausgezeichneten Kontakten und Referenzen. Gérard hatte den Eindruck, daß die beiden mühelos in bürgerlichen Kreisen verkehren konnten und sich trotzdem etwas Bäuerliches und Poetisches erhalten hatten. Livi war schließlich, trotz seiner Weltläufigkeit, Kind italienischer Einwanderer und in den Gassen von Marseille aufgewachsen, und obwohl Blier im Milieu des Pariser Großbürgertums groß wurde, »kann er furzen«, wie Gérard sich so anschaulich ausdrückte. Da war es nur konsequent, daß Gérard und Livi, ihren französischen bzw. italienischen Wurzeln entsprechend, ihre Beziehung mit einer familiären Geste krönten: Livi bat Gérard, Taufpate seines Sohnes Victor zu werden, und Livi seinerseits wurde Gérards *consigliere*, sein Berater.

»Wir bilden ein Paar«, sagt Livi. »Ich bin sozusagen die beiden Beine, die fest auf dem Boden stehen, und er lebt quasi meine Träume aus.«

Gérard befindet sich, wie Livi sagt, ständig auf der Suche, und die Rollen, die er Mitte der siebziger Jahre spielte, führten ihn denn auch in ganz unterschiedliche Richtungen. In ›Vincent, François, Paul Et Les Autres‹ (›Vincent, François, Paul und die anderen‹), Sautets nächstem Film nach ›César Et Rosalie‹, mimte er einen Boxer, der schrecklich zugerichtet wird. In ›Maîtresse‹ von Barbet Schroeder spielte er den perversen Freund einer despotischen Bordellchefin, deren Etablissement eine Art lebendes Museum des Sadomasochismus und der sexuellen Verderbtheit ist. In ›Mord um Macht‹ war er der dumme, gutmütige Boxer, dessen intrigante Freundin ihn dazu verleitet, einen Lokalpolitiker zu verleumden: Für eine bestimmte Summe behauptet Gérard öffentlich – und entgegen der Wahrheit –, mit besagtem Politiker eine homosexuelle Affäre gehabt zu haben. In Marco Ferreris ›L'Ultima Donna‹ (›Die letzte Frau‹) verliebt sich Gérard in Ornella Muti, eine der erotischsten Schauspielerinnen Italiens. Es handelte sich dabei allerdings nicht gerade um eine Romanze im Stile Hollywoods: Eines Nachts greift Gérard im Vollrausch zu einem elektrischen Tranchiermesser und schneidet sich den Penis ab.

Da Gérard nun einmal dazu neigt, sich intensiv mit den von ihm gespielten Figuren auseinanderzusetzen, trugen diese Filme nicht gerade dazu bei, seine psychische Stabilität und sein Image beim Kinopublikum zu stärken. Ganz im Gegenteil – er hatte dringend einen Profi nötig, der sein öffentliches Image verbesserte und ihm etwas über die Umgangsweise mit der Presse beibrachte. Durch den spektakulären Erfolg von ›Die Ausgebufften‹ war er ohne jedes Drehbuch und ziemlich orientierungslos vor die Weltpresse geraten und verhielt sich in seinen ersten Interviews ziemlich ungeschickt, um es einmal milde zu formulieren. Ganz im Stil von Bliers rebellischen Rowdys ergötzte er die Reporter mit den Höhepunkten aus der Chronik seiner Jugendsünden und Gesetzesverstöße. Seine hypersensible Seite, die Probleme in seiner Familie, seine Sprachstörungen, das ganze Rohmaterial seines

Erwachens zum Künstler – das alles legte er der Öffentlichkeit nicht vor. Jede Ähnlichkeit mit diesem Teil seines Wesens verschwand; er war jetzt ein echter Abtrünniger und Outlaw. Er war in einer schlechten Gegend von Châteauroux aufgewachsen, unter G.I.s und abgebrühten Huren groß geworden, hatte sich geprügelt und Bestände der U.S. Army verschoben. So, wie er sich jetzt darstellte, war er niemals ein schutzbedürftiger Einzelgänger gewesen, der sich von Frauen aus der Mittelschicht in quälende Verlegenheit bringen ließ, sondern immer der Cliquenanführer, der gerissene Schieber, der sogar im Knast gesessen hatte, ein berüchtigter Randalierer, umgeben von einer Unmenge Frauen, die an seiner Lederjacke hingen und ihn anbettelten, auf dem Sozius seiner Harley mitfahren zu dürfen.

Das war keineswegs reine Fiktion, aber doch starke Übertreibung und Ausschmückung. Gérard versuchte, sich auf amateurhafte Art ein Hollywood-Image zurechtzuschneidern, das zu seiner Rolle in ›Die Ausgebufften‹ passen sollte. Natürlich war dieses Image aus dem Stoff der Bad-Boy-Mystik geschneidert, aus dem gleichen Stoff also, der einst James Dean und Marlon Brando umgeben hatte und auch in Frankreich seine Wirkung nicht verfehlte. Außerdem – was hätte denn der Star von ›Die Ausgebufften‹ der Presse als Kurzklischee über seinen Werdegang präsentieren sollen? Etwa einen *petit Mozart*?

»Gérard hatte keine eigene Identität«, sagt Elisabeth. »Damals gehörte der Rebell, der Wilde, einfach zum Zeitgeist, und es war das einzige Image, das Gérard übernehmen konnte. Er glaubte, es wäre das einzig Mögliche für ihn.«

Mit Gérards Beihilfe und der Nachlässigkeit der Regenbogenpresse, die ihren Berichten über Sex und Glamour nur höchst selten gründliche Recherchen angedeihen läßt, wuchs sich Depardieus Bad-Boy-Image zu einer Legende aus – die ihn später immer wieder einholen sollte. Eine Zeitlang allerdings erfüllte dieses Image seinen Zweck sehr gut. In der Phantasie der Franzosen wurde Depardieu zum Phänomen: Der Geächtete, der durch die Filmerei gerettet worden war, das wilde Kind mit einem Herzen so groß wie der Arc de Triomphe. 1979 drehte er, nachdem er zehn

Jahre lang Rowdys, Gangster und sexuell Abartige gespielt hatte, den Film ›Loulou‹ mit Isabelle Huppert, einen hochgelobten Film, geschrieben und inszeniert von Maurice Pialat, einem ebenso revolutionären Filmemacher wie Jean-Luc Godard. Das Drehbuch und Gérards Rolle lassen darauf schließen, daß Pialat Gérards Bad-Boy-Image aufrechterhalten wollte, weil er fand, daß die Generation der siebziger Jahre in Frankreich damit gut getroffen sei. Jean Maslin von der NEW YORK TIMES beschrieb das Image, das Pialat auf der Leinwand ausbreitete, perfekt: ›Loulou (Gérard Depardieu) ist ein Schuft, und die Frauen beten ihn an. Er ist lässig, rücksichtslos, ein sexueller Nimmersatt und ein großes Baby.«
Für Drehbuchautoren und Regisseure stellte Gérard ein so geschmeidiges »Schauspielermaterial« dar, daß er in fast jede gewünschte Form gebracht werden konnte; er war der Inbegriff der amorphen Figur auf der Suche nach einem Autor. Bertolucci hatte mit ihm weniger Glück. In ›1900‹, seinem epischen Rückblick auf siebzig Jahre italienischer Geschichte und Sozialkonflikte, setzte er Gérard als Gegenspieler Robert De Niros ein und befrachtete beide mit politischen Aussagen und viel Symbolik. Bertolucci versuchte Gérard als den edlen Bauern zu zeichnen, als eine Naturgewalt, die sich zum selbstlosen Gewerkschaftskämpfer und gläubigen Marxisten entwickelt. Die Übereinstimmung zwischen Darsteller und Rolle erschien zwar vielversprechend, aber trotz der subtilen und komplexen Regiearbeit, die Bertolucci in ›Il Conformista‹ (›Der große Irrtum‹) und ›L'Ultimo Tango A Parigi‹ (›Der letzte Tango in Paris‹) und später noch einmal in ›Der letzte Kaiser‹ gezeigt hatte, machte er Gérard in diesem Film zu einem Comic-Helden, und auch De Niro erging es nicht wesentlich besser. Er wurde zu einem Comic-Aristokraten und Comic-Faschisten: dekadent, genußsüchtig, böse, sexuell pervers und impotent. Das Ergebnis waren ein Blick auf die italienische Geschichte aus der Perspektive Toms bzw. Jerrys und der Flop eines fünfstündigen Monumentalfilms. Nicht einmal die schauspielerischen Fähigkeiten von De Niro und Depardieu konnten Bertolucci davor bewahren, von den Kritikern in der Luft zerrissen zu werden.

Nach ›Les Valseuses‹ (›Die Ausgebufften‹) ging Gérard nach Rom, wo er mit Bernardo Bertolucci (links) ›1900‹ drehte. In diesem epischen Rückblick auf die italienische Geschichte spielte er einen fast zur Karikatur geratenen guten Menschen, einen Bauern, der gegen die korrupte, ausbeuterische Oberschicht ankämpft.

Seit den Dreharbeiten zu ›1900‹ war Gérard von De Niro fasziniert; der Amerikaner stellte mit seiner Energie und Vielseitigkeit einen Bezugspunkt für Gérards eigene künstlerische Entwicklung dar. In Gérards Augen waren sie beide gewichtige, produktive Schauspieler, die alles, von der leichten Komödie bis zum großen Drama, spielen konnten, und beide hatten ein feines Gespür für sonderbare Charaktere, die sie in ergreifende, universale Kinogestalten verwandelten. Von seiner physischen Erscheinung her glich Gérard eher Nick Nolte oder Jeff Bridges, er bewunderte Leute wie Dustin Hoffman und liebte die Filme von Woody Allen. Aber De Niro war der Schauspieler, den Depardieu am genauesten beobachtete, denn De Niro konnte in ›Taxi Driver‹ und in ›Raging Bull‹ (›Wie ein wütender Stier‹) menschliche Bestien spielen und dann wieder einen stillen, anrührenden Außenseiter darstellen, der nicht lesen kann. In ›1900‹ stand Gérard noch mit einem weiteren Idol vor der Kame-

ra: mit Burt Lancaster, der einen alten italienischen Familienvater spielt.
Auch Donald Sutherland wirkte in ›1900‹ mit und verbrachte nach einem langen Drehtag und einem langen italienischen Abendessen so manche nächtliche Stunde mit Gérard an der Bar. Einmal saßen sie in der Lounge eines Hotels in Parma, und Sutherland war ziemlich schlecht gelaunt. An diesem Tag hatte Bertolucci ihn zu einem Stunt überredet, bei dem er kopfüber gegen einen hölzernen Telefonmasten knallen sollte, damit die Kamera das Aufklaffen seines Schädels aus einem ungewöhnlichen Winkel filmen konnte. Sutherland war überzeugt, eine Gehirnerschütterung erlitten zu haben, und darüber sinnierten Gérard und er jetzt bei mehreren Gläsern italienischem Brandy. Außer ihnen befand sich noch ein amerikanischer Geschäftsmann in der Lounge; um diesem Mann gegenüber die Episode noch dramatischer darzustellen, beschloß der schon etwas angeheiterte Sutherland, die Szene nachzustellen:
»Ich rannte mit dem Kopf voran auf einen Aluminiumpfeiler zu, der die Decke der Lounge stützte. Da stolperte ich und krachte mit dem Kopf dagegen. Das Ding war dann doch nicht aus Aluminium, sondern es war ein Spiegel, nunmehr allerdings ein zerbrochener Spiegel. Ich drehte mich um und versuchte herauszufinden, woher das viele Blut kam. Eine Scherbe, eine große Scherbe hatte mein Ohr durchgeschnitten.«
Gérard reagierte sofort: »Er hob mich auf, packte mich mit der einen Hand am Kragen, hielt mir mit der anderen das Ohr zusammen, brachte mich in rasender Eile ins Krankenhaus, legte mich auf einen Untersuchungstisch, orderte sofort Ärzte herbei, bedeckte mein Gesicht mit einem dunkelgrünen Tuch und befahl den Leuten, mein Ohr sofort zusammenzunähen. Es waren aber gar keine Ärzte da, nur Studenten und Pfleger. Die hatten keine Ahnung von Narkose, weder von örtlicher noch von sonst irgendeiner. Gérard sagte, ist schon okay, er werde mich festhalten.« Und das tat er dann auch, siebzehn Stiche lang.
Da war es kein Wunder, daß Sutherland bei den Dreharbeiten für diesen Film einen ziemlich starken Eindruck von dem jungen

französischen Schauspieler gewann. »Ich erinnere mich lebhaft an seine Tätowierungen und an die Unmengen, die er aß«, erzählt er. »Und an das überschwengliche ›Zeig's mir, zeig's mir‹, mit dem er die Welt erforschte. Anders als die meisten von uns, schleppte er keine mumifizierten Anschauungen und überholten Meinungen mit sich herum, sondern schien ständig von neuen oder wiederaufgelebten Ansichten umgeben, die er nun aus einer so andersartigen Perspektive betrachtete, daß sie wieder wie neu wurden.«

Außer schweren Jungs und marxistischen Helden spielte Gérard in den siebziger Jahren auch Hauptrollen in vielen Komödien, etwa in ›René La Canne‹ (›Die wilden Mahlzeiten‹), einer im Paris der Nazi-Besatzung angesiedelten Farce. Er stellt einen kleinen Gangster dar, der verhaftet wird, sich verrückt stellt, ins Irrenhaus eingeliefert wird und schließlich gestohlene Waren aus einem amerikanischen PX-Laden verschiebt. Wenn einiges davon bekannt erscheint, so liegt das daran, daß Francis Girod das Drehbuch eigens für Depardieu schrieb. Das reale und das Filmleben vermischten sich auch in dem Film ›Les Chiens‹ (›Die Hunde‹), in dem Gérard einen Mann spielt, der seine lähmende Angst vor Hunden zu überwinden sucht. Gérard war früher einmal, als er in Lyon in einem von Claude Regy inszenierten Bühnenstück auftrat, von einem Polizeihund angegriffen worden, hatte am ganzen Körper Bißwunden davongetragen und mußte, unter Schock, an einen Psychologen zur Behandlung überwiesen werden. Später hatte er in Paris drei Sitzungen bei Jacques Lacan, einem der berühmtesten Repräsentanten der französischen Psychoanalyse.

Schon in diesem frühen Stadium seiner Karriere wurde er als Liebhaber einiger der verführerischsten Frauen des europäischen Kinos besetzt. In ›Die wilden Mahlzeiten‹ lag er in den Armen von Sylvia Kristel, sexy Holländerin und Softporno-Star der ›Emanuelle‹-Filme. In ›Loulou‹ war Isabelle Huppert seine Partnerin, in ›Mord um Macht‹ Isabelle Adjani. In ›Die letzte Frau‹ verliebt er sich in Ornella Muti. Aber in keinem dieser Filme war er der typische männliche Held. Durch ›Die Ausgebufften‹ war er zum Symbol der sechziger Jahre geworden – der Ära der Antibabypille und der sexuellen Revolution. In den siebziger Jahren wollten viele Regisseure ihn offenbar zum Paradigma der Siebziger-Generation machen, die vom Aufstieg des Feminismus sowie der Änderung der traditionellen Geschlechterrollen und althergebrachten Einstellungen geprägt waren. Wenn es auf der Bühne oder im Film um das Problem der sexuellen Orientierung ging, war Gérard in den siebziger Jahren geradezu universell einsetzbar. In einem seiner ersten Auftritte spielte er in ›The Boys in the Band‹ (›Die Harten und die Zarten‹) einen Homosexuellen. In ›Die Ausgebufften‹ war er ein amoralischer Frauenheld, der sich, wenn ihm danach war, auch von hinten über seinen Kumpel Patrick Dewaere hermachte. In ›Die letzte Frau‹ stellte er schließlich den Prototyp eines miesen Chauvis dar.

Wie immer man den Wert dieser Filme und die Gültigkeit ihrer Standpunkte auch bewerten mag – sie alle werfen eine Frage auf: Wie viele Schauspieler hätten den Mut, so offen auf der Leinwand zu experimentieren und ihr Image beim Publikum dabei einem so großen Risiko auszusetzen?

Wenn es in Frankreich einen Film gab, in dem es gelang, Publikumswirksamkeit und eine halbernste Erkundung der sexuellen Wirren in den siebziger Jahren miteinander zu verbinden, dann war es ›Préparez Vos Mouchoirs‹ (›Frau zu verschenken‹), ein Film, dessen Drehbuch wiederum aus der Feder von Bertrand Blier stammte und in dem wieder Depardieu und Dewaere die Hauptrollen übernahmen. In der Terminologie Hollywoods würde man den Streifen wohl als Fortsetzung von ›Die Ausgebufften‹ bezeichnen, aber für Blier war es eher die Fortführung einer Meditation über Liebe, sexuelle Befreiung und die Mysterien der Frau. Im ersten Film spielt Miou-Miou eine Friseuse, die nebenbei auch die Geliebte ihres Chefs ist, aber keine sexuelle Freude und Befriedigung erfährt. Als Gérard und Patrick sich das Auto ihres Chefs für eine Spritztour ausleihen und bei der »Rückgabe« erwischt werden, nehmen sie, ehe sie fliehen, Miou-Miou als Geisel. Miou-Miou gefallen die zwei, sie geht mit beiden gleichzeitig ins Bett, findet aber immer noch keine Befriedigung. Es kommt zu einem Streitgespräch zwischen den Möchtegern-Superliebha-

1977 drehte Gérard – nach ›Les Valseuses‹ (›Die Ausgebufften‹) – erneut zusammen mit Patrick Dewaere, und zwar in einer weiteren sensationellen Blier-Komödie mit dem Titel ›Préparez Vos Mouchoirs‹ (›Frau zu verschenken‹). Um seine melancholische Frau, gespielt von Carole Laure, auf andere Gedanken zu bringen, rekrutiert Gérard einen völlig fremden Mann – Dewaere – als ihren Liebhaber. ›Frau zu verschenken‹ erhielt einen Oscar als bester ausländischer Film.

bern, in dem sie über Miou-Mious mangelhafte sexuelle Reaktion herziehen. Blier wurde der Frauenfeindlichkeit beschuldigt, aber er will im Gegenteil zeigen, daß die beiden Sexprotze in Wirklichkeit ziemlich ungeschickt sind und keine Ahnung haben, wie man eine Frau befriedigt, ja nicht einmal, wie man mit einer Frau spricht. Ihren ersten Orgasmus hat sie denn auch nicht mit einem der beiden, sondern mit einem jungen Mann ohne jeden Sex-Appeal. Männer sind Neandertaler, das will Blier damit sagen, und Frauen sind unwiderstehlich und unergründlich. Wer kann sie schon ganz verstehen? Die Männer bestimmt nicht. Das ist die Aussage von ›Frau zu verschenken‹. Bliers zwei Rowdys sind älter geworden, in bezug auf Frauen aber kein bißchen weiser. Schlimmer noch – Gérard, der Achtundsechziger-Rebell, ist im Film in einer konventionellen Ehe mit einer Frau gelandet, die er weder verstehen noch sexuell erregen, noch schwängern kann. Sie hat nichts anderes im Sinn, als Wollsachen für das Baby zu stricken, das er ihr nicht zu machen vermag. Gérard ist zwar gereizt, frustriert und in seiner Männlichkeit gekränkt, aber mittlerweile eben doch ein sensibler, aufgeklärter Mann der siebziger Jahre, der seine Frau um jeden, wirklich jeden Preis befriedigen will. Deshalb macht er sich auf, einen Liebhaber für sie zu rekrutieren. Und siehe da! – er stößt auf Dewaere, der ziemlich matt in einem Café herumsitzt. Dem intellektuellen Großstadtmilieu entsprechend, ist Dewaere jetzt kein Kleinganove aus der Provinz mehr, sondern ein fanatischer Mozart-Liebhaber, der sich mit Kunst, Kultur, ja mutmaßlich sogar mit seiner besseren, femininen Seite auseinandersetzt. Auf Gérards Drängen hin folgt er ihm widerwillig nach Hause und steigt mit dessen Frau ins Bett – erzielt aber ein gleichermaßen schlechtes Ergebnis. Auch der Neue Mann, zu Neuem Bewußtsein erwacht, vor Sensibilität und Aufgeklärtheit nur so strotzend, vermag Madame nicht zu erregen. In diesem Film ist die kanadische Schauspielerin Carole Laure das personifizierte Weib, bleibt aber unergründlich wie eh und je. Und diesmal wird ein dreizehnjähriger Junge in einem Sommerlager zum unerwarteten Werkzeug ihrer sexuellen Erfüllung. Ach, die Frauen, scheint Blier zu sagen – wer vermag sie zu ergründen? ›Frau zu verschenken‹ rief einige sehr hitzige Reaktionen hervor. Blier hatte sich mit Hilfe von Depardieu und Dewaere über das Image des französischen Liebhabers lustig gemacht, hatte es durch die satirische Behandlung fast bis zur Bedeutungslosigkeit herabgesetzt – eine leicht verschrobene, aber tiefsinnige Reflexion über die Hohlheit der sexuellen Revolution und die noch immer unüberwindlichen Barrieren zwischen Männern und Frauen. Viele Zuschauer verstanden den Film allerdings nicht als Satire. In Amerika wurde ›Frau zu verschenken‹ von zahlreichen Feministinnen angeprangert. Janet Maslin von der NEW YORK TIMES, eine scharfsinnige, aber eher umgängliche Kritikerin, empfand so große Abscheu vor dem Film, daß sie selbst überrascht war:

»Es fällt mir schwer, das Leichte an Bertrand Bliers ›Frau zu verschenken‹ zu entdecken, denn diese Komödie hat eine Heldin, die alles andere als witzig ist. Wir haben es hier mit einer Frau zu tun, die kaum jemals spricht, niemals denkt, fast ständig schrubbt und strickt, gegenüber jedem Mann, der sie will, vollkommen verfügbar (und gleichgültig) ist und Glück erst dann empfinden kann, als sie endlich geschwängert wird. Sie hat so wenig eigenen Willen, daß ein dreizehnjähriger Junge sie dazu überreden kann, mit ihm zu schlafen, indem er ihr sagt, daß er wahrscheinlich ›erst in fünf, sechs Jahren wieder eine solche Gelegenheit‹ bekomme. Man kann sie mit Recht ein rätselhaftes Objekt nennen. Aber mit demselben Recht wäre sie als ein Schalentier oder ein Goldfisch oder als ein Aschenbecher zu bezeichnen.«

Die Empörung über den Film teilte Janet Maslin mit vielen ihrer amerikanischen Geschlechtsgenossinnen, und als Blier zur Premiere nach New York kam, wurde er so massiv verbal angegriffen, daß er sich wie der Würger von Boston fühlte. Er hatte zwar, wie in allen seinen Filmen, ein heikles Thema berührt, eine derart feindselige Reaktion aber nicht erwartet. Wie ›Die Ausgebufften‹, so betrachtete er auch diese Geschichte als eine Art Märchen, das nicht wörtlich genommen werden sollte.

Pauline Kael vom NEW YORKER, eine Bewunderin des französischen Kinos und die Doyenne der amerikanischen Filmkritik, war von ›Die Ausgebufften‹ begeistert gewesen und erkannte in ihrer Besprechung des Films klar Bliers Hauptintention und die Atmosphäre, die er in beiden Filmen zum Ausdruck brachte. »Bliers überbordend lustige erotische Farce feiert die Tagträume der Männer und macht sich gleichzeitig über sie lustig. Man muß in diesem Film über Dinge lachen, die eigentlich schockierend sind, und manche Leute finden ihn ähnlich geschmacklos wie die durch sexuelle Übertreibung hervorgerufene komische Sprengkraft in Henry Millers Buch ›Tropic of Cancer‹ (›Wendekreis des Krebses‹). Die derbe Energie der beiden jungen Grobiane ist überwältigend, obszön und sehr fröhlich. Sie sind Außenseiter ohne Job und ohne Geld, die ihre Gelüste befriedigen wollen. Deshalb klauen sie Handtaschen, stehlen Autos, begehen Ladendiebstähle und baggern praktisch jede Frau an, der sie begegnen. Erst nach ungefähr einer halben Stunde kapiert der Zuschauer,

daß die beiden Freunde in Wirklichkeit treuherzige Unschuldslämmer sind und daß fast alles, was sie tun, auf sie zurückfällt. Sie sind Höhlenmenschen, die den Frauen das geben, was diese, in der unmäßig übertreibenden Phantasie dieser Männer, wollen.«
Blier selbst hätte seinen Film nicht besser erläutern können. Er ist nämlich, wie viele Franzosen, ein Bewunderer der Frauen, für ihn sind sie die Quelle von Kunst und Kultur, ja der Zivilisation überhaupt. Frauen sind für ihn Musen, Mysterien, Mütter und Geliebte, der Duft, welcher das Alltagsleben aus der müden, langweiligen Umklammerung durch die Männer befreit und überhöht. Manche amerikanischen Feministinnen empfinden es schon seit langem als frustrierend und bestürzend, daß in Frankreich, dem Land Simone de Beauvoirs, nie eine so tatkräftige Frauenbewegung entstand wie in Amerika. Blier deutet in beiden Filmen sowie später in ›Trop Belle Pour Toi‹ (›Zu schön für dich‹) boshaft an, daß die Gleichheit der Geschlechter für ihn eine komische Vorstellung ist. Warum in aller Welt sollte sich auch nur eine einzige Frau nach Gleichheit sehnen, scheint er zu fragen, wo doch die Frau dem Mann auf jedem für die wahre menschliche Entwicklung wichtigen Gebiet so eindeutig überlegen ist? In Anbetracht der natürlichen weiblichen Überlegenheit bleibt den Männern gar nichts anderes übrig, als sich wie frustrierte, verständnislose Flegel zu benehmen – eben so, wie Blier in seinem Film Dewaere und Depardieu zeichnet.
In transatlantischen Filmkreisen wundert man sich immer wieder darüber, wie unterschiedlich Amerikaner und Franzosen auf ein und denselben Film reagieren; ›Frau zu verschenken‹ dient dafür als amüsantes Beispiel. In einem Land mit so starken und intelligenten weiblichen Rollenvorbildern wie de Beauvoir, Duras, Simone Weil, Moreau, Deneuve und Elisabeth Badinter rief Bliers Meditation über die sich wandelnden Geschlechterrollen in den siebziger Jahren nur wenig Interesse und nicht annähernd die Kontroverse wie noch bei ›Die Ausgebufften‹ hervor. In Amerika dagegen wurde der Film zwar von der NEW YORK TIMES in der Luft zerrissen und von den Feministinnen geschmäht, kam aber beim Kinopublikum wegen seiner Satire und seines derben Humors

gut an. Er wurde geradezu ein Renner; sogar im Mittleren Westen, wo französische Filme sonst nicht besonders gut aufgenommen werden. 1978 erhielt er den Oscar für den besten ausländischen Film.

Gérards Meinung nach lassen sich seine Filme genau in Perioden einteilen, die annähernd parallel zu den Jahrzehnten verlaufen, in denen er gearbeitet hat. Die siebziger Jahre waren seine »ausgeflippte« Periode, wie er selbst sagt. Gegen Ende des Jahrzehnts lernte er dann aber mehrere Autoren mit einem völlig anderen Bewußtsein kennen: »In den siebziger Jahren drehte ich Filme, in denen ich mich selbst verstümmelte, *films noirs*, harte, provozierende Filme. Aber Anfang der achtziger Jahre begegnete ich François Truffaut.«

VIER

FLÜGEL

Mit Catherine Deneuve
bei den Dreharbeiten von ›Die letzte Métro‹ (1980)

14 Truffaut und Deneuve

Depardieu ist ständig in Bewegung, und in den ersten Jahren ihrer Ehe hielt Elisabeth mit diesem Wirbelwind mit. Als Guillaume und Julie noch klein waren, packte sie ihre Kinder und folgte ihrem Mann an den jeweiligen Drehort. Da Hélène ihr half, wurde die Familie auf diese Weise zusammengehalten und konnte einen stabilisierenden Einfluß auf Gérard ausüben.
Den hatte er wahrlich nötig. Denn Mitte der siebziger Jahre drehte er bereits vier oder fünf Filme jährlich und lebte in einem manischen Tempo. Man muß sich nur einmal kurz vor Augen halten, was er bis 1978, in dreizehn Jahren Parisaufenthalt, alles erreicht hatte: Er hatte das Schauspielern erlernt, seine Sprachstörungen überwunden, die Theater- und Filmwelt im Sturm erobert, die kultivierte *parisienne* seiner Träume geheiratet, zwei Kinder gezeugt und sich ein Haus in Bougival gekauft. Er hatte sich vom ungeratenen Sohn in den Helden seiner Familie verwandelt und war vom stotternden Lehrling ohne Abschluß zu einem der begabtesten Schauspieler seiner Generation geworden. Er hatte einen bahnbrechenden Film gedreht, in einem halben Dutzend erfolgreicher Streifen mitgewirkt und die Hauptrolle in einem Film gespielt, der den Oscar als bester ausländischer Film erhielt – eine Ehrung, die in den nächsten fünfzehn Jahren keinem französischen Film mehr zuteil werden sollte. Gérard lebte sein Leben nicht, sondern sog es gierig ein. Es war, als wollte er, im realen Leben wie durch die von ihm dargestellten Figuren, jede Art menschlichen Gefühls und menschlicher Erfahrung in sich aufnehmen. Sein Credo hätte ein Aphorismus von

Oscar Wilde sein können, den er bestimmt nie gelesen hat: »Mäßigung ist etwas Verhängnisvolles. Nichts ist erfolgreicher als der Exzeß.«
Elisabeth – und manchmal wirklich nur sie – konnte ihn dazu anhalten, langsamer zu treten, und sie gab sich gewaltige Mühe. An den Wochenenden und an den langen Sommerabenden, für die Frankreich berühmt ist, machte die Familie oft Radtouren in der Gegend von Bougival und durch nahe gelegene Wälder. Jeden Sommer organisierte Elisabeth einen zweiwöchigen Urlaub mit den Kindern, wobei sie versuchte, soviel Zeit wie möglich mit Gérard zu verbringen. Als die Kinder noch klein waren, erkundete die Familie die Normandie und den Süden und verbrachte drei oder vier Sommer in einer kleinen Pension mit Privatstrand auf Korsika. Die Depardieus liebten es, an den Strand zu gehen, was sich aber manchmal als unmöglich erwies: Gérard war so bekannt, daß er sofort von Fans, Autogrammjägern und Leuten, die ihn einfach angaffen wollten, umringt wurde. Das war dann natürlich alles andere als Urlaub. Außerdem mußten wegen Gérards überfülltem Terminkalender die Ferienpläne und festgesetzten Daten fast immer in letzter Minute wieder geändert werden. Elisabeth fügte sich dem Chaos, aber es war oft ziemlich nervenaufreibend für sie.
»Manchmal wurde ich wütend und sagte ihm, das nächste Mal würde ich einen Lehrer heiraten«, erzählt sie lachend. »Bei einem Lehrer wüßte ich wenigstens, wann er heimkommt, wann wir in Urlaub fahren und wann wir essen würden.«
Aber während sie sich einerseits nach ein wenig Normalität in ihrem Familienleben sehnte, liebte sie andererseits auch das Abenteuer einer Ehe, in der es so spontan und improvisiert zuging. Und wenn die beiden zusammen waren, entschädigte sie das für den großen Streß.
Viele Jahre hatte Gérard sich sehnlich gewünscht, Elisabeth die Gegend um Châteauroux und die Landschaften des Berry zu zeigen, mit denen er aufgewachsen war. Nach zahlreichen Besuchen bei seinen Eltern kannte Elisabeth zwar Gérards Heimatstadt, aber nur wenig vom Umland. Im Sommer 1975 organisierte Gérard ein Wohnmobil, in dem die ganze Familie schlafen konnte,

und füllte es mit Proviant. Dann luden er und Elisabeth eines schönen Morgens Guillaume und Julie ein und machten sich auf den Weg in die abgelegenen Regionen der *France Profonde*. Sie fuhren viel im Berry herum und suchten nach der Tante, auf deren Bauernhof Gérard als kleiner Junge gewohnt hatte. Während der ganzen Reise kampierten sie draußen, picknickten auf den Wiesen und schliefen unter den Sternen oder zu viert im Wohnmobil. Mehr Familienzusammengehörigkeit konnte man sich nicht vorstellen.

»Für mich war es ein Alptraum«, gesteht Elisabeth lachend. »Nie in meinem ganzen Leben habe ich so hart gearbeitet. Aber es war eine unserer schönsten Reisen und sehr wichtig für Gérard, glaube ich.«

Mit Gérards Familie verstand sich Elisabeth immer ausgezeichnet. Eine besonders enge Beziehung knüpfte sie zu Hélène, aber sie bewunderte auch die Einfachheit und Ehrlichkeit von Lilette und Dédé. Während des Campingurlaubs zeigte Gérard seiner Familie die Gegend um Châteauroux, erzählte den Kindern von dem großen amerikanischen Stützpunkt, den es früher einmal am Stadtrand gegeben hatte, und überredete seine Großmutter sogar dazu, Elisabeth einen kleinen Einblick in ihre harmlose Zauberkunst zu geben. Elisabeth hatte den Eindruck, daß Gérard in gewisser Hinsicht noch immer versuchte, sein neues Leben in Paris mit seiner Kindheit in Châteauroux in Einklang zu bringen.

Auf solchen Urlaubsreisen kümmerte er sich immer großartig um die Kinder. Er war aufmerksam, zärtlich und stets ein Clown. »Mit kleinen Kindern kommt Gérard sehr gut zurecht«, berichtet Elisabeth, »aber mit Kindern zwischen zehn und achtzehn fühlt er sich weniger sicher, was ja bei vielen Vätern der Fall ist.« Im väterlichen Umgang mit seinen Kindern konnte Gérard, wie bei fast allem in seinem Leben, nur auf wenige echte Rollenvorbilder aus seiner Kindheit zurückgreifen. In Sachen Kindererziehung verließ er sich daher ganz auf Elisabeth.

Gegen Ende der siebziger Jahre wurde sein Leben immer mehr von den gerade anstehenden Filmprojekten aufgezehrt. Er gehörte mittlerweile zu den kassenträchtigsten Schauspielern Europas.

Zu jedem beliebigen Zeitpunkt hatte er mehrere Filme in Arbeit, und die Regisseure klopften zu Dutzenden an Livis Tür oder schickten ihm Drehbücher. 1980 war einer dieser Regisseure der berühmte François Truffaut. Depardieu und Truffaut hatten einander seit über einem Jahrzehnt sozusagen umkreist, und es war wohl unumgänglich, daß diese beiden Giganten des französischen Films irgendwann einmal zusammenarbeiten würden, vor allem wenn man bedenkt, daß sich ihr privater Hintergrund und ihr Temperament in so vielen Aspekten ähneln.

Truffaut wurde 1932 in Paris geboren. Sein Vater war Architekt, seine Mutter Sekretärin. In den ersten acht Lebensjahren wurde er von seiner Großmutter aufgezogen; seine Jugend und der Verlust seiner Unschuld gestalteten sich fast ebenso turbulent wie bei Gérard. In den fünfziger Jahren wurde Truffaut kurz vor seinem Einsatz im Algerienkrieg wegen »psychischer Labilität« aus der französischen Armee entlassen. Zehn Jahre später erließ man Gérard aus den gleichen Gründen den Militärdienst, wenn auch in seinem Fall die Freistellung in Wahrheit von einem Psychiater organisiert war. Denselben Gefallen tat der Arzt dann auch Michel. In seinen frühen Jahren war Truffaut Assistent von Roberto Rossellini gewesen, dem geistigen Vater vieler Regisseure der Nouvelle Vague, während Gérard schon früh mit den italienischen Regisseuren Bernardo Bertolucci, Marco Ferreri, Luigi Comencini und Mario Monicelli gearbeitet hatte. Was das Temperament betraf, so waren Truffaut und Gérard gleichermaßen hypersensibel, beide verehrten die Frauen und liebten sprachliche Eleganz.

Gérard, der noch immer am Anfang seiner Karriere stand, hatte gemischte Gefühle, als es darum ging, mit Truffaut zu arbeiten. ›Les Quatre Cents Coups‹ (›Sie küßten und sie schlugen ihn‹), Truffauts halb autobiographischer Bericht über seine jugendlichen Eskapaden und Träume, hatte ihm ausgezeichnet gefallen. In Truffauts jungem Helden Antoine Doinel mit seiner unglücklichen Kindheit im Pariser Arbeitermilieu hatte Gérard seine eigene unschöne Kindheit in Châteauroux wiedererkannt. 1968 aber, als Gérard in Paris Schauspielunterricht nahm, konnte er sich mit dem, was Truffaut damals auf die Leinwand brachte, nicht mehr identifizieren. Filme wie ›Baisers Volés‹ (›Geraubte Küsse‹), die von Doinels späteren romantischen Abenteuern als junger Mann erzählten, ließen ihn kalt.

»Mich störte, wie sich der kleine Junge aus ›Sie küßten und sie schlugen ihn‹ verändert hatte«, sagt Gérard. »Er war ein Bourgeois geworden. Meine frühere Leidenschaft für Truffaut nahm ziemlich ab.«

Truffaut hatte von Gérards Leistungen in Cochets Schauspielklasse gehört und bereits 1968 erstes Interesse an einer Zusammenarbeit geäußert. Gérard hatte sich damals aber nicht einmal mit ihm treffen wollen: Frankreichs berühmtestem Regisseur gegenüberzutreten – dazu reichte sein Selbstvertrauen bei weitem nicht aus.

»Er ließ mich wissen, daß er mich kennenlernen wolle«, erzählt Gérard. »Aber was hatte ich denn Ende der sechziger Jahre schon vorzuweisen? Ich war Schauspielschüler. Ich hatte doch überhaupt nichts zu bieten.«

Jetzt trat Truffaut erneut an ihn heran, diesmal über Gérard Lebovici, den Chef von ArtMedia. Truffaut suchte Schauspieler für die Verfilmung eines von ihm verfaßten Drehbuchs über eine Theatertruppe im besetzten Paris und wollte Depardieu für die Rolle eines Angehörigen dieser Truppe, der zum Helden der Résistance wird. Lebovici übermittelte Gérard Truffauts Pläne, aber der war immer noch unsicher, sowohl wegen Truffaut als auch hinsichtlich der Frage, ob er schon soweit sei, mit ihm zu arbeiten.

»Glaubst du wirklich, Truffaut wäre der richtige Regisseur für mich – bei den Filmen, die er zur Zeit dreht?« fragte er Lebovici. »Ich finde seine Sachen ein bißchen *bourge*«, bourgeois.

»Hör mal, Gérard, es kann doch nicht schaden, sich mit ihm zu treffen und miteinander zu reden.«

Gérard, noch immer nicht überzeugt, ging zu Jean-Louis Livi, der ihm sagte, daß aus Truffauts Drehbuch ein faszinierender Film werden würde. Livi forderte ihn auf, er solle die Chance nutzen, in einer Liebesgeschichte mit Catherine Deneuve, die bereits zugesagt hatte, die männliche Hauptrolle spielen zu dürfen. Immer noch unsicher, bat Gérard Jeanne Moreau um Rat. Sie war eng mit Truffaut befreundet und hatte in seinem Klassiker ›Jules und

Jim‹ und in ›Die Braut trug Schwarz‹, seiner Hommage an Alfred Hitchcock, die weibliche Hauptrolle gespielt. Gérard vertraute ihr und ihrem Urteil. Sie riet ihm, nicht länger zu zögern:
»Sie erzählte mir, daß François ein ganz außergewöhnlicher Mensch voller Energie und Poesie sei. Aus ihren Worten sprach die ganze Romantik, all das, was die Nouvelle Vague in den französischen Film hineingetragen hatte. Und noch etwas: die Liebe, die François Alfred Hitchcock und einigen großen amerikanischen Regisseuren entgegenbrachte.« Gérard traf sich also mit Truffaut. Diese Begegnung wurde zu einer der wichtigsten seiner ganzen Karriere.
Truffaut war völlig anders, als Gérard ihn sich vorgestellt hatte: schlank, ein bißchen zerzaust und schrullig, und fast berstend vor kindlicher Energie und Begeisterung. Besonders fasziniert war Gérard jedoch von seinem Blick: »Ich traf einen Mann, dessen Blick ungemein fest und scharf war. Einen solchen Blick haben nur große Künstler. Es war ein schneidender Blick, der nach allem Ausschau hielt.«
Truffaut erzählte ihm den Inhalt des Films, den er drehen wollte, und Gérard fand den Mann und das geplante Projekt unwiderstehlich. Die Geschichte handelte von Schauspielern und Künstlern, die in einen Strudel aus Politik, Kultur und Geschichte geraten. Anhand des Beispiels von Résistance und Kollaboration wollte Truffaut Motiven des klassischen Theaters auf den Grund gehen: Feigheit und Mut, Loyalität und Verrat. Bis dahin war die Besatzungszeit für Gérard ein längst vergangenes Kapitel der französischen Geschichte gewesen: Truffaut, der große Liebhaber der Literatur und des geschriebenen Wortes, schlug ihm eine Reihe von Büchern zur Lektüre vor. Das erste war *Moi, sous l'occupation (Ich unter der Besatzung)* des populären französischen Dramatikers Sacha Guitry.
Als Truffaut seinen Bericht über den Film beendet hatte, fügte er etwas Überraschendes hinzu, etwas, das Gérard sofort klarmachte, wie der Regisseur arbeitete. Er sagte: »Es ist ein Film über die deutsche Besatzung und muß daher geheim bleiben. Und weil Sie der Held der Résistance sein werden, müssen Sie alles für sich

behalten. Wir müssen alles tun, um uns in die Atmosphäre der Besatzungszeit zu versetzen.«
Gérard amüsierte sich über dieses kindliche So-Tun-als-ob, aber es war nur ein leichter Vorgeschmack auf Truffauts Arbeitsweise. Der Film wurde zum größten Teil in einer alten Fabrik außerhalb von Paris gedreht. Das Gebäude wirkte wie ein Keller, so daß der Drehort gewissermaßen zu einer geheimen Welt wurde, die bewußt von den forschenden Blicken und der Feindseligkeit der draußen lauernden Gestapo und der Nazis abgeschirmt war. Die Handlung spielt sich vor allem im Théâtre Montmartre ab. Der berühmte Direktor dieses Hauses, Lucas Steiner, ist Jude und muß sich verstecken, um der Deportation in ein Konzentrationslager zu entgehen. In seiner Abwesenheit wird das Theater von seiner nichtjüdischen Ehefrau Marion weitergeführt, einem Pariser Bühnenstar, sehr würdevoll dargestellt von Catherine Deneuve. Gérard spielt Bernard Granger, einen Schürzenjäger und Grand-Guignol-Schauspieler, der unbedingt im seriösen Theater Karriere machen will. Die ganze Truppe glaubt, Steiner habe sich im Süden dem Untergrund angeschlossen, um der Gestapo zu entkommen. Nur Marion kennt die Wahrheit: Lucas hält sich im Keller des Gebäudes versteckt und bemüht sich verzweifelt, sein Theater am Leben zu halten – und nicht verrückt zu werden –, indem er mit den Schauspielern ein großes neues Stück inszeniert. Um das tun zu können, benützt er Marion als heimliche Verbindung. Durch ein Rohr, das von der Bühne nach unten führt, kann er jede Szene mit anhören und miterleben, wie die Beziehungen und die Inszenierung sich in den Probewochen vor der Premiere entwickeln.
Truffaut stellte beim Drehen nicht nur die Atmosphäre des Theaters und den in der Besatzungszeit herrschenden Zwang zur Geheimhaltung nach, sondern inszenierte den Film, um noch größere Realitätstreue zu erzielen, in gewisser Hinsicht so, als wäre er selbst Lucas Steiner. Durch diese mehrfachen Schichten von Schein und Sein wurden die Dreharbeiten zu einem einzigen kreativen Abenteuer. Sollte Gérard anfangs noch immer an Truffauts Genie gezweifelt haben, so wurden diese Zweifel rasch zer-

streut: »Es stellte sich heraus, daß François das genaue Gegenteil dessen war, was ich mir vorgestellt hatte«, erzählt er. »Ich hatte ihn mir nämlich als einen Kleinbürger vorgestellt. Jetzt entpuppte er sich als ein großer Abenteurer mit verrückten Liebesaffären und jeder Menge Frauen um sich. Gleichzeitig war er aber unglaublich diskret. Bei den Dreharbeiten sprach er alle, auch seine Frauen, mit dem förmlichen *vous* an.« Mit »seine Frauen« meinte Gérard die vielen – ehemaligen und aktuellen – Freundinnen von Truffaut, die an dem Film mitwirkten.

Mit *vous* sprach der Regisseur alle an, außer Gérard; zwischen den beiden Männern galt bald schon das zwanglosere *tu*. Wie immer peppte Gérard auch diesmal seine Gespräche am Drehort mit Zoten auf, und seine Späße grenzten manchmal schon ans Ordinäre. Aber Truffaut mochte diese bäurische Derbheit, durch die ein bißchen Komik in die abgeschlossene Welt der Filmkulisse kam. Außerdem paßte ein solches Verhalten perfekt zu der von Truffaut erfundenen Figur des Granger. Wieder einmal verschmolz Gérard intuitiv mit seiner Rolle und erzeugte genau die Stimmung, die der Regisseur auf Zelluloid bannen wollte.

Die Liebesgeschichte im Mittelpunkt des Films entsteht durch eine Geschichte in der Geschichte. In dem Stück, das Steiners Truppe einstudiert, fühlt sich die von Marion gespielte Figur stark hingezogen zu der von Granger, dem gefühllosen Neuling, gespielten Person. Aber Marion ist auch außerhalb des Stücks von Granger fasziniert. Lucas, der durch das Rohr alles mit anhört, verfolgt den Verlauf der beiden Liebesaffären und spürt, daß die romantische Atmosphäre des Stücks seine Frau und Granger auch im »wirklichen Leben« zueinanderführt. Truffaut wußte, daß es, damit beide Ebenen im Film funktionierten, zwischen Deneuve und Depardieu genauso »knistern« mußte wie zwischen den Figuren, die sie darstellten. Er wurde nicht enttäuscht.

Gérard hatte Catherine schon etwa fünfzehn Jahre zuvor kennengelernt, als er mit Jeanne Moreau, Delphine Seyrig, Michel Lonsdale und Sami Frey in Peter Handkes Stück ›Der Ritt über den Bodensee‹ auftrat. Catherine war damals mit Marcello Mastroianni liiert, der auch Vater eines ihrer Kinder ist, und Gérard traf die beiden sowohl im Theater als auch bei Künstlerpartys und ähnlichen gesellschaftlichen Ereignissen. Für Gérard und viele Franzosen und Französinnen war die Deneuve der Inbegriff Pariser Kultiviertheit und *die* Darstellerin schlechthin, wenn es im französischen Film um Liebe ging. Er empfand sie als überraschend warmherzig und ungekünstelt, und sie entwickelten ein geschwisterliches Verhältnis zueinander. Als er sie dann bei den Dreharbeiten für Truffauts Film wiedersah, änderte sich das.

»Als wir uns wiedertrafen, durchzuckte es mich wie ein Blitz, wie ein süßer Blitz«, erklärt er. »Wir entdeckten eine ungewöhnliche Kameradschaft zwischen uns.« Als Jugendlicher hatte er die kultivierten, eleganten *parisiennes* derartig idealisiert, ja geradezu vergöttert, daß er in ihrer Anwesenheit manchmal kein einziges Wort herausbrachte. Und jetzt spielte er in einem Truffaut-Film mit, dessen Drehbuch zufolge er die Deneuve zu verführen hatte, die Inkarnation all dessen, was er an Frauen am meisten verehrte – und fürchtete! Es war klar, daß Gérard die Rolle ausgezeichnet gefiel; er bewunderte Deneuves Schönheit, ihre Vornehmheit und Professionalität. »Sie ist der Mann, der ich gerne wäre«, mit diesen Worten wurde er oft zitiert. Er will damit sagen, daß er ihre Disziplin, ihre Ehrlichkeit und Ernsthaftigkeit bewundert. Vor der Kamera ist die Deneuve ein knallharter Profi, ohne dabei je ihre weibliche Ausstrahlung und Anmut zu verlieren. Schon in ihrer Nähe zu sein wirkte auf Gérard inspirierend: »Die Arbeit mit Catherine war wunderbar. Ich war stolz auf ihre Schönheit. ... Ich war glücklich, neben ihr stehen zu dürfen.«

Deneuve ihrerseits entdeckte nun in Gérard eine Sanftheit und einen Gefühlsreichtum, deren Ausmaß sie zuvor nicht erkannt hatte. So rauhbeinig er meist daherkam, so brutal er oft daherredete – sie sah, daß diese Äußerlichkeiten eine Art Selbstschutz darstellten. »Wenn Gérard brutal wird, bedeutet das fast immer, daß es ihm an Selbstvertrauen mangelt«, erklärt sie. »In Wirklichkeit ist er sehr sanft und braucht auch eine sanfte Umgebung. Deshalb ist er nämlich so kompliziert: Er braucht Sanftheit, aber gleichzeitig muß er immer auf abenteuerliche Reisen gehen.«

Catherine Deneuve hatte sich schon lange zuvor von Gérard fasziniert gezeigt. Mitte der siebziger Jahre war sie Koproduzentin eines Films von Claude Berri, und die beiden sahen sich, auf der Suche nach einem Schauspieler für eine der Hauptrollen, ›L'Affaire Dominici‹ (›Die Affäre Dominici‹) an. Eigentlich sollten sie einen ganz anderen Schauspieler begutachten, aber Catherine ertappte sich dabei, wie ihr Blick immer wieder auf Gérard fiel. »Ständig achtete ich auf diesen jungen Mann, der absolut unglaublich war«, erzählt sie. »Ich fand seine Ausstrahlung faszinierend, diese merkwürdige Ausstrahlung. Er wirkte ungewöhnlich sensibel, das fiel mir sofort auf.«

Damit sich die Atmosphäre von ›Die letzte Métro‹ ganz natürlich aufbauen konnte, drehte Truffaut die Geschichte in ihrer chronologischen Reihenfolge. Am Anfang ist Gérard hinter mehreren Frauen in der Truppe her – allesamt »leichte« Mädchen, die, wie er selbst, aus dem Arbeitermilieu stammen. Deneuves majestätischer Marion scheint er nicht die geringste Aufmerksamkeit zu schenken. Die Ehefrau des berühmten Theaterbesitzers und Königin der Pariser Bühne kommt eindeutig aus den oberen Gefilden der Pariser Gesellschaft, und Granger kann sich offenbar nicht einmal im Traum vorstellen, daß eine solche Frau ihn anziehend finden könnte. Marion findet ihn aber anziehend, vielleicht sogar aus denselben Gründen, die Gérard bei den Dreharbeiten für Catherine anziehend machten: Er durchschaute ihr von bourgeoisen Umgangsformen geprägtes, sorgsam konstruiertes öffentliches Image.

»Gérard ist alles andere als konventionell«, erklärt Catherine. »Ich bewundere ihn als Schauspieler, weil er bei der Arbeit so unglaublich großherzig ist. Er hat eine durch und durch positive Einstellung. Er hilft den Menschen, und zwar nicht nur den weiblichen Partnern, sondern jedem am Drehort. Wenn er da ist, wird es schlagartig ein bißchen lustiger und gemütlicher. Er zwingt die Menschen permanent, aufzuwachen. Er hält alle davon ab, in Routine zu verfallen. Er geht immer ein Risiko ein. Ja, er geht immer ein Risiko ein.«

Granger auch. Er »borgt« sich ein Grammophon aus dem Theater, und einige Tage später wird ein Nazi-Oberst getötet – durch eine in einem Grammophon versteckte Bombe. Im Théâtre Montmartre ist Marion von vornehmen, kultivierten Franzosen umgeben, aber entweder sind sie eher verweichlichte Typen oder Homosexuelle, oder aber sie versuchen, es sowohl den Nazis als auch der allmächtigen, mit dem Nazi-Regime kollaborierenden französischen Theaterkritik recht zu machen. Bernard Granger zählt nicht zu diesen Leuten. Truffauts Drehbuch stellt ihn als ungehobelt und manchmal grob dar, gleichzeitig aber als mutig und risikofreudig, wenn er etwas haben will, sei es die Freiheit oder, zum Schluß, Marion. Im großen und ganzen ist Granger also wie Depardieu: »echt«, greifbar, authentisch. Das gefällt Marion an einem Mann, und das gefällt auch Catherine Deneuve. Solche Männer machen sie locker, bewirken, daß sie hinter ihrer strengen, maskulinen Fassade hervorkommt, befreien ihre zurückgehaltene Weiblichkeit und bringen ihre emotionale Kraft zum Tragen. Catherines eigener Aussage zufolge schlägt unter der kühlen, majestätischen Oberfläche das unbeständige, leidenschaftliche, überschwengliche Herz einer Zigeunerin: »Ich sehe vielleicht aus wie eine Bourgeoise, aber ich bin eine falsche Bourgeoise. Nicht verheiratet, zwei uneheliche und ungetaufte Kinder – das ist nicht gerade das, was man gemeinhin als bürgerlich bezeichnet. Gérard fand mich bestimmt bürgerlicher, als er selbst damals war. Aber als er mich dann näher kennenlernte, änderte er seine Meinung, und wir konnten eine ehrliche Beziehung aufbauen.«

In Truffauts Geschichte kommt es zu einer Dreiecksbeziehung: Bernard und Marion fühlen sich auf, wie hinter der Bühne zueinander hingezogen, während Lucas Steiner die sich überschneidenden Liebschaften mitverfolgt, indem er die Proben durch das von der Bühne in sein Versteck führende Rohr belauscht. Zu hören, wie Bernards Stimme sich mit der von Marion vereint, genügt ihm schon, um zu spüren, wie die noch immer nicht offen ausgesprochene Leidenschaft der beiden wächst. Wenn Marion, nachdem alle anderen das Theater verlassen haben, sich zu Lucas hinunterschleicht, fragt er sie über Bernard aus. Bei einem dieser heimlichen Besuche schlafen Marion und ihr gebildeter, belese-

ner, strenger Ehemann miteinander, aber Truffauts Drehbuch ist so subtil aufgebaut, daß Marion, noch bevor sie ihre wachsende Zuneigung zu Bernard entdeckt, das Interesse an der körperlichen Nähe zu ihrem Mann verliert.
Der fiktionale Lucas inszenierte das Stück als Zeichen seiner Liebe zu Marion, und Truffaut schrieb ›Die letzte Métro‹ eigens für Catherine Deneuve, in die er, wie viele Insider behaupten, damals leidenschaftlich verliebt war. Dem Dreieck im Film – Bernard, Marion, Lucas – entsprach also, ohne daß darüber gesprochen wurde, ein noch heikleres Dreieck zwischen Gérard, Catherine und François. In diesem Dreieck war Truffaut nicht der Rivale von Gérard, sondern sein Komplize, und im Verlauf der Dreharbeiten entwickelte sich zwischen den beiden eine fast brüderliche Zuneigung. Auch das trug zur besonderen Atmosphäre bei, die vor der Kamera zwischen Gérard und Catherine herrschte.
»Ich fand, daß Gérard in ›Die letzte Métro‹ ganz anders war als in fast allen Filmen zuvor«, sagt Catherine. »Wenn ein Regisseur ihn beeindruckt, wird er zu einem unglaublich sanftmütigen, gefügigen Schauspieler. Gérard reagiert sehr animalisch. Wenn ein Regisseur ihn in eine Situation bringt, in der er kein Vertrauen mehr hat oder Angst bekommt, schlägt er sofort zurück. Von François bekam er Bewunderung und Bestätigung und konnte sich richtig fallenlassen. Er versetzte sich ganz in die Figur hinein.«
Die Dreharbeiten dauerten neun Wochen und gipfelten in einer Liebesszene mit Bernard und Marion – einer Szene, in der sich Gérard und Catherine rückhaltlos, mit animalischer Leidenschaft gehenlassen. Diese Erfüllung ihrer Liebe und den Höhepunkt des Films inszenierte Truffaut genau so, wie Lucas das Theaterstück mitverfolgt hatte: nur durch Zuhören. »François wollte uns nicht sehen«, berichtet Catherine. »Er ließ eine Tonleitung in einen Nebenraum legen und hörte alles über Kopfhörer mit. Er drehte die gesamte Szene ausschließlich, indem er unseren Stimmen lauschte. Er brachte es einfach nicht über sich, uns zuzusehen. Das war schon sehr seltsam.«
Vielleicht ertrug Truffaut es nicht zu sehen, wie Catherine Deneuve, die ihn zu diesem Film inspiriert hatte, sich einem ande-

In den siebziger Jahren spielte Gérard ziemlich verwegene Rollen: Verbrecher, Rowdys, sexuelle Außenseiter. Hin und wieder verwechselte die Öffentlichkeit den Schauspieler mit seinen brutalen Rollen. 1980 lernte er dann einen Filmemacher kennen, der seine sensible Seite zum Vorschein brachte: François Truffaut, der hier mit Catherine Deneuve bei den Dreharbeiten für ›Die letzte Métro‹ zu sehen ist.

ren Mann hingab. Er hatte aber noch einen anderen Grund, sich vom Drehort zu entfernen: Alle drei – Catherine, Gérard und François – waren von Natur aus sehr schüchtern, und Truffaut glaubte, daß seine Anwesenheit hinter der Kamera die Spannung zwischen Gérard und Catherine nur zerstören würde. »Schauspieler sind eine Mischung aus Scheu und der Angst, ihre Aufgabe nicht bewältigen zu können«, gesteht Catherine. »Liebesszenen werden am besten schnell abgedreht, auch diskrete Liebesszenen. In einer Liebesszene ist man nämlich plötzlich kein Schauspieler mehr. Sobald Körperkontakt entsteht, sobald man sich physisch nahekommt, gerät man automatisch in den Bereich der Emotionen. Und sensible Regisseure wissen, daß man damit nicht spaßen darf.«

Truffaut hatte die Szene zwar auf ungewöhnliche Weise gedreht, aber das Ergebnis war großartig. Die Liebesszene, auf die alles hinausläuft, ist brutal und zärtlich, und die von Deneuve und Depardieu erzeugte Spannung macht ›Die letzte Métro‹ zu einem der erfolgreichsten Truffaut-Filme überhaupt. Gérard erhielt für seine darstellerische Leistung seinen ersten César, und für die Deneuve, Star so vieler großer europäischer Filme, wurde ›Die letzte Métro‹ zum Triumph. Sie bekam den César für die beste Schauspielerin und wurde weltweit von der Kritik gelobt. »Seit ›Tristana‹ hatte Miss Deneuve keine Rolle mehr wie die der Marion Steiner, einer intelligenten, charakterstarken Frau von einer überzeugenden Schönheit, die sie zum Star der Pariser Bühne gemacht hatte«, schrieb Vincent Canby in der NEW YORK TIMES. »Mit ihrer Frisur, die mich an Danielle Darrieux erinnert, sieht Miss Deneuve elegant und vornehm aus, ohne kühl und damenhaft zu wirken. Die grandiose Darstellung einer grandiosen Rolle.«

Deneuve und Depardieu wurden durch den Film schlagartig zum *premier couple* des französischen Kinos. Für Gérard ergaben sich noch andere positive Konsequenzen: »›Die letzte Métro‹ und die Begegnung mit François waren der Beginn meines zweiten Lebensabschnitts als Schauspieler. François machte mich zu einem besseren Schauspieler und milderte manche meiner Komplexe.« Das gleiche bewirkte seine Beziehung zur Deneuve. In ihr fand er eine Frau, die ihn, genau wie Elisabeth, verstehen konnte. Sie gab ihm Selbstvertrauen und zeigte ihm eine ganz neue Art, sich im Zusammensein mit einer Frau auszudrücken, diesmal vor der Kamera. Sie sprach mit ihm über seine Kindheit und seine Sprachstörungen, glättete manche Ecken und Kanten an ihm und brachte ihm ebensoviel Verständnis und Offenheit entgegen wie Elisabeth.

»Gérard ist extrem schüchtern, und die Tatsache, daß er sich körperlich nicht akzeptiert, verstärkt noch sein natürliches physisches Schamgefühl«, sagt Catherine. »Ich denke, wenn man in einer Familie aufwächst, in der niemand redet, gibt es vieles, was einem nie erzählt wird. Und ich denke, es gibt Dinge über die Liebe, auch über die körperliche Liebe, die man dann einfach nicht lernt. Ich glaube nicht, daß Gérard je gesehen hat, wie seine Eltern sich berührten oder küßten. Wahrscheinlich sind seine

eigenen emotionalen Beziehungen deshalb so kompliziert. Aber vielleicht ist es auch genau das, was ihn andererseits so stark macht. Er ist sich im Ausdruck seiner persönlichen Gefühle so unsicher, daß er sich als Schauspieler völlig entblößen kann.«
Über Gérard entwickelten Catherine und Elisabeth eine eigene Freundschaft voller gegenseitiger Bewunderung. Die Deneuve glaubt, daß Elisabeth wahrscheinlich Gérards Rettung war. Sie führte einen psychisch labilen, kaum der Sprache mächtigen kindlichen Mann von siebzehn Jahren zu emotionaler Stärke und unglaublicher Ausdruckskraft. »Elisabeth besänftigte Gérard und lehrte ihn, sich mit Hilfe der Sprache zu zeigen .... Gérard braucht Wörter und Sprache. Er war förmlich implodiert. In seiner Kindheit und Jugend lebte er mit Menschen, die einander auf brutale Weise und ganz heimlich liebten, ohne miteinander reden zu können. Für sensible Menschen ist so etwas grauenhaft. Gérard spricht ganz wunderbar über seine Eltern. Aber gleichzeitig spürt man, daß seine Jugend sehr auf ihm lastete, was durch die Unfähigkeit, sich auszudrücken, noch verschlimmert wurde. Für ihn ist die Sprache ein Käfig, ja, ein Käfig. Wenn er die Sprache, die er braucht, nicht bekommt, verhält er sich wie ein Gorilla im Käfig.«
Catherine hegte während der Dreharbeiten starke Gefühle für Gérard, spürte jedoch, daß er zu den Wesen gehörte, die man fangen, aber nicht halten kann. Und sie weiß, daß sie selbst genauso ist. »Schauspieler neigen zu dem Glauben, wir alle wären eine einzige große Familie. Das ist falsch. Wir sind eher eine Zigeunerfamilie. Wir sind überall. Wir treffen uns für kurze Zeit, feiern ein Fest und machen einen Film. Das war's dann auch schon. Dann kehren wir auf unsere einsamen Wege zurück und treffen vielleicht irgendwann später, ein Stück weiter die Straße hinunter, wieder aufeinander.«
Einer der Gründe, weshalb Catherine Deneuve nie heiratete, war ihre Angst, eine Ehe könnte sich störend auf ihre Karriere auswirken. Sie fügt aber hinzu, daß ihr Zigeunerleben mit dem ständigen Umherreisen in gewisser Hinsicht auch eine Art Selbstschutz darstellt. Ebenso weiß sie, daß Elisabeth ihre eigenen Ambitionen

als Schauspielerin um ihres Familienlebens willen hintanstellte, und bewundert sie wegen dieses Entschlusses und der Art und Weise, wie sie ihn ausführte. In einer Subkultur mit oberflächlichen, hitzigen Liebesaffären und zerbrochenen Ehen – Affären, die sich häufig als destruktiv für die Liebenden selbst erweisen und meist noch verheerendere Auswirkungen auf die Kinder haben – ist es Gérard und Elisabeth gelungen, eine gewisse Stabilität zu erreichen – eine Meisterleistung, die Catherine Deneuve voll und ganz Elisabeth zuschreibt. »Die Frau von Gérard Depardieu zu sein ist sehr, sehr schwer«, erklärt sie. »Es erfordert großen Mut.«

Das stimmt. Mit Gérards Ruhm wuchs auch die Zahl der Filmangebote. Für sein berufliches Leben war das zwar großartig, machte aber sein Familienleben nicht gerade einfacher. Manchmal war er nun sehr lange unterwegs und oft sogar acht, neun Monate im Jahr von seiner Frau und den Kindern getrennt. Im Grunde führte er ein Doppelleben und verließ sich darauf, daß Elisabeth selbstlos den ruhenden Pol in der Ehe und bei der Kindererziehung darstellte. Gérard rief zwar, wo immer er gerade war, jeden Abend getreulich bei ihr an, aber es gab Zeiten, in denen sie über diese Ferngespräch-Ehe sehr wütend wurde. Trotzdem versuchte sie, die Sache positiv zu sehen: »Wenn er daheim war, herrschte große Harmonie zwischen uns. Ich lebte das Leben einfach von einem Tag auf den nächsten und betrachtete unsere Ehe als eine ganz und gar unkonventionelle Liebesgeschichte.«

Anläßlich der amerikanischen Premiere von ›Die letzte Métro‹ im Herbst 1980 flogen Deneuve, Depardieu und Truffaut zum New York Film Festival. Der Film sollte das Festival im Rahmen einer Gala in der Avery Fisher Hall im Lincoln Center abschließen. Im Saal drängten sich zweitausendsiebenhundert amerikanische Kritiker und Cineasten, unter ihnen ein junger Filmfreak namens Michael Barker. Barker hatte an der University of Texas ein Programm mit Studentenfilmen zusammengestellt und war ein großer Bewunderer des europäischen Kinos, vor allem der Filme von François Truffaut. Nach dem College war er nach New York gegangen, um sich einen Job im Filmgeschäft zu suchen, und arbeitete nun in einer neuen Abteilung von United Artists, die den Verleih künstlerisch hochwertiger ausländischer Filme in Amerika organisierte. Barker war zum ersten Mal beim New York Festival; als er erfuhr, daß die Filmfestspiele mit einem neuen Truffaut-Film abgeschlossen werden sollten, erstand er auf dem Schwarzmarkt sündhaft teure Karten und nahm an der Abschlußgala teil. Diese Karten waren, wie sich herausstellen sollte, weit mehr als ihren Preis wert.

»François Truffaut wurde vorgestellt und erhielt unglaublichen Applaus«, erinnert sich Barker. »Dann erzählte er dieser riesigen Menschenmenge folgende Geschichte: ›Ich liebe New York. Man kann hier Dinge fühlen und spüren, die man nirgendwo sonst auf der Welt fühlen oder spüren kann. Als ich zum ersten Mal nach New York kam, ging ich ins Museum of Modern Art; dort wurde ›The Birth of a Nation‹ (›Die Geburt einer Nation‹) gezeigt. Ich sah mir den Film an. In einer bestimmten Sequenz wußte die Armee der Konföderierten, daß irgendwo in der Ferne die Armee der Union war, aber sie wußte nicht genau, wo. Der Colonel der Konföderierten befahl seinem Adjutanten, das Ohr auf den Boden zu legen, und plötzlich bebte das ganze Kino. Erst später erfuhr ich, daß unter dem Museum die Subways der Linie D fahren.‹«

Dann stellte Truffaut den Galagästen Deneuve, Depardieu und seinen Chefkameramann Nestor Almendros vor. Barker war, wie fast alle Anwesenden, von Truffauts neuem Film begeistert. Als die Gala zu Ende war, ging er hinter die Bühne und schüttelte Gérard, den er nie zuvor gesehen hatte, die Hand. Am nächsten Tag traf er sich mit dem Chef der neuen Abteilung von United Artists, Tom Bernard, einem jungen Cineasten mit einer Vorliebe für ausländische Filme wie er selbst. Auch Bernard hatte eine Filmreihe mit ganz unterschiedlichen Filmen veranstaltet und war nach New York gezogen, um in der Filmbranche Fuß zu fassen. United Artists hatte ihm die Leitung einer neuen Abteilung anvertraut und eine einzige Aufgabe gestellt: Er sollte erstklassige ausländische Filme ausfindig machen, in Amerika verleihen und promoten. Auf Barkers Drängen hin nahmen die beiden ›Die letzte Métro‹ als ersten Film in ihre neue Abteilung auf und erstanden für 125 000 Dollar die Rechte für den Verleih in den Vereinigten Staaten.

Bernard und Barker organisierten den Verleih von Truffauts Film völlig anders, als man es mit den meisten seiner bisher in den Vereinigten Staaten gezeigten Filme gemacht hatte. Sie speisten ihn nicht einfach ins Verleihnetz der großen Studios ein, sondern fuhren persönlich von Stadt zu Stadt und wählten die geeignetsten Filmkunst-Kinos aus. Truffaut pflegte sich bei seinen Filmen um alles selbst zu kümmern, auch um das Marketing und den internationalen Verleih. Einmal flog er mit der Concorde von Paris nach New York, nur um sich mit Bernard und Barker zu treffen und die für den Kinostart in Amerika entworfenen Anzeigen und Plakate abzusegnen. ›Die letzte Métro‹ wurde ein Riesenerfolg, stand sogar auf der Oscar-Nominierungsliste für den besten ausländischen Film. Von da an erfreuten sich Bernard und Barker ungewöhnlich guter Beziehungen zu vielen führenden europäischen Regisseuren. Sie organisierten den amerikanischen Verleih von neun wichtigen Filmen, in denen Depardieu mitwirkte, darunter ›Jean de Florette‹, ›Zu schön für dich‹ und ›Cyrano de Bergerac‹, bildeten nach einiger Zeit den amerikanischen Zweig von Gérards Filmfamilie und berieten ihn bei seinen Pressekontakten sowie im Umgang mit seinem wachsenden Ruhm und Bekanntheitsgrad in den Vereinigten Staaten.

Nach ›Die letzte Métro‹ übernahm Gérard eine kleinere Rolle in ›Je Vous Aime‹, einem Film von Claude Berri mit Catherine Deneuve, Jean-Louis Trintignant, Alain Souchon und Serge Gainsbourg, der auch die Musik schrieb. Danach spielte er den Staatsfeind No.1 in ›Inspecteur La Bavure‹ (›Inspektor Loulou – Die Knallschote vom Dienst‹) mit Coluche, dem Komiker und Entdecker von Miou-Miou, in der Hauptrolle. Coluche war in Frankreich zum skurrilen Radio- und Filmstar aufgestiegen. Er lebte schon lange nicht mehr mit Miou-Miou zusammen, die inzwischen Patrick Dewaeres Freundin geworden war, der in der Konkurrenz um die Rolle in ›Die Ausgebufften‹ den Sieg über Coluche davongetragen hatte. Gérard spielte außerdem einen Ganoven in Alain Corneaus ›Le Choix Des Armes‹ (›Wahl der

Waffen‹) mit Yves Montand und Catherine Deneuve, einem düsteren Thriller über die französische Unterwelt.

Am 1. April 1981, kurz bevor François Mitterrand und seine Sozialistische Partei die französischen Präsidentschaftswahlen gewannen, begann Gérard mit den Dreharbeiten für seinen zweiten Truffaut-Film: ›La Femme D'A Côté‹ (›Die Frau nebenan‹). Der Film erzählt die Geschichte einer zügellosen, ehebrecherischen Leidenschaft zwischen Gérard und Fanny Ardant, einer großgewachsenen, aufregenden, ungemein talentierten Schauspielerin, der letzten Frau in Truffauts Leben. Auch in diesem Film spielt Gérard einen Bernard, einen ziemlich behäbigen, gesetzten Ehemann, der in der Nähe von Grenoble ein beschauliches Leben führt – bis zu dem Tag, an dem er die von Fanny Ardant dargestellte Mathilde wiedertrifft, mit der er mehrere Jahre zuvor eine stürmische Affäre hatte. Die beiden werden Nachbarn, und unweigerlich kehrt die überwältigende Leidenschaft von damals zurück.

»Manche Leute meinen, es gibt in der heutigen Welt keine leidenschaftlichen, romantischen Liebesbeziehungen mehr«, sagt Ardant. »François wollte zeigen, daß man auch im modernen Alltagsleben – im Supermarkt oder auf einem öffentlichen Parkplatz – noch dieselbe Leidenschaft empfinden kann wie Madame Bovary.«

Ardant brachte in diese Liebesbeziehung große Schönheit, skurrilen Humor, Intelligenz sowie ihren ungewöhnlichen privaten Hintergrund ein. Sie hatte in Paris Politologie studiert und die Diplomatenschule besucht, um im auswärtigen Dienst Karriere zu machen. Sie hätte durchaus als Kulturattaché in einer französischen Botschaft irgendwo auf der Welt landen können, wenn sie sich nicht bei einem Ausbildungsaufenthalt in der Londoner Botschaft als so unpünktlich erwiesen hätte: »Ich kam ständig zu spät, und da haben sie mich entlassen. Das brachte die große Wende für mich.« Als die Träume vom Diplomatenleben ausgeträumt waren, wandte sie sich dem Theater zu und avancierte zum Star einer Fernsehserie mit dem Titel ›Les Dames De La Côte‹. Durch diese Serie wurde Truffaut auf sie aufmerksam und schrieb ihr einen enthusiastischen Brief. Ein Jahr später war sie in Grenoble bei den

Dreharbeiten zu seinem neuen Film und in Gérards Armen. Fanny Ardant zufolge betrachtete Truffaut Gérard als eine Art Alter ego: »Beide hatten eine schwierige Kindheit gehabt, eine rebellische, einsame Kindheit. Und beide wurden Selfmademen, Männer die es ganz aus sich selbst heraus geschafft hatten.«
Zwar lobten viele Kritiker ›Die Frau nebenan‹, in Frankreich und im Ausland war das Publikum allerdings geteilter Meinung über den Film, der nicht gerade als Truffauts bester gilt. Was Gérard betrifft, so zeigte sich hier jedoch wieder einmal, wie weit der Schauspieler es seit seiner »wilden« Zeit gebracht hatte. Denn trotz der leidenschaftlichen, ehebrecherischen Liebe zwischen ihm und Fanny Ardant spielte er letztlich doch einen braven, bürgerlichen Vorstadtmenschen – genau die Art von Mensch also, die er ein Jahrzehnt zuvor in ›Die Ausgebufften‹ verspottet und terrorisiert hatte.
So gut es Gérard gelang, sich den Zeitläuften anzupassen, so wenig war dazu Patrick Dewaere, sein alter Kumpel aus ›Die Ausgebufften‹ in der Lage. Obwohl er eine große schauspielerische Begabung besaß, gelang es ihm nie, auf der Leinwand von den aufmüpfigen Achtundsechziger-Rebellen loszukommen. 1982 hatten Dewaere und Miou-Miou sich getrennt. Dewaere – versponnen, psychisch labil und ein ebenso enthusiastischer Musikfreak wie die Figur, die er in ›Frau zu verschenken‹ gespielt hatte – griff immer wieder zu Rauschgift, bis er Ende der siebziger Jahre in einem Teufelskreis aus Drogen und Depressionen gefangen war. 1982 wurde er tot aufgefunden; er hatte sich das Leben genommen. Vielen Angehörigen der Achtundsechziger-Generation in Frankreich erschien sein Tod als das Ende einer Ära. Dewaere, 1947 geboren, starb mit genau fünfunddreißig Jahren, was auf makabre Weise an eine Dialogstelle aus Bliers ›Frau zu verschenken‹ erinnert. Patrick spricht gerade über sein Idol Mozart und dessen frühen Tod:
»Ist schon mit fünfunddreißig gestorben, der arme Junge! Fünfunddreißig! Ist dir überhaupt klar, was das für ein Verlust ist? Heutzutage gibt es doch nur noch Idioten!«

1981 spielte Gérard in der turbulenten Komödie ›La Chèvre‹ (›Der Hornochse und sein Zugpferd‹) den Partner Pierre Richards (rechts). Es war die erste von drei sehr erfolgreichen Komödien des Regisseurs Francis Veber, von dessen Filmen in den Vereinigten Staaten zahlreiche Remakes gedreht wurden.

Nach ›Die Frau nebenan‹ drehte Gérard ›La Chèvre‹ (›Der Hornochse und sein Zugpferd‹), die erste von drei ungemein erfolgreichen Komödien, in denen er den »straight man«, den Stichwortlieferanten für Pierre Richard spielt, einen der verrücktesten Slapstick-Komiker Frankreichs. Der Film wurde geschrieben und inszeniert von Francis Veber, der ein so gutes Gespür für Farcen und Klamotten besitzt, daß Hollywood seine Drehbücher dutzendweise gekauft bzw. nachgedreht hat, beispielsweise den Klassiker ›Der große Blonde mit dem schwarzen Schuh‹. Die Geschichte, die Veber sich für ›Der Hornochse und sein Zugpferd‹ ausgedacht hatte, war etwas dünn, und er wußte, daß der ganze Film von dem Wechselspiel zwischen Depardieu und Richard abhing – ein Wechselspiel, das bereits begann, als er sich mit den beiden in Paris traf – bei einem ordentlichen französischen Mittagessen.

»Wir trafen uns im ›Le Bernardin‹, das sich damals am Quai de la

Tournelle befand«, erzählt Veber. »Ich setzte die beiden einander gegenüber und erzielte damit einen köstlichen Effekt, denn wenn Pierre ißt, verspritzt er sein Essen in sämtliche Richtungen. Er bekleckert sich dabei nicht nur selbst, sondern ruiniert auch die Anzüge seiner Tischnachbarn. Während er mit Depardieu sprach und ihn davon zu überzeugen versuchte, daß sie sich gemeinsam auf der Leinwand sehr gut machen würden, versprühte Pierre ziemlich gleichmäßig Tomatensuppe in Richtung Depardieu. Als wir zu Ende gegessen hatten, war Gérard fleckenübersät. Ich sah mir das Ganze an und lachte bloß, und dann sagte ich zu den beiden: ›Wißt ihr was? Ihr seid ganz toll zusammen!‹ Ich hatte meinen Clown und meinen ›straight man‹.«

Nachdem ›Der Hornochse und sein Zugpferd‹ im Dezember 1981 in den französischen Kinos angelaufen war, sahen den Film fast eineinhalb Millionen Menschen; er wurde ein Riesenhit in Frankreich und Gérards größter Kassenerfolg. Danach setzte Veber sich hin und schrieb zwei weitere Folgen, ›Les Compères‹ (›Zwei irre Spaßvögel‹) und ›Les Fugitifs‹ (›Die Flüchtigen‹), von dem Veber ein englisches Remake drehte, ›Three Fugitives‹ mit Nick Nolte in Gérards Rolle und Martin Short als Slapstick-Komiker. Veber pendelt heute zwischen Paris und Los Angeles, wo er als Autor von Originaldrehbüchern bei Disney unter Vertrag steht.

Während der Dreharbeiten für ›Der Hornochse und sein Zugpferd‹ in Mexiko war die Beziehung zwischen Gérard und Pierre Richard nicht anders als bei ihrem ersten gemeinsamen Mittagessen. »Pierre hatte eine neue Freundin. Sie war sehr jung, und er war ganz verrückt nach ihr«, erinnert sich Veber. »Pierre und Gérard teilten sich einen Wohnwagen, was manchmal Probleme mit sich brachte. Denn während Gérard geschminkt wurde, vögelte Pierre hinten im Wagen seine Freundin. Dabei geriet der Wohnwagen so sehr ins Schwanken, daß die Maskenbildnerin mit dem Schminkpinsel ständig in Gérards Auge rutschte. ›Hört endlich auf!‹ brüllte Gérard. ›Es reicht. *Merde!*‹«

Ob in Frankreich oder in Amerika, in Mexiko oder in Italien, ein Drehort ist immer eine Welt für sich mit Schauspielern, Drehbuchautoren, Regisseuren, Regieassistenten, Masken- und Kostümbildnern, Tontechnikern, Kameraleuten, Elektrikern, Kulissenschleppern, Stuntmen, Produzenten, Buchhaltern, Zahlmeistern, Handwerkern und Groupies aller Art, die für mehrere Monate aufeinandertreffen und eine Zigeunerfamilie bilden, die nur von zwei Dingen zusammengehalten wird: von dem Film, den sie machen, und von der Liebe zum Kino. Die diversen Drehorte mögen recht ähnlich wirken, aber zwischen europäischen und amerikanischen Schauspielern gibt es große Unterschiede, sowohl in der Einstellung zum gemeinsamen Metier als auch im darstellerischen Ansatz.

»Ich muß sagen, dieser Unterschied erstaunt mich. Ich habe ja inzwischen amerikanische Schauspieler kennengelernt und gesehen, wie fies die werden können, und zwar aus ganz rätselhaften Gründen«, sagt Veber. »Sie werden wie Götter behandelt, aber viele von ihnen benehmen sich wie Arschlöcher. Gérard ist das genaue Gegenteil. Er ist wie Mastroianni. Er meckert nie.«

Um seine Aussage zu illustrieren, beschreibt Veber, wie Mastroianni über sein Leben als Schauspieler und über die königliche Behandlung spricht, die ihm beim Drehen in Italien zuteil wird: »Um sechs Uhr morgens kommst du ins Studio. Du hast eine Visagistin, die dich packt und in einer halben Stunde fünfzehn Jahre jünger macht und sich auch noch für dich interessiert. Meistens ist es die, die dich schon seit zehn, fünfzehn Jahren schminkt. Sie ist wie eine Mutter. Sie sagt: ›Wie steht's mit dem *caca*? Waren Sie heute schon?‹ Und wenn man noch nicht war, gibt sie einem eine kleine Tablette. Man kriegt Kaffee, man wird zum Drehort geführt, und dann heißt es: ›Setzen Sie sich.‹ Man setzt sich. Der Regisseur sagt: ›Wir sind noch nicht soweit‹, und dann geht man zurück in den Wohnwagen. Dort bekommt man etwas zu essen und noch mehr Kaffee und Zigaretten. Am Schluß wird man fürstlich entlohnt und darf sogar die Frau des Produzenten bumsen. Jetzt frage ich Sie: Warum sollte ich mich da wie ein Arschloch aufführen?‹«

Als Cyrano de Bergerac

15 Cyrano

Mitte der achtziger Jahre kamen Guillaume und Julie ins Teenager-Alter; die beiden gingen in Bougival zur Schule, und Elisabeth kehrte in ihren Beruf als Schauspielerin zurück. Sie spielte die weibliche Hauptrolle als Gérards Frau in ›Jean de Florette‹, stand mit ihm in ›Tartuffe‹ auf der Bühne und schrieb einige wunderschöne Lieder für ihn, deren Schallplattenaufnahme ein großer Erfolg wurde.

Nebenbei gab sie an mehreren Tagen pro Woche in Bougival Schauspielunterricht. Einmal studierte sie mit ihren Schülern ein merkwürdiges Stück mit dem Titel ›Toute Différente Et La Langouste‹ ein. Das Projekt war zunächst ganz bescheiden angelegt, aber dann kam Elisabeth und ihren Schülern die Idee, es im großen Stil für Bougival zu inszenieren. Sie fanden einen geeigneten Saal, suchten sich Kostüme zusammen und fingen mit den Proben an. Schon nach kurzer Zeit war die Kunde von diesem Projekt in die Pariser Kleinkunstszene gedrungen. Am Premierenabend standen im ganzen Dorf dicht gedrängt Autos aus Paris; Elisabeths Inszenierung war für die Pariser Theater-Insider und alle, die sich bei den Depardieus einschmeicheln wollten, zu einem aufregenden Ereignis geworden. Und wen sah das in den Saal strömende Pariser Publikum oben auf einer Plattform an den Scheinwerfern hantieren und moralische Unterstützung geben? Gérard. Es freute ihn, daß Elisabeth wieder für die Bühne arbeitete. Das Stück lief dann auch einige Zeit in einem Theater in Paris.

Depardieus Eltern ging es schon seit mehreren Jahren gesundheitlich immer schlechter. 1988 starb Lilette, nur wenige Monate später auch Dédé, der über den Tod seiner Frau untröstlich gewesen war. Lilette, die immer von großen Reisen geträumt hatte, verschied in einem Ambulanzwagen auf dem Weg ins Krankenhaus. Dédé, der in seinem Leben viel Zeit damit verbracht hatte, im Geiste zu verreisen, ohne Châteauroux jemals verlassen zu haben, starb in einer Pariser Klinik, zu deren Patienten vor allem ältere Moslems gehörten. Gérard hatte zwar die Reiseträume seiner Mutter für sich wahr gemacht und ihre Kinoleidenschaft auf anderer Ebene fortgeführt, hatte sich aber Lilette nie wirklich anvertrauen können. Der Wunsch seines Vaters, einmal das Meer zu sehen, war für ihn Wirklichkeit geworden, und er hatte die gleiche Liebe zum Wein und die verträumt-poetische Art seines Vaters, aber auch mit ihm hatte er sich nie richtig über seine Gefühle austauschen können. Deshalb sagte er ihnen noch im selben Jahr in seinem Erinnerungsbuch *Gestohlene Briefe* öffentlich, was ihm unter vier Augen nie über die Lippen gekommen war. Der erste Brief des Buchs ist an Lilette gerichtet.

»Du hast dich … für uns geopfert«, schrieb er. »Du warst eine zauberhafte Frau, wie Catherine Deneuve, und Du hast Dich, ohne es zu begreifen, ohne es zu erkennen, in eine Legehenne verwandelt. Du hast mir alles ganz leise gegeben. Aber bis zur Erschöpfung, fast bis zum Tode. Nun, und jetzt wirst Du mich nicht davon abhalten, Dir zu sagen, was all Euer Lärm und Euer Gebrüll in Wahrheit versucht hat zu ersticken. Dieser Tabusatz, dieser winzige Satz, den die Schreie so lange zurückgehalten haben, dieser Satz, vor dem wir soviel Angst hatten, den schreibe ich Dir ganz einfach, meine Lilette: ›Ich liebe Dich.‹«

Gérards nächster Brief galt seinem Vater. »Was für eine Überraschung, Dédé. Ohne es zu wollen, warst Du doch ein Vorbild. Ah, natürlich hast Du mir nie an einem Abend im Schein der Lampe fest in die Augen gesehen und mir, die Hand auf meine Schulter gelegt, gesagt: ›Du wirst ein Mann sein, mein Sohn!‹ Du hast mir nie etwas aufgezwungen, ich habe nie Lektionen und Ratschläge erhalten. Das hätte mir im übrigen auch nicht geschmeckt.

... Wenn Du doch einmal den Autoritären herauskehrtest, mußte ich wirklich an mich halten. Da konntest Du vielleicht brüllen! ... Mir fällt etwas ein, mein Dédé. Ich habe nie gesehen, daß Du über jemanden geurteilt hast, daß Du auch nur ein einziges Mal etwas Schlechtes über jemanden gesagt hast. Im schlimmsten Fall hörte ich Dich manchmal tief aufseufzen: ›Uff!‹ Und dann redete man nicht mehr darüber.«

Mit der Niederschrift seiner Erinnerungen wollte Gérard sich wohl endlich mit Lilette, Dédé und seiner chaotischen Kindheit aussöhnen. Und es war typisch für Depardieu, daß er dieses doch sehr private »Gespräch« im grellen Licht der Öffentlichkeit führte. Die meisten Schauspieler kämpfen darum, ihr Privatleben für sich zu behalten; Gérard ist da ganz anders. Er will nicht, daß seine Familie und vor allem seine Kinder aufgrund seiner Popularität im Blickfeld der Öffentlichkeit stehen. Gleichzeitig befällt ihn aber hin und wieder der starke Drang, der ganzen Welt sein Herz zu öffnen. Warum?

Wenn Gérard sagt, daß er sich als ein »Medium« empfindet, dann will er nichts Mystisches vermitteln und behauptet auch nicht, mit einem göttlichen Geist in Verbindung zu stehen. Er will damit nur zum Ausdruck bringen, daß er als Schauspieler und Künstler alle möglichen Kräfte und Gefühle in sich aufnimmt, um sie dem Publikum mit Hilfe seiner Kunst zu vermitteln. Seiner Ansicht nach kommt dieser Vorgang dem, was Kino eigentlich ist, am nächsten. Warum sehen sich die Leute einen Film an? Um unterhalten zu werden natürlich. Aber auch, um auf der Leinwand Menschen zu sehen, die genauso fühlen wie sie selbst, Menschen, die es mit den gleichen Sorgen und Unsicherheiten, Hoffnungen und Enttäuschungen zu tun haben. Gérard glaubt, daß sich manche Leute wahrscheinlich bestimmte Filme wirklich nur der Spannung und des Gruseleffekts wegen ansehen, daß aber viele andere im Film die Vermittlung emotionaler Vorgänge suchen und daß der Schauspieler diese Vermittlung erleichtern soll, daß er seinen Freunden im Publikum die Hand reichen und ihre Gefühle freisetzen, ihnen, wenn nötig, zum Lachen oder zum Weinen verhelfen soll. Und als Lilette und Dédé starben, fühlte er

Mitte der achtziger Jahre verschlechterte sich Dédés und Lilettes Gesundheit rapide. Beide Eltern von Gérard starben 1988 im Abstand von nur wenigen Monaten.

eben den starken Drang, seine Gefühle zu erkunden, sie nach außen zu tragen und seinem Publikum mitzuteilen. Wenn er dies mittels eines Buches bzw., wie es normalerweise der Fall ist, mittels eines Films tun kann und wenn es ihm gelingt, diese Gefühle ausstrahlen zu lassen und dem Leser oder dem Zuschauer nahezubringen, ihn zum Nachdenken anzuregen, ihn vielleicht sogar zu rühren, dann glaubt er einen nützlichen, ja edlen Zweck erfüllt zu haben. Und wenn die Leser sein Buch loben, so wie die Leute sonst seine Filme loben, gibt ihm eine so offene Sympathiebekundung die Befriedigung und Erfüllung, nach der er sich ständig sehnt.

Mitte der achtziger Jahre begann für Gérard eine besonders produktive Periode. Miou-Miou bezeichnet ihn als »eine ungebändigte Kraft« – ein Ausdruck, dessen Gültigkeit sich an der Kontinuität und großen Fülle seines kreativen Schaffens in dieser Phase beweist. Er war jetzt soweit, neue Rollen zu spielen und sie mit derselben Mühelosigkeit wieder abzustreifen, mit der er in seine Jeans schlüpfte oder seine mittelalterlichen Gewänder in ›Die Wiederkehr des Martin Guerre‹ oder Perücke und Rock in Bliers ›Tenue De Soirée‹ (›Abendanzug‹) oder den künstlichen Buckel in ›Jean de Florette‹ überzog. In ›Danton‹ führte er die Französische Revolution mit an, war Rodin in ›Camille Claudel‹

mit Isabelle Adjani und spielte in Maurice Pialats ›Sous Le Soleil De Satan‹ (›Die Sonne Satans‹) einen gepeinigten Priester. Seine darstellerische Bandbreite und sein unglaublicher Elan erzeugten bei vielen Kritikern und Kollegen in aller Welt Respekt. Anfang der neunziger Jahre produzierte Hollywood ein Remake von ›Martin Guerre‹ mit Jodie Foster und Richard Gere. Gérards Rolle war jedoch ursprünglich Tom Cruise angeboten worden. »Natürlich hat mich die Sache gereizt«, sagt Cruise, »aber dann habe ich mir erst mal das Original angesehen. Und als ich Gérard sah, wußte ich, daß ich diesen Film unter keinen Umständen machen würde. Es war mir völlig unmöglich, mit dem gleichzuziehen, was er da auf der Leinwand rüberbringt. Es war geradezu beängstigend.«

»Gérard Depardieu ist nicht nur der größte und faszinierendste Filmschauspieler Frankreichs, sondern auch ein sehr großherziger Mensch«, schrieb Vincent Canby 1989. »Seit 1971 hat er 64 Filme gedreht, gute, schlechte, großartige und mittelmäßige. Manche Leute opfern Zeit oder spenden Knochenmark oder Blut, um ihren Freunden zu helfen. Mr. Depardieu tritt in ihren Filmen auf. Ohne ihn gäbe es vielleicht keine französische Filmindustrie.«

Wie Canby betont, war Gérard jetzt mehr als nur Schauspieler; manchmal schien der gesamte französische Film auf seinen mächtigen Schultern zu ruhen. Seine Rollenwahl und sein mörderisches Tempo waren bis zu einem gewissen Grad durch die Bedürfnisse seiner Filmfamilie bedingt. Er war für das Wohlergehen der französischen Filmindustrie unverzichtbar geworden. Wenn er in einem Film auftrat, war der Kassenerfolg praktisch garantiert und die Anfangsfinanzierung daher gesichert. Wenn ein junger Regisseur ihn für ein Drehbuch interessieren konnte – was Dutzende versuchten –, bedeutete das so gut wie sicher den großen Durchbruch. Wie ein Bauer, der sich um seinen Garten kümmert und die Felder bestellt, entwickelte Gérard jetzt eigene Ideen für Drehbücher und half bei Produktion und Verleih von Filmen seiner Freunde mit. In dieser Rolle wurde er nach und nach zu einem der wichtigsten Vermittler des französischen

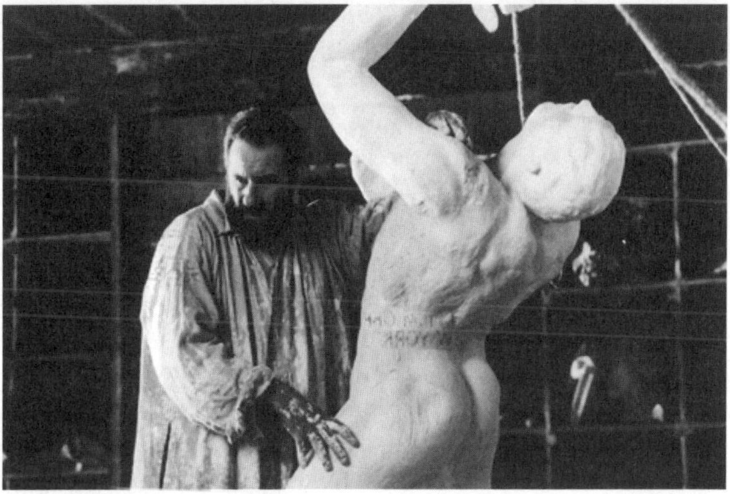

1988 stellte Gérard in dem Film ›Camille Claudel‹ den berühmten Bildhauer Auguste Rodin dar; die Titelrolle spielte Isabelle Adjani, die auch Regie führte. Diese Hommage an die bildende Kunst und die Konflikte des künstlerischen Schaffens trug Adjani eine Oscar-Nominierung als beste Schauspielerin ein.

Kinos: Er brachte Schauspieler mit Regisseuren, Regisseure mit Produzenten und französische Freunde mit seiner amerikanischen Filmfamilie zusammen. In der Welt des französischen Kinos mit ihrem ausgeprägten Zusammengehörigkeitsgefühl entwickelte er sich zum zentralen Mittelsmann und *entremetteur* und erfüllte damit eine Aufgabe, die ihm François Truffaut, der 1984 starb, anvertraut hatte. Vier Jahre später schrieb Gérard in *Gestohlene Briefe* an seinen Freund François: »Du sagtest auch, daß ich eine kleine kupplerische, vermittlerische Seite hätte. Ja, so ist es, und Du hast mir gesagt, daß ich so handeln müsse, damit alle Kinoleute miteinander reden und sich begegnen.« Gérard wollte ihn nicht enttäuschen.

Allerdings klappte diese Kuppelei nicht immer. Einen der schwierigsten Fälle stellte Maurice Pialat dar. Er war aufbrausend, reizbar, von Selbsthaß erfüllt, ein ebenso hervorragender Regisseur wie berüchtigtes Ekel. Klar, daß Gérard die Arbeit mit ihm als

Herausforderung erster Güte betrachtete, und sie drehten auch drei gute Filme miteinander: ›Loulou‹ (›Der Loulou‹), ›Police‹ (›Der Bulle von Paris‹) und ›Die Sonne Satans‹. Aber mit Pialat war es immer sehr schwierig. Eines Tages bekam er bei den Dreharbeiten für ›Der Bulle von Paris‹ einen Wutanfall und verschwand. Da übernahm Gérard in aller Ruhe kurzfristig die Regie, rief *»Moteur!«* und drehte die Szene selbst ab. »Maurice hat mir später einmal gesagt, daß es die beste Szene im ganzen Film ist«, berichtet Gérard lachend. Bei den Dreharbeiten für ›Die Sonne Satans‹ verschwand Maurice zweimal vom Set, bis Gérard schließlich mit der Faust auf den Tisch schlug und seinem Regisseur wie einem ungezogenen Kind in Aussicht stellte: »Wenn du abhaust, haue ich auch ab!« An diesem Tag saßen sie beim Mittagessen an verschiedenen Tischen und verkündeten theatralisch, sie seien so wütend, daß sie keinen Bissen hinunterbrächten. Nach einer Weile warf Gérard seine Serviette auf den Tisch und sagte: »Also los! Machen wir weiter!« Die Aufforderung wurde von allen befolgt – auch vom etwas verdutzten Pialat.

Einmal lud Gérard Pialat boshaft zu einer Dinner Party ein, die er in einem Pariser Restaurant gab. (Gérard versuchte sich damals gerade im Singen, und zwar im Rahmen einer sehr erfolgreichen Show im Zenith-Theater, wo er gemeinsam mit Barbara auftrat, einer der populärsten und originellsten Sängerinnen Frankreichs.) Er hatte auch Marguerite Duras eingeladen und plazierte Pialat und sie vis-à-vis voneinander. Beide waren auf ihrem Gebiet Giganten, und beide hatten ein gigantisches Temperament. »Da saßen sie einander gegenüber, die zwei Monster«, schildert Gérard, »und die Duras sagt zu Pialat: ›Stimmt es eigentlich, daß Sie einmal für Dreharbeiten Ihre tote Mutter ausgegraben haben?‹ – ›Tja‹, antwortete Pialat, ›ich wollte eben nicht die von irgend jemand anderem ausbuddeln.‹

Der 1985 gedrehte Film ›Jean de Florette‹ machte Gérard endgültig international bekannt. In Claude Berris Verfilmung des Romans von Marcel Pagnol über *La France Profonde* spielt er einen naiven, buckligen Städter, der einen Familienbesitz erbt und aufs Land zieht, um Bauer zu werden. Zwei gerissene Bauern, darge-

1985 erhielt Gérard viel Beifall für seine Darstellung des naiven Buckligen in Claude Berris ›Jean de Florette‹. Danach stand er neben Sandrine Bonnaire in ›Sous Le Soleil De Satan‹ (›Die Sonne Satans‹) vor der Kamera; er spielte einen gequälten Priester. Bei diesem Film führte der jähzornige Maurice Pialat Regie, mit dem Gérard auch ›Loulou‹ (›Der Loulou‹) und ›Police‹ (›Der Bulle von Paris‹) drehte.

stellt von Yves Montand und Daniel Auteuil, haben es auf sein Gut abgesehen und verstopfen seine einzige Bewässerungsmöglichkeit, eine natürliche Quelle, um ihn von seinem Grund und Boden zu vertreiben. In diesem epischen Film spielte Elisabeth die verständnisvolle, mitfühlende Ehefrau von Gérard, der es nicht gelingt, ihren Mann von seinen unsinnigen Anstrengungen und seiner fixen Idee vom Leben auf dem Lande abzubringen. Anfangs macht sich der Städter auf dem Land gar nicht einmal schlecht, er pflanzt Getreide an, züchtet Kaninchen und integriert sich in die abweisende Dorfgemeinschaft. Dann aber wird der Süden Frankreichs von einer schrecklichen Dürre heimgesucht, und die Früchte seiner Arbeit beginnen zu vertrocknen. In einem tapferen Versuch, sein Getreide und seinen Traum zu retten, holt Gérard Wasser, wo immer er es findet, und schleppt die

Eimer auf einem Ochsenjoch heran, das er auf seinem Buckel balanciert, während die beiden habgierigen Bauern sich seine Not mit wachsendem Vergnügen ansehen. Gérard betet um Regen, und tatsächlich kündigt sich am Horizont ein Gewitter an. Dann werden die Regenwolken jedoch in eine andere Richtung geweht, und Gérard ist ein gebrochener Mann. Er fällt auf die Knie, reckt mit Tränen in den Augen die Fäuste gen Himmel und ruft: »Da oben ist gar keiner! Da oben ist niemand!«

Diese Szene gehört zu den anrührendsten seiner ganzen Karriere und zählt zu den Gründen, weshalb ›Jean de Florette‹ ein internationaler Erfolg wurde. In Amerika gelangte der Streifen über den Kreis der Filmkunsttheater hinaus, auf die europäische Filme dort zumeist beschränkt sind, und wurde auch in den Mainstream-Kinos ein Erfolg, bewährte sich also in Konkurrenz zu den großen Action-Filmen, auf die sich Hollywood mittlerweile konzentriert hatte. »›Jean de Florette‹ reüssierte in Amerika wie nie zuvor ein französischer Film dieser Art«, sagt Michael Barker. »Die Leute brachten Gérard und der von ihm dargestellten Figur unglaubliches Mitgefühl entgegen.«

1989 legte Bertrand Blier einmal mehr einen Film vor, in dem es um ein Dreiecksverhältnis geht: ›Zu schön für dich‹, dessen Drehbuch er, wie immer, mit Blick auf Gérard geschrieben hatte. Nach der amerikanischen Premiere beim Telluride Film Festival 1989 eröffnete der Film das New York Film Festival in der Avery Fisher Hall. Neun Jahre nachdem Gérard auf derselben Bühne hinter François Truffaut gestanden hatte, war er nun wieder da, zusammen mit Blier und Carole Bouquet, die in dem Film seine Frau spielt. Er wollte eigentlich im Hintergrund bleiben, sich fast ein bißchen hinter Blier verstecken, und war völlig unvorbereitet auf das, was dann in der ausverkauften Halle geschah.

»Blier kam auf die Bühne, um den Film vorzustellen«, erinnert sich Barker, »und nachdem er ein paar witzige Bemerkungen darüber gemacht hatte, sagte er: ›Und jetzt möchte ich Ihnen einen Mann vorstellen, der nicht nur mein Schauspieler, sondern auch mein Bruder ist: Gérard Depardieu.«

Gérard wurde mit donnerndem, mehrere Minuten anhaltenden

Applaus begrüßt. Er war überwältigt und völlig sprachlos; daß er in Amerika derartig populär war, hatte er nicht geahnt. »Mein Herz klopft so wild«, sagte er auf englisch zu den versammelten Gästen. Dann deutete er auf den Bühnenboden: »Vor neun Jahren stand genau an dieser Stelle François Truffaut neben mir. Mehr kann ich nicht sagen.« Die Ovationen hielten daraufhin noch mehrere Minuten an.

Für Barker und Tom Bernard bestätigte sich damit, was sie bereits durch ihre Kontakte mit Kinos in ganz Amerika wußten: Gérard hatte in den Vereinigten Staaten ein Ansehen erreicht, das selten, wenn überhaupt je einem ausländischen Schauspieler, der kaum Englisch spricht, zuteil geworden war. »Mit ›Die Wiederkehr des Martin Guerre‹, ›Jean de Florette‹ und ›Zu schön für dich‹ erreichte Gérard in Amerika einen Bekanntheitsgrad wie nur wenige ausländische Schauspieler vor ihm«, erklärt Barker. »Ähnlich populär waren Mastroianni in den sechziger und Charles Boyer in den dreißiger Jahren. Einer der Gründe, warum diese Filme so gut ankamen, war die Tatsache, daß der Mensch Gérard Depardieu in den Frauen tiefromantische Gefühle wachrief.«

Gérard war natürlich begeistert von dem warmen Empfang, den ihm die amerikanischen Kritiker und das amerikanische Kinopublikum bereiteten. Schließlich war er ja in Châteauroux mit G. I.s aufgewachsen, hatte Amerika immer idealisiert und romantisiert. Amerikanische Filme hatten seine Phantasie angeregt, und seiner Meinung nach bestand zwischen der Realität Amerikas und dem Amerika, das er als Leinwandprojektion gesehen hatte, nur ein geringer Unterschied. Jetzt, mit vierzig Jahren, war er da und wurde bewundernd aufgenommen in dem Land, das zu verführen und zu erobern er sich als Kind geschworen hatte. Er argwöhnte wahrscheinlich keine Sekunde lang, daß man in Amerika für Ruhm immer bezahlen muß und der Ruhm dort den Keim des Verrats in sich birgt.

Gegen Ende der achtziger Jahre stieg Gérard in ein neues Projekt ein: ›Cyrano de Bergerac‹. Die 1897 von dem Dichter und Dramatiker Edmond Rostand geschriebene Komödie ›Cyrano de Bergerac‹ hat in der französischen Literatur und im Bewußtsein der Franzosen einen einzigartigen Rang. Das im alexandrinischen Versmaß geschriebene Stück basiert in groben Zügen auf dem Leben des Savinien Cyrano de Bergerac, eines satirischen Dichters, Dramatikers, Wissenschaftlers und intellektuellen Rebellen des siebzehnten Jahrhunderts. Dieser Cyrano, ein echter Renaissancemensch, begann als Soldat und endete als freigeistiger Dichter und schöpferischer Denker. Rostand porträtierte ihn als den Träger zweier gegensätzlicher Wesenszüge: des säbelrasselnden Kriegers einerseits und des romantischen Dichters andererseits. Mit geschickten Schwertstreichen tötet Cyrano, der Krieger, Männer; mit kunstvoll geführter Feder bezaubert Cyrano, der Dichter, Frauen. Rostands Cyrano hätte alle Anlagen eines Übermenschen im Sinne Nietzsches, wäre da nicht das unverhüllbare Emblem seiner Verletzlichkeit und Menschlichkeit: eine grotesk lange Nase. Beide Seiten seines Wesens sehnen sich nach der Freude und Erlösung, die eine Frau durch ihre Berührung und Anerkennung bewirken kann. Aber nicht irgendeine Frau: Cyrano ist für die schöne Roxane entbrannt, eine entfernte Cousine und romantische Geistesverwandte. Der große Kriegsmann Cyrano schämt sich seiner Nase jedoch so sehr, daß er weder den Mut noch die Worte findet, der Angebeteten seine Liebe zu gestehen. Vor dieser majestätischen Erscheinung ist er sprachlos und befangen, denn er glaubt zu wissen, daß eine so schöne und geistreiche Frau wie Roxane von einem so unansehnlichen Gesicht wie dem seinen niemals angetan sein kann. An einem schicksalhaften Tag gesteht Roxane ihm, daß sie heftig und unglücklich in einen Angehörigen von Cyranos Regiment verliebt ist: in den schönen Christian de Neuvillette. Sie vergeht fast vor Sehnsucht und sorgt sich um Christians Sicherheit auf dem Schlachtfeld. Sie bittet den unbezwingbaren Krieger Cyrano, den Mann ihrer Träume zu beschützen. Cyrano, der bis ins Mark hinein romantisch ist und seiner Cousine jeden Gefallen tun würde, verspricht, als er Roxanes Angst sieht, ihrem vergötterten Christian beizustehen und ihr ein Mittler, ein vertrauenswürdiger *entremetteur* zu sein.

In Frankreich liest praktisch jedes Schulkind ›Cyrano de Bergerac‹, und dasselbe gilt für viele amerikanische Schüler. Die französischen Theater bringen das Stück immer wieder auf die Bühne, und 1950 entstand in Hollywood ein passabler ›Cyrano‹ mit José Ferrer in der Titelrolle. Jean-Paul Belmondo spielte Cyrano in Paris im Theater, ebenso Jacques Weber. Gérard kam durch die ineinandergreifenden Beziehungen innerhalb seiner großen Filmfamilie an die Rolle. Die Idee zu dem Projekt entstand 1984 in der französischen Produktions- und Verleihfirma Gaumont, die damals unter der Leitung des Depardieu-Freundes Daniel Toscan du Plantier stand. In der ersten Phase machte man sich auf die Suche nach einem Drehbuchautor und einem Regisseur; Toscan wandte sich mit der Bitte um Rat an Jean-Louis Livi, der ArtMedia verlassen hatte und unabhängiger Filmproduzent geworden war. Livi gefiel die Idee eines solchen Gemeinschaftsprojekts; er rief Jean-Paul Rappeneau an, einen für seine Belesenheit und penible Arbeitsweise bekannten Filmemacher.

»Hätten Sie Lust, ›Cyrano‹ zu machen?« fragte ihn Livi.

»Fürs Fernsehen?« fragte Rappeneau zurück.

»Nein, als Spielfilm.«

Rappeneau war wenig begeistert. »Ich weiß nicht recht. Darüber möchte ich erst nachdenken. Bis wann müssen Sie es wissen?«

»Bis heute abend. Allerspätestens bis morgen früh.«

Rappeneau war kein Mann rascher Entschlüsse. Er stammte aus einer alten burgundischen Familie, war nach Paris gegangen, um Jura zu studieren, und hatte sich für den Film zu interessieren begonnen. Sein Handwerk lernte er bei Louis Malle, für den er Drehbücher schrieb; erst mit Ende Dreißig wurde er auch als Regisseur tätig. Er drehte ›La Vie Du Château‹ (›Leben im Schloß‹) mit Philippe Noiret, Catherine Deneuve und Pierre Brasseur und ließ dann einige Jahre verstreichen, bevor er seinen nächsten Film, ›Le Sauvage‹ (›Die schönen Wilden‹), mit Deneuve und Yves Montand in Angriff nahm. Zwischenzeitlich machte er Werbefilme und war es zufrieden, nur etwa alle sechs Jahre einen Spielfilm zu drehen. Dieser Perfektionist plante jede Einstellung bis ins kleinste Detail und überließ nichts dem Zufall oder dem Instinkt. Rappeneau, Prototyp des Gentleman-Regisseurs, ein großer, kahlköpfiger, sehr höflicher Mann, der viel von Wein versteht, richtete nur eine einzige ausdrückliche Forderung an Livi: »Wenn ich den Film machen soll – ich bin aber noch längst nicht sicher, ob ich das überhaupt will –, dann ist der einzige Mann, mit dem mich die Sache wirklich interessieren würde, Gérard Depardieu.«

»Gérard?« rief Livi. »Tolle Idee! Ich rufe Sie in zwanzig Minuten zurück.«

Es dauerte nur fünf. »Die Sache steht. Gérard ist begeistert«, ließ Livi Rappeneau wissen. Das Wort »zögern« taucht in Depardieus Wortschatz nämlich nicht auf.

Rappeneau sagt, er sei auf Gérard gekommen, weil er in ihm die zwei Seiten von Cyrano gesehen habe. »Cyrano ist schwach und doch stark. Es gibt in Frankreich nur wenige Schauspieler, die in ein und derselben Rolle schwach und stark sein können, und genau das ist Gérards Stärke.«

Rappeneau wandte sich nun mit der Bitte um Mithilfe beim Verfassen des Drehbuchs an Jean-Claude Carrière, den wohl begabtesten und profiliertesten Drehbuchautor Frankreichs. Carrière ging es anfangs ähnlich wie Rappeneau, er fand ›Cyrano‹ veraltet und abgedroschen und meinte, das Stück sei die vielen Monate nicht wert, die man für seine Verfilmung brauchte. Um das Stück besser bewerten zu können, beschlossen die beiden Männer, sich eine Bühneninszenierung von ›Cyrano‹ anzusehen; gerade an diesem Abend trat Jacques Weber zum letztenmal in dieser Rolle auf. Und zufällig hatte Gérard Depardieu genau dieselbe Idee gehabt: Er saß in einer der vorderen Reihen. Die beiden Autoren sahen sich das Stück ohne große Begeisterung an. Am Ende bekam Weber einen gewaltigen Schlußapplaus, riß sich in großspuriger Varieté-Geste die falsche Nase ab und schleuderte sie ins jubelnde Publikum.

»Die Nase landete genau auf Gérards Schoß«, erzählt Rappeneau. Carrière und er interpretierten das als deutliche Aufforderung, an die Arbeit zu gehen. Sie machten sich über Rostands Stück her, bliesen den Staub weg und entdeckten, daß die Komödie im Kern keineswegs veraltet war. Nach und nach bildeten sich in ihrer Phantasie bestimmte Bilder, die in das Drehbuch eingepaßt werden konnten. Mit großem Elan machten sich die beiden daran, dem ehrwürdigen Klassiker neues Leben einzuhauchen. Aber der Film kam nicht zustande – noch nicht. Toscan wurde aufgrund der schlechten Finanzlage von der Firma Gaumont entlassen, und in den folgenden drei Jahren lag das Projekt auf Eis. Dann kam Gérard wieder ins Spiel und betätigte sich als Pate und Vermittler. René Cleitmann, ein Freund von ihm, hatte gerade bei der Produktion von Bliers ›Tenue De Soirée‹ (›Abendanzug‹) mitgewirkt; Gérard arrangierte ein Treffen zwischen ihm und Jean-Louis Livi, bei dem über potentielle Gemeinschaftsprojekte gesprochen werden sollte. Livi erwähnte ›Cyrano‹, Cleitmann war einverstanden, und plötzlich klingelte wieder Rappeneaus Telefon.

»Laß alles liegen und stehen«, forderte Livi ihn auf. »›Cyrano‹ ist wieder dran.«

Rappeneau hatte eine aufwendige Produktion im Sinn und wußte auch, wie er die Kosten senken konnte: indem er alle Innenaufnahmen in Budapest drehte. Er hatte dort schon einmal einen Film gemacht und kannte eine gute Filmcrew und ein gut ausgestattetes Studio. Cleitmann und er flogen nach Budapest und trafen die entsprechenden Arrangements. Dann versenkte sich Rappeneau in die Endfassung seines Drehbuchs und begann mit der heiklen Rollenvergabe. Die größte Schwierigkeit bei einer Produktion des ›Cyrano‹ sind die alexandrinischen Verse. Rostands klassisches literarisches Französisch läßt sich nicht wie Prosa lesen; man braucht schon ein besonderes Talent, um dieses Französisch in den gereimten Versen mit zwölf Silben pro Zeile flüssig zu rezitieren. Rappeneau war sich darüber im klaren, daß es sehr schwer werden würde, die richtigen Schauspieler zusammenzubekommen, und erkannte im Verlauf des sich monatelang hinziehenden Vorsprechens, daß nur klassisch ausgebildete Schauspieler und Schauspielerinnen mit dieser Sprache und ihrer Rezitation angemessen umgehen konnten. Für die Rolle der Roxane fand Rappeneau genau die Frau, die er wollte: Anne Brochet, eine hervorragende junge Schauspielerin vom Pariser Conservatoire. Sie war schön, zart, leidenschaftlich und hatte einen langen, königlichen Hals, der an Audrey Hepburn erinnerte. Und sie hatte Talent. Ihren Freier, den hübschen, aber dümmlichen Soldaten Christian de Neuvillette, sollte Vincent Perez darstellen, ein im klassischen Drama ausgebildeter Schauspieler. Je intensiver Rappeneau sich jedoch mit Rostands komplizierten Versen und den Schwierigkeiten ihrer Deklamation beschäftigte, um so nervöser wurde er. »Ich hatte eine ganze Truppe in klassischem Drama ausgebildeter Schauspieler beisammen«, erklärt er. »Aber was war mit Gérard – würde er es schaffen?«

Die ersten Arbeitstreffen verliefen nicht gerade ermutigend. Rappeneau bat Gérard, einige Passagen des Cyrano laut vorzulesen, und nahm das Ganze auf Tonband auf. Aber es klappte nicht, und das spürte auch Gérard. Als Rappeneau dann mehrere solcher Sitzungen anberaumen wollte, verweigerte sich Gérard. Der für den Drehbeginn angesetzte Termin rückte immer näher, und Rappeneaus Angst wurde immer größer. Einen Monat bevor sie alle nach Budapest aufbrechen sollten, mietete er ein großes Probestudio und rief die vierzig wichtigsten Schauspieler und Schauspielerinnen seines Films zu sich. Er war unglaublich nervös vor dieser schwierigen Besprechung – so nervös, daß er vorher alle seine Gedanken und Vorstellungen schriftlich festhielt. Als sich dann die Elite der Comédie Française und des Pariser Conservatoire um ihn versammelt hatte, las er seine Notizen vor, beschrieb in groben Umrissen, wie er sich die Dreharbeiten vorstellte und welche Ziele er mit dieser Produktion verfolgte, und erklärte, wie »wir in diesen Versen unsere eigene Musik entdecken« könnten.

Gérard hörte sich Rappeneaus Vortrag ohne merkliche Reaktion an. Wenig später trafen sich seine Kollegen und er zu einer mehrtägigen Probelesung in Paris. Jetzt wurden Rappeneaus Bedenken noch größer. Einige der klassischen Schauspieler hielten sich recht gut, aber Gérards Rezitationen klangen kraftlos, akademisch, einfach schlecht. Noch schlimmer war, daß die Proben ihn offenbar langweilten; hin und wieder schien er sogar einzunicken. Nach einiger Zeit verlangten die Schauspieler der Comédie Française erste Requisiten und wollten auch schon Gesten und Bewegungen einstudieren. Gérard wollte davon nichts wissen. »Er glaubt an diese alles entscheidenden, magischen Sekunden, wenn die Kameras mit der Aufnahme beginnen«, sagt Rappeneau. »Ich war mir da nicht so sicher«.

Verärgert packte der Regisseur seine Schauspieler und Techniker zusammen und flog nach Budapest. Als er dort eintraf, besserte sich seine Laune jedoch ziemlich schnell. Es war der Herbst des Jahres 1989, die Berliner Mauer fiel, und über Ungarn und ganz Osteuropa wehte der Wind der Freiheit. Das ungarische Filmteam freute sich, bei ›Cyrano‹ mitarbeiten zu dürfen, und die ersten Drehwochen verliefen ausgezeichnet – allerdings ohne Gérard. Er hatte in den ersten Szenen keinen Auftritt, wurde also noch nicht gebraucht. Aber dann war der Tag da, an dem er erstmals den Cyrano darstellen sollte. Im Film spielt sich Cyranos Eingangsszene während einer Theateraufführung ab, deren Mittelmäßigkeit ihn derartig entsetzt, daß er von einem Balkon aus mit lauter Stimme den Abbruch der Vorstellung fordert. Rappeneau drehte den Film in chronologischer Reihenfolge, so daß Gérards erster Auftritt sich also in der Theaterkulisse abspielte, genau wie der von Cyrano – und ebenso dramatisch verlief. Die riesige Halle war mit vierhundert kostümierten Schauspielern gefüllt, als Gérard auf dem Balkon erschien und den Abbruch der Aufführung erzwingen wollte.

»Er stürzte sich mit einer unglaublichen Verve in seinen Anfangsmonolog«, erzählt Rappeneau. »Er brüllte und kreischte, es klang völlig anders als bei den Proben. Ich geriet in absolute Panik. Nach den ersten Minuten nahm ich ihn zur Seite und sagte: ›Hör mal, Gérard, das ist ein bißchen übertrieben, findest du nicht selbst?‹ Am Ende des ersten Drehtags fragte ich mich wirklich: ›Wenn wir schon so anfangen, wo werden wir da erst landen?‹«

Am Abend dieses Tages erklärte ihm Gérard, was er bei seinem ersten Auftritt empfunden hatte: »Als ich auf dem Balkon stand und all die Leute dort unten sah, und als ich sah, wie gigantisch diese Halle ist, spürte ich instinktiv, daß ich diese Kraft, diese

Vehemenz brauchte, wenn ich die vielen Menschen zum Schweigen bringen wollte.« Als Rappeneau die ersten Positive sah, gab er Gérard recht. »An alles hatte ich gedacht – nur nicht an die physikalische Realität dieser riesigen, mit Menschen gefüllten Halle. Gérard hatte es sofort erkannt.«

Dennoch behagte Gérard in den ersten Drehtagen die Atmosphäre am Set ganz und gar nicht. Dann erkannte er endlich, woran das lag. Die meisten Komparsen waren Ungarn und hatten keine Ahnung, was Cyrano eigentlich sagte, während Gérard umgekehrt von ihnen nicht die Reaktionen erhielt, die er brauchte. Er ließ die Dreharbeiten erst einmal unterbrechen und einen Übersetzer kommen, der den Text und die Geschehnisse des jeweiligen Drehtags Zeile für Zeile erläuterte. Erst danach hatte er das Gefühl, mit seinen Kollegen und seiner Umgebung richtig kommunizieren zu können. »Gérard saugt alles in sich auf«, erklärt Rappeneau. »Wenn er auf eine Gruppe Menschen stößt, spürt er sofort, welche Spannungen zwischen dem und dem herrschen und was alles unter der Oberfläche schwelt. Er hat einen unglaublichen Blick und ein noch unglaublicheres Gehör.«

Nach einigen Drehtagen wurde Gérard vollends zu Cyrano. Sein Gehör, das Professor Tomatis einst als sehr schlecht diagnostiziert hatte, war absolut. Sein Gedächtnis, das früher nur wenig speichern konnte, behielt jetzt jede Silbe, jede Nuance von Rostands Stück. Und erst seine Stimme! Die Stimme, die seine ganze Kindheit hindurch so blockiert gewesen war, daß die Wörter nur als würgendes Stammeln herauskamen, schwang jetzt in der altfranzösischen Sprachmelodie, floß im rhythmischen Schwung der Alexandriner dahin. Seine Virtuosität, sein Sprachgefühl versetzten seine Schauspielerkollegen und Rappeneau in Erstaunen, vor allem wenn der Regisseur an die ersten Probentage mit der Elite der Comédie Française zurückdachte.

»Bei den ersten Probelesungen war Gérard zwar völlig ausdruckslos dagesessen, hatte manchmal scheinbar sogar vor sich hin gedöst, aber in Wirklichkeit hatte er allen zugehört, ihre Technik abgelauscht, sich dieser Technik schließlich bedient, sie verändert und übertroffen«, erklärt Rappeneau. »Er bewies diesen

Gérards Darstellung des klassischen französischen Helden Cyrano de Bergerac wurde mit einem César und einer Oscar-Nominierung als bester Schauspieler gewürdigt. Mit diesem Film erwarb er sich endgültig die Anerkennung als bester europäischer Schauspieler der Gegenwart.

Schauspielern auf ihrem eigenen Gebiet, daß er besser war als alle anderen.«

Cyranos unerwiderte Liebe zu Roxane bildet den Kern der Geschichte, und bei den entsprechenden Szenen mit Anne Brochet, seiner Roxane, wirkte Gérard ganz besonders inspiriert. Brochet fand, daß er seinen Kollegen große Offenheit und Natürlichkeit im Umgang mit ihm abverlangt. »Man muß ganz schnörkellos sein, ganz einfach und ehrlich«, sagt sie. »Wenn man zu bluffen oder zu heucheln anfängt, merkt er das sofort. Man muß wahrhaftig sein. Zum Glück fanden wir zu einer bestimmten Harmonie, die sogar bis in den Zusammenklang unserer Stimmen hineinreichte.«

Authentizität, Geschmackssicherheit, Großzügigkeit, emotionale Wahrhaftigkeit. Die Schlüsselwörter von Gérards schauspielerischem Credo verwirklichten sich in der besonderen Atmosphäre, die Rappeneaus Film kennzeichnet, in Gérards symbiotischem

Verhältnis zu Cyrano und dem, was diese Figur repräsentiert und im Zuschauer wachruft.

»Alle vergaßen die Technik, aber sie spielte natürlich eine große Rolle«, betont Rappeneau. »Wir befanden uns im Bereich der reinen Emotion. Das hatten wir Gérard zu verdanken. Zu Beginn, bei den Proben, hatte ich immer nur auf die Technik geachtet. Aber da war Gérard bereits viel weiter gewesen. Von einem bestimmten Punkt an hatte er alles in sich aufgenommen und stürmte immer höher, um die Wahrheit zu finden. Er produzierte große Kunst.«

In Frankreich, Amerika und in der ganzen Welt reagierten Kinopublikum und Kritiker mit überwältigender Begeisterung auf den Film. »Der grandiose neue ›Cyrano de Bergerac‹ bringt den richtigen Mann – Gérard Depardieu – zum richtigen Zeitpunkt seines Lebens und seiner Karriere mit einer der spannendsten Rollen des europäischen Dramas zusammen – mit einer Rolle, für die er wie geboren ist«, schrieb Kevin Thomas von der LOS ANGELES TIMES. VARIETY, die Bibel der amerikanischen Filmindustrie, äußerte sich ähnlich überschwenglich: »›Cyrano‹ gewinnt um mehr als Nasenlänge, erzielt eine fast perfekte Balance zwischen verbaler und visueller Üppigkeit. Depardieus herausragende darstellerische Leistung in der Rolle des verschmähten Krieger-Poeten setzt einen neuen Maßstab, an dem sich alle zukünftigen Cyranos messen lassen müssen.«

»Mr. Depardieu verleiht diesem Cyrano erstaunlichen Humor und großes Pathos«, schrieb Vincent Canby von der NEW YORK TIMES. Andrew Sarris, ausgewiesener Kenner des französischen Films, schrieb im New Yorker OBSERVER über Gérard: »Er ist mehr als Fleisch und Blut, er ist offene Wunde und erzürnte Verletzlichkeit. Der Schlüssel zur Dynamik seines Spielens ist nicht in der Aktion, sondern in der Emotion zu suchen.«

Auch die britischen Kritiker gerieten ins Schwärmen. In TIME OUT war zu lesen: »Unerwartet leichtfüßig in den hektischen Action-Sequenzen, quälend zärtlich in den Liebesszenen, geschickt zwischen Komödie und Tragödie changierend – so erweckt Depardieu diese verstaubte, abgedroschene Figur zum Leben, und es sieht ganz so aus, als hätte er sich vorgenommen, die Kinowelt damit ein für allemal zu erobern.«

In Frankreich brachte ›Cyrano‹ jeden noch bestehenden Zweifel an Gérard und seinem fast schon unheimlichen Talent zum Schweigen. In Cannes wurde er zum besten Schauspieler gekürt; er gewann den César für den besten Schauspieler, und ›Cyrano‹ erhielt den César für den besten Film des Jahres 1990. Außerdem brachte ›Cyrano‹ Gérard, zusammen mit seinem übrigen Werk, einen »Super César« als bester Schauspieler des Jahrzehnts ein. Wenig später erhielt er in Amerika weitere Auszeichnungen: ›Cyrano‹ wurde für den Oscar als bester ausländischer Film nominiert und Gérard für den als bester Schauspieler. So ehrt Hollywood nur selten einen Schauspieler für seine Leistung in einem nicht englischsprachigen Film.

Über alle diese Preise und Elogen hinaus war der Cyrano für Gérard, diesen Schauspieler auf der ständigen Suche nach einem Autor, mehr als nur eine Rolle: Er verhalf ihm zur endgültigen Anerkennung und Selbstbestimmung. Der Glanz, den Cyranos Geschichte ausstrahlt, und die Poesie ihrer Sprache würden zwar weiterhin ausschließlich Edmond Rostands Verdienst sein, die Stimme, die Gefühle und die große Würde von ›Cyrano de Bergerac‹ aber würde man von nun an für immer mit Gérard Depardieu verbinden.

»Das Schöne an ›Cyrano‹ ist, daß wir alle Cyrano sind«, sagt Gérard. »Das Schöne ist seine Suche nach Liebe. Er ist kein von kleinlichen Gefühlen beseelter Mensch. Cyrano ist eine Rolle für alle Schauspieler, nicht nur für mich. Um den Cyrano darstellen zu können, braucht man Herz, Lebendigkeit, Freude. Cyrano ist das Gegenteil von Ego; man muß es nur einfach tun und dabei alles geben, was man in sich trägt.«

FÜNF

NACH AMERIKA

Das Softball-Team
von ›Green Card‹

16 Das Geschenk

Woraus besteht Kreativität? Was sind ihre Wurzeln? Ist sie ein Geschenk der Natur oder kann sie erlernt werden – und wenn ja, wie?

Über diese und ähnliche Fragen hat der australische Regisseur Peter Weir in seinem Leben viel nachgedacht und bestimmte Aspekte dieses Themas in seinem hochgelobten Film ›Dead Poets Society‹ (›Der Club der toten Dichter‹) beleuchtet, in dem Robin Williams einen unkonventionellen Lehrer spielt, der Ende der fünfziger Jahre in einer erzkonservativen Privatschule an der amerikanischen Ostküste unterrichtet. Wie der reale Lehrer, auf dessen Geschichte der Film basiert, versucht Williams, seine Schüler zur Kunst, Literatur und Poesie hinzuführen, indem er ihnen Ratschläge, ja fast einen Führer zur Belebung der Kreativität an die Hand gibt: Brecht aus euren Gewohnheiten aus! Betrachtet die Welt aus neuen Perspektiven! Belebt eure Sinnlichkeit und eure Instinkte! Bemüht euch um Offenheit und innere Freiheit! Riskiert etwas! Riskiert etwas! *Carpe diem* – Genieße, nutze den Tag! Und folgt dem Credo des Dichters Henry David Thoreau: »Saugt dem Leben all sein Mark aus!«

Weir brachte in den Film viel Sensibilität und einen ungewöhnlichen persönlichen Hintergrund ein. Seine Familie stammt aus Schottland, er ist aber bereits in der dritten Generation Australier. Er wuchs in den fünfziger und sechziger Jahren in Adelaide in einer konventionellen Mittelschichtfamilie auf. Dann aber machte sich der für Eindrücke sehr empfängliche junge Mann 1965 auf den Weg nach Ägypten, Griechenland, Italien und

Frankreich. Weir und Generationen von Studenten aus Australien und der ganzen Welt verstanden solche Reisen weder als Sightseeing-Tour noch als angenehmen Zeitvertreib, sondern stillten damit eine viel tiefere Sehnsucht. »Wir Australier fühlen uns ein bißchen entwurzelt«, erklärt er. »Wir haben keinen Bezug zur Vergangenheit.«

Schon vor seinem Abflug spürte Weir, daß sich auf dieser Reise Dinge von großer Tragweite ereignen würden, und sein Gefühl trog ihn nicht. Auf einer fünfwöchigen Bootsfahrt in Ägypten traf er eine junge Australierin namens Wendy. Sie wurden Freunde, verliebten sich ineinander, heirateten später und bekamen zwei Kinder. Als er die ägyptischen Pyramiden, griechischen Tempel und alten Palazzi in Italien mit eigenen Augen sah, wuchs seine Begeisterung über all diese Kunstwerke immer mehr: »Es war eine Art klassischer Erziehung.« Dann kam er nach Frankreich, nach Paris, die wirkliche bzw. geistige Heimat so vieler weltberühmter Maler und Schriftsteller. »Ich hatte eine ganz bestimmte Vorstellung von Frankreich«, sagt er. Und er wurde nicht enttäuscht.

In Paris schlenderte er über die Boulevards, saß in Cafés, besuchte die Kunstmuseen, wanderte an der Seine entlang und ging im Jardin du Luxembourg spazieren. In Wendy und in ihm entstand eine große Liebe zu Frankreich, besonders zu Paris, und Peter kehrte mit einer gesteigerten künstlerischen Empfindsamkeit nach Australien zurück.

Der Regisseur Weir zeichnete sich von Anfang an durch die Fähigkeit aus, in seine hochklassigen Unterhaltungsfilme auch sehr ernste Themen einfließen zu lassen. In ›Gallipoli‹ zum Beispiel erzählte er von einem jungen Mann, der mit den Schrecken und Willkürlichkeiten des Krieges konfrontiert wird. ›The Year of Living Dangerously‹ (›Ein Jahr in der Hölle‹), einer der besten Filme, die je über das Leben und die Arbeit eines Auslandskorrespondenten gedreht wurden, handelt von einem jungen Reporter, der Zeuge der politischen Umbrüche und der Unterdrückung im Indonesien Sukarnos wird. Der Film spielte im Jahr 1965, dem Jahr seiner Europareise. »Das war das Jahr, in dem *ich*

›in der Hölle‹ lebte«, sagt Peter. Der Film, in dem der junge Mel Gibson die Hauptrolle spielt und Sigourney Weaver verführt, wurde von Kritikern und Kinobesuchern in aller Welt gelobt. Danach machte Weir für Hollywood die Filme ›Witness‹ (›Der einzige Zeuge‹) mit Harrison Ford und ›The Mosquito Coast‹ (›Mosquito Coast‹) nach dem Roman von Paul Theroux.
Mit ›Der Club der toten Dichter‹ gelang es Weir einmal mehr, ernste Probleme auf populäre Art anzusprechen. Durch die von Robin Williams dargestellte Figur hinterfragte der Regisseur traditionelle Lehrmethoden und die Erziehung unserer Kinder. In Amerika wurde der Film für Eltern, Lehrer und viele junge Leute zu einem *must*; auch in Frankreich hatte er sensationellen Erfolg. Monatelang stand er in den Kinohitlisten an erster Stelle und löste eine landesweite Debatte über Kreativität, über den Schulunterricht und die Bildungseinrichtungen in Frankreich aus.
Nach ›Der Club der toten Dichter‹ trat für Weir eine schöpferische Pause ein. Er litt zwar nicht gerade unter einer Blockade, brachte jedoch nicht genug Begeisterung und Energie auf, um aus seinen Ideen Filme zu machen. Er zog einige Geschichten in Erwägung, spielte damit herum, aber wie er die Storys auch drehte und wendete, er konnte sich für nichts begeistern. »Ich war in einer totalen Flaute«, so beschreibt er es selbst. Mitten in dieser post-›Dichter‹-Krise sahen sich Wendy und er Andrzej Wajdas Film ›Danton‹ an, in dem Gérard die Titelrolle spielte, und fanden den Schauspieler brillant und sehr aufregend. Als einer der Anführer der Französischen Revolution sprühte er nur so vor Energie, Leben und schöpferischer Kraft. »Mann, mit dem würde ich gerne arbeiten«, sagte Weir, als er das Kino verließ. Da hatte Wendy eine Idee: »Wie wär's, wenn du diese Geschichte von dem Engländer in Südkalifornien verfilmen würdest?« Es handelte sich um ein Exposé, das noch nicht besonders weit gediehen war, weder auf dem Papier noch in Weirs Phantasie: Ein Ausländer hat Schwierigkeiten, sich Arbeitspapiere zu beschaffen, die berühmte amerikanische *green card*. Um an die Papiere heranzukommen, sucht er sich eine Braut für eine schnell geschlossene, zeitlich begrenzte »Ehe auf dem Papier« – eine fragwürdige, unter Immi-

granten in Amerika und Westeuropa aber durchaus übliche Praxis.
Zufällig kam Gérard zu dieser Zeit nach Australien, um im Rahmen einer seiner weltweiten Promotiontours für einen Film zu werben, in diesem Fall für ›Les Compères‹ (›Zwei irre Spaßvögel‹). In seinen Interviews erzählte er der australischen Presse unter anderem, wie sehr er die Lebendigkeit des australischen Kinos und die Filme von Peter Weir schätze. Wendy schlug ein Treffen zwischen den beiden vor, aber Weir zögerte. In seinen Augen war Gérard einer der besten Schauspieler der Welt, und wenn er zu ihm ginge, dann nur mit einem Drehbuch in der Hand. Da er keines hatte, schnitt er ein Foto von Gérard aus einer australischen Zeitung aus, pinnte es sich zur Inspiration über seinen Schreibtisch, wandte sich wieder seinem fiktiven Engländer in Kalifornien zu und sah die Geschichte plötzlich als leichte, romantische Komödie vor sich, geradezu perfekt für Depardieu. Er würde einen Franzosen spielen, der nach New York kommt; besser konnte man Gérard und seine Schauspielkunst einem breiten englischsprachigen Kinopublikum gar nicht vorstellen. Weirs Phantasie fing Feuer, die Sache kam ins Rollen – oder, wie er es ausdrückt: »Meine Muse kehrte zurück.«
Indem er nun eine Rolle entwarf, von der er hoffte, daß Gérard sie spielen werde, indem er in Gérards Haut schlüpfte und sich in seine Denkweise versetzte, wie ein Schauspieler dies mit einer Rolle tut, entdeckte Weir eine Seite von Depardieu, die sich stark von der Brutalität und Rauhbeinigkeit unterschied, die Gérards frühe Rollen gekennzeichnet hatten. Weir stellte in seinem Drehbuch Gérards Verletzlichkeit in den Vordergrund und zeichnete ihn als einen sich mühsam durchkämpfenden Komponisten, der unter seinen Schwierigkeiten mit der englischen Sprache leidet und deshalb sehr befangen ist. Die Figur besitzt aber auch große innere Kraft und Schlitzohrigkeit. Die in New York herrschenden Vorstellungen von politischer oder gastronomischer Korrektheit sollten ihn in dieser bikulturellen Romanze nicht im geringsten beeindrucken. Nein, er sollte filterlose Gitanes rauchen, Espresso in sich hineinschütten und Unmengen von noch halb blutigem

Fleisch vertilgen. Im Umgang mit Frauen sollte er allerdings sehr schüchtern und respektvoll sein. Was das Komponieren betraf, so sollte er gerade an einer Arbeitsblockade leiden; seine musikalischen Einfälle sollten nur sehr stockend kommen.
Als Weir ein überzeugendes Exposé geschrieben hatte, ging er damit nach Hollywood, zu Disney. Die maßgeblichen Leute dort waren begeistert, und Weir konnte das Projekt nun endlich seinem Wunschpartner präsentieren. Gérard hatte noch nie einen größeren Film auf englisch gedreht und reagierte daher, wie immer, in seiner so zögerlichen, analytischen und nachdenklichen Art: »Klar!« rief er schon bei der allerersten Erwähnung der Möglichkeit, einen Film mit Peter Weir zu drehen. Im Dezember 1989, als der größte Teil von ›Cyrano‹ abgedreht war, ging Gérard nach Australien, um mit Peter Weir am Drehbuch zu arbeiten. Der Mann, den er dort kennenlernte, war groß und schlank, hatte Sommersprossen, rötliches, an den Schläfen leicht ergrautes Haar und sehr sanfte Augen. Gérard spürte sofort, daß der Regisseur von ›Der Club der toten Dichter‹ ein Wesensverwandter war. Die beiden arbeiteten sehr gut zusammen. »Peter hat geschrieben, und ich kenne mich mit dem Licht aus«, erklärte Gérard.
Weir kann nur ein bißchen Französisch, und Gérard sprach zum damaligen Zeitpunkt ein kaum als solches zu bezeichnendes Englisch, so daß die beiden die Sprache als Kommunikationsmittel oft umgehen mußten. Das sorgte für manche Frustration, intensivierte letztlich jedoch die Beziehung zwischen Schauspieler und Autor. »Peter kann wunderbar zuhören, er ist ein bißchen wie ein Vater«, sagt Gérard. Als Weir ›The Last Wave‹ (›Die letzte Flut‹) drehte, freundete er sich mit einem Aborigine-Zauberer an und schaffte es, mit diesem Mann auf zumeist nonverbale Weise intensiv zu kommunizieren. Die Sprache der Aborigines kennt keine Vergangenheits- und Zukunftsformen, nur die Gegenwart. Alles ist hier und jetzt – real, fühlbar. Ähnlich empfand Weir Gérard und begann ihn als einen »weißen Aborigine« zu betrachten.
Ironischerweise erinnert Weirs Beobachtung an etwas, das Gérard in den *Gestohlenen Briefen* geschrieben hatte. Als er ein Kind war,

lebten Dédé und Lilette in einer Welt, aus der Vergangenheit und Zukunft ausgeschlossen waren. Es blieb nur das übrig, was Gérard als »die Kraft der Gegenwart« bezeichnete. »Die Gegenwart ist das Heftigste, was es gibt, weil sie das ist, was da ist. Es ist *da*«, schrieb er. »Das nennt man Leben. Mit seinen Gerüchen, seinen Unannehmlichkeiten. ... Glücklicherweise ist die Gegenwart das, was brennt, was brutzelt, sie ist ein gigantisches Feuer. Sie hindert uns daran, stehenzubleiben. Die Vergangenheit zu lieben ist verdächtig. Ich möchte meinen Erinnerungen nicht ähneln. Die Regel meiner Eltern war die Zeit, der Herzschlag einer Uhr: ›Tick-tack... Tick-tack...‹, die gegenwärtige Zeit.«
Zu Beginn des Jahres 1990 bekam Gérard ein bißchen Angst vor den Dreharbeiten für seinen ersten englischsprachigen Film. Er befürchtete, durch das Arbeiten in einer Sprache, die er kaum verstand, die Spontaneität zu verlieren, die er zum »Abheben« braucht. »Es war genauso wie damals, als ich mit sechzehn nach Paris kam und nichts über meine eigene Sprache wußte«, erklärt er. »Ich konnte nur die Wörter, die ich las, wiederholen, ohne sie wirklich zu verstehen, und jetzt, zwanzig Jahre später, kam ich mit genau demselben Problem nach Amerika.«
Er wandte sich hilfesuchend an Professor Tomatis, den Mann, der ihn aus seiner schweren Sprachstörung herausgeführt hatte. Tomatis stattete ihn mit einem tragbaren »Elektronischen Ohr« und einigen Bandaufnahmen aus, damit Gérard sich an die spezifischen Frequenzbereiche des amerikanischen Englisch gewöhnen konnte.
Im März 1990 begannen in Manhattan die Dreharbeiten für ›Green Card‹. Die NEW YORK TIMES widmete Gérards Ankunft und seinem ersten Film in englischer Sprache zwei längere Artikel. Und genau wie der übermütige Franzose, den er darstellen sollte, erwies Gérard sich schon bei seinem ersten Erscheinen am Drehort als politisch unkorrekt. »Sie haben tolle Brüste«, teilte er einer jungen Frau beiläufig mit. Sie reagierte empört, was bei Gérard wiederum Verwirrung und Verlegenheit auslöste. »Ich war ein bißchen überrascht. Ich bin dort nämlich genauso aufgetreten, wie ich eben bin. Ich lege es nicht darauf an, irgend jemanden zu pro-

vozieren, aber mein Gesicht ist nun mal provozierend, und in Frankreich kann man einer Frau ohne weiteres sagen: ›Sie haben tolle Brüste.‹ Na ja, als ich das nun in New York sagte, waren die Amerikanerinnen total schockiert. Ich sagte: ›Aber ich wollte doch niemanden beleidigen oder gar etwas Zweideutiges von mir geben. Ich habe es nur gesagt, weil ich Ihre Brüste wirklich schön finde. Brüste – das ist doch das richtige Wort, oder?‹ Womit ich nur noch tiefer ins Fettnäpfchen trat. Später, als sie mich fertiggemacht hatten, konnte ich dann alles sagen, auch ganz gräßliche Sachen, und sie lachten nur und sagten: ›Na, was soll's, ist eben ein *Franzose.*‹ Ich finde das traurig. Man kann sich doch von der Moral nicht die ganze Lebensfreude verderben lassen.«

Durch die Zusammenarbeit mit Gérard erlangte Weir ein ganz neues Wissen über das Mysterium der Kreativität. Gérards Fröhlichkeit und Kindlichkeit faszinierten ihn, desgleichen die Tatsache, daß er offenbar »kein Ego hat«. Weir hatte sich entschlossen, dem Drehbuch einige Details aus Gérards realem Leben hinzuzufügen, seine Tätowierungen, beispielsweise, und seine Jugendfreundschaft mit Irène und Michèle. Er gestaltete Gérards Text einfach, ließ ihn in seinem eigenen, ungefähren Englisch reden, nahm ihm damit manches von seiner Angst und gab seiner Intuition viel Spielraum. »Peter erzwingt nie etwas. Man wird nie das Opfer seiner Geschichte«, sagt Gérard. »Bertrand Blier geht wie ein Wilder ran, aber Peter dreht Filme so, wie die Beatles Musik machten.«

Der perfekte Gegenpart zu Gérard mit seiner auf Gitanes und Fleischgenuß basierenden Lebensfreude war Andie MacDowell, eine empfindsame Frau von zarter, fast ätherischer Schönheit. Wie immer übernahm Gérard die Aufgabe, für eine gute Arbeitsatmosphäre zu sorgen, und fing damit gleich bei Andie an. Sie entwickelten zwar eine gute Beziehung zueinander, aber Gérard war trotzdem frustriert. Andie war eine sehr gute Schauspielerin, aber es kam so gut wie nie vor, daß sie mit ihm und Peter Weir abends nach den Dreharbeiten noch auf einen Drink oder zum Essen ging – sie fuhr heim zu Mann und Kindern. Gérard erklärt, er habe nicht die Absicht gehabt, sie zu verführen, aber eine intensivere emotionale Beziehung zu ihr hätte er schon gern aufgebaut, um sie dann in die Kamera hinein zu vermitteln. Andererseits ist Brontë, die Frau, die Andie im Film darstellt, ziemlich reserviert und innerlich zerrissen. Zunächst hat sie eine stabile Beziehung mit einem typischen New Yorker der achtziger Jahre, einem politisch korrekten Mann, nett, sensibel, Nichtraucher und Vegetarier, der sich für Feminismus und Umweltschutz einsetzt. Gérard sorgt dagegen ständig für Unruhe. Zu Brontë ist er zwar sehr sanft, verhält sich anderen gegenüber allerdings eher wie ein Steinzeitmensch, und obendrein weckt der Kerl in Brontë auch noch eine tiefsitzende, offenbar verdrängte Leidenschaftlichkeit und ungeahntes Mitleid. Sie sieht ihn an und sagt: »Kommt gar nicht in Frage.« Aber tief in ihr ist etwas, das am liebsten: »Ja!« rufen würde.

»Die Frau, die ich spiele, konnte ihn eigentlich gar nicht mögen«, sagt Andie. »Ich stellte es mir so vor, daß sie ihn ganz gut leiden kann, daß sie das aber stört, weil er nicht zu ihr paßt. Sie fühlt sich hingezogen zu diesem Kerl, aber er paßt einfach nicht zu ihr. Und sie gibt sich ja ständig die allergrößte Mühe, es allen recht zu machen. Er ist heruntergekommen, und ihre Eltern wären niemals mit ihm einverstanden, aber da ist nichts zu machen – sie liebt ihn.«

Weir versuchte, sich in die Beziehung der beiden möglichst nicht einzumischen, hielt sich eher im Hintergrund und überließ es Gérard, Andie »Regieanweisungen« und Selbstvertrauen zu geben und sie aus sich herauszulocken. »Gérard hat ein Talent, das Selbstwertgefühl anderer Menschen zu stärken. In dieser Hinsicht ist er sehr großherzig«, sagt Andie. »Er ist überhaupt ein sehr bescheidener Mensch, und ich kann mir gar nicht vorstellen, daß er jemals anders sein könnte. Wenn man mit ihm arbeitet, entdeckt man nicht die geringste Spur von Selbstherrlichkeit an ihm.«

Während der Dreharbeiten entstand auch zwischen Weir und Gérard eine ungewöhnliche Harmonie. Obwohl sie keine gemeinsame Sprache hatten, kam es am Set weder zu Streitigkeiten noch zu Mißverständnissen. Durch die Zusammenarbeit mit Gérard wurde auch eine bestimmte Vorstellung, die Peter von Frankreich

1990 drehte Gérard in Manhattan ›Green Card‹, seinen ersten großen englischsprachigen Film, den der australische Regisseur Peter Weir (neben Gérard) inszenierte. Bei den Dreharbeiten standen Gérard seine französischen Lieblingstontechniker Pierre Gamet (mit Bart) und Bernard Chaumeil zur Seite.

hatte, wieder aufgefrischt. Wendy und er waren zwar im Lauf der Jahre oft nach Paris zurückgekehrt, hatten dort aber nie wieder die Neuheit und kreative Kraft empfunden wie bei ihrem ersten idyllischen Aufenthalt. Bei der Zusammenarbeit mit Gérard spürte Peter diese kreative Kraft plötzlich wieder. »Gérard war mehr als ein Schauspieler, er war ein Künstler, und zwar ein ganz einzigartiger«, sagt Weir. »Irgendwie verkörperte er für mich die Gefühle, die Frankreich ganz am Anfang in mir hervorgerufen hatte. Als ich mit ihm drehte, spürte ich: ›Ja, genau, das ist es!‹«

Jean-Paul Rappeneau sah ihn, wie viele Regisseure, die mit Gérard zusammengearbeitet haben, nach einer Weile als ein »Medium«, das Energie und Botschaften in sich aufnehmen und weitergeben kann, ja das sogar Rappeneaus Gedanken lesen konnte. Auch für Weir ist Gérard ein Medium, das die unheimliche Fähigkeit hat, mit allen Menschen zu kommunizieren, egal welche

Sprache sie sprechen und welcher Kultur sie angehören. »Bei den Dreharbeiten für ›Green Card‹ habe ich *einen* Gérard Depardieu kennengelernt, aber ich bezweifle, daß ich *den* Gérard Depardieu kenne. In ihm stecken viele Menschen.«

Als sie in Manhattan drehten, gab Weir eines Abends eine Dinner Party; zu den Gästen zählten Gérard, Harrison Ford, Linda Hunt, die in ›Ein Jahr in der Hölle‹ eine hervorragende darstellerische Leistung geboten hatte, und Oliver Sacks, der Neurologe, dessen Forschungsarbeit das Thema von Penny Marshalls Film ›Awakenings‹ (›Zeit des Erwachens‹) war. Sacks ist auch Schriftsteller und berichtete in seinem Buch *Der Mann, der seine Frau mit einem Hut verwechselte* von unglaublichen neurologischen Störungen, bei denen bestimmte innere Bereiche des Gehirns gleichsam abgeschnitten sind von anderen Bereichen. Die Party war sehr lustig und anregend, und am nächsten Morgen bedankte sich Weir am Set bei Gérard für sein Kommen. Der war hellauf begeistert von den anderen Gästen. »Ich habe herrlich geschlafen und toll von ihnen allen geträumt«, erzählte er Weir. »Und weißt du was, Peter: In meinen Träumen *war* ich selbst abwechselnd all diese Menschen.« Die Bemerkung fasziniert Peter Weir noch heute.

»Es gibt kreative Menschen, die sehr gut senden können«, sagt Peter. »Gérard sendet *und* empfängt. Er ist reine Kommunikation, keine intellektuelle Kommunikation.«

In seinem kreativen Schaffen verläßt Gérard sich offensichtlich auf etwas, das man »Zauberkraft« nennen könnte. Oft erwähnt er, daß eine seiner Großmütter sich mit den harmloseren Abarten der Hexenkunst befaßte und daß Dédé von einem primitiven Glauben an die Macht der Alchemie erfüllt war und das Blech deshalb im Licht des Vollmondes bearbeitete. Alle diese Verweise auf die Alchemie, die Zauberkraft, auf Medien und kreative »Sender« mögen wie metaphysischer Unsinn erscheinen, haben aber bestimmt etwas mit Gérards Arbeitsweise als Schauspieler zu tun. Es wurde bereits berichtet, daß er sich auf jede Rolle mit Hilfe einer Reise nach innen vorbereitet, daß er in sich selbst nach den versteckten Schatten der dargestellten Figuren, nach ihren Archetypen, sucht, die seiner Überzeugung nach in seinem Wesen und in seiner Psyche verborgen sind. Durch den Text der Drehbücher und seine Begegnungen und Verbindungen mit anderen kreativen Menschen glaubt Gérard diese verborgenen Archetypen aufspüren und in sein Bewußtsein bringen zu können, wo er sie dann vor der Kamera erkunden kann. Dieser Teil seines kreativen Schaffens ist tatsächlich mysteriös zu nennen. Deshalb soll einiges von dem, was Gérard über seine Kreativität zu sagen hat, jetzt in einem größeren Kontext noch einmal erörtert werden.

Gérards Ansicht nach gehen viele Schauspieler bei ihrer Arbeit viel zu intellektuell und analytisch vor. Für ihn ist das ein unnatürlicher Kunstgriff, der sich auf die Kreativität tödlich auswirkt. Für manche Schauspieler hegt er durchaus große Bewunderung; wenn sie mit dieser Methode zurechtkommen – ausgezeichnet. Er selbst aber muß einen eher intuitiven Weg gehen. Wenn Gérard sagt, daß die Darstellung des Cyrano für ihn »das Gegenteil von Ego« bedeutet, dann ist das keineswegs oberflächliches, trivialpsychologisches Gerede, sondern eine ernsthafte Auseinandersetzung mit seinem Metier. Ein zu stark ausgeprägtes Ichbewußtsein wirkt sich seiner Meinung nach bei einem Schauspieler negativ aus: Es tötet die emotionale Spontaneität ab. Schlecht für die notwendige Spontaneität und Intuition sind auch zu viele Proben. Wenn man ein Drehbuch mit dem richtigen Text und der richtigen Sprache hat und wenn am Set die richtige Atmosphäre herrscht, reagieren Gérards Überzeugung nach Körper und Gefühle ganz von selbst so, wie sie reagieren sollen. Das Denken stört nur den kreativen Prozeß. »Vor der Kamera darf man nicht denken«, sagt er. »Wenn man zu denken beginnt, hört schlagartig alles auf, man blockiert sich selbst. Man muß es einfach tun.«

Gérard glaubt, daß jeder von uns in sich kreative Wurzeln hat und daß Kreativität in Kindern ganz natürlich und spontan entsteht. Wenn Gérard am Drehort Witze reißt und den Clown spielt, ist er auf einer bestimmten Ebene einfach ausgelassen und gut gelaunt, gleichzeitig ist es aber auch der Versuch, kindlich zu bleiben. Wenn die Kamera mit der Aufnahme beginnt, will er von allen künstlichen und mentalen Blockaden völlig frei sein. Er will, daß sein Geist und sein Körper wie ein Musikinstrument und nicht wie ein Textverarbeitungsprogramm funktionieren. Er glaubt, daß seine Kreativität in einem Bereich unterhalb des Ichs liegt – im Bereich der Gefühle, Träume und Phantasien: »Ich interpretiere nie eine Rolle. Ich erlaube mir einfach zu träumen.«

Wenn er mit den Vorbereitungen auf eine Rolle beginnt, sucht er auch nach dem korrelierenden Schatten oder Archetypus, der sich in einem Bereich jenseits des Ichbewußtseins befindet. Gérard kann Bücher über Cyrano de Bergerac lesen, den Text auswendig lernen und sich davon anregen lassen, aber der Prozeß, durch den er mit Cyrano verschmilzt, ist alles andere als rational. Gérard behauptet sogar, daß die eigentliche Suche sich in einem Bereich des mentalen Chaos, der mentalen Anarchie abspielt – in einem Bereich, der dem Bewußtsein nicht ohne weiteres zugänglich wird. »Die beste Recherche beginnt immer in der Dunkelheit und Zusammenhanglosigkeit«, betont er. »Für mich bedeutet schöpferisch tätig sein, alle diese inneren Bereiche versuchsweise zu erkunden, die zwar zu mir gehören, die ich aber noch nicht kenne oder verstehe. Nur indem ich sie auslebe, kann ich sie entdecken.«

Wenn Gérard über seinen schöpferischen Prozeß spricht, erinnert vieles an das, was Carl Gustav Jung über Archetypen und über seinen eigenen wissenschaftlichen Werdegang geschrieben hat. In *Erinnerungen, Träume, Gedanken,* der Darstellung seiner eigenen inneren Entdeckungsreise, schreibt er, daß die wahre Synthese dessen, was er erforschte und intellektuell lernte, in einem unterhalb des Bewußtseins liegenden Bereich erfolgte. Seine wertvollsten Einsichten seien durch die Erkundung seiner eigenen Innenbereiche entstanden; durch diese Erkundung habe er seine Träume und die von ihnen verkörperten Schatten ins helle Licht des Bewußtseins bringen können. Jungs Ansicht nach bot dieser Prozeß der inneren Suche eine Möglichkeit, wieder an die natürlichen, angeborenen Energie- und Verständnisquellen zu gelangen. Sein Bericht beginnt mit folgenden Sätzen: »Mein Leben ist die Geschichte einer Selbstverwirklichung des

Unbewußten. Alles, was im Unbewußten liegt, will Ereignis werden, und auch die Persönlichkeit will sich aus ihren unbewußten Bedingungen entfalten und sich als Ganzheit erleben.«
Gérard hat *Erinnerungen, Träume, Gedanken* nicht gelesen und besitzt nur minimale Kenntnisse des Jungschen Werks, ist aber offenbar ganz intuitiv und durch seine Arbeit mit Professor Tomatis sowie durch seine Begegnungen mit Schauspiellehrern, Psychologen und Psychoanalytikern bis zu einem gewissen Grad zu den gleichen Einsichten und Anschauungen gelangt wie Jung. Gérard beschreibt seine Arbeit als eine permanente Selbst-Entdeckungsreise. Durch die Rollen, die er spielt, versucht er ständig, seine inneren Dimensionen und äußeren Konturen und Grenzen zu umreißen. In mehr als achtzig Filmen hat er ein breites Spektrum an Charakteren, Temperamenten und sexuellen Vorlieben verkörpert. Da er pro Jahr vier bis fünf Filme dreht, ist er gewissermaßen gezwungen, alles, was er in sich trägt, zu erkunden und außerhalb seiner selbst manifest werden zu lassen. Allerdings spielt er nur selten dieselbe Figur zweimal; das ist ihm zu uninteressant, zuwenig Herausforderung. Sobald er einen Teil seines Wesens erkundet hat, zieht es ihn zu einem Innenbereich, der noch nicht ergründet ist. Ende der achtziger Jahre beispielsweise wollte er mit der Darstellung gewalttätiger Männer nichts mehr zu tun haben. Er hatte seine innere Fähigkeit, zornig und brutal zu sein, bereits zu gründlich erforscht. Er sagte seinen Freunden, daß er von nun an nur mehr positive, lebensbejahende Menschen darstellen wolle. Aber auch die führen ihn tief in sein Inneres hinein. »In mir gibt es immer schattige Zonen«, erklärt er. »Deshalb gehe ich den Dingen immer auf den Grund. Der Alkohol ist ein gutes Beispiel. Ich mache alles extrem.«
Bei der Arbeit bemüht Gérard sich oft, seine gewohnten Bezugspunkte und Denkmuster zu zerstören, radikal zu ändern. Wie der Lehrer in ›Der Club der toten Dichter‹, der seine Schüler auffordert, auf die Pulte zu steigen, um sich und die Welt aus einer neuen Perspektive zu sehen, kennt Gérard viele verschiedene Möglichkeiten, seine Figuren mit ganz neuen Augen zu betrachten. Es kommt nur selten vor, daß er betrunken am Drehort erscheint,

aber er betrachtet Alkohol und sogar emotionale Traumen als eine Möglichkeit, sich den unzugänglichsten Bereichen seiner Psyche zu nähern. Während der Dreharbeiten zu ›1492‹ kam eines Tages ein amerikanischer Schauspieler auf ihn zu und sagte ihm, er könne die für den Nachmittag geplante Szene wahrscheinlich nicht drehen, er habe hohes Fieber. »Mach was draus!« forderte Gérard ihn auf. »Bring dein Fieber mit rein, spiel damit! Vielleicht siehst du deine Rolle dann plötzlich ganz anders.«

»Was ist das eigentlich – ein Schauspieler?« fragt Gérard. »Ein Mensch, der zuhört, zuhört, zuhört, zuhört und zu lächeln lernt. Ich sauge mich ständig mit Menschen, Worten und Gefühlen voll, und vor der Kamera lasse ich das alles dann raus. Ich versuche einfach, den Leuten zu zeigen, was ich in mir trage.«

Ein Film verbindet die daran mitwirkenden Künstler und die Zuschauer in einem von Schein und Mythos geprägten Bereich; Filme bringen uns immer gegenwärtige Repräsentationen zeitloser, archetypischer Bilder. Die Art und Weise, wie Archetypen repräsentiert werden, entsteht mit den sich verändernden Zeitläuften und dem Wandel sozialer und kultureller Werte. Durch die Figuren, die Gérard auf der Leinwand darstellte, wurde er ein Symbol der rebellischen Achtundsechziger-Generation und repräsentierte dann den verwirrten Mann, der von den sexuellen Umbrüchen der siebziger und achtziger Jahre überrumpelt wird. Mit ›Cyrano‹ kehrte Gérard zu einem der bleibenden romantischen Helden der französischen Literatur und des kollektiven kulturellen Bewußtseins der Franzosen zurück und erhielt für seine Darstellung weltweit Applaus. In ›Green Card‹ stand er wieder für einen altmodischen romantischen Helden, diesmal allerdings in einem zeitgenössischen Kontext. Das Ergebnis war ein Erfolg, der die Erwartungen seiner Urheber weit übertraf. Die Produktionskosten betrugen 13 Millionen Dollar, aber allein in den Vereinigten Staaten spielte der Film über 30 Millionen Dollar ein. Auch die Australier waren von ›Green Card‹ begeistert, und in London lief er fast ein Jahr lang. Die Franzosen dagegen reagierten eher kühl auf den Film, vielleicht weil sie es ihrem Nationalsymbol übelnahmen, daß es seine Begabung nun in Amerika und in einem englischsprachigen Film unter Beweis stellte. In den Vereinigten Staaten führte ›Green Card‹ dazu, daß Gérard nun nicht mehr bloß den Besuchern von Filmkunstkinos, sondern im ganzen Land bekannt war. Und wieder löste er aufgrund seiner Leinwandpräsenz und der durch ihn aufgewühlten Gefühle bei vielen Amerikanerinnen heftige positive Reaktionen aus. »Depardieu besitzt eine schon fast unanständige Anziehungskraft«, schrieb Sheila Benson von der Los Angeles Times. »Peter Weir schrieb ›Green Card‹ mit einem offenbar seismischen Gespür für die widersprüchlichen Eigenschaften dieses Schauspielers: Grobheit und Zartgefühl, Eleganz und Schäbigkeit, Unschuld und Weltlichkeit, Männlichkeit und Weiblichkeit.«

Jungs Ansicht nach sind Künstler Medien und Mittler, durch die der vielfältige soziale und psychische Druck ansteigt und wieder fällt. »Durch Kunst und Künstler«, so Jung, »werden wir in die Lage versetzt, unseren Weg zurück zu den tiefsten Quellen des Lebens zu finden.«

Wie mängelbehaftet und einseitig unsere Zeit auch sein mag, es steht fest, daß so unterschiedliche Schriftsteller und Intellektuelle wie Peter Weir, Jean-Paul Rappeneau und Bertrand Blier Gérard Depardieu heute als eine Muse betrachten, die sie zu ihren eigenen inneren Resourcen zurückführen und der künstlerischen Erfüllung näherbringen kann. Es ist schon eine Ironie, daß in einer postindustriellen Ära, in der die Ratio der Intuition vorgezogen und Geld über künstlerische Inspiration gestellt wird, Schauspieler, Drehbuchautoren und Regisseure in Paris und New York, Australien und Hollywood sich heute Nachhilfestunden in Kreativität erteilen lassen von einem Narren aus der *France Profonde*, dieser zeitlosen, mystischen Region, die, gemessen am heute üblichen kulturellen und ökonomischen Reichtum, so verarmt ist, früher einmal aber sehr reich an »primitiver« Folklore, Aberglauben und Mythen war.

In Hollywood bei der Verleihung
des Golden Globe als bester
Komödiendarsteller 1990

17 Die *TIME*-Affäre

Gegen Ende des Jahres 1990 befand sich Gérard auf einem unglaublichen Höhenflug. ›Cyrano de Bergerac‹ und ›Green Card‹ waren international sehr erfolgreich und in Amerika ausgezeichnet aufgenommen worden. Im Januar 1991 kamen die ersten Preise und Ehrungen. Bei der Verleihung der Golden Globes, die alljährlich von der Foreign Press Association in Hollywood vergeben werden, wurde Gérard als bester Schauspieler in einer Komödie ausgezeichnet, ›Green Card‹ wurde zur besten Komödie des Jahres gekürt und ›Cyrano‹ zum besten ausländischen Film. Und dann bedachte man Gérard mit einer der größten Auszeichnungen der ganzen Filmbranche: Man nominierte ihn – wegen seiner Darstellung des Cyrano – für einen Oscar als bester Schauspieler. Der Film selbst erhielt fünf Nominierungen, darunter auch die für den Oscar als bester ausländischer Film.
»Es ist wirklich unglaublich«, sagte Gérard nach der Golden-Globe-Verleihung in Los Angeles. »Die Amerikaner haben mich mit einer Herzlichkeit und mit so viel Anerkennung für meine Arbeit begrüßt, wie ich es, ehrlich gesagt, nie erwartet hätte. Es ist wie im Traum.«
Dieser Traum sollte jedoch bald ausgeträumt sein. Nachdem er den Golden Globe erhalten hatte, flog Gérard auf die Insel Mauritius im Indischen Ozean, wo er eine neue Komödie drehen wollte – ›Mon Père, Ce Héros‹ (›Mein Vater, der Held‹) –, in der er einen geschiedenen, von der Familie getrennt lebenden Vater spielt, der den Kontakt zu seiner Teenager-Tochter wiederaufnehmen will. Diese Figur erinnerte Gérard ein bißchen an sich

selbst, denn Julie, seine eigene Tochter, war gerade im Teenager-Alter, und auch er war als Vater oft weit weg gewesen. Das von dem witzigen französischen Cartoonisten Gérard Lauzier verfaßte Drehbuch gefiel ihm ausgezeichnet; produziert werden sollte der Film von Jean-Louis Livi. Nach den anstrengenden Dreharbeiten für ›Cyrano‹ und ›Green Card‹ freute Gérard sich auf diese leichte Komödie und eine kleine Verschnaufpause.

Aber dann veröffentlichte das Magazin TIME in seiner Ausgabe vom 4. Februar 1991 ein Porträt Depardieus, das kurz vor der Oscar-Verleihung entstanden war. Richard Corliss, ein Filmkritiker von TIME, hatte in dem Artikel versucht, Gérards rabelaissche Exzesse hervorzuheben. Unter dem Titel »Leben in einem großen Glas« setzte das Porträt im typischen TIME-Stil ein: »Gérard Depardieu, der beste und bekannteste Schauspieler Frankreichs, ist ein Abenteurer. Er ißt mit beiden Händen und handelt mit beiden Fäusten. Auf der Leinwand strahlt er ungebändigte Energie aus, liefert seine Darstellungen ganz aus dem geräumigen Bauch heraus, flüstert oder tobt – je nachdem, was die Rolle zuläßt und der Augenblick erfordert. Er ist der Urmensch, dem die moderne Gesellschaft Fesseln angelegt hat und der den Einsatz für seine anarchischen Instinkte ständig erhöht.«

In einer Passage über Depardieus Vergangenheit schrieb Corliss, seine frühen Jahre seien »... wie eine noch schrecklichere Version seines ersten Erfolgsfilms ›Die Ausgebufften‹ gewesen, in dem er einen kleinen Dieb und üblen Weiberhelden spielte. Der Sohn eines analphabetischen Webers aus einem Kaff namens Châteauroux klaute Autos und verkaufte geschmuggelte Zigaretten und Whiskey an die auf einer nahe gelegenen Army Base stationierten amerikanischen Soldaten. In der Schule trug er eine Waffe bei sich. ›Aber das war bloß Kinderkram‹, sagt er achselzuckend. ›Ich hatte den Revolver nur eine Woche, ich wollte ihn meinen Freunden zeigen.‹ Und was ist mit der Geschichte, die besagt, er habe mit neun Jahren erstmals bei einer Vergewaltigung mitgemacht? ›Ja.‹ Und später kam es dann noch zu vielen Vergewaltigungen? ›Ja‹, gibt er zu, ›aber unter den damaligen Umständen war das völlig normal. Es gehörte einfach zu meiner Kindheit.‹«

Diese wenigen Zeilen, in denen Depardieu als bekennender Vergewaltiger dargestellt wird, der seine Aussagen noch dazu ganz beiläufig und unbußfertig von sich gibt, lösten einen internationalen Skandal aus und führten zu einer der traumatischsten Perioden seines Lebens.

Aber hatte Depardieu wirklich mit neun Jahren eine Frau vergewaltigt? War er von TIME korrekt zitiert worden? Hatte er tatsächlich gesagt, er habe zahlreiche Vergewaltigungen begangen und das sei »unter den damaligen Umständen« »völlig normal« gewesen? Nach der Veröffentlichung der TIME-Story stritt Depardieu kategorisch ab, mit neun Jahren oder überhaupt jemals eine Vergewaltigung begangen zu haben. Er behauptete, falsch zitiert worden zu sein, und drohte TIME mit einer Anzeige wegen Verleumdung. TIME konterte, Depardieus Aussagen seien auf Tonband aufgenommen und »fair und korrekt« wiedergegeben worden. Wo lag die Wahrheit? Es sollte zweieinhalb Jahre dauern, bis auf diese Frage konkrete Antworten folgten.

Als der TIME-Artikel erschien, kam es zu keiner sichtbaren Reaktion der Öffentlichkeit bzw. in den Medien. Einen Monat später druckte TIME jedoch einen Leserbrief, in dem Depardieus scheinbar gleichgültige Haltung gegenüber Frauen und dem Thema Vergewaltigung moniert wurde. Am 8. März griff die New Yorker POST die Geschichte auf und brachte einen Artikel, in dem prominente Feministinnen und Frauen, die Opfer von Vergewaltigungen betreuten, mit wütenden Kommentaren über das scheinbar völlig ungerührt gemachte Geständnis zitiert wurden. Ein leitender Ermittler am »National Center for Control and Prevention of Rape« (Nationales Zentrum zum Schutz vor Vergewaltigung) analysierte die in TIME veröffentlichte Aussage Gérards und wurde mit den Worten zitiert, Depardieus Kommentar zeuge von »absoluter Gefühllosigkeit. Dieser Mann zeigt das übliche Verhaltensmuster des aktiven Leugnens«.

Die POST-Story ging davon aus, daß Depardieu ein bekennender Vergewaltiger sei, und wiederholte die in TIME abgedruckten belastenden Zitate. Außerdem sprach die POST mit Corliss und erfuhr von ihm, daß Depardieu in einem Interview, das er dem

Magazin 1978 gab, erstmals Vergewaltigungen eingestanden und dies in einem erst kurz zuvor auf Band aufgenommenen Interview mit einer TIME-Korrespondentin bestätigt habe. »Er rechtfertigte sich keinen Deut mehr als 1978«, erklärte Corliss gegenüber der POST.

Auch die »National Organization of Women« (Nationale Frauenorganisation), der wohl größte Zusammenschluß von Feministinnen in den Vereinigten Staaten, zeigte sich erzürnt über die Depardieu unterstellten Zitate und erhob in der heftiger werdenden Kontroverse ihre einflußreiche Stimme. Die NOW forderte Depardieu auf, sich für seine begangenen Taten zu entschuldigen und einem Zentrum für Opfer von Vergewaltigung eine hohe Geldsumme zu spenden, um zu zeigen, daß es ihm Ernst sei und er Reue empfinde. Wenige Tage später griff Judy Mann, eine Kolumnistin der WASHINGTON POST, den Fall auf. In einem am 20. März erschienenen Artikel mit der Überschrift »Wie umgehen mit dem Vergewaltiger, der zum Frauenschwarm wurde?« schrieb sie:

»Mr. Depardieu hat eine schmutzige Vergangenheit. Von dieser Vergangenheit führte er uns mehr vor, als gut für ihn war, und zwar in einem Interview aus dem Jahr 1978, das kürzlich in TIME seine Wiederauferstehung feierte. Richard Corliss befragte den Schauspieler nach seiner Kindheit, in der er Waffen mit sich herumtrug und klaute.« Empört über die in TIME zitierten Bemerkungen Gérards, forderte Mann die Amerikaner auf, seine Filme zu boykottieren, um »an der Kinokasse klarzumachen, daß es Handlungen und Einstellungen gibt, die sie zu verabscheuungswürdig finden, als daß sie sie jemals gutheißen könnten, und sei es auch nur stillschweigend, durch das Bezahlen einer Kinokarte«. Mann schloß ihren Artikel mit den Worten: »Es fehlte gerade noch, daß die Medien weiterhin einen Schauspieler glorifizieren, der als Vergewaltiger begann.«

Die »Depardieu-Affäre« wurde jetzt zur großen internationalen Nachricht. Zeitungen und Zeitschriften in Europa mischten sich in die Kontroverse ein; viele druckten die vernichtenden Aussagen aus dem TIME-Porträt ab. Die Londoner DAILY MAIL

Gérards Fangemeinde in den Vereinigten Staaten wurde immer größer, und er erhielt einen Preis der US-Verleiher als beliebtester ausländischer Schauspieler. Michael Barker (mit Brille) und Tom Bernard organisierten bisher den Verleih von etwa einem Dutzend Depardieu-Filmen.

schickte, ähnlich wie andere Zeitungen auch, zwei Reporter nach Châteauroux, die den Auftrag hatten, die Kindheit des führenden europäischen Schauspielers zu untersuchen. Trotz intensiver Suche in Gérards Heimatstadt fanden die Reporter keinerlei Hinweise darauf, daß Depardieu jemals eine Vergewaltigung begangen hatte. Trotzdem erschien der entsprechende Artikel unter einem riesengroßen Foto von Depardieu und trug die Titelzeile: »Ist das der berühmteste Vergewaltiger Frankreichs?«

Als die Nachricht über den TIME-Artikel und der daraus resultierende Aufruhr zu Depardieu auf Mauritius drang, dachte er zuerst, es handle sich um einen üblen Scherz. Zu Freunden in Frankreich und Amerika sagte er damals: »Ein Vergewaltiger mit neun? Wollen die mich verarschen? Wer verbreitet eigentlich einen derartigen Unsinn?« Er bewunderte Frauen, sie hatten ihm stets die wertvollsten Ratschläge erteilt. Wie konnte man da überhaupt auf die Idee kommen, er sei ein Vergewaltiger? Seine Freunde und Berater machten ihm allerdings rasch klar, daß er es keineswegs mit einem Scherz zu tun hatte, und erklärten ihm am Telefon besorgt, der entstandene Skandal sei eine ernste Sache mit möglicherweise katastrophalen Folgen für seine Karriere und seinen Ruf.

Von ihrem New Yorker Büro aus erreichten Michael Barker und Tom Bernard Gérard telefonisch auf Mauritius und sprachen mit ihm über einen anderen besorgniserregenden Aspekt der TIME-Affäre, nämlich über deren potentielle Auswirkungen auf die Oscar-Verleihung. Barker und Bernard waren 1983 von United Artists weggegangen und leiteten jetzt die Firma Orion Classics, die ›Cyrano de Bergerac‹ in Amerika verlieh. In einem Monat sollten die Academy Awards überreicht werden, und all diese negative Publicity unterminierte natürlich die Bemühungen der beiden, dafür zu werben, daß Gérard und der Film Oscars erhielten. Barker und Bernard kannten Gérard mittlerweile seit über zehn Jahren und glaubten keine Sekunde lang, daß er mit neun oder in irgendeinem anderen Alter Frauen vergewaltigt hatte. Dennoch baten sie ihn, sich in New York einen Sprecher zu suchen und der Presse gegenüber ein ausdrückliches Dementi verlautbaren zu lassen. Außerdem drängten sie und seine anderen Berater ihn, sich einen Anwalt zu nehmen.

Depardieu befolgte die Ratschläge. Er stellte Lois Smith, eine New Yorker Publizistin, an und nahm sich einen Anwalt aus Los Angeles. Dann gab er in Paris und New York ein Statement ab, in dem er den TIME-Bericht »kategorisch dementierte«. Er beschuldigte TIME, seine Bemerkungen von 1978 sowie die Aussagen gegenüber TIME in dem erst kurz zuvor erfolgten Interview falsch übersetzt und völlig falsch ausgelegt zu haben. Smith und Depardieus Sprecher in Paris gaben allerdings voneinander abweichende Statements ab, und Smith wurde in USA TODAY dahingehend zitiert, daß Depardieu den Vorfall »bedauere«. Die Zeitung interpretierte dies in bezug auf die Vergewaltigung als ein Schuldeingeständnis Depardieus und veröffentlichte einen entsprechenden Artikel. Lois Smith behauptet, sie sei falsch zitiert worden und habe in Wirklichkeit gesagt, Depardieu »bedauere« die Art und Weise, wie TIME seine Bemerkungen falsch ausgelegt habe. Das alles vergrößerte natürlich nur die Verwirrung und trug nicht dazu bei, eine Ausweitung des Skandals zu verhindern.

Nachdem Depardieu die Richtigkeit der Zitate bestritten hatte, veröffentlichte TIME ein vehement formuliertes Statement: »Die Frage ist nicht, ob TIME bei seiner Geschichte bleibt, sondern ob TIME M. Depardieus Bemerkungen fair und korrekt wiedergegeben hat. Das Interview mit Depardieu wurde auf französisch geführt und auf Tonband aufgenommen. Damit hinsichtlich dessen, was er sagte und was berichtet wurde, keinerlei Unklarheiten bestehenbleiben, veröffentlichen wir das folgende Transkript.« Zusammen mit diesem Statement druckte TIME eine Transkription der Äußerungen über Vergewaltigungen ab, die der Schauspieler TIME gegenüber gemacht hatte. Dieses Transkript geriet jedoch unter starken Beschuß durch die französische Presse, die Anstoß daran nahm, wie manche von Depardieus Bemerkungen ins Englische übersetzt worden waren.

Für Gérard war das alles alptraumhaft. Als ihm die ganze Tragweite des Skandals bewußt geworden war, geriet er in einen Zustand zwischen Wut und Bestürzung; er fühlte sich regelrecht gedemütigt. »Ich bin verletzt«, erklärte er gegenüber PARIS-MATCH. »Ich fühle mich beschmutzt.« In einem von Mauritius aus geführten Telefongespräch erzählte er mir, er habe keine Erinnerung an das Interview von 1978 und habe nie eine Druckfassung davon gesehen. Er beharrte darauf, nie irgendwen vergewaltigt zu haben; allerdings habe er einmal als Jugendlicher eine Vergewaltigung *gesehen.* Er sei in einer rauhen Stadt mit G.I.-Bars, Striplokalen und Prostituierten aufgewachsen und habe sich in einem Milieu bewegt, in dem Gewalt allgegenwärtig gewesen sei; dies sei ein zentrales Faktum seiner Jugend. In dem Interview mit TIME habe er klarzumachen versucht, daß Brutalität und Vergewaltigungen nicht etwa in dem Sinne »normal« gewesen seien, daß er sie akzeptiert oder entschuldigt hätte. Normal sei gewesen, daß jeder, der in diesem Milieu verkehrte, *Zeuge* von solch grauenhafter Brutalität geworden sei. Die Brutalität sei sogar einer der Hauptgründe dafür gewesen, daß er Châteauroux den Rücken gekehrt habe, sagte er mir. Genau das habe er auch TIME gegenüber zu erklären versucht, aber alle seine Äußerungen seien entweder verdreht oder mißverstanden worden.

Als die Weltpresse dazu überging, ihn in ihren Schlagzeilen als Vergewaltiger zu titulieren, begann Gérard stark zu trinken. Er war in der Lage, vor der Kamera zu agieren, nicht aber, diese internationale Krise und die tägliche Flut von Presseanfragen zu meistern. Jean-Louis Livi übernahm von Paris aus das Krisenmanagement, koordinierte die Schadensbegrenzungsmaßnahmen in Europa und Amerika und flog zwischendurch immer wieder nach Mauritius. Es gelang ihm zwar, ein bißchen Ordnung in Depardieus Krisenmanagement zu bringen, aber nicht einmal er schaffte es, Gérard zu beruhigen. Der soff und soff, und je mehr er trank, um so dicker wurde er und um so schwerer wurden seine Depressionen. Die engsten Freunde konnten sehen, wie sehr ihn die Sache mitnahm.

Daheim in Bougival wurden Elisabeth und die Kinder von der französischen und ausländischen Presse belagert, deren Vertreter lautstark nach neuen Interviews und Reaktionen verlangten. Die Reporter und Fotografen standen buchstäblich vor der Haustür. Elisabeths größte Sorge war die Belastung, die das Ganze für Guillaume und Julie darstellte. Gleichzeitig hatte Elisabeth natürlich auch große Angst um Gérard und seine physische und psychische Stabilität. »So hatte ich ihn noch nie gesehen«, sagte sie später einmal. »Das Ganze hatte ihn unglaublich getroffen.«

Die französische Öffentlichkeit reagierte auf die TIME-Story mit Empörung und Abscheu. Depardieu – mit neun Jahren ein Vergewaltiger? Ihr Nationalheld, ihr Cyrano – ein Frauenschänder? Die Franzosen betrachteten das Ganze als einen Angriff auf ihre nationale Ehre. Neben vielen anderen verurteilte auch Kulturminister Jack Lang öffentlich den TIME-Artikel und die amerikanische Presse und bezeichnete die ganze Affäre als »Tiefschlag gegen einen unserer größten Schauspieler«. Die »Affäre Depar-

1993 spielte Gérard in der englischen Version einer sinnlichen, intimen Komödie mit, die er bereits auf französisch gedreht hatte: ›Mon Père, Ce Héros‹ (›Mein Vater, der Held‹). Er stellt in diesem Film einen nicht bei seiner Familie lebenden Vater dar, der mit seiner amerikanischen Tochter (Katherine Heigl) Urlaub macht und feststellen muß, daß sie nicht mehr das kleine Mädchen ist, für das er sie noch immer hält. Disney hoffte, der Film ›Daddy Cool‹ würde den Erfolg von ›Green Card‹ noch übertreffen.

dieu« führte zu einer heftigen Verurteilung des Magazins TIME durch die französische Nationalversammlung, die sich mit dem Schauspieler solidarisch erklärte. Jacques Attali, der zum damaligen Zeitpunkt einflußreichste Berater von Präsident François Mitterrand, nannte die TIME-Story eine »schmähliche Verleumdung«. Die Autorin und politische Aktivistin Elisabeth Badinter, eine der angesehensten Frauen Frankreichs, schrieb, die Affäre habe den Beigeschmack einer »Hexenjagd«. Französischen Diplomaten in den Vereinigten Staaten zufolge, sandte die französische Regierung der US-Regierung im Zusammenhang mit den Angriffen auf Depardieu sogar eine formelle Protestnote.
In Châteauroux waren die Menschen, die Gérard als Jungen gekannt hatten, schockiert und bestürzt über die von TIME erho-

benen Anschuldigungen. Hatte denn bei TIME noch nie jemand einen neunjährigen Jungen gesehen?

Viele Franzosen, vor allem Presse- und Filmleute, argwöhnten, hinter der Angelegenheit könnten sich unsaubere Machenschaften, eine Art Hollywood-Komplott verbergen. Der Zeitpunkt der Affäre erschien ihnen überaus verdächtig – schließlich befand man sich gerade in der Phase, in der die Filmindustrie ihren alljährlichen Lobbyismus in Hinblick auf die Oscar-Verleihung betreibt. Die französische Presse machte in mehreren Artikeln darauf aufmerksam, daß ›Cyrano de Bergerac‹ als Oscar-Gewinner für den besten ausländischen Film favorisiert werde und daß die Studios und Verleihfirmen Jahr für Jahr verbissen darum kämpften, ihren Filmen Oscars zu verschaffen. Es wurde auch darauf hingewiesen, welche Goldgrube ein Oscar für die meisten Schauspieler bzw. Filme bedeutet. Des weiteren klärte die französische Presse ihre Leser darüber auf, daß Time-Warner sowohl das Mutterunternehmen von TIME als auch von Warner Brothers, dem einflußreichen Hollywood-Filmstudio, war. Würde eine Oscar-Niederlage für die Franzosen einen Gewinn für Warner Brothers bedeuten? Dieses weit hergeholte Szenario erhielt in den Augen der Franzosen dadurch eine gewisse Plausibilität, daß auch Jeremy Irons für den Oscar als bester Schauspieler nominiert worden war, und zwar für seine Darstellung in dem Warner-Brothers-Film ›Reversal of Fortune‹ (›Die Affäre der Sunny von B.‹).

In einem für den FIGARO verfaßten Artikel, der in bearbeiteter Form von der NEW YORK TIMES und der INTERNATIONAL HERALD TRIBUNE nachgedruckt wurde, schrieb Toscan du Plantier eine überzeugende Verteidigungsrede für Depardieu und sprach ebenfalls von üblen Machenschaften. Toscan behauptete, die Verleihung der Academy Awards sei praktisch eine politische Angelegenheit geworden, und zählte die vielen Fälle auf, in denen französische Filme bei der Preisverleihung leer ausgegangen waren, und zwar vor allem in der Kategorie »Bester ausländischer Film«. »Selbstverständlich«, schrieb er, »wäre es falsch, wegen der zahlreichen Enttäuschungen, die wir in den Vereinigten Staaten hinnehmen mußten, in Paranoia zu verfallen.« Dann hob

er korrekt hervor, daß die stärkste Konkurrenz der Amerikaner auf dem internationalen Filmmarkt die Franzosen seien.
In amerikanischen Filmkreisen wurden Toscans Artikel und der in Frankreich offen geäußerte Verdacht, es handle sich um eine Art Hollywood-Komplott, mit Hohn zur Kenntnis genommen. Selbst Gérards engste Vertraute in Amerika wiesen die Behauptung zurück, es sei vielleicht eine Verschwörung im Gange, und interpretierten seine Nominierung für ›Cyrano‹, ebenso wie die Nominierung von Isabelle Adjani für ›Camille Claudel‹, als Ausdruck dafür, daß Hollywood seinem Talent und seiner Leistung Respekt zollen wollte. Andererseits waren Gérards Berater sich darin einig, daß er nur minimale Chancen hatte, bei der Oscar-Verleihung gegen seine vier anglophonen Rivalen zu gewinnen: Jeremy Irons, Kevin Costner für ›Dances With Wolves‹ (›Der mit dem Wolf tanzt‹), Robert De Niro für ›Awakenings‹ (›Zeit des Erwachens‹) und Richard Harris für ›The Field‹ (›Das Feld‹). »Es ist praktisch noch nie vorgekommen, daß ein ausländischer Schauspieler bzw. eine Schauspielerin den Oscar als bester Schauspieler bzw. beste Schauspielerin für einen Film erhielt, der nicht auf englisch gedreht wurde«, erklärt Michael Barker.
In Anbetracht der Entrüstung und hitzigen Kontroverse beschloß Gérard, der Einladung zur Oscar-Verleihung in Hollywood nicht Folge zu leisten, obwohl dieses Ereignis noch wenige Wochen zuvor einer der größten Momente in seinem Leben zu werden versprochen hatte. Jetzt fehlte ihm der Mut dazu. Die Reise von Mauritius nach Los Angeles hätte fast zwei Tage gedauert und wäre sehr anstrengend gewesen; nach seiner Ankunft hätte er die Reporter- und Fotografenmassen abwehren und in seinem schlechten Englisch ständig wiederholen müssen: »Ich bin kein Vergewaltiger.« Außerdem glaubte er sowieso nicht mehr daran, den Oscar für den besten Schauspieler gewinnen zu können; seiner Überzeugung nach konnte das kein französischer Schauspieler. In seinen Augen war es schon Ehre genug, überhaupt nominiert worden zu sein.
Er blieb also auf Mauritius und sah sich die Oscar-Verleihung im Fernsehen an. Wie erwartet, ging er als bester Schauspieler leer

aus; den Preis erhielt Irons. Ein wirklich schwerer Schlag war jedoch, daß ›Cyrano‹ in der Kategorie »Bester ausländischer Film« gegen einen kleinen Schweizer Film mit dem Titel ›Reise der Hoffnung‹ verlor. Gérards Ansicht nach zeigte sich darin, nach welch politischen Kriterien – gerade in dieser Kategorie – die Academy Awards vergeben wurden. Er war sehr unglücklich darüber, daß seine Scherereien mit TIME die Oscar-Chancen von ›Cyrano‹ offenbar verkleinert hatten und den Machern des Films sowie den Schauspielern und dem Team somit die internationale Anerkennung verweigert wurde, die sie seiner Meinung nach verdient hatten.

Filmkritiker und Filmjournalisten in ganz Europa zeigten ähnliche Reaktionen. Sie äußerten sich mit vernichtenden Worten über die Wahl der Oscar-Gewinner und behaupteten, der TIME-Skandal habe ›Cyrano‹ des Oscars beraubt, den der Film verdient habe. Kurz nach Ausbruch der Kontroverse hatte Depardieu sich einen Rechtsanwalt genommen: E. Barry Haldeman in Los Angeles, der mit seinen Partnern zahlreiche berühmte Hollywood-Stars, Regisseure, Produzenten und Drehbuchautoren vertritt. Haldeman übernahm den Fall zusammen mit seinem Partner Bert Fields, der in der Unterhaltungsindustrie als einer der besten Anwälte in Verleumdungssachen gilt. Haldeman und Fields studierten die wichtigsten Unterlagen des Falles. Dann telefonierte Haldeman mit Depardieu; die beiden gelangten zu der Auffassung, daß Gérards Bemerkungen entweder falsch interpretiert oder aber mißverstanden worden waren. Daraufhin forderten sie TIME auf, eine Zurücknahme der erhobenen Vorwürfe zu drucken.

Den ganzen Frühling des Jahres 1991 hindurch blieb das Magazin TIME jedoch öffentlich bei seiner Geschichte und weigerte sich, einen Widerruf bzw. eine Entschuldigung zu drucken. Am 8. April schob TIME in der Rubrik »Presse« einen Artikel nach, in dem über das zum internationalen Skandal aufgebauschte Ereignis noch einmal berichtet wurde, und zwar unter der Überschrift: »L'Affaire Gérard Depardieu«. Das Magazin nahm den Artikel zum Anlaß, seine Position zu rechtfertigen: »Von dem TIME-Interview, das auf französisch geführt wurde, existiert eine Bandaufnahme. Das Depardieu-Lager behauptet, seine Aussagen seien falsch übersetzt worden und er habe nur zugegeben, Zeuge von Vergewaltigungen geworden zu sein. TIME wird die Forderung des Schauspielers, die entsprechende Passage zurückzunehmen, nicht erfüllen.«

Daß TIME sich weigerte, eine Zurücknahme der Behauptungen zu drucken, erboste Gérard. »Wenn ich Schlagzeilen im Stil von ›Oscar, Depardieu, Vergewaltiger‹ sehe, dann ist das schlimm, schlimm für meine Familie, für meine Frau Elisabeth, für meine Kinder. Und zwar weil es, obwohl es nicht wahr ist und obwohl es Schwachsinn ist, in den Köpfen der Leute hängenbleibt. Solche Schlagzeilen beschmutzen mich.« Depardieu erklärte der französischen Presse: »Glauben Sie allen Ernstes, man könnte mit neun Jahren jemanden vergewaltigen? ... Ich gebe nichts von alldem zu. Ich habe diese Dinge nie gesagt.«

Haldeman und Fields bereiteten nun eine Verleumdungsklage gegen TIME vor. Ihre Begründung lautete, das Magazin habe Depardieu fälschlich als einen Vergewaltiger dargestellt und die daraus entstandenen Konsequenzen hätten dem Ruf des Schauspielers, seiner Karriere und seiner Familie schweren Schaden zugefügt. In Anbetracht der Schwere der Beschuldigung wollten die Anwälte das Argument anführen, TIME habe die Anschuldigung ohne ausreichenden Nachweis publiziert. »Ich glaube, wir hatten gute Aussichten auf Erfolg«, sagt Haldeman.

Auch Elisabeth Depardieu fand es wichtig, daß Gérard TIME wegen Verleumdung verklagte. Die Sache vor Gericht zu bringen war wohl die einzige Möglichkeit, Gérard zu rehabilitieren und die Familienehre wiederherzustellen. Wie viele adelige Familien in Frankreich, besaß auch Elisabeths Familie ein Wappen; es trug die Inschrift: *»Qui aime bien, châtie bien«* – Wer viel liebt, straft viel. Diesem Wappenspruch wollte Elisabeth gerecht werden.

Gérard dagegen wußte überhaupt nicht mehr, was er tun sollte. Innerhalb weniger Wochen war er, den die Kritiker und das Kinopublikum in Amerika bejubelt hatten und der mit einem Golden Globe ausgezeichnet und mit einer Oscar-Nominierung bedacht worden war, in öffentliche Ungnade und völlige Verzweiflung

gestürzt. Wenn es denn überhaupt einen Trost gab, so war es, seinem Empfinden nach, die Tatsache, daß Dédé und Lilette 1988 gestorben waren und die Demütigung ihres Sohnes nicht miterleben mußten. Gleichzeitig bezweifelte er sehr, daß es vernünftig wäre, vor Gericht zu gehen. Er wußte nur sehr wenig über die amerikanische Gesetzgebung in Verleumdungsfällen, er haßte Gerichtssäle, und obendrein fehlten ihm die Geduld und die Englischkenntnisse, um sich mit den sprachlichen Nuancen zu beschäftigen, die bei einer Verleumdungsklage ausschlaggebend sein können. Ein Prozeß konnte sich Jahre hinziehen und ihn mehrere hunderttausend Dollar Anwaltsgebühren kosten. Der Prozeß würde der reinste Medienzirkus werden, er wäre die ganze Zeit über mit den internationalen Medien konfrontiert und müßte ständig den Satz »Ich bin kein Vergewaltiger« wiederholen.
»Unser Team stand schon in den Startlöchern«, sagt Haldeman. Aber Fields und er hatten selbst gewisse Vorbehalte: »Wir befürchteten, die Schlacht zu gewinnen, aber den Krieg zu verlieren.« Die beiden wußten von Gérards Besäufnissen und seiner psychischen Labilität und waren nicht gerade darauf erpicht, ihn auch noch in einen »medienwirksamen« Nervenzusammenbruch oder in den Zeugenstand zu treiben.
Nach langem Nachdenken faßte Depardieu schweren Herzens den Entschluß, TIME nicht zu verklagen. Seinen eigenen Worten zufolge basierte die Entscheidung zum Teil auf der Tatsache, daß Steve Ross, der damalige Leiter von Time-Warner, sich bei ihm schriftlich mit herzlichen, persönlichen Worten entschuldigt hatte. (Ross ist inzwischen gestorben.) Von TIME oder irgendeinem der Blätter, welche die ruinösen Bemerkungen nachgedruckt hatten, erhielt er dagegen nie eine Entschuldigung. Er hoffte einfach, daß der ganze Alptraum vorübergehen und in Vergessenheit geraten würde. Und wirklich verlagerte sich das öffentliche Augenmerk schon kurze Zeit später. William Kennedy Smith, Medizinstudent und junges Mitglied der Kennedy-Familie, wurde angeklagt, eine junge Frau auf dem Grundstück der Kennedys in Palm Beach, Florida, vergewaltigt zu haben, und die Depardieu-Affäre verschwand allmählich aus den Schlagzeilen.

Aufgrund der Schwere der Beschuldigung und der dramatischen Konsequenzen, die der Vorwurf der Vergewaltigung auf Gérards Leben, Arbeit und Familie hatte, verfolgte ich die Affäre von Anfang an sehr aufmerksam. Wenn Depardieu tatsächlich mit neun Jahren zum Vergewaltiger geworden wäre, hätte dies seine Kindheit und Jugend auf jeden Fall stark geprägt, und ich hätte der Sache bei den Recherchen für seine Biographie nachgehen müssen. In allen Gesprächen, die ich mit Gérard, mit seiner Familie und seinen Freunden führte, und während meiner gesamten Recherchen in Châteauroux und Paris fand ich nichts, was darauf hingedeutet hätte, daß Depardieu mit neun oder überhaupt jemals eine Vergewaltigung begangen haben könnte. Während die Reaktionen auf die TIME-Story immer heftiger wurden, sprach ich mit vielen Leuten, die aus erster Hand Auskunft über die Affäre, ihre Nachwehen und ihre Auswirkungen auf Gérard geben konnten. Während der ganzen öffentlichen Kontroverse sammelte ich publizierte Dokumente, die in direktem Zusammenhang mit dem Fall standen, und studierte sie gewissenhaft. Das Ergebnis dieser Untersuchung erwies sich als äußerst aufschlußreich. Dasselbe gilt für eine Reihe von Gesprächen, die ich im TIME-Gebäude führte, und zwar mit Leuten, die sowohl an der ursprünglichen Story als auch an den darauffolgenden Ereignissen beteiligt waren.

Die Affäre reicht tatsächlich zurück bis zu einem Artikel über Depardieu, der 1978 in einer Ausgabe von FILM COMMENT, einer kleinen, intellektuellen New Yorker Filmzeitschrift, veröffentlicht wurde. Der damalige Herausgeber der Zeitschrift war Richard Corliss. Besagten Artikel in FILM COMMENT hatte der Amerikaner Harry Stein verfaßt, ein freier Journalist und Redakteur, der damals in Paris arbeitete. In der mit dem Titel »Französischer Primitiver« überschriebenen Story berichtet Stein über einen turbulenten Drehtag, den er mit Depardieu verbracht hatte. Es handelte sich um den Film ›Frau zu verschenken‹, Bertrand Bliers Fortsetzungsfilm von ›Die Ausgebufften‹, dem Film, der in Frankreich einen Skandal auslöste und Depardieu zum Star machte. Und obendrein war es der Film, für den Gérard dadurch warb, daß er sich als der böse Junge von Châteauroux darstellte. Gérards wilde Jugend wurde in dem FILM-COMMENT-Artikel wie folgt zusammengefaßt: »Depardieus Vergangenheit ist so unglaublich deprimierend, daß selbst der zynischste Presseagent zögern würde, etwas über sie zu veröffentlichen. In der von der französischen Presse verlautbarten Version lautet das Märchen meist wie folgt: Depardieu, Sohn eines armen Webers aus der Provinzstadt Châteauroux, war ein jugendlicher Kleinkrimineller, der für gewissenlose Soldaten der örtlichen Army Base Waren verschob. Mit dreizehn haute er von daheim ab. Mit sechzehn landete er, völlig abgebrannt, ohne Ausbildung und irgendwelche Zukunftsperspektiven in Paris und auf der Bühne, wo er die Kritiker mit seiner rohen Kraft sofort beeindruckte und in der Folgezeit zu dem Star wurde, der er heute ist.«

Nach diesem »Märchen« als Vorspann berichtet der Autor von einem Interview, das er mit Depardieu während einer Drehpause beim Mittagessen geführt hatte. Bei diesem Mittagessen, so Stein, sitzt Depardieu mit drei anderen Leuten am Tisch, ißt zwei riesige Steaks, und die vier trinken drei Flaschen Beaujolais. Dem Autor zufolge machte Gérard, als er das zweite Steak fast aufgegessen hatte und die dritte Flasche fast geleert war, jenes umstrittene Bekenntnis in bezug auf die Vergewaltigung. Der Artikel beschreibt diesen wichtigen Teil des Interviews wie folgt; zuerst wird Depardieu zitiert:

> »Ich war immer der Jüngste, man mußte mir alles erst zeigen. Also, da war zum Beispiel mein Kumpel Jackie [*sic*], der war sechzehn oder siebzehn, der nahm mich mit zu meiner ersten Vergewaltigung.« Er schweigt eine Weile und fügt dann hinzu: »Ist inzwischen gestorben, der Jackie.« Der Vorfall ereignete sich, wie Depardieu lässig hinzufügt, in einem Busbahnhof. Das Mädchen, eine Brünette Anfang Zwanzig, wartete gerade auf einen Bus. Der Teenager und der neunjährige Junge begannen sie zu ärgern. »Die Sache kam ins Rollen und schwupp!« – Depardieu schnellt halb aus seinem Stuhl wie ein Tier, das nach der Beute schnappt – »war's auch schon passiert.« Er machte

eine Pause. »Das war normal. Später gab's noch viele Vergewaltigungen, die kann man gar nicht zählen.«

Danach wird Depardieu noch mit folgenden Worten zitiert: »Das war schon in Ordnung. Das Mädchen wollte vergewaltigt werden. Ich meine, Vergewaltigung gibt es ja in Wirklichkeit gar nicht. Ein Mädchen bringt sich immer selbst in die Lage, in die es kommen will.«

Die so wiedergegebenen Bemerkungen Depardieus klingen empörend, sind moralisch eindeutig inakzeptabel und nicht entschuldbar. Die von Depardieu erzählte Anekdote wirft allerdings einige Zweifel auf, die über die Frage hinausgehen, ob ein neunjähriger Junge physisch zu einer Vergewaltigung überhaupt in der Lage ist. Der »Jackie«, von dem Depardieu spricht, ist mit Sicherheit Jacky Merveille, der zum Zeitpunkt des Interviews tatsächlich bereits gestorben war. Seiner Mutter zufolge wurde Jacky jedoch 1946 geboren, war also zweieinhalb Jahre älter als Gérard. Depardieu wird in dem Artikel mit den Worten zitiert, Jacky sei bei dem Vorfall »sechzehn oder siebzehn« gewesen. Das würde bedeuten, daß Gérard vierzehn gewesen wäre, nicht neun, wie der Autor behauptet. Sollte sich die Sache tatsächlich ereignet haben, als Gérard neun war, wie es in dem Artikel heißt, dann müssen es zwei Jungen im Alter von neun und zwölf Jahren irgendwie geschafft haben, eine junge Frau Anfang Zwanzig mitten in einem Busbahnhof zu vergewaltigen.

Irgend etwas stimmt hier offensichtlich nicht. Die Geschichte enthält aber keinen Hinweis darauf, daß der Autor oder seine New Yorker Redakteure bei Depardieu später nachfragten, ob sie ihn auch wirklich richtig verstanden hatten. Ein neunjähriger Vergewaltiger? Auch darauf, ob der Reporter sich die Mühe machte, das von der französischen Presse kolportierte »Märchen« von Depardieus Vergangenheit zu überprüfen und die Fakten zu recherchieren, gibt es keinen Hinweis. Schon ein paar Stichproben im Archiv einer seriösen französischen Zeitung oder eine Nachfrage bei einem Presseagenten hätten außerdem gezeigt, daß Depardieus Vater kein »armer Weber« war, wie in dem Porträt behauptet.

Es stellt sich eine weitere Frage: Selbst wenn Depardieus Worte korrekt wiedergegeben worden waren – handelte es sich wirklich um das ernstgemeinte Geständnis, Vergewaltigungen begangen zu haben? Oder war das Ganze nur das beschwipste Dahergerede eines jungen Schauspielers, der Aufsehen erregen und sich in der Filmwelt ein Image schaffen wollte? Interessanterweise brachte die Ausgabe von FILM COMMENT, in welcher der Artikel erschien, einen zweiten Artikel über Depardieu, verfaßt von Molly Haskell, einer der angesehensten amerikanischen Filmkritikerinnen. Unter der Überschrift »Du Gérard, ich Jane« beschreibt sie ihre Begegnung mit Gérard bei Dreharbeiten. Auch sie wirft die Frage nach dem angeblichen Vergewaltigungsgeständnis auf, das sie stark anzweifelt.

Und was geschah, als diese überzeugte, unsentimentale Feministin den angeblichen Vergewaltiger persönlich kennenlernte? »Er war sofort ganz da, spielerisch, grinsend. Es gab keine Barrieren zwischen uns«, schrieb sie. »Zwischen den einzelnen Takes grinste er mich immer mal wieder an, und ich grinste zurück. Vielleicht wurde ich auch rot... Depardieu ist die neue Welt, Erneuerung, Hoffnung, Reiz, Eros... Der Mann ist ein charmanter Naturbursche. Und er ist – habe ich das bereits erwähnt? – einer der aufregendsten und wichtigsten neuen Filmschauspieler des heutigen Kinos.«

Fast dreizehn Jahre später schrieb Corliss, der inzwischen zum einflußreichen TIME-Kritiker avanciert war, sein eigenes Porträt über den französischen Schauspieler. Depardieu war mittlerweile der größte Filmstar Europas und hatte mit seiner sensiblen Darstellung in Filmen wie ›Die Wiederkehr des Martin Guerre‹, ›Jean de Florette‹ und ›Die letzte Métro‹ sein früheres Bad-Boy-Image weit hinter sich zurückgelassen. Außerdem hatten ihn zahlreiche amerikanische Zeitungen und Zeitschriften, darunter das NEW YORK TIMES MAGAZINE und NEWSWEEK, ausführlich porträtiert und seine wilde Jugend in Châteauroux um einiges behutsamer – und der Wahrheit eher entsprechend – beschrieben, als in dem FILM-COMMENT-Artikel geschehen. Dennoch griff Corliss für sein kurz vor der Oscar-Verleihung veröffentlichtes Porträt auf Depardieus frühere Bad-Boy-Legende zurück und untermauerte sie mit einigen Beispielen, die Stein bereits dreizehn Jahre zuvor verwendet hatte.

Corliss stellt Depardieu durchgehend als einen starken Trinker dar, zeichnet ihn als einen Unterschicht-Macho mit viel Talent und einer animalischen Anziehungskraft, aber ziemlich wenig Grips. Diese Beschreibung paßt exakt zu der Charakterisierung am Anfang des Artikels: »... der Urmensch, dem die moderne Gesellschaft Fesseln angelegt hat.« Am Schluß seines Porträts zitiert Corliss Depardieu wie folgt: »Ich muß nicht intelligent sein. Manchmal bin ich ein totaler Idiot und dann wieder ein bißchen weniger idiotisch. Das ist alles.«

Es mag für viele Leser überraschend sein, aber bei den Vorarbeiten für dieses mit Angabe des Verfassernamens veröffentlichten, stark interpretierenden Porträts traf sich Corliss kein einziges Mal persönlich mit Depardieu und interviewte ihn auch nicht. Wie bei TIME üblich, schrieb er den Artikel in New York, wobei er sowohl Archiv- als auch neues Material benutzte, das ihm eine freie Journalistin aus Paris übermittelte. In Corliss' Artikel ist davon die Rede, daß sie Gérard bei einem Mittagessen im Hotel »Georges V« in Paris interviewt hatte. Danach schickte sie der TIME-Zentrale in New York einen Bericht über dieses Gespräch. Diesen Bericht wob Corliss daraufhin in die Endfassung seiner »Leben in einem großen Glas«-Story ein, die auch die heiklen Depardieu-Zitate enthielt, welche nun wie ein neuerliches Vergewaltigungsgeständnis wirkten.

Da die ganze Affäre durch diese Zitate ausgelöst worden war und da Depardieu behauptet hat, falsch zitiert worden zu sein, muß sorgfältig untersucht werden, woher die Zitate stammten. Am 27. Oktober 1993 ging ich ins Time-Life-Building in Manhattan, um konkrete Antworten auf zwei grundlegende Fragen über Depardieus angebliches Vergewaltigungsbekenntnis zu bekommen.

Dem offiziellen Sprecher des Hauses, Pondiscio, zufolge wertete TIME Depardieus damalige Behauptung, falsch zitiert worden zu sein, als sehr schweren Vorwurf. Das Magazin habe sofort eine gründliche Überprüfung und Verifikation eingeleitet. Das Tonband mit dem Interview, das die freie TIME-Mitarbeiterin mit Depardieu geführt hatte, sei von Paris nach New York geschickt und transkribiert worden. Dann hätten Redakteure von TIME, zu denen mindestens eine Redakteurin mit Französisch als Muttersprache gehört habe, die Äußerungen Depardieus überprüft. Richard Corliss, so Pondiscio, habe TIME eine Kopie des FILM-COMMENT-Artikels zur Verfügung gestellt, und Justitiare von TIME hätten diesen frühen Artikel vor der Veröffentlichung überprüft und das Material später aufgrund von Depardieus Behauptungen und der Forderung seiner Anwälte, TIME solle einen Widerruf drucken, noch einmal gesichtet. Nach Abschluß dieser Überprüfung durch TIME-Redakteure und Verlagsjustitiare habe sich Pondiscio mit leitenden TIME-Redakteuren zusammengesetzt und darüber diskutiert, wie sie reagieren sollten. Er habe dann der Öffentlichkeit gegenüber eine formelle Erklärung abgegeben.

Nach der Überprüfung und der Absprache mit den leitenden Redakteuren veröffentlichte Pondiscio also ein Statement, in dem es hieß, Depardieu sei nicht falsch zitiert worden, sondern TIME habe seine Äußerungen »fair und korrekt« wiedergegeben. Auch als die Affäre weiter eskalierte, habe TIME, Pondiscio zufolge, nie eine Veranlassung gesehen, von der eingenommenen Position abzurücken. »Mit solchen Dingen würden wir nie nachlässig umgehen«, versicherte er mir. »Wir machten uns wirklich keine besonderen Sorgen deswegen«, sagte Pondiscio. »Wir hatten ihm nichts in den Mund gelegt. Wir hatten geschrieben, was er gesagt hatte. Wie sollte er da klagen? Meiner Ansicht nach gab es da keine Grauzone; schließlich hatten wir alles auf Band.«

Aber hatte TIME wirklich alles auf Band? Ich fragte Pondiscio ausdrücklich, ob alle wichtigen in dem Artikel zitierten Äußerungen wirklich auf Band zu hören seien. »Das ganze Interview ist auf Band aufgenommen und transkribiert worden«, erwiderte er.

Pondiscio, ein ehemaliger Rundfunkjournalist, sagte, er vertrete in derartigen Angelegenheiten die Politik der »lückenlosen Aufklärung«, und bot mir an, ein Treffen mit wichtigen TIME-Leuten zu arrangieren, die in die Sache selbst sowie in die daraus entstandene Affäre involviert waren. Auf meine Bitte hin versprach er außerdem, mir das offizielle Transkript derjenigen Passagen des Interviews auszuhändigen, die sich auf das Thema Vergewaltigung beziehen, und sagte, er werde mir darüber hinaus eine Kopie des Tonbands mit dem gesamten Interview zur Verfügung stellen. Pondiscio bat mich dringend, sowohl mit Corliss als auch mit der damals beteiligten Pariser Journalistin Foote-Greenwell zu sprechen. Dann begleitete er mich zu Corliss.

Corliss ist ein großer, stämmiger Mann mit einem gepflegten weißen Vollbart und einer Vorliebe für Zigarillos. Er hatte sich, wie er mir erzählte, schon während des Studiums und später beruflich vorwiegend mit dem Film beschäftigt. 1969 übernahm er den Herausgeberposten bei FILM COMMENT und fing Anfang 1980 als Filmkritiker bei TIME an. Corliss sagte, er könne Französisch lesen, spreche die Sprache jedoch nicht besonders gut. Depardieu habe er nur einmal kurz kennengelernt. Sie hätten sich 1990 beim Filmfestival in Telluride, Colorado, die Hand gegeben, außerdem sei er während des New York Film Festivals ein- oder zweimal mit ihm im Aufzug gefahren. Corliss sagte, er habe Depardieus schauspielerische Leistung schon lange bewundert und bereits seit Jahren in bestimmten Filmkreisen gehört, Depardieu sei sowohl vor als auch hinter der Kamera ein »ziemlich zügelloser Bursche«. Nun rekapitulierten wir gemeinsam bei laufendem Tonbandgerät die gesamte Affäre ab ihrem Ausgangspunkt im Jahr 1978, als er, Corliss, Herausgeber von FILM COMMENT war.

Ich fragte ihn, wie es dazu gekommen sei, daß er Harry Steins Artikel veröffentlichte. Corliss antwortete, er habe die Story nicht in Auftrag gegeben; wahrscheinlich habe sie ursprünglich anderswo publiziert werden sollen. Als Stein sie ihm zur Verfügung gestellt habe, sei er jedoch froh gewesen, sie veröffentlichen zu können. Stein sei ein angesehener Pariser Journalist und Redakteur gewesen, und er habe den Eindruck gehabt, die Story sei gut recherchiert und gut geschrieben. Ich fragte Corliss, ob Stein das Interview auf Band aufgenommen habe; er antwortete, das wisse er nicht. Daraufhin fragte ich ihn, ob er Stein, nachdem Depardieu angeblich Vergewaltigungen zugegeben hatte, um eine zusätzliche Bestätigung bzw. Überprüfung der Fakten gebeten habe. Der folgende Wortwechsel stammt, wie alle untenstehenden Fragen und Antworten auch, direkt vom Band:

Autor: Als Sie Steins Manuskript erhielten, akzeptierten Sie es also mehr oder weniger in der damals vorliegenden Form. Sie sagten nicht: »Stimmt das auch wirklich?«
Corliss: Nein, daran kann ich mich nicht erinnern. Das kann ich nicht behaupten. Auf jeden Fall war es bei FILM COMMENT mit unseren wenigen Mitarbeitern nicht üblich, die Artikel nachzuprüfen. Wahrscheinlich habe ich im Verlauf unseres Gesprächs zu Harry gesagt: »Mensch, das klingt aber komisch.« Wenn Harry daraufhin gesagt hätte: »Tja, also, das habe ich erfunden«, dann hätte ich wahrscheinlich gesagt: »Dann drucken wir es besser nicht.«

Corliss sagte mir, nach Erhalt von Steins Manuskript habe er Molly Haskell gebeten, zum gleichen Thema einen Artikel aus feministischer Perspektive zu schreiben. Ich fragte mich, ob Corliss nach der Lektüre von Haskells skeptischer Reaktion auf Depardieus angebliches Geständnis nicht Zweifel an der entsprechenden Passage in Steins Story gekommen seien.

Autor: Wenn man einmal von Molly Haskells Reaktion ausgeht, was hat Gérard an dieser Stelle des Interviews Ihrer Meinung nach gesagt? Haben Sie das als ein ernstgemeintes Vergewaltigungsgeständnis betrachtet?
Corliss: Ich betrachtete es als eine gute Story. Genau so etwas hatte ich gesucht. FILM COMMENT war, anders als die meisten Zeitschriften, die das Hauptgewicht auf Filmforschung und -theorie legten, nicht an bestimmte Themen gebunden.

Corliss zufolge war das von ihm 1991 verfaßte Depardieu-Porträt deshalb entstanden, weil damals in den Vereinigten Staaten gerade zwei sehr erfolgreiche Filme des Schauspielers liefen: ›Cyrano de Bergerac‹ und ›Green Card‹. Bei den Vorarbeiten für Corliss' Porträt gehörte zu seinem Quellenmaterial auch der von Stein

verfaßte Artikel: »Bei der Recherche sah ich mir einige Artikel an, auch den von Harry Stein.«
Stein hatte in seinem Artikel die skizzenhafte Darstellung von Depardieus Vergangenheit nicht als Faktum, sondern als Medienlegende präsentiert. In dem von Corliss verfaßten Porträt wird Depardieus Jugend nicht mehr als »Märchen« oder Medienlegende, sondern als Tatsachen präsentiert. »Der Sohn eines analphabetischen Webers aus einem Kaff namens Châteauroux klaute Autos und verkaufte Schwarzmarktzigaretten und -whiskey an die auf einer nahe gelegenen Army Base stationierten amerikanischen Soldaten.« Genau wie in Steins Artikel ist auch hier wieder fälschlicherweise davon die Rede, Depardieus Vater sei Weber gewesen.
Um sein Archivmaterial auf den neuesten Stand zu bringen, schickte Corliss, wie er mir sagte, dem Pariser TIME-Büro eine Aktennotiz im Umfang von einer Seite mit einfachem Zeilenabstand. Darin habe er unter anderem speziell das von FILM COMMENT veröffentlichte Thema Vergewaltigung angesprochen. Er glaube sogar, die Passagen mit den Einzelheiten von Depardieus angeblichem Geständnis, mit neun zum Vergewaltiger geworden zu sein, beigefügt zu haben. Corliss zufolge fragte Foote-Greenwell Depardieu in ihrem Interview nach diesem Geständnis und notierte seine zitierten Äußerungen in ihrem Antwortschreiben an Corliss, woraufhin dieser die Zitate der in TIME veröffentlichten Story einverleibte.

Autor: Die im Magazin zitierten Stellen stammten direkt aus ihrem Schreiben? In genau dieser Form?
Corliss: Ich würde sagen: ja. Wir kürzen eigentlich nur in seltenen Fällen.

Corliss sagte, er habe Depardieus Antworten auf Foote-Greenwells Fragen als eine Bestätigung von Steins Artikel betrachtet. Depardieu hätte schließlich auch ganz anders antworten können. »Auf jeden Fall war ich vollkommen überzeugt, daß wir es richtig verstanden hatten.«

Autor: Es handelte sich ja doch um ein sehr heikles Thema. Sind Sie oder irgend jemand sonst nicht zu Harry Stein gegangen und haben gesagt: »Können wir bitte mal das wörtliche Transkript sehen, in dem von Vergewaltigung die Rede ist?«?
Corliss: Nein. Ich wußte nicht, ob es für Depardieu heikel war oder nicht, denn meine gesamte Kenntnis jedweder Jugenderlebnisse von ihm stammte aus dem Artikel von Harry Stein und aus Foote-Greenwells Interview. Und ich hatte den Eindruck, daß er die Story, die Harry als die von Depardieu erzählte zitiert hatte, darin bestätigte.

Corliss sagte, er habe zwar die freie Mitarbeiterin nicht um ein Transkript gebeten, es sei aber durchaus möglich, daß Rechercheure und die für das Unterhaltungsressort verantwortlichen leitenden Redakteure des Magazins es taten. Er könne sich jedoch nicht daran erinnern, daß irgendein Redakteur oder Rechercheur ihm gegenüber jemals in bezug auf die Vergewaltigungs-Zitate Fragen aufgeworfen oder Einwände geäußert hätte. Das Impressum von TIME führt Corliss als »Senior Writer« an, er selbst stellte sich jedoch als eher untergeordneten Mitarbeiter dar: »In dieser pyramidenartigen, auf gegenseitiger Kontrolle und gegenseitigem Ausgleich aufgebauten Autoritätsstruktur darf der Kerl ganz unten doch nur Steine schleppen. Aber ich würde mich bestimmt daran erinnern, wenn irgendeiner gesagt hätte: ›Das kann man nicht drucken.‹«
Als er die Story schrieb, so Corliss, habe er nicht das Gefühl gehabt, daß die Hinweise auf die Vergewaltigungen besonders wichtig seien; tatsächlich erwähnte er sie in den ersten Absätzen des Porträts gar nicht, sondern kam erst im letzten Teil darauf zu sprechen: »Wenn wir das für sensationelles Material gehalten hätten, hätten wir es nicht im achten oder dreizehnten Absatz versteckt.« Als der Skandal ausbrach, seien er und TIME sogar von einigen Lesern beschuldigt worden, das Thema Vergewaltigung in der Story viel zu niedrig gehängt und das Verbrechen dadurch bagatellisiert oder gar gerechtfertigt zu haben. Corliss sagt, er habe das Gefühl gehabt, auf Depardieus Bemerkungen in seinem

Artikel genau das Gewicht gelegt zu haben, das ihnen angemessen gewesen sei: »Es war nicht nur nicht das Wichtigste in der Story, es war nicht einmal das Wichtigste in Depardieus Leben.«
Corliss hatte, nach eigenen Worten, keine besonderen Skrupel, ein stark interpretierendes Porträt über einen Mann zu schreiben, den er nie länger gesprochen oder interviewt hatte: »Ich muß sagen, ich finde, daß ich für die bei TIME übliche Praxis der Faktensammlung gut geeignet bin. Ich arbeite hier ja vorwiegend als Filmkritiker und nehme deshalb gern eine gewisse Distanz zu den Leuten ein, über die ich schreibe. Ich mache mir nicht gern Gedanken darüber, ob sich diese Leute nach der Lektüre einer Story gekränkt oder geschmeichelt fühlen. Am liebsten stelle ich sie mir als Filmfiguren auf der Leinwand vor.«
Ich fragte Corliss, ob er jemals – abgesehen von der Story in FILM COMMENT – andere veröffentlichte Berichte gelesen habe, in denen Depardieu Vergewaltigungen eingestanden habe. »Als ich die Nachfrage abschickte und auch als ich die Story schrieb, wußte ich nicht, ob diese Anekdote in der französischen Presse oder in Biographien über Gérard Depardieu, so vorhanden, schon hundertmal erschienen war oder nicht.«
Corliss schrieb eine erste Fassung und schickte sie an Redakteure und Rechercheure von TIME. Als die Story redigiert und überprüft war, wurde die redigierte Version ans Pariser Büro geschickt, wo sie mit Anmerkungen versehen und korrigiert werden sollte. Corliss behauptet, er sei zwar als Verfasser des Depardieu-Porträts genannt, die Verantwortung für die Korrektheit des veröffentlichten Materials liege jedoch nicht bei ihm, sondern bei der Pariser Korrespondentin. »Das (mit der Bitte um Anmerkungen und Korrekturen) an die Korrespondentin geschickte Manuskript stellte im Grunde eine Art nochmaliger Rückfrage dar«, erklärte er. »Für die in der Story enthaltene Information ist letztlich die Korrespondentin verantwortlich.«
Einige Minuten später betrat Robert Pondiscio das Büro, in dem ich mich mit Corliss unterhielt. Er gab mir das offizielle TIME-Transkript der Passage von Foote-Greenwells Interview, in der von Vergewaltigung die Rede war. Außerdem überreichte er mir

eine Kopie der kompletten Bandaufnahme des Interviews, das sie mit Depardieu geführt hatte. Dann verließ Pondiscio den Raum, und ich las mir eine Weile das Transkript durch. Es war auf französisch, nur eine Seite lang und beinhaltete in wörtlicher Form drei Fragen von Foote-Greenwell und drei Antworten von Depardieu. Am Schluß stand eine weitere Antwort Depardieus; die ihr vorausgegangene Frage fehlte jedoch.

Nun holte ich den in TIME veröffentlichten Artikel mit den inkriminierenden Zitaten hervor und legte ihn neben das offizielle Transkript. Dann bat ich Corliss, sich die beiden Dokumente gründlich durchzulesen.

Eine Zeitlang studierten wir nun den französischen Frage-Antwort-Komplex, der jedoch ohne die französischen Accents und die für das Französische charakteristische Interpunktion wiedergegeben war. Die inkriminierenden Zitate in dem von Corliss verfaßten und von TIME veröffentlichten Porträt lauten wörtlich wie folgt:

> Und was ist mit der Geschichte, er habe mit neun Jahren erstmals bei einer Vergewaltigung mitgemacht? »Ja.« Und später kam es dann noch zu vielen Vergewaltigungen? »Ja«, gibt er zu, »aber unter den damaligen Umständen war das ganz normal. Es gehörte einfach zu meiner Kindheit.«

Ich ging nun mit Corliss den französischen Text durch, um herauszufinden, wo genau die heiklen Zitate, die Depardieu als einen bekennenden, aber reuelosen Vergewaltiger darstellten, im französischen Transkript standen. Ein sorgfältiger Vergleich der beiden Dokumente zeigte jedoch, daß es zwischen der offiziellen TIME-Abschrift und dem, was dann in TIME gedruckt und Depardieu in Anführungszeichen zugeschrieben wurde, mehrere Unstimmigkeiten gab. Der erste Frage-Antwort-Komplex lautete im offiziellen TIME-Transkript so:

F.: *... et que a neuf ans vous avez assiste a votre premier viol?*
G. D.: *Oui.*

Diese Frage und die dazugehörende Antwort wurden von TIME folgendermaßen übersetzt und veröffentlicht: »Und was ist mit der Geschichte, er habe mit neun Jahren erstmals bei einer Vergewaltigung mitgemacht? ›Ja.‹« Aber bereits hier wird es problematisch. In der Kontroverse, die nach der Publikation entstand, ging es vor allem um die Bedeutung des französischen Verbs *assister*. Es kann »mitmachen« heißen – so übersetzte und druckte es TIME. In der französischen Umgangssprache kann *assister* aber auch die Bedeutung von »miterleben« haben. Zahlreiche französische Sprachwissenschaftler sagen sogar, wenn auf *assister* die Präposition *à* folge, habe das Wort meist die Bedeutung »miterleben; Zeuge sein von«. Wenn Franzosen zu einer Hochzeit eingeladen sind, sagen sie umgangssprachlich, sie würden bei der Hochzeit *assister*, das heißt bei der Zeremonie anwesend sein. Es soll nicht heißen, daß sie bei der Trauung »mitmachen«. In einem meiner Gespräche mit Gérard sagte er (in einem völlig anderen Zusammenhang), als er von sich als sechsjährigem Jungen erzählte: *»J'ai assisté à la naissance de ma sœur Catherine.«* Damit wollte er sagen, daß er bei der Geburt seiner Schwester Catherine dabeigewesen sei, daß er zugeschaut habe. Ganz bestimmt wollte er damit nicht ausdrücken, daß er im Alter von sechs Jahren bei der Entbindung *mitgemacht* habe.

Es bleibt also eine schwierige Frage bestehen. TIME entschloß sich, *assister* mit »mitmachen« zu übersetzen. Aber das Wort *assister* hatte nicht Depardieu in den Mund genommen, sondern die freie Mitarbeiterin in ihrer an ihn gerichteten Frage, auf die Depardieu nur mit *»Oui«* geantwortet hatte. Wie lautete nun also die Frage, die er beantwortet hatte? Hatte er sie verstanden als: »Haben Sie im Alter von neun Jahren bei einer Vergewaltigung mitgemacht?« Oder hatte er die Frage, wie er behauptet, so verstanden: »Haben Sie im Alter von neun Jahren eine Vergewaltigung miterlebt?« Es handelt sich um einen wichtigen Bedeutungsunterschied, nämlich um den Unterschied zwischen dem Geständnis, eine Vergewaltigung begangen zu haben, und dem Bekenntnis, Zeuge einer Vergewaltigung geworden zu sein.

Das TIME-Transkript vor uns auf dem Tisch enthielt keinen Hinweis darauf, daß die freie Mitarbeiterin die potentielle Zweideutigkeit zu klären versucht hatte. Ich wandte mich nun dem zweiten Frage-Antwort-Komplex in der offiziellen TIME-Abschrift zu. Er lautete folgendermaßen:

> F.: *... et que apres cela, c'etait normal, qu'il y a eu plein de viols?*
> G. D.: *Oui, mais c'est absolument normal. Il n'y a rien d'extraordinaire la dedans.*

TIME hatte die Passage in folgender Übersetzung abgedruckt: »Und später kam es dann noch zu vielen Vergewaltigungen? ›Ja‹, gibt er zu, ›aber unter den damaligen Umständen war das ganz normal.‹« Genau dieses Zitat hatte Depardieu in den Augen von Millionen Menschen auf der ganzen Welt das Genick gebrochen. Es sah so aus, als hätte er nicht nur zugegeben, vergewaltigt zu haben, sondern dies auch noch als »ganz normal« bezeichnet, als etwas, über das man sich doch nicht aufzuregen brauche, es »gehörte einfach zu meiner Kindheit«. Aber auch anhand dieses Frage-Antwort-Komplexes im französischen Original läßt sich nicht klären, ob Depardieu den genauen Sinn der von Foote-Greenwell an ihn gerichteten Frage verstanden hatte – eben in bezug darauf, ob er Vergewaltigungen »miterlebt« oder dabei »mitgemacht« habe. Die Frage lautet nur, ob es »zu vielen Vergewaltigungen gekommen« sei. Außerdem: Hatte Depardieu tatsächlich gesagt, für einen neunjährigen Jungen sei es »ganz normal« und »nichts Besonderes« gewesen, bei vielen Vergewaltigungen »mitzumachen«? Oder hatte er nicht vielmehr gesagt, in seinem Milieu sei es normal gewesen, Vergewaltigungen »mitzuerleben«? Ich fragte Corliss:

> Autor: Halten Sie es für wahrscheinlich, daß Gérard an dieser Stelle sagen will, es sei für einen Neunjährigen nichts Besonderes, Vergewaltigungen zu begehen?
> Corliss: Wäre es wahrscheinlich, daß er sagen will, es sei nichts Besonderes, als Neunjähriger viele Vergewaltigungen mitzuer-

leben? Wie viele Vergewaltigungen kann man denn miterleben? Ich finde das nicht wesentlich normaler…

Ich nahm nun Corliss' Artikel zur Hand und deutete auf die entscheidende Stelle innerhalb des umstrittenen Zitats.

Autor: Wo steht hier, in diesem französischen Text, der Satz: »Ja, aber unter den damaligen Umständen war das völlig normal. Das gehörte einfach zu meiner Kindheit.«? Corliss gab zu, daß der genaue Wortlaut von Depardieus Antwort verändert worden war.
Corliss: Na ja, das haben wir eben noch hinzugefügt: »unter den damaligen Umständen…«
Autor: Warum haben Sie das hinzugefügt: »unter den damaligen Umständen«?
Corliss: Das sollte vielleicht so eine Art … na ja, so eine Art Erklärung sein.

Corliss teilte mir mit, der Zusatz sei in die Zitate eingefügt worden, um den Lesern den Zusammenhang besser verständlich zu machen, in dem es zu den Vergewaltigungen gekommen sei, nämlich Depardieus entbehrungsreiche Jugend. Die Millionen von TIME-Lesern in der ganzen Welt konnten allerdings nicht wissen, daß Depardieus aufsehenerregende Zitate überhaupt verändert worden waren, ja daß sogar Worte, die er nie ausgesprochen hatte, in das für ihn so schädliche Zitat montiert worden waren. In dem veröffentlichten Zitat waren die eingefügten Worte nicht in Klammern gesetzt, wie es bei zahlreichen angesehenen Nachrichtenmedien Usus ist.

Autor: Hätte man das nicht in Klammern setzen oder den Leser sonst irgendwie darauf hinweisen müssen, daß diese Passage nicht präzise dem entsprach, was er gesagt hatte?
Corliss: Schon möglich. Vielleicht hätten wir ihm den Gefallen tun sollen.

Ich bat Corliss noch einmal, mir zu zeigen, wo in der offiziellen TIME-Abschrift die beiden Sätze stünden, die den Rest des skandalträchtigen Zitats bildeten: »Ja, aber unter den damaligen Umständen war das ganz normal. Es gehörte einfach zu meiner Kindheit.«

Autor: Wo stehen nun also diese beiden Sätze?
Corliss (Nach einer langen Pause, in der er das offizielle Transkript durchlas): Die kann ich hier nicht entdecken. Die kann ich hier nicht entdecken.
Autor: Das liegt wohl daran, daß sie da nicht sind.
Corliss: Also, auf dieser Seite stehen sie jedenfalls nicht.
Autor: Doch, doch, sie stehen da.

Ich nahm nun das offizielle TIME-Transkript und unterstrich für Corliss die beiden Sätze, die in TIME zusammen, innerhalb desselben Anführungszeichens, zitiert worden waren. Einer dieser beiden Sätze war die Antwort auf die zweite Frage, welche die freie Mitarbeiterin Depardieu gestellt hatte. Der zweite Satz stammte aus dem letzten Teil der Abschrift und war überhaupt keine Antwort auf irgendeine Frage. Hier ist der vollständige Text des offiziellen TIME-Transkripts mit den beiden gemeinsam zitierten Sätzen, die hier in Fettdruck wiedergegeben werden. Es handelt sich um die Sätze, die ich für Corliss unterstrich. Das Interview verlief in dieser Passage wörtlich wie folgt:

F.: *... et que a neuf ans vous avez assiste a votre premier viol?*
G. D.: *Oui.*
F.: *... et que apres cela, c'etait normal, qu'il y a eu plein de viols?*
G. D.: ***Oui, mais c'est absolument normal.*** *Il n'y a rien d'extraordinaire la dedans.*
F.: *Mais cela veut dire qu'il y a des enfants – des jeunes – aux Etats Unis, qui vont faire ca.*
G. D.: *Non, ils vont pas faire ca. Ca depend si c'est ecrit.*
G. D.: *Tout ca me fait rire.* ***C'est des elements d'enfance.***

Aus dem französischen Transkript geht deutlich hervor, daß die beiden gemeinsam, innerhalb desselben Anführungszeichens zitierten Sätze aus zwei verschiedenen Antworten Depardieus, d. h. aus zwei verschiedenen Passagen der Abschrift stammten. Neben dem, was TIME, Corliss selbst zufolge, hinzugefügt hatte – »unter den damaligen Umständen« – gab es also noch einige andere Diskrepanzen zwischen dem offiziellen französischen Transkript und den zwei in TIME publizierten Sätzen. Bei beiden Sätzen benützt Depardieu in der französischen Fassung die Gegenwartsform. Die gedruckte Version läßt ihn dagegen in der Vergangenheitsform sprechen. Diese Tempus-Verschiebung verändert die Bedeutung des ersten Satzes schwerwiegend, denn das Verb bezieht sich nun ausdrücklich auf Vergangenes, in diesem Fall auf eine Vergewaltigung.
Der zweite von TIME zitierte Satz – »Es gehörte einfach zu meiner Kindheit« – stammte aus dem letzten Teil der Abschrift: *»Tout ca me fait rire. C'est des elements d'enfance.«* Wörtlich übersetzt, heißt das: »Ich muß über all das lachen. Das sind Elemente der Kindheit.« Depardieu spricht hier über »Elemente«, im Plural, und es ist keineswegs klar, daß er dabei speziell über Vergewaltigung spricht. Wieder benützt er die Gegenwartsform. In TIME wurde das Zitat dagegen in der Vergangenheitsform abgedruckt, und den Ausdruck *»éléments d'enfance«* setzte man vom Plural in den Singular. Außerdem wurde das Wort »meine« eingefügt, das Depardieu überhaupt nicht gesagt hatte. So verändert, scheint sich der Satz, nachdem man ihn in die Anführungszeichen nach Depardieus Antwort auf eine völlig andere Frage geschoben hat, auf eine ganz bestimmte, in der Vergangenheit liegende Tat zu beziehen, nämlich auf eine Vergewaltigung: »Es gehörte einfach zu meiner Kindheit.« Ich bat Corliss um eine Erklärung.

Autor: Ich möchte wissen, woher das Zitat stammt. Diese beiden Sätze sind nämlich zwei verschiedenen Antworten Gérards aus zwei verschiedene Fragen entnommen.
Corliss: Aus dem hier [gemeint ist die Abschrift, d. A.] kann ich das nicht ersehen.

Corliss sagte mir nun, er habe das Transkript mit den französischen Fragen und Antworten, die sich auf die Vergewaltigung beziehen, noch nie zuvor in der Hand gehabt und auch die Tonbandaufnahme der freien Mitarbeiterin noch nie gehört. Selbst als Depardieu behauptete, falsch zitiert worden zu sein, hatte er, Corliss, keineswegs anhand des französischen Originals – weder der Abschrift noch der Bandaufnahme – überprüft, ob das, was Depardieu gesagt hatte, auch richtig übersetzt und in seinem von TIME veröffentlichten Artikel korrekt wiedergegeben worden war.

Autor: Als die Story rauskam und es diese Riesenaufregung um das *assister* und eine möglicherweise falsche Übersetzung gab, haben Sie sich da mal das französische Original angesehen?
Corliss: Nein.

Corliss sagte mir, er habe das Archivmaterial von Foote-Greenwell – und dies gelte für alles, was von den TIME-Büros auf der ganzen Welt an die Zentrale verschickt werde – auf englisch erhalten. Die Zitate seien ausschließlich englisch gewesen, und er habe bei seiner Arbeit an der Story und an dem, was er an Zitaten in sie hineinsteckte, ausschließlich mit englischem Material operiert.

Autor: Sie wollen also sagen, daß die Verantwortung bei der freien Mitarbeiterin liegt und nicht bei TIME?
Corliss: Nein, ich will damit sagen, daß das Material, das ich für die Story benutzte, von der Korrespondentin stammte.
Autor: Sie arbeiteten also mit dem, was Sie auf englisch in die Hand bekamen?
Corliss: Mhm.
Autor: Und die Zitate, die Sie für die Story verwendeten, übernahmen Sie genau so, wie Sie Ihnen von der freien Mitarbeiterin zugesandt worden waren?
Corliss: Mhm.

In dem vor uns liegenden TIME-Transkript gab es keinen speziellen Hinweis auf den 1978 in FILM COMMENT erschienenen Artikel.

Ich fragte Corliss daher, ob Foote-Greenwell Depardieu in ihrem Interview mit ihm erklärt habe, daß sie sich auf einen veröffentlichten Artikel beziehe, in dem er augenscheinlich Vergewaltigungen zugab.

»Woher soll ich das wissen? Ich war nicht dabei«, sagte Corliss.

Er erzählte mir, er sei einen Monat nach Erscheinen der aufsehenerregenden Zitate von der New Yorker POST angesprochen worden und habe in einem Interview gesagt, Depardieus neueste Äußerungen in TIME zeigten: »Er ist nicht reumütiger als 1978.« Ich fragte Corliss, ob der Bericht in der POST korrekt sei, was er bejahte.

Am 25. Februar 1991 druckte die europäische Ausgabe von TIME das von Corliss verfaßte und in den Vereinigten Staaten bereits erschienene Porträt mit bestimmten Änderungen ab: Man hatte den Artikel auf subtile Weise umgeformt, und es fehlte die Passage, in der Depardieu als Idiot hingestellt worden war. Auch diese Fassung enthielt die Passage mit den Vergewaltigungen, diesmal allerdings mit einer kleinen Änderung in der Übersetzung: Das Schlüsselwort *assister* war jetzt nicht mehr mit: »bei einer Vergewaltigung mitmachen«, sondern mit: »zu einer Vergewaltigung mitkommen« übersetzt. In den Augen von Depardieus Anwälten wies diese winzige Änderung darauf hin, daß TIME die ursprüngliche Übersetzung der heiklen Zitate nicht mehr recht geheuer war. Corliss sagte mir, er habe die in der europäischen Ausgabe veröffentlichte Version des Artikels geschrieben. Daraufhin fragte ich ihn, wer denn die kleine, aber bedeutsame Veränderung in bezug auf das Verb *assister* vorgenommen habe.

»Ich weiß nicht mehr, wie es zu dieser Änderung kam«, sagte er. »Ob diese Änderung von mir stammt oder ob es eine Änderung – besser wohl: sprachliche Verfeinerung – war, die der neue Redakteur, also der Redakteur der europäischen Ausgabe vornahm, oder die Rechercheure in der Überprüfungsphase, oder Victoria ... Das wäre alles denkbar.«

Am 2. Dezember 1991, zehn Monate nach dem Erscheinen der ersten TIME-Story, schrieb Corliss für TIME einen Artikel über das jährlich stattfindende Filmfestival in Sarasota, Florida. Er berichtete, Depardieu sei der Star des Festivals, und kam einmal mehr auf die Vergewaltigungs-Kontroverse zu sprechen; diesmal allerdings klang das Ganze völlig anders. »Es war sein erster öffentlicher Auftritt in den Vereinigten Staaten seit Februar, als ein TIME-Porträt einige gedankenlose Bemerkungen Depardieus über sexuelle Gewalt in seiner Jugend zitierte«, schrieb Corliss. Was TIME am 4. Februar als Depardieus reuelos vorgetragenes Vergewaltigungsgeständnis gewertet hatte, waren jetzt also nur mehr »gedankenlose Bemerkungen« über »sexuelle Gewalt in seiner Jugend«.

Während des ganzen Skandals behauptete TIME, die Zitate auf Band zu haben, und erweckte dadurch bei der Öffentlichkeit und bei anderen Nachrichtenmedien den Eindruck, die Zitate seien korrekt und nachprüfbar. Corliss erklärte gegenüber der POST, das neue Interview sei auf Band aufgenommen, und in der Story, die das Magazin am 8. April in seiner »Presse«-Rubrik brachte, wurde noch einmal beteuert: »Von dem auf französisch geführten TIME-Interview existiert eine Bandaufnahme.« Nachdem ich mich von Corliss verabschiedet hatte, hörte ich mir sehr aufmerksam das Tonband an, das Robert Pondiscio mir gegeben hatte, und entdeckte eine weitere Unstimmigkeit: Die offizielle Abschrift der Bandaufnahme zitierte die drei Frage-Antwort-Komplexe korrekt. Die letzten beiden im Transkript zitierten Sätze – *»Tout ca me fait rire. C'est des elements d'enfance.«* – tauchten auf Tonband allerdings überhaupt nicht auf – ein schwerwiegender Umstand, denn dieser letzte Satz hatte ja als letzter Satz der skandalauslösenden Zitate in TIME herhalten müssen.

Aber es stiegen noch weitere Fragen in mir auf, als ich das Tonband abhörte. Aus dem Band geht nämlich hervor, daß Foote-Greenwell damals mit Depardieu beim Mittagessen ein sehr angeregtes Gespräch führte. Sie unterhielten sich über Wein, über die Filme, die er gerade drehte, und darüber, wie ihm die englischsprachigen Dreharbeiten für ›Green Card‹ gefallen hatten. Er erzählte von den emotionalen Blockaden, unter denen er als Kind gelitten hatte, von seinen Problemen mit dem Gehör und sagte, das Lesen habe seine Kreativität geweckt. Depardieu erwähnte

auch, wie schwierig es für ihn sei, englisch zu sprechen, woraufhin Foote-Greenwell ihm gestand, ihr Französisch sei sehr fehlerhaft.
Gegen Ende des Interviews ging Foote-Greenwell noch eine Liste mit Fragen durch, die sie sich vorher notiert hatte. Eine dieser Fragen, welche die freie Mitarbeiterin auf französisch stellte, habe ich ins Englische übersetzt [Hier die Übersetzung vom Englischen ins Deutsche. Anm. d. Übers.]:

> F.: Ich weiß auch, daß Richard Corliss einmal sagte, er habe in einer amerikanischen Fachzeitschrift, ich weiß jetzt nicht mehr genau, ich glaube, es muß so um 1978 gewesen sein, da hätten Sie über Ihre Jugend gesprochen und hätten über Ihre Kindheit wirklich so gesprochen, als ob Sie – also, wie nennt man das – ein Verbrecher? – gewesen seien. [Sie sucht in ihren Unterlagen.] Ach ja, in FILM COMMENT stand das, und in FILM COMMENT sagten Sie, Sie wären als Schüler in einer Gang gewesen und daß...
>
> G. D.: Daß ich einen Revolver hatte, ja. Ich hatte einmal einen Revolver in der Schule dabei, ja. Einfach so. Ich hatte nämlich einen Revolver gestohlen, und ich konnte von Glück reden, daß ich erst sieben Jahre alt war. Aber das ist Kinderkram. Genau wie Tätowierungen. Die läßt man sich eben machen, weil man in einer Gang ist, damit man sich mit etwas identifizieren kann.

Depardieu erklärt nun – und beklagt sich darüber –, daß sein Image und Ruf in der Öffentlichkeit unglaublich verzerrt worden seien, und nennt in diesem Zusammenhang auch die karikierenden Darstellungen in vielen Presseberichten. Er gab zu, viel zu trinken, bemängelte jedoch, daß die Leute ihn als Alkoholiker abstempelten – das sei einfach nicht wahr. »Man hat mir angehängt, ich sei Alkoholiker«, erklärte er gegenüber Foote-Greenwell. »Aber wie Sie sehen, habe ich weder den Kopf eines Alkoholikers, noch leide ich unter den Obsessionen eines Alkoholikers. Solche Sachen kommen von Leuten, die unbedingt... Gut, ich habe manchmal etwas in der Art gesagt, und dann dachten die, ich hätte immer einen Revolver gehabt. Ich hatte meinen Revolver damals eine Woche lang. Ich habe ihn meinen Freunden gezeigt, so in der Art: ›Schaut mal, das ist ein Revolver!‹ Aber ich habe nie...« An dieser Stelle wird er von einer weiteren Frage unterbrochen.

Aus der Aufnahme geht hervor, daß Depardieus Äußerungen hier im Zusammenhang mit einer Klage darüber gemacht wurden, daß seine Jugendsünden in vielen Presseberichten aufgebauscht würden. Die Geschichte mit dem Revolver soll als ein Beispiel dienen. Depardieus Bemerkungen wurden dann aber aus dem Zusammenhang gerissen und von TIME genau wie folgt abgedruckt:

> In die Schule ging er mit einem Revolver. »Aber das war nur Kinderkram«, sagt er achselzuckend. »Ich hatte den Revolver nur eine Woche lang, ich wollte ihn meinen Freunden zeigen.«

Genau an dieser Stelle in ihrem Interview unterbrach Foote-Greenwell Depardieu, der gerade dabei war, zu erläutern, wie die Geschichte mit dem Revolver aufgebauscht worden war, und stellte ihre nächste Frage:

> F.: Und dann hieß es ja auch, Sie hätten gesagt, Sie hätten Autos äh, genommen [sie benützte das französische Verb *prendre*, nehmen] und Sie hätten Freunde gehabt, die viel verkauft hätten, jede Menge...
>
> G. D.: ... Zigaretten und Whiskey, *oui*...
>
> F.: ... und mit neun Jahren hätten Sie bei Ihrer ersten Vergewaltigung *assisté*...
>
> G. D.: *Oui*...

Dies ist der Anfang der umstrittenen Passage über Vergewaltigung. Wenn Depardieu in diesem Frage-Antwort-Komplex *»oui«* sagt, so wirkt das nicht so, als wollte er mit *»oui«* die Wahrheit der angeblichen Jugendtaten bestätigen, sondern er bestätigt offenbar nur, daß er weiß, daß solche Dinge in der Presse über ihn geschrieben wurden, was die Bandaufnahme im größeren Zusammenhang seiner Antworten zeigt. Trotzdem macht Foote-Greenwell sich nicht die Mühe, diese Zweideutigkeit auszuräumen, zumindest nicht im Rahmen ihrer auf Band aufgenommenen Fragen. Das Band war offenbar sogar schon zu Ende, ehe sie alle ihre Fragen über die Sache mit der Vergewaltigung gestellt hatte. Um diesen Punkt und andere offene Fragen zu klären, rief ich Foote-Greenwell in Paris an. Am Samstag, dem 30. Oktober 1993, erreichte ich sie unter ihrer Privatnummer, und wir unterhielten uns mehr als eine Stunde lang. Mit ihrer Genehmigung nahm ich das Gespräch auf Band auf. Foote-Greenwell ist Amerikanerin und lebte, wie sie mir erzählte, zum damaligen Zeitpunkt seit sieben Jahren mit Unterbrechungen in Paris. Sie ist als freie Mitarbeiterin für TIME tätig und berichtet für den Kulturteil vor allem über Theater und Ballett. Ihren Angaben zufolge schreibt sie ausschließlich für TIME. Sie erzählte mir, sie habe Depardieu an Silvester 1990 kennengelernt. Ich fragte sie, welchen Eindruck sie von ihm gehabt habe, bevor sie ihn zum erstenmal sah. »Ich hatte Respekt vor ihm als Schauspieler«, sagte sie. »Mehr wußte ich nicht über ihn. Ich hatte ein paar Sachen über ihn gelesen, aber nicht viel.«

Vor ihrem Interview mit Depardieu hatte sie, wie sie mir sagte, von Corliss Hintergrundinformationen über den Schauspieler erhalten sowie einige Fragen, die zu stellen er ihr vorschlug. Ich fragte sie, ob Corliss auch die besagten Passagen aus der FILM-COMMENT-Story angesprochen hätte, in der Depardieu angeblich Vergewaltigungen zugegeben hatte.

Foote-Greenwell: Äh, ich glaube nicht. Ich glaube, er sagte mir, er hätte Grund zu der Annahme, daß Depardieu bei einer Art Vergewaltigung beteiligt gewesen sei oder eine Vergewaltigung begangen habe... Eigentlich war ich über die Sache kaum informiert. Aber auf jeden Fall bat er mich in seinem Schreiben, eine Frage zu diesem Vorfall zu stellen.

Autor: Er hat also nichts Spezielles hinzugefügt?

Foote-Greenwell: Nein.

Autor: Und dann führten Sie mehrere Interviews mit Freunden und Kollegen von Depardieu?

Foote-Greenwell: Nein, nein. Ich führte nur das Interview mit ihm, denn Corliss hatte ja, soweit ich verstanden hatte, jede Menge weiterer Informationen, und sie wollten nur ein echtes Feedback von ihm [Depardieu]. Allerdings über viele andere Themen, das muß ich dazusagen. Aber die Frage nach der Vergewaltigung, die dann das große Thema wurde, war eigentlich – für mich jedenfalls – nur ein kleiner Punkt. Für mich war das fast, also für mich war das praktisch so eine Art Last-Minute-Detail, das man noch dazutun konnte.

Und bei diesem »Last-Minute-Detail« ging es darum, ob Depardieu ein bekennender Vergewaltiger war oder nicht.
Das Interview sei sehr gut gelaufen, sagte sie mir. Sie hätten sich etwa eineinhalb Stunden miteinander unterhalten, und er sei ihr sofort sympathisch gewesen. Sie habe ihn als großzügig und hilfsbereit empfunden, er habe ihr sogar mit ihrem Aufnahmegerät geholfen. »Er war wirklich nett; das Gespräch mit ihm hat mir Spaß gemacht. Ich glaube, das ist einer der Gründe, warum es mir nachher so weh tat, zu sehen, wie seine eigentlich gutmütige Art und seine Lebensanschauung von einigen seiner Presseleute manipuliert wurden, als sie ihn dazu brachten, seine Behauptung zurückzunehmen. Die nahmen die Sache wahnsinnig ernst.«
Nach diesem angenehmen Essen und angeregten Gespräch über Kunst, war es da nicht schwierig, auf Vergewaltigung zu sprechen zu kommen?
»Das ist kein lustiges Thema«, sagte sie, »aber ich glaube, ich hielt es einfach für meine Aufgabe, ihn danach zu fragen. Ich hatte ja, wie bereits gesagt, im Grunde kaum Informationen darüber. Man hatte mir nicht mitgeteilt, daß der Artikel [von 1978] – also, den hatte ich ja nicht gelesen. Ich las ihn erst so etwa einen Monat danach – tja, und der Inhalt dieses Artikels hat mich wohl ziemlich schockiert. [Damals] hatte ich ihn noch nicht gelesen, deshalb war die Sache für mich, ehrlich gesagt, eher abstrakt.«

Wir diskutierten eine Weile über die Zweideutigkeit des Wortes *assister*, und dann fragte ich Foote-Greenwell, ob sie Depardieus Antwort als ein Vergewaltigungsgeständnis aufgefaßt habe.
»Ich hatte den Eindruck, daß er mir gegenüber zugab, *assisté* zu haben, ja, *assisté*«, erklärte sie. »Für mich weitete sich, wie Sie ja wissen, die ganze Sache zu einem Streit über *assister* und *participer* aus. Und es ist völlig richtig, daß im Französischen *assister* ›Zeuge sein, miterleben‹ im Gegensatz zur tatsächlichen Beteiligung, zum Mitmachen, bedeuten kann. Und die französische Presse nahm es ganz besonders wörtlich, die sagten nämlich, er hätte über sich als neunjähriges Kind gesprochen. Dabei ist doch klar, daß ein Neunjähriger nicht herumläuft und Frauen vergewaltigt.«
Das gab mir zu denken. Denn wenn es so klar war, daß Neunjährige nicht herumlaufen und Frauen vergewaltigen, und wenn Foote-Greenwell zugab, daß *assister* stark differierende Bedeutungen hatte, hatte sie Depardieu dann vielleicht noch einmal darauf angesprochen, möglicherweise als das Band schon zu Ende war?

> Autor: Aber Sie haben ihn nicht noch einmal darauf angesprochen und gesagt: »Habe ich Sie da richtig verstanden?«
> Foote-Greenwell: Nein, ich habe ihn nicht gefragt: »Haben Sie diese Frau persönlich penetriert?« oder etwas in der Art.

Nach der Frage, die das Wort *assister* ins Spiel gebracht hatte, schien Depardieu auf ihre nächste Frage zu sagen, die Vergewaltigungen seien »normal«. Wie hatte sie das verstanden?
»Ich verstand das als Teil eines – und ich finde, genau das ist das wirklich Unglückliche an diesem Fall – nämlich daß die amerikanische Presse diese Bemerkung aufgriff und ganz einfach falsch verstand. Für mich war es völlig klar – für mich; im Artikel war es vielleicht nicht ganz so klar –, daß es ›normal‹ war im Zusammenhang mit seinen Erlebnissen, und er hatte ja eine extreme, unwahrscheinlich schlimme Kindheit und Jugend gehabt. Und daß diese Dinge eben in diesem Zusammenhang passiert waren –

nicht daß es für Männer normal sei, herumzulaufen und Frauen zu vergewaltigen.«

Was diese wichtige Stelle betraf, nämlich genau das Zitat, das insinuierte, Depardieu habe nicht nur bekannt, ein Vergewaltiger zu sein, sondern dies auch noch als etwas »Normales« entschuldigt, hatte die Interviewerin nun also bestätigt, sie sei nicht der Ansicht, Depardieu habe Vergewaltigungen beschönigt. Außerdem hatte sie zugegeben, daß dieser Punkt »im Artikel vielleicht nicht ganz so klar« war. TIME hatte von Anfang an gesagt, daß Depardieus Äußerungen auf Band aufgenommen worden seien, und Pondiscio hatte eigens beteuert, auf dem Band seien alle veröffentlichten Zitate festgehalten. Aber auf dem Band, das ich abgehört hatte, fehlte der letzte zitierte Satz. Mit dieser Frage wandte ich mich nun an Foote-Greenwell.

> Autor: Was das Band betrifft – waren seine [Depardieus] Gedanken zu diesem Thema [Vergewaltigung] vollständig auf dem Band?
>
> Foote-Greenwell: Nein. Wir sprachen auch danach noch darüber, ein paar Minuten noch, glaube ich. Das Band war zu Ende, aber wir unterhielten uns noch ein paar Minuten weiter, und ich glaube, das habe ich auch verwendet. Ja, genau, die letzten Äußerungen notierte ich mir noch, und als ich dann meinen Bericht ablieferte, enthielt er das, was auf dem Band war, und das, was ich mir notiert hatte.

Foote-Greenwell sagte, nach dem Interview habe sie ein langes, sechs oder sieben Seiten umfassendes Memo an Corliss geschickt, das auch lange Auszüge des transkribierten Interviews enthielt. Sie habe das Essen beschrieben und auch, bis zu einem gewissen Grad, den guten Eindruck, den Depardieu auf sie gemacht hatte. Als der Artikel später mit Anmerkungen versehen und korrigiert wurde, bekam sie einen Entwurf zu lesen. Wenn man davon ausgeht, daß sie sich über die Zweideutigkeit des Wortes *assister* im klaren war und Bedenken hatte, weil Depardieu in dem Artikel zu sagen schien, Vergewaltigung sei »normal«, und wenn man weiter

davon ausgeht, daß ihr eigener Eindruck von Depardieu stark von dem Bild abwich, das Corliss von ihm als einem brutalen »Urmenschen« zeichnete, dann stellte sich, meiner Ansicht nach, die Frage, ob Foote-Greenwell jemals Einwände gegen Corliss' Story bzw. seine Darstellung des Schauspielers und den Umgang mit dem Thema Vergewaltigungen erhoben hatte.
»Äh, nein, ich glaube nicht, daß ich irgendwelche Einwände erhob«, antwortete sie. »Außerdem ist es nicht die Aufgabe der Reporterin, Einwände zu erheben, es sei denn, man hat den Eindruck, da ist wirklich etwas verdreht worden.«

Autor: Hat irgendeiner der Redakteure in New York bei Ihnen wegen der Vergewaltigungssache nachgefragt, ehe die Story gedruckt wurde?
Foote-Greenwell: Ich glaube schon, denn als Corliss darüber schreiben wollte, teilten sie mir mit: »Wir werden die Sache mit reinnehmen. Dazu müssen wir genau wissen, was er gesagt hat.« Daraufhin habe ich ihnen mein Transkript geschickt.
Autor: Haben Sie im Zusammenhang mit der Überprüfung dieses speziellen Punktes aus New York ein Memo erhalten, in dem man Sie um das Transkript bat?
Foote-Greenwell: Nein, ich glaube nicht, daß sie mich um das Transkript gebeten haben. Es hieß nur, wir müssen diesen Teil unserer Berichterstattung genau überprüfen. Deshalb habe ich dann auf eigene Initiative hin mein Transkript nach New York geschickt.
Autor: Haben Sie ihnen gesagt, alle wichtigen Zitate seien auf dem Band?
Foote-Greenwell: Nein, nein. Ich sagte ihnen, daß ich die letzten paar Äußerungen anhand meiner Notizen rekonstruiert hätte, weil das Band zu Ende gewesen war und uns auch die Zeit davongelaufen war.

In den ersten Tagen des ausbrechenden Skandals erhielt ich die Fotokopie eines internen TIME-Memos, auf das Foote-Greenwells Beschreibung des Memos und des Transkripts zutrifft, die sie als

Antwort auf eine Anfrage bezüglich der Vergewaltigungs-Zitate an die New Yorker TIME-Zentrale geschickt hatte. Das Memo datiert vom 11. Januar 1991. Es ist gerichtet an: Showbiz. Für: Porter. Dies ist, wie Corliss mir erklärte, ein Kürzel für Christopher Porterfield, einen leitenden Redakteur des Ressorts Entertainment und Medien, in dem Corliss arbeitet. In dem Memo heißt es weiter: »Aus Paris. Von V. Foote-Greenwell. Betrifft: Depardieu.« Es folgen – in französischer Sprache – exakt dieselben Passagen aus Foote-Greenwells Interview, die auch in dem offiziellen TIME-Transkript enthalten sind, das mir Pondiscio gegeben hatte. Dem Transkript hatte Foote-Greenwell allerdings noch folgenden Hinweis an einen leitenden Redakteur des Showbiz-Ressorts vorangestellt:

»Die Sache mit den Vergewaltigungen ist heikel. Die Frage wurde ganz am Schluß des Interviews gestellt, und der letzte Teil dessen, was er sagte, wurde nicht aufgenommen, da das Band abgelaufen war. Die beiden letzten Äußerungen von Depardieu habe ich hinterher aus dem Gedächtnis notiert.«

Diesem Hinweis läßt die freie Mitarbeiterin das folgen, was ihren Angaben zufolge die wörtliche Abschrift jener Interviewpassage ist, in der es um Vergewaltigung geht. Das Memo von Foote-Greenwell enthält sowohl den originalen französischen Text als auch die von ihr selbst angefertigte englische Übersetzung ihrer Fragen und der Antworten Depardieus. Das offizielle Transkript beinhaltet nur den französischen Text. Interessanterweise hat sie eines der Schlüsselzitate, das später von TIME in der Vergangenheitsform veröffentlicht wurde, korrekt übersetzt, indem sie die Gegenwartsform beibehielt. Nach den drei Frage-Antwort-Komplexen fügt Foote-Greenwell einen weiteren Hinweis für die New Yorker Redakteure an, und zwar in Großbuchstaben:

> BAND ENDET HIER. DEPARDIEU WILL DAS THEMA WECHSELN UND SAGT NUR NOCH EIN PAAR WORTE, UM DAS THEMA ABZUSCHLIESSEN. EINE STUNDE SPÄTER TRANSKRIBIEREN WIR SEINE LETZTEN BEIDEN ÄUSSERUNGEN AUS DEM GEDÄCHTNIS:

G. D.: »*Tout ca me fait rire. C'est des elements d'enfance.*« (Über das alles [dieses ganze Gerede] kann ich nur lachen. Das gehört einfach zu meiner Kindheit.)

Am 11. Januar 1991, mehr als zwei Wochen bevor die Story erschien, war der TIME-Zentrale in New York also ein Memo der freien Mitarbeiterin zugegangen, die Depardieu höchstpersönlich interviewt hatte und die Vergewaltigungssache als »heikel« bezeichnete. Ihr Memo enthielt ein Transkript der wichtigsten Zitate sowohl im französischen Original als auch in der von ihr angefertigten englischen Übersetzung, und obendrein äußerte Foote-Greenwell in ihrem Memo zweimal, daß nicht alle wichtigen Zitate auf Band enthalten seien. Darüber hinaus bemerkt sie, bevor sie Depardieus letzte Äußerungen zitiert: »Depardieu will das Thema wechseln...« Dann bringt sie zwei weitere Sätze von Depardieu, die sie eine Stunde später aus dem Gedächtnis niedergeschrieben hatte. Der zweite dieser beiden Sätze wurde zum letztlich ausschlaggebenden Teil des veröffentlichten Zitats, durch das Gérard Depardieu der Welt als ein bekennender, reueloser Vergewaltiger präsentiert wurde.
Um weitere Aufklärung bemüht, sprach ich am 1. November mit Robert P. Marshall Jr., einem der Justitiare von Time Inc. Wir unterhielten uns über mehrere Probleme der Kontroverse um Depardieu, auch über die Art und Weise, wie TIME mit der Story umgegangen war. Dieses Telefonat nahm ich nicht auf Band auf, wiederholte aber am Ende unseres Gesprächs die Äußerungen, die ich unter Umständen zitieren wollte, und Marshall bestätigte mir, daß sie korrekt wiedergegeben seien. Alle nun folgenden Zitate Marshalls wurden in dieser Form von ihm bestätigt.
Er erklärte mir, die Justitiare von TIME läsen jeden Artikel vor seiner Publikation im Magazin. Nachdem Depardieu behauptet hatte, falsch zitiert worden zu sein, habe er, Marshall, alle wichtigen Unterlagen durchgesehen und Foote-Greenwells Transkript sowie die Bandaufnahme des Interviews überprüft. Marshall sagte, er könne zwar Französisch lesen, sei Abschrift und Bandaufnah

me jedoch zusammen mit Joelle Attinger durchgegangen, einer TIME-Redakteurin, deren Muttersprache seinen Angaben zufolge das Französische ist. Am Ende dieser ausführlichen Überprüfung sei er zu dem Schluß gekommen, daß der in TIME veröffentlichte Bericht eine korrekte Darstellung von Depardieus Äußerungen über Vergewaltigung beinhalte. »Ich hatte den Eindruck, daß es sich um eine korrekte Darstellung seiner Äußerungen handelte«, so Marshall.

Um die in der Sache relevanten Zitate mit mir durchzugehen, entnahm Marshall seinem Aktenordner eine Abschrift, die Foote-Greenwell, seinen Angaben zufolge, in einem vom 11. Januar 1991 datierten Memo an TIME geschickt hatte. Dieses Memo habe drei Frage-Antwort-Komplexe sowie eine abschließende Bemerkung Depardieus enthalten. Foote-Greenwells Memo habe die Äußerungen sowohl im französischen Original als auch in ihrer eigenen Übersetzung ins Englische zitiert. Marshall las mir dann noch einen einleitenden Hinweis an die New Yorker Redakteure vor. In diesem Hinweis habe Foote-Greenwell zu verstehen gegeben, daß die Sache mit der Vergewaltigung »heikel« sei. Er las mir die Fragen und Antworten und dann eine abschließende Information vor, die mit den Worten »Band endet hier« begann und die Passage »Depardieu will das Thema wechseln...« beinhaltete. Alles, was Marshall mir vorlas, deckte sich vollständig mit der Kopie des Memos, die ich bereits in den ersten Tagen der Kontroverse erhalten hatte.

Marshall und ich diskutierten dann über das Thema *assister*, über die Tempus-Veränderungen, die Hinzufügung von »unter den damaligen Umständen« und über die Tatsache, daß sich keines der in dem Porträt veröffentlichten Zitate auf Foote-Greenwells Bandaufnahme befand, obwohl TIME öffentlich das Gegenteil behauptet hatte. Daraufhin machte Marshall mehrere Einwände geltend. Er sagte, Depardieu habe im Verlauf des Interviews »ausreichend Gelegenheit« gehabt zu sagen, daß die schon früher publizierte Story falsch und er kein Vergewaltiger sei. Foote-Greenwells Mitteilung, »Depardieu will das Thema wechseln«, sei unklar und bedeute nicht, daß er nicht mehr speziell über Vergewaltigung spreche. Daß sich der letzte Satz der in TIME veröffentlichten Zitate nicht mehr auf dem Band befinde, sei unwichtig. »Das ist doch gar nicht die inkriminierende Äußerung«, sagte er. Die inkriminierende Äußerung sei Depardieus aus einem Wort bestehende Erwiderung, das *»oui«* auf die Frage, in der das Wort *assister* aufgetaucht sei.

Nachdem wir uns über diese Punkte unterhalten hatten, fragte ich Marshall, ob es in der Sache noch irgendwelche wichtigen Aspekte gebe, über die wir noch nicht gesprochen hätten. Marshall verneinte dies, woraufhin ich ihn fragte, ob er es richtig finde, wie mit der Story umgegangen worden sei. Marshall antwortete: »Ich finde es richtig, daß Mr. Depardieus Äußerungen von dem New Yorker Autor im Licht der bereits früher veröffentlichten Story und der Informationen, die er von der freien Mitarbeiterin erhalten hatte, nicht aus dem Zusammenhang gerissen wurden. Ich verlasse mich darauf, daß diese freie Mitarbeiterin die Bedeutung von Mr. Depardieus Äußerungen richtig interpretiert, aber das ist ihre Aufgabe.«

Viele Zeitungen, Zeitschriften und Nachrichtenmedien in den Vereinigten Staaten haben spezielle Richtlinien in bezug auf den Umgang mit Zitaten durch die Autoren und Redakteure. Ich fragte Marshall, ob auch TIME solche Richtlinien kenne; daraufhin las er mir aus den, wie er sagte, offiziellen redaktionellen Richtlinien von TIME vor.

»Zitate müssen korrekt sein. Bei der Redaktion bzw. Kürzung darf keine Veränderung der Bedeutung oder des Zusammenhangs entstehen. Wenn ein Zitat paraphrasiert wird, darf es nicht in Anführungszeichen stehen. Grammatik und Rechtschreibung können korrigiert werden, dabei darf aber kein Wort bzw. kein Satz hinzugefügt bzw. gestrichen werden, wenn dieses Wort bzw. dieser Satz die Bedeutung verändert.«

Wie aus der Tonbandaufnahme und dem Transkript von TIME hervorgeht, waren die Zitate, mit denen Gérard Depardieu der Welt als ein bekennender, unbußfertiger Vergewaltiger dargestellt wurde, nicht korrekt. Seine Antworten auf die TIME-Fragen über Vergewaltigungen waren nicht nur redigiert, gekürzt und

aus dem größeren Zusammenhang gerissen worden, sondern man hatte auch Worte hinzugefügt, die von ihm gar nicht geäußert worden waren. Einige der von ihm benützten Verben hatte man im Tempus verändert. Zwei Sätze aus zwei verschiedenen Teilen des Interviews waren gekürzt, redigiert und gemeinsam innerhalb ein und derselben Anführung/Abführung gedruckt worden. In unseren Gesprächen hatte Corliss, der Autor des Porträts, zugegeben, daß Depardieus Äußerungen verändert worden waren und daß er, Corliss, die Zitate nicht mit dem französischen Transkript verglichen hatte, und zwar weder vor dem Abfassen des Artikels noch nachdem Depardieu behauptet hatte, falsch zitiert worden zu sein. Foote-Greenwell, die Reporterin, die Depardieu interviewt hatte, gab zu, ihn nur sehr vage nach der Sache mit der Vergewaltigung gefragt zu haben. Außerdem hatte sie kein Hehl daraus gemacht, daß sie die vielfältigen Bedeutungs- und Übersetzungsmöglichkeiten des Verbs *assister* zwar gekannt, den von ihr gemeinten Wortsinn des Verbs bei der Befragung von Depardieu jedoch nicht klargemacht habe.
Darüber hinaus geht aus Foote-Greenwells Memo vom 11. Januar 1991 eindeutig hervor, daß die Interviewerin das Showbiz-Ressort mindestens zwei Wochen vor der Veröffentlichung von Corliss' Artikel darüber informiert hatte, daß ihrer Meinung nach »die Sache mit den Vergewaltigungen (...) heikel« sei. Außerdem hatte sie die Redaktion darauf hingewiesen, daß nicht alle dem Magazin mitgeteilten Zitate auf Band waren. Marshall, der TIME-Justitiar, der den Artikel und das dafür herangezogene TIME-Material überprüft hatte, nachdem von Depardieu behauptet worden war, er sei falsch zitiert worden, bestätigte den Inhalt von Foote-Greenwells Memo sowie ihren Hinweis, nicht alle Äußerungen Depardieus befänden sich auf Band und seine letzte Bemerkung sei eine Stunde später aus dem Gedächtnis notiert worden. Marshall, der gesagt hatte, er habe sich zusammen mit einer Redakteurin, deren Muttersprache das Französische sei, das Band angehört, gab zu, daß ein Teil der in TIME publizierten Zitate nicht auf dem Band enthalten waren. Dies stand im Widerspruch zu dem, was das Magazin TIME in seinen öffentlichen Statements

und in einem später erschienenen Artikel über die daraus entstandene Kontroverse erklärt hatte.

Das wäre sie nun also, die Geschichte hinter jenen aufsehenerregenden, in TIME veröffentlichten Zitaten – eine Geschichte, die auf dem eigenen Tonband und offiziellen Transkript von TIME basiert und größtenteils von einigen TIME-Leuten erzählt wurde, die direkt am Entstehungsprozeß des Artikels selbst oder an der Reaktion auf die daraus entstandene Kontroverse beteiligt waren. Es ist die Hintergrundgeschichte darüber, wie TIME dazu kam, Gérard Depardieu der Welt als einen bekennenden, reuelosen Vergewaltiger zu präsentieren. Und es ist die Geschichte darüber, wie TIME auf Depardieus Vorbringungen reagierte, er sei falsch zitiert, falsch interpretiert und auf den Seiten eines der weltweit größten Nachrichtenmagazine verleumdet worden.

Das letzte Wort über diese traurige Angelegenheit soll Robert Pondiscio haben. Um mir zu erklären, warum TIME zu Beginn der Affäre ein so aggressiv formuliertes Statement abgegeben habe, nachdem Depardieu behauptet hatte, falsch zitiert worden zu sein, und einen Widerruf forderte, sagte Pondiscio, Depardieu habe damit einen sehr schwerwiegenden Vorwurf erhoben. Er habe die Glaubwürdigkeit von TIME in Zweifel gezogen, und einen solchen Angriff habe man entschlossen entkräften und widerlegen müssen. Und dann fügte er in einer vielsagenden Wendung hinzu: »Man ist immer nur so gut wie der Ruf, den man genießt.«

Bei den Dreharbeiten für ›1492‹
mit Regisseur Ridley Scott (1992)

18 Kolumbus

Im Frühling 1991, als Gérard sich noch auf Mauritius aufhielt, war völlig unklar, wie sich die TIME-Affäre entwickeln würde. Zu diesem Zeitpunkt wurde er noch immer von den Medien belagert, er war noch immer sehr erzürnt und verbittert über die Anschuldigung, er sei ein Vergewaltiger, und einige seiner engsten Freunde und Berater in Frankreich und Amerika befürchteten noch immer, daß die Affäre seiner Karriere irreparablen Schaden zufügen könnte. Und weit weg, auf der Insel Mauritius, wo die Dreharbeiten für ›Mon Père, Ce Héros‹ (›Mein Vater, der Held‹) abgeschlossen wurden, gab sich Gérard weiter dem Essen und Trinken hin. Vielen ihm nahestehenden Menschen zufolge, hatte er sein mentales und psychisches Gleichgewicht mittlerweile vollständig verloren. Die Dreharbeiten auf Mauritius konnten jedoch zur Zufriedenheit aller abgeschlossen werden, und ›Mon Père, Ce Héros‹ wurde ein zauberhafter kleiner Film. Dann aber nahm Gérard seine Depressionen an einen neuen Drehort mit, und die daraus entstehenden Konsequenzen waren fast katastrophal.

Es handelte sich um den Film ›Tous Les Matins Du Monde‹ (›Die siebente Saite‹), eine französische Hommage an die Barockmusik und die Kreativität des Barockzeitalters. Gérard hatte eine kleine, aber wichtige Rolle; er wollte vor allem seinem Sohn Guillaume mit Rat und moralischer Unterstützung zur Seite stehen, der hier neben Anne Brochet, der Roxane in ›Cyrano‹, sein Leinwanddebüt gab. Livi produzierte den Film, und Alain Corneau, der Regisseur, war ein enger Freund; die Dreharbeiten ver sprachen also eine familiäre, angenehme Sache zu werden. Aber Gérard befand sich vom ersten Tag an in einem schlimmen Zustand und brachte Corneau dadurch in ein großes Dilemma. Gérard und er hatten zusammen ›Le Choix Des Armes‹ (›Wahl der Waffen‹) und ›Fort Saganne‹ gemacht, und noch etwas verband die beiden Männer: Corneau war in den fünfziger Jahren in einer französischen Provinzstadt unweit eines NATO-Stützpunktes aufgewachsen. Aber so nahe sie sich auch standen, jetzt mußte Corneau miterleben, daß sein Freund in halsbrecherischem Tempo auf eine Katastrophe zustürzte.

»Gérard war schon immer wie eine Interkontinentalrakete, aber jetzt noch viel mehr«, sagt Corneau. »Er wußte, daß er nur fünfzehn Arbeitstage bei uns hatte, und drehte noch mehr auf.«

Als Gérards Teufelskreis aus Trinken und Depressionen die Dreharbeiten zu beeinträchtigen begann, drohte Corneau, er werde ihn hinauswerfen. Das wirkte ernüchternd – Gérard mäßigte sich, beugte sich der geforderten Disziplin und wurde merklich ruhiger. Die Dreharbeiten fanden in Zentralfrankreich statt, im Département Creuse, einer Region in der Nähe des Berry. Gérard wanderte durch die Landschaft seiner Kindheit, er ging angeln und hielt, nervös, aber um Distanz bemüht, ein Auge auf Guillaume, der seine Sache ausgezeichnet machte. Da auch Anne Brochet und Jean-Pierre Marielle, der Star des Films, hervorragende darstellerische Leistungen erbrachten, wurde ›Die siebente Saite‹ in Frankreich ein riesiger Kritiker- und Zuschauererfolg, und Guillaume erhielt Lob als einer der vielversprechendsten jungen Schauspieler Frankreichs. Der Film bekam neun Césars, Livi wurde zum französischen Produzenten des Jahres gekürt.

Nun aber forderte der selbstzerstörerische Teufelskreis, in den Gérard geraten war, von seiner Familie, besonders von Elisabeth, einen neuerlichen Tribut. Gérard begann eine Affäre mit einem Fotomodell, einer Frankoamerikanerin, die im Januar 1992 ein Kind zur Welt brachte. Er erkannte das Kind formell als seines an und erklärte sich bereit, die Mutter und das Baby finanziell zu unterstützen. Dann aber berichtete die Presse über die Affäre, wodurch die Peinlichkeit und der Schmerz für die Familie noch größer wurden. Am Vorabend seiner Abreise nach Amerika zu den Dreharbeiten für ›Green Card‹ hatte Depardieu mir prophezeit, für ihn beginne nun »ein großes Abenteuer oder aber ein tragischer Irrtum«. Im Sommer 1991 sah Depardieu um sich herum nur noch tragische Irrtümer. Sein großer amerikanischer Traum und sein Familienleben – bis dahin der ruhende Pol in seinem Leben – waren zerstört.

Wie üblich, reagierte Gérard auf die Krise, indem er sich noch mehr in die Arbeit stürzte und in einen neuen fiktionalen Charakter versenkte. Es war eine ausgezeichnete Rolle für ihn, eine große internationale Rolle, die ihm mehr Risikofreudigkeit abverlangte als jede andere zuvor. Aber das Risiko war ihm egal; im Sommer 1991 war er sicher, daß die Darstellung dieser Figur perfekt in seine Odyssee als Schauspieler paßte. Was konnte es für einen einst rastlosen, umhervagabundierenden Halbstarken, der davon geträumt hatte, eines Tages nach Amerika zu kommen, dieses Land zu erobern und sich eine amerikanische Fangemeinde zu schaffen – was konnte es für einen solchen Mann Schöneres geben, als Christoph Kolumbus zu spielen?

Das Hotel »Melia« liegt an einem ruhigen Platz über der mittelalterlichen spanischen Stadt Cáceres, etwa eine Halbtagesreise von Madrid entfernt. Das »Melia« verbindet, wie Cáceres selbst, den von Reiseführern oft erwähnten Charme der Alten Welt mit modernem Komfort. Von der Größe und der Atmosphäre her ähnelt es eher einem Gasthaus als einem Hotel, und trotz einer umfassenden Renovierung ist es gelungen, das Haus so geschmackvoll, gediegen und durch und durch europäisch zu belassen, wie es war.

Aber das sollte sich am Abend des 1. Dezember 1991 gründlich ändern. Denn an diesem regnerischen Winterabend wurden die kleine Stadt Cáceres und das Hotel »Melia« schlagartig zu einem Knotenpunkt des internationalen Films. Per Flugzeug, mit dem Zug oder in der Limousine strömten sie in die Stadt. Sie kamen aus Madrid, Paris, London, ja sogar aus Hollywood: Kamera-

leute, Tontechniker, Beleuchter, Zimmerleute, Elektriker, Maskenbildner und Garderobiers, Stuntmen und all die anderen Leute, die man braucht, um einen teuren Film im Hollywoodstil zu drehen. Die Stars, der Glamour und das große Geld lockten aber auch eine Unmenge von Schaulustigen nach Cáceres: Fotografen, Reporter, Groupies, Gaffer, Autogrammjäger und unzählige Filmfans, die als Statisten anheuern wollten und davon träumten, die Stars persönlich kennenzulernen. Den ganzen 1. Dezember hindurch und bis weit nach Mitternacht war der winzige Platz vor dem Hotel dicht mit Zuschauern gefüllt.
Im »Melia« selbst spielten sich noch ganz andere Szenen ab. Bis lange nach Mitternacht wurde gefaxt und telefoniert, und zwar in einer Frequenz, wie man es in Cáceres bestimmt noch nie erlebt hatte und nie wieder erleben sollte. In einer Suite besprach der Regisseur Ridley Scott mit seinen Regieassistenten und engsten Beratern den letzten Stand der Planung. In anderen Zimmern des Hotels telefonierten Filmproduzenten mit Agenten und Geldgebern in Hollywood, Techniker überprüften die Ausrüstung, und bis tief in die Nacht plagten sich Schauspieler mit ihrem Text für die Aufnahmen des nächsten Tages. Die Dienste des Zimmerservice waren noch lange nach der üblichen »Sperrstunde« gefragt, und weit nach Mitternacht saßen an der Bar noch immer unermüdliche Zecher.
Inmitten dieses Riesentrubels war in einer kleinen Suite des Hotels schon das Licht gelöscht worden und Ruhe eingekehrt: in Depardieus Suite. Ihm war es egal, daß alle anderen noch in letzter Minute ausrasteten; er brauchte seinen Schlaf. Er hatte ein grauenhaftes Jahr hinter sich, in seinem Privatleben herrschte immer noch große Unruhe, und in vielen Nächten dieses vergangenen Jahres hatte er überhaupt nicht schlafen können. Heute aber fiel er, nachdem er zu Abend gegessen und noch ein bißchen gelesen hatte, in einen tiefen, erholsamen Schlummer und verbrachte die Nacht so angenehm »wie eine Runkelrübe im Feld« – so jedenfalls beschrieb er es am nächsten Morgen. Lange vor Tagesanbruch war er schon auf, rauchte Gitanes und machte sich fertig zur Arbeit. Er trank allein in seiner

Suite den Morgenkaffee, duschte, und während er den Drehtermin abwartete, räumte er die in seinem improvisierten Heim herumliegenden Kleider, Bücher und Zeitungen ein.
An einem so spannungsgeladenen Morgen hätte viele Schauspieler mit einer derartigen Rolle wahrscheinlich die Übelkeit gepackt oder ein Nervenzusammenbruch gebeutelt. Natürlich war Gérard aufgeregt, aber er fühlte sich fit und war erstaunlich ruhig. Wie diejenigen Sportler, die gerade in wichtigen Wettkämpfen hervorragende Leistungen bringen, oder die Reporter, die immer dann am besten sind, wenn sie über eine Riesenstory berichten, besitzt Gérard ein seltenes Talent, das man mit »kühler Kopf in der Krise« beschreiben könnte. Ungewöhnliche Spannungen und Chaos verstärken nur seine Konzentration; je größer die Anforderungen einer Rolle sind, um so ruhiger wird er meist. An diesem Morgen putzten sich in anderen Zimmern des »Melia« einige Schauspieler und Schauspielerinnen vor dem Spiegel heraus; Gérard dagegen machte sich nicht einmal die Mühe, die Stoppeln an seinem Kinn wegzurasieren. In diesem Moment wiederholten seine Kollegen mit Sicherheit ein letztes Mal den Text, den sie zu sprechen hatten; Gérards Script lag zugeklappt auf dem Nachttisch, und er hatte nicht die Absicht, es aufzuschlagen. Er hatte dieses Drehbuch monatelang studiert, jetzt waren jede Szene, jede Zeile in sein Gedächtnis geritzt. Monatelang hatte er Geschichtsbücher, Biographien und Tagebücher gelesen. In den letzten paar Wochen hatte er Spezialwissen über die Seefahrerei, die Reit- und die Fechtkunst gepaukt. Noch mehr Vorbereitung hätte er keine einzige Sekunde lang ertragen. Er sehnte sich nur mehr nach physischer Erleichterung.
Endlich konnte er gehen. Er stieg in seine ausgebleichten Jeans und zog sich ein schwarzes Sweatshirt mit Kapuze und dem diskreten Logo seiner Weinkellerei Château de Tigné über. Das Sweatshirt war dick und warm, genau richtig für einen langen und bestimmt kalten Drehtag. Dann zog er sich seine Lieblingscowboystiefel an, die schwarzen mit den abgetretenen Absätzen und dem nach Schuhcreme lechzenden Leder. Die Finger als

Kamm benützend, strich er sich die lange, feuchte Mähne zurück und band sie mit einem Gummiband zu einem Pferdeschwanz zusammen. Dann packte er das Drehbuch und zwei Schachteln Gitanes und lief die alte Steintreppe in die Hotelhalle hinunter. Am Eingang standen schon einige Leute vom Filmteam und warteten auf ihren Kastenwagen; Gérard begrüßte sie mit einem Schwall guter Laune:

»*Hola!*« Der spanische Gruß kam ihm ganz natürlich von den Lippen.

»*Hola*, Gérard, *Hola.*«

»Gut drauf?« fragte er.

»Gut drauf, Gérard. Und du?«

»Super!«

Gérards Mercedes und der Chauffeur warteten bereits vor dem Hotel. An diesem kalten Wintermorgen, an dem die Sonne noch nicht ganz aufgegangen war, wirkte die mittelalterliche Stadt Cáceres düster und melancholisch, und als der schwere Mercedes durch die engen Gassen fuhr, fiel das gelbe Licht seiner Scheinwerfer auf uralte Schutzwälle und Kopfsteinpflaster, strich über die Fassaden winziger Läden und Cafés mit herabgelassenen Rolläden. Sie fuhren die Avenida de España hinunter und an der Esplanade vorbei; der große runde Brunnen war jetzt still, und man sah keine Menschenseele. Auf der Fahrt durch den nördlichen Stadtrand passierten sie ein Gebiet mit kleinen Fabriken und Depots; dann kam der Bahnhof; die Straße überquerte die Autobahn nach Madrid, führte durch ein Dorf mit verlassenen Hütten, dann einen Hügel hinauf, und als Gérard und sein Fahrer über die Kuppe fuhren, lag vor ihnen im Halbdunkel, leicht gewellt, in rostbraune und grüne Feldstreifen unterteilt, die riesige Weite der Estremadura. Unten auf der Ebene bog der Fahrer bei einem Schild mit der Aufschrift »Columbus« ein und brachte den Mercedes am Drehort des ersten Tages zum Stehen.

An diesem Morgen waren alle am Set sehr angespannt; das spürte Gérard schon, als er das Team begrüßte. Er hatte fünfundzwanzig Jahre Dreherfahrung und wußte alles über die unglaubliche Aufregung, die am ersten Drehtag immer herrschte; aber diesmal war es anders: ›1492‹ sollte eine Mammutproduktion werden, ein opulenter Film für 45 Millionen Dollar, und stellte somit ein großes finanzielles Risiko für viele an dem Projekt Beteiligten dar. Der Film sollte in bezug auf Qualität und Größenordnung Hollywood-Standards erfüllen, war aber von Europäern geschrieben, finanziert, produziert und inszeniert, von Männern und Frauen aus drei verschiedenen Ländern und drei sehr unterschiedlichen Filmtraditionen und Kulturen.

Für Gérard und die Urheber des Projekts war es natürlich eine großartige Angelegenheit, aber sie machten sich keine Illusionen über die Größe des Risikos. Wenn sie mit ›1492‹ Erfolg hätten, bedeutete das einen Triumph des europäischen Kinos, und zwar zu einem Zeitpunkt, zu dem sich die nationalen Filmindustrien in Europa von der wachsenden Dominanz der amerikanischen Filme in der ganzen Welt bedroht fühlten. Wenn ›1492‹ erfolgreich war, würde dies möglicherweise zu vielen weiteren europäischen Gemeinschaftsprojekten führen und sich sogar zu einem symbolischen Triumph für das »Neue Europa« entwickeln, für die wirtschaftliche und politische Union, die 1992 ins Leben gerufen werden sollte, genau fünfhundert Jahre nachdem der italienischstämmige Kolumbus, unter spanischer Flagge segelnd, mit seinen Schiffen an einer Insel in der »Neuen Welt« ankam. Und wenn ›1492‹ ein Flop wurde? Dann würde man den Film in Europa und Amerika als eine schwere Niederlage werten, als einen weiteren Beweis dafür, daß die Europäer mit ihrer eigenwilligen Einstellung zum Film und der Beharrlichkeit, mit der sie künstlerische über kommerzielle Aspekte stellten, einfach nicht in der Lage waren, große, erfolgreiche Filme zu produzieren, die ein weltweites Publikum anzogen. Wenn ›1492‹ floppte, dann würde sich das – das wußte Gérard genau – unter Umständen fatal auswirken auf seine Pläne, mehr Filme auf englisch zu drehen und seinen Ruf und seine Fangemeinde in Amerika und der übrigen englischsprachigen Welt zu vergrößern.

Da so viel auf dem Spiel stand, plagten ihn natürlich einige Bedenken und Zweifel, die er sich aber an diesem Morgen vor seinen Kollegen und dem Drehteam nicht anmerken lassen woll-

te. Wie die meisten alten Profis, die hier mitwirkten, wußte er, daß die Atmosphäre, die am ersten Drehtag entstand, sich auf die langen darauffolgenden Drehmonate – zunächst hier in Spanien, dann in Costa Rica – auswirken konnte. Sobald er die Anspannung bemerkt hatte, die fast mit Händen zu greifen war, begann er unwillkürlich Faxen zu machen, raufte spielerisch mit den Stuntmen und alberte mit den Maskenbildnern herum.
›1492‹ war zwar in Größe und Zusammenstellung der Darsteller und des Teams ganz international, die Wurzeln des Films lagen jedoch in Frankreich. Es handelte sich um das geistige Kind von Roselyne Bosch, einer französischen Journalistin, die für das Wochenmagazin LE POINT tätig war. 1987 fuhr sie nach Sevilla, um einen Artikel über Spaniens Vorbereitungen auf den fünfhundertsten Jahrestag von Kolumbus' Entdeckungsreise zu schreiben. Sevilla besitzt Archive mit mehr als vierzig Millionen Dokumenten, die im Zusammenhang mit Kolumbus stehen; in diesen Archiven konnte Bosch sich faszinierende Eindrücke über den Mann verschaffen: Sie hielt Folianten aus seiner Privatbibliothek und von ihm selbst geschriebene Briefe in Händen. In einigen fand sie an den Rändern winzige Notizen und Zeichnungen. Je länger Bosch in den Archiven saß, um so mehr fesselte sie das Ganze und um so realer wurde ihr diese nebelhafte Figur Kolumbus – er wurde zu einem Menschen aus Fleisch und Blut. »Es berührte mich tief, als ich seine Handschrift und seine Unterschrift sah«, erzählt sie. »Plötzlich war Kolumbus nicht mehr so etwas wie der Nikolaus, sondern ein menschliches Wesen… Es war ein sehr starker Eindruck, und ich dachte mir: Daraus müßte man einen Film machen.«
Bosch hielt die Idee für eine klare Sache, vor allem in Anbetracht der Pläne, die Spanien, Italien und Amerika für ihre Kolumbusfeiern machten. Außerdem hatte bisher noch niemand einen überzeugenden Film über Kolumbus gedreht. 1949 war ein englischer Streifen über die Fahrt nach Amerika entstanden, in dem Frederic March die Hauptrolle spielte, aber der Film war mittelmäßig und wurde Kolumbus in keiner Weise gerecht.
Ganz aufgeregt über die vielen Entdeckungen, die sie in Spa-

Für seine Darstellung des Christoph Kolumbus in dem 45 Millionen Dollar teuren, im Hollywoodstil produzierten Ausstattungsfilm ›1492‹ erhielt Gérard manches Lob. Trotzdem wurde ›1492‹ weder ein kommerzieller noch ein Kritikererfolg. Diese Erfahrung bestärkte Gérard in seinem Glauben an die europäische Filmtradition mit ihren Autorenfilmern und Originaldrehbüchern.

nien gemacht hatte, rief Bosch ihren Freund Alain Goldman in Paris an, einen jungen Filmverleiher. Er flog nach Sevilla, um sich das Material über Kolumbus selbst anzusehen. Auch Goldman war sehr beeindruckt und bat Bosch, dazubleiben und ihre Recherchen fortzusetzen.

Bald darauf waren sie Partner in einem entstehenden Filmprojekt – Goldman als Produzent, Bosch als Reporterin, die unversehens zur Drehbuchautorin avanciert war. Der Film war ursprünglich als französisches Projekt gedacht gewesen, aber von den französischen Produzenten erhielten die beiden wenig Unterstützung. Das Budget sei einfach zu groß für Frankreich, meinten die Produzenten; versucht es mal mit Hollywood. Obwohl sie blutige Amateure waren, klopften Bosch und Goldman nun in Los Angeles an alle möglichen Türen, wurden aber von

niemandem zu dem Projekt ermutigt. Und das war verständlich: Sie hatten keinen Regisseur, keinen Star und keine Planung hinsichtlich Drehbuch und Produktion vorzuweisen.
Bosch verlor fast den Mut, aber dann klopfte sie schließlich doch an die richtige Tür: an die des Briten Ridley Scott. Vom Stil her ein europäischer Regisseur, war er dank Filmen wie ›Alien‹, ›Blade Runner‹ und ›Black Rain‹ in Hollywood hervorragend angeschrieben und verfügte dort über beste Beziehungen. Und er hatte gerade den Film ›Thelma & Louise‹ gedreht, der ihm eine Oscar-Nominierung als bester Regisseur eintrug. Ein merkwürdiger Zufall wollte es, daß Scott bereits mit dem Gedanken gespielt hatte, einen Film über Kolumbus zu drehen, und als Bosch ihm ihre Ideen und einen Rohentwurf des Scripts vortrug, reagierte Scott mit dem Satz: »Ja – aber nur, wenn wir Depardieu dazu kriegen, den Kolumbus zu spielen.«
Bosch überraschte dieser Vorschlag total; an Depardieu hatte sie nicht im Traum gedacht. Da Goldman und sie auf den englischsprachigen Markt zielten, hatten sie sich auf amerikanische Stars wie Kevin Costner und Michael Douglas konzentriert, auf große Namen also, die einzigen, die ihrer Ansicht nach die Finanzierung garantieren konnten. Aber kaum hatte Scott den Namen Depardieu ausgesprochen, wußte Bosch, daß der für diese Rolle geradezu perfekt war: »Ich wußte sofort, daß es kein Problem sein würde, von ihm eine energiegeladene Darstellung zu bekommen, denn Gérard würde sich vor der Kamera ganz öffnen. Von da an gab mir schon die Vorstellung von ihm in dieser Rolle einen gewaltigen Motivationsschub. Statt der abstrakten Vorstellung von Kolumbus hatte ich jetzt die Gewißheit, daß Gérard dieser Kolumbus sein würde. Das war ein sehr befreiendes Gefühl.«
Aber würde Depardieu überhaupt zusagen? Bosch schickte ihm ein Exposé und arrangierte eine Besprechung in Paris, im »Hôtel Raphaël«, einem beliebten Treffpunkt der französischen Filmleute. Zur vereinbarten Stunde, um 19 Uhr, saßen Scott und sie an der Bar, aber von Gérard war nichts zu sehen. Nachdem sie eine halbe Stunde gewartet hatten und zwischen Nervosität und

Groll schwankten, rief Bosch ihn schließlich in seiner Pariser Wohnung an. Gérard meldete sich mit sehr leiser, sehr schüchtern klingender Stimme. Hatte er es vergessen? Gab es irgendwelche Probleme? Am Telefon bekam Bosch es nicht heraus. Aber kurz darauf stürmte Gérard ins »Raphaël« und verfiel sofort in einen seiner sturzbachartigen Gedankenmonologe. Fast eine Stunde lang sprudelte es aus ihm heraus – über Kolumbus, über sich selbst, darüber, wie hervorragend sie zusammenpaßten. Scott und Bosch waren von dieser Vorstellung sehr verwirrt. »Zu meiner großen Verwunderung wurde mir klar, daß er nach nur ein- oder zweimaliger Lektüre alle im Drehbuch steckenden Feinheiten verstanden hatte. Als ich in Hollywood versucht hatte, die Beziehung zwischen Kolumbus und Königin Isabella zu erklären, war das ein schwieriges Unterfangen, denn diese Beziehung war ambivalent, unausgesprochen war da eine gewisse sexuelle Anziehung im Spiel. Kurz: Es war eben keine Hollywood-Beziehung. Aber Gérard hatte es sofort erfaßt, wie ein Laserstrahl... Wir fanden, daß wirklich alles zusammenpaßte.«
Mit Depardieus Zusage gingen Goldman und Scott zu der französischen Produktionsfirma Gaumont. Sie trafen sich mit dem Chef von Gaumont, einem Freund Gérards. Scott hatte sich auf Verhandlungen im Hollywoodstil gefaßt gemacht – Angebot, Gegenangebot und pedantisches Herumtüfteln an den Details. Als sie aber die Summe von 43 Millionen Francs nannten – rund 14 Millionen DM, eine der größten Summen, die in Frankreich je für Verleihrechte bezahlt wurden –, lächelte Seymour nur und sagte ja. »Wir gaben uns die Hand«, erinnert sich Scott, »und gleich darauf kam ein Kellner mit einem Silbertablett und einer Flasche Champagner herein.«
Die Anfangsfinanzierung war also gesichert, und Gérards Zusage hatte das junge Team auch; als nächstes brauchten die beiden Unterstützung aus Amerika. Und Gérard wußte sofort, an wen man sich da am besten wandte. Bei den Dreharbeiten von ›Green Card‹ hatte er Peter Weirs Agenten John Ptak kennengelernt, einen großen, kultivierten, sehr belesenen Mann, der in nichts dem Klischee des typischen Hollywoodagenten entsprach.

Durch Gérards Vermittlung trug Ptak nun maßgeblich dazu bei, Paramount in das Projekt einzubinden, und zwar für 10 Millionen Dollar im Austausch gegen die nordamerikanischen Verleihrechte. Ptak zufolge hatte Paramount den TIME-Skandal nicht vergessen, machte aber trotzdem keine Einwände gegen Gérards Mitwirkung in dem Film geltend. Ganz im Gegenteil: Ihrer Ansicht nach war er weltweit einer der wenigen Schauspieler, die dieses ambitionierte historische Filmepos zum Erfolg bringen konnten.

Als Goldman, Scott und Bosch das Riesenunternehmen in Angriff nahmen, ging Gérard in Klausur und leitete den langen schöpferischen Prozeß ein, aus dem er als Kolumbus hervorgehen sollte. Dieser Prozeß ist immer ein bißchen geheimnisvoll, diesmal aber in ganz besonderem Maße. Der Mensch Kolumbus war so gut hinter Mythen, Legenden und Revisionsbestrebungen verborgen, daß Gérard keinen raschen Zugang zu seinem Wesen und Denken fand. Da auch die ersten Entwürfe des Drehbuchs von ›1492‹ ihm kein zufriedenstellendes Gefühl für diesen Mann vermittelten, griff er zu anderer Lektüre. Als erstes las er Geschichtsbücher und Biographien über den Entdeckungsreisenden, dann brütete er über den von Kolumbus verfaßten Briefen. Am deutlichsten trat der Mensch hinter dem Mythos jedoch im Tagebuch seines jüngsten Sohnes Fernando hervor. Dieses Tagebuch mit seiner Fülle von Details über den Menschen und seine Familie ließ Kolumbus für Gérard lebendig werden und regte seine Phantasie so sehr an, daß er sich stark mit dem Seefahrer zu identifizieren begann.

Im August 1991 vertiefte Gérard sich ganz in die neue Rolle. Er verbrachte mehrere Wochen in seinem malerischen Sommerhäuschen an der normannischen Küste. Dort war er weit weg von den immer noch spürbaren Auswirkungen der TIME-Affäre und umgeben von hilfreichen Familienangehörigen: Hélène, Patrick, der Tochter Julie, hin und wieder auch Elisabeth. Im Kreise seiner Familie konnte er seine vielen Wunden lecken, seine Stimmung besserte sich, und es gelang ihm, sich mehrere Stunden täglich ganz auf Kolumbus zu konzentrieren. Er saß oft im Garten und sprach über seine Vorbereitungen auf diese Rolle, die wahrscheinlich die größte Herausforderung in seiner Karriere darstellte. Er übte regelmäßig an der Verbesserung seiner englischen Aussprache und lernte den Text anhand eines Drehbuchentwurfs, den er von Bosch erhalten hatte. Aus dem Script und der anderweitigen Lektüre hatte er den Eindruck gewonnen, daß Kolumbus und er eine ganze Reihe von Gemeinsamkeiten besaßen, sowohl hinsichtlich der Lebenseinstellung als auch der Gelüste und Begierden; seinen eigenen Worten zufolge entwickelte er bereits eine innere Beziehung zu Kolumbus, die so stark wurde, daß er diesen Menschen, der nun aus dem Schatten trat, wuchs und Konturen annahm, förmlich in sich spüren konnte:

»Kolumbus und ich sind im Grunde ein und derselbe Mensch«, erklärte er. »Ich fühle schon, wie wir beide uns vermischen. Wir sind uns sehr ähnlich. Wir sind beide Entdeckungsreisende, und beide pflegen wir mit leichtem Gepäck zu reisen.«

Während er seine Kenntnisse über Kolumbus erweiterte und die psychische Affinität auslotete, begann er sich auch körperlich in Kolumbus zu verwandeln. Er ließ sich das Haar wachsen, so lang, wie der Seefahrer es auf Zeichnungen und Gemälden trägt. Um seine Leute über den Ozean und in die Neue Welt führen zu können, mußte Kolumbus kräftig und in guter physischer Verfassung sein – Gérard begann eine Diät und machte Bodybuilding. Schon nach kurzer Zeit hatte er einiges an Gewicht verloren, seine Haltung verbesserte sich sichtbar. Je ähnlicher er Kolumbus wurde, um so mehr fühlte er sich wie Kolumbus, und im Herbst 1991, nur zwei Monate vor Drehbeginn, hatte dieser Mann in ihm deutliche Formen angenommen. Gérard sah ihn jetzt im Geiste vor sich, nahm sinnlich wahr, wie er den Hof Königin Isabellas betrat, und konnte ihr Parfüm riechen. Er sah sich auf einem Maultier durch eine Ziegenherde reiten und den kleinen Sohn Fernando neben sich umherspringen. Er fühlte sich in den Armen von Beatrix, er roch den vertrauten Duft ihrer Brüste und spürte, wie ihr Haar ihm sanft über die Wange strich. Wenige Tage vor Drehbeginn war Gérard kräftig und fit, das lange Haar reichte bis über die Schultern, er hatte vierzig Pfund abgenommen und strahlte Entschlußkraft und Autorität aus. Kolumbus war ihm in Fleisch und Blut übergegangen; es handelte sich um eine geistige, nicht mehr um eine nur körperliche Verschmelzung.

»Wir sind beide Künstler und Medien, haben die Fähigkeit, uns übersteigende Kräfte in uns aufzunehmen und weiterzugeben«, sagte er mir. Und beim alljährlichen Filmfestival in Sarasota, Florida, erklärte er einigen amerikanischen Reportern unmittelbar vor seiner Abreise an den Drehort: »Ich *bin* jetzt Kolumbus; ich sehe euch alle als Indianer.« Es war nur halb im Scherz gesagt. Er hatte seine Vorbereitung mit einigen Arbeitssitzungen abgeschlossen, die Ridley Scott und die wichtigsten Darsteller in Madrid abhielten; hier in Cáceres konnte es also gleich losgehen. Nachbildungen der *Niña*, der *Pinta* und der *Santa María* wurden bemannt und übten schon auf dem Meer, während hier am Set Ridley Scott und sein Team die allerersten Einstellungen vorbereiteten. Mit der Zauberkraft der Filmleute hatte Scotts Team die prächtige Villa eines Adeligen aus dem sechzehnten Jahrhundert in La Rábida verwandelt, das karge Kloster, in dem Kolumbus sieben frustrierende Jahre lang auf die königliche Erlaubnis gewartet hatte, seine Expedition nach Westen zu führen. Die erste Einstellung sollte im früheren Stall der Villa gedreht werden, und während Gérard in seinen Wohnwagen trat, um sich schminken und ankleiden zu lassen, geriet Scott in die letzte Panik vor Drehbeginn. Er veränderte Kamerawinkel, rückte die Scheinwerfer zurecht und wies den Mönchen ihre Plätze an den Schreibpulten an, plazierte sie mit der Feder in der Hand, den Blick auf die Weltkarten gerichtet; jede Karte war wunderschön auf Pergament gezeichnet und verkörperte die unerschütterliche Überzeugung, daß die Erde flach sei.

Scott stammt aus dem nördlichsten Teil Englands und ist vom Naturell her eher kühl, distanziert und führungsstark. Seine englische Crew nennt ihn zutreffend und respektvoll *»Guv'nor«*. Als junger Mann ließ er sich am Royal College of Art in London zum Maler und Graphiker ausbilden. ›Alien‹ und ›Blade Runner‹ hatten ihm Lob für die großartigen, verblüffenden visuellen Effekte eingebracht. Pauline Kael nannte ihn einen »Hypnotiseur des Visuellen«, dessen Filme manchmal allerdings zu »glatt« seien. Scott stellte sich ›1492‹ als ein mitreißendes Filmepos vor, das besonders dicht sein und in einer speziellen Bildsprache erzählt werden sollte, für die bereits die Komposition der Eingangsszene in La Rábida ein Beispiel darstellte. Den von ihm angefertigten Skizzen und den Szenebeschreibungen entsprechend, tauchten die im Kamin glühende Kohle und die über den Schreibpulten flackernden Kerzen das Kloster jetzt in gelborangerotes Licht, so daß der Raum wie auf einem Bild von Caravaggio aussah.

Während Scott an den letzten Einzelheiten feilte, tobte um ihn herum das, was man euphemistisch als »kreative Spannung« bezeichnen könnte. Der Boden sah aus wie ein Teller Spaghetti: ein wildes Durcheinander von Kabeln und Elektrodrähten, die sich in jede erdenkliche Richtung wanden. Etwa zweihundert Schauspieler und Teammitglieder drängten sich in dem kleinen Raum; in einer bizarren Mischung aus Englisch, Spanisch und Französisch gellten Anweisungen durch die Luft. Nach den vielen Wochen, in denen sie zehn, zwölf, manchmal sogar fünfzehn Stunden täglich gearbeitet hatten, waren die meisten von Scotts Technikern und Regieassistenten müde und gereizt, und als der kalte Wind wieder einmal durch das Set fegte und pfiff, konnte man Pierre Gamet, dem Tonmeister, den wachsenden Zorn förmlich vom Gesicht ablesen. Der Franzose hatte sich die Kopfhörer aufgesetzt, und während sein Gesicht immer bleicher wurde, klopften seine sonst so ruhigen, methodisch vorgehenden Finger auf die Skalen an seinen Geräten.

»Das absolute Chaos«, flüsterte er. »Es sind viel zu viele Leute hier.« Für Gamet war der Drehort ein einziger Alptraum. Ziegen und Pferde hatten einst in diesem Stall Unterschlupf gesucht, und für sie war er wohl auch recht geeignet gewesen. Aber jetzt verwandelten die schweren Steinwände und die niedrige Gewölbedecke den überfüllten Raum in eine Echohöhle. Jede Schuhsohle, die über den gepflasterten Boden trat, tat dies in

Gamets Kopfhörer und auf seinem Tonband wesentlich lauter. Dies sollte eine intime, stille Szene werden, aber in Gamets Ohren hallte der Wind wider, der durch die Zellophanplanen strich, mit denen die Fenster überklebt waren, um das Licht zu dämpfen. Einen amerikanischen Tontechniker hätten die Echos und das Knattern wahrscheinlich nicht so aus der Fassung gebracht: in Hollywood ist es üblich, störende Geräusche im Tonstudio einfach zu löschen. Gamet aber ist Purist, ein Künstler, der die Werte der Alten Welt hochhält. Er wollte, daß der Ton, den er aufnahm, genau dem Ton entsprach, der später die Bilder auf der Leinwand begleiten würde. Das war sein Glaubenssatz, sein Berufsethos. Deshalb arbeitete er wie ein Verrückter – dämpfte Echos, befestigte mit Klebestreifen das störende Zellophan, fummelte an lauten Maschinen herum und gab seinem Partner und »Galgenhalter« Bernard Chaumeil quer über den Raum Anweisungen in Form eines verbalen und gestischen Codes, den nur die beiden entschlüsseln konnten.

Gamet und Chaumeil galten als eines der besten Tonteams im gesamten Filmbusineß; in Frankreich war ihr Können bereits mit zwei Césars gekrönt worden, und bald sollten sie den dritten bekommen, nämlich für ›Die siebente Saite‹. Sie hatten schon einmal für einen auf englisch gedrehten Film gearbeitet – für Peter Weirs ›Green Card‹ in New York. Auch für den Ton von ›Cyrano de Bergerac‹ hatten die beiden verantwortlich gezeichnet. Aber an einem ähnlich ehrgeizigen Projekt wie ›1492‹ waren die beiden noch nie beteiligt gewesen. Und auch mit einem Regisseur wie Ridley Scott hatte Gamet noch nie gearbeitet. Die Kameras standen bereit zur Aufnahme, aber Gamet hatte mit Scott noch kein Gespräch darüber geführt, welche Art Ton der Regisseur eigentlich haben wollte. Gamet war kleine Sets, eine intime Arbeitsatmosphäre und eine enge Absprache mit dem Regisseur gewöhnt und fühlte sich hier wie ein winziges Rädchen in einer gigantischen, unpersönlichen Maschinerie, deren Funktionsweise er kaum verstand.

Daß Gamet bei diesem Projekt mitwirkte, lag nicht nur an seinem Sachverstand als Tonmeister, sondern hatte noch ganz

andere Gründe. Gérard hatte im Lauf der Jahre schon fast symbiotische Beziehungen zu Bertrand Blier und einigen anderen Regisseuren aufgebaut, die ihm Rollen auf den Leib schrieben. Seine Beziehung zu Gamet war in gewisser Hinsicht aber sogar noch enger. Bei über einem Dutzend Filmen hatte Gamet ihm sozusagen seine Ohren geliehen. Wenn die beiden zusammenarbeiten, gelangt jeder Atemzug, jede Pause, jeder Schnitzer von Gérard sofort in Gamets Ohren und auf Band. Bei Dreharbeiten wendet sich Gérard immer wieder an Gamet, um zu prüfen, ob seine Stimme klar klingt und die von ihm dargestellte Figur verstehbar ist. Als beispielsweise ›Cyrano‹ gedreht wurde, war Gamet Gérard eine große Hilfe bei einer Szene, in der er sich gleichzeitig duellieren und schwierige Alexandriner rezitieren mußte. Ein kurzer Blick auf Pierre genügte, um abschätzen zu können, ob er es gut machte oder nicht. Wenn Gamet nach einem Take zufrieden war, wußte Gérard, daß sein Cyrano genau den richtigen Ton getroffen hatte.
Bei den Dreharbeiten für ›1492‹ war Gamet auch der ruhende Pol innerhalb von Gérards französischer Ersatzfamilie. Gamet, Chaumeil und der Garderobier Gil Noir arbeiteten schon seit über einem Jahrzehnt mit ihm zusammen, und die drei waren enge Freunde und Zechkumpane geworden. Wenn es sein mußte, formierten sie sich auch zu einer wichtigen Hilfstruppe für den leicht erregbaren und manchmal launischen Depardieu. Alle drei waren angesehene Profis, die natürlich auch ohne Gérard filmten. Der Hauptgrund, warum sie bei ›1492‹ mitwirkten, war jedoch, daß Gérard sie brauchte und dabeihaben wollte.
Zum französischen Kontingent gehörte außerdem noch Louise Vincent, eine perfekt zweisprachige Autorin, Schauspielerin und Dialoglehrerin, die schon mit Laurence Olivier und Sophia Loren gearbeitet hatte, bevor sie Gérards Englisch zu Hilfe eilte. Schon einige Monate vor Drehbeginn hatte sie unzählige Stunden damit verbracht, sein Englisch von dem ausgeprägt gallischen Tonfall und Akzent zu befreien. Sie hatte sogar mit Gérard eine Kur in den französischen Alpen, gemacht; zwei Wochen lang hatten sie miteinander gefastet und Gymnastik

gemacht und Gérards Text einstudiert. In ihrer peniblen, mütterlichen Art hatte sie ihn sogar beim Schwimmen im öffentlichen Bad zwischen den einzelnen Runden abgefragt. Hier am Set sollte Louise weiterhin den Text mit ihm einüben und immer zur Verfügung stehen, wenn es seine Aussprache zu verbessern galt. Jetzt, zu Beginn der ersten Aufnahme, hatte sie sich strategisch hinter Ridley Scott postiert; das Drehbuch lag offen auf ihrem Schoß.

Als alles an seinem Platz war, gingen Scott und sein Team in Position. Adrian Biddle, der Chefkameramann, trat zur Seite, damit der Regisseur einen letzten Blick durch das Objektiv der großen Panavision-Kamera werfen konnte. Scott sah sich die Einstellung an, und Fernando Rey nahm seine Position ein. Rey, der Doyen der spanischen Filmschauspieler, ein sehr ruhiger, würdevoller Mensch, spielte den Marchena, Kolumbus' politischen und geistigen Wegbegleiter. Angela Molina, eine schöne, dunkeläugige spanische Schauspielerin, stellte Kolumbus' Geliebte dar. Billy Sullivan, ein typisch amerikanischer Junge von Long Island hatte die Rolle von Fernando, dem jüngsten Sohn des Seefahrers. Armand Assante, ein südländisch aussehender, ausgezeichneter amerikanischer Schauspieler, stellte Sanchez dar, den Schatzmeister der spanischen Krone, einen arroganten spanischen Aristokraten, der sich mit Kolumbus sowohl in intellektueller Hinsicht als auch buchstäblich duellieren sollte. Und teilweise war die an diesem Morgen herrschende Spannung auch durch die Tatsache bedingt, daß niemand wußte, wer eigentlich den wichtigen Part der Königin Isabella übernehmen würde. Man hatte Anjelica Huston gefragt, aber Scott ärgerte sich über ihren Agenten in Hollywood und ihre ständig höher geschraubten Superstar-Forderungen.

»Die können mich alle mal«, brummte er, als er immer noch keine Königin hatte. »Ich nehme einfach meine Mama.«

Jetzt aber sah Scott durch die große Panavision-Kamera, schwenkte sie auf die gegenüberliegende Stallwand und zoomte dicht auf eine alte Holztür, die sich majestätisch bis zur Decke erstreckte. Auf diese Tür ging Fernando Rey nun zu, und auch die über ihren Karten sitzenden Mönche wagten einen verstohlenen Seitenblick. Gamet, Chaumeil, Gil Noir, Louise Vincent und alle anderen am Set richteten jetzt ihren Blick auf die Tür, gespannt darauf wartend, wie dieses kühne europäische Gemeinschaftsunternehmen sich anlassen würde.

»Silencio por favor!« bellte Terry Needham, einer von Scotts Regieassistenten. »Ruhe, bitte! Los, jetzt, Leute. Schsch... schsch... schsch... Ein bißchen mehr Atmosphäre, okay? Laßt den Rauch raus!«

Beim Befehl *»Action!«* öffnete sich die massive Tür langsam mit quietschenden Angeln, und Depardieu kam herein. Er trat aufs Licht zu, und allen Anwesenden stockte der Atem. Er hatte sich völlig verändert. Er trug ein mittelalterliches Gewand, seine dunkelblonde Mähne ergoß sich über den Kragen, und seine blaugrauen Augen funkelten vor Entschlossenheit; ein Blick genügte, um zu wissen, daß dieser Mann sich unwiderruflich einer Sache verschrieben hatte, daß er bereit war, seine Mission zu erfüllen, wohin sie ihn auch führen würde. Die Wirkung war verblüffend: Depardieu *war* der zum Leben erweckte Kolumbus. Und in einem einzigen magischen Augenblick wurde diese legendäre und ziemlich mysteriöse historische Gestalt zu einem Menschen aus Fleisch und Blut mit einer Seele und einem Willen.

Kolumbus ging in den Raum hinein, und Marchena hob die Hand. »Ich habe etwas für Euch«, sagte er und zog ein Pergament aus den Falten seines Gewandes. »Ihr sollt in der Universität von Salamanca angehört werden.«

An diesem Punkt seines Lebens – und des Drehbuchs – war Kolumbus ein versierter Seefahrer und Entdeckungsreisender, hatte jedoch noch keine Gelegenheit gehabt, seine tiefe Überzeugung unter Beweis zu stellen, daß die Erde rund sei und das Gold und andere Schätze des Ostens über den Weg Richtung Westen erreicht werden könnten. In den Machtzentren Spaniens hatte man für ihn und seine Theorien nur Hohn und Spott übrig, und obwohl er sieben Jahre lang an fast jedem europäischen Königshof vorgesprochen hatte, war es diesem ungestümen Bürgerlichen aus Genua nicht gelungen, sich die nötige königliche Erlaubnis und finanzielle Unterstützung zu verschaffen. Jetzt las er die Einladung, seine Sache in Salamanca vorzutragen, und sein Gesicht hellte sich hoffnungsfroh und freudig überrascht auf.

»*Blawd, that izzzz eeeen a weeeek!*«

Wieder stockte allen hier in La Rábida der Atem. Louise Vincent zuckte vor kaum verhehltem Entsetzen zusammen, als sie diese Worte nach all den Monaten des Feilens an Gérards Englisch vernahm, und was Ridley Scott in diesem Moment durch den Kopf ging, weiß Gott allein. Aber was immer es auch war, es war bestimmt kein netter Gedanke, und er trug ein Preisetikett mit der Aufschrift 45 Millionen Dollar. Scott zögerte einen Augenblick, dann faßte er einen Entschluß. Es war nur eine Probe gewesen, die Kameras hatten nichts aufgenommen; er ging zu Rey und Depardieu hinüber, gab ihnen ein paar freundliche Regieanweisungen und munterte sie ein bißchen auf. Alle anderen standen schweigend und gespannt da.

Depardieus Gesicht verriet nichts, aber die ihn gut kannten, ahnten sofort das Schlimmste. Gamet brauchte erst gar nichts zu erahnen; er hatte das Schlimmste mit Gérard bereits durchlebt. Im Lauf der Zeit hatte er drei Filme mit ihm zusammen gemacht und war die ganze TIME-Affäre hindurch an seiner Seite gewesen, zuerst auf Mauritius, dann am Set von ›Die siebente Saite‹. Keiner, der ihm nahestand, glaubte auch nur eine Sekunde lang, daß Gérard jemals eine Frau vergewaltigt hatte, sei es mit neun Jahren oder wann auch immer. Gamet hatte die schrecklichen Auswirkungen des Skandals auf Gérard und dessen Familie direkt miterlebt. Und obwohl er es nicht gern zugegeben hätte, war er keineswegs davon überzeugt, daß sein Freund mit dem Streß fertig werden würde, den das Drehen auf englisch und die große Verantwortung für den Erfolg des Films mit sich brachten.

Gerade weil sie so genau wußten, wie es physisch und psychisch um Gérard stand, machten sich Gamet, Chaumeil und Gil Noir große Sorgen, und auch andere am Set hatten ihre Zweifel. Wie mochte es um Gérards inneres Gleichgewicht bestellt sein, jetzt,

in Konfrontation mit der größten Chance und dem größten Risiko seiner Karriere? Würde er sein Gewicht halten? Und was war mit der Trinkerei? Wie schwer würde es ihm fallen, auf englisch zu drehen? Für Ridley Scott, für Bosch, Goldman und ihre diversen Geldgeber waren das wichtige professionelle Fragen, während sich für Gamet, Chaumeil und Noir damit persönliche Sorgen um das Oberhaupt ihrer Filmfamilie verbanden. Aber noch nervöser als sie alle war Louise Vincent. Wenn Gérards Englisch ein Reinfall wurde, standen ihr achtzig überaus peinliche Tage am Drehort bevor, und ihre Reputation als Sprach- und Dialoglehrerin würde möglicherweise ernsthaften Schaden erleiden.
Und Gérard selbst hatte natürlich auch Bedenken. Am Abend vor dem Drehbeginn von ›Green Card‹, seiner ersten großen »englischen« Bewährungsprobe, war er fast in Panik ausgebrochen, so große Angst hatte er davor, in einer fremden Sprache arbeiten zu müssen. Aber ›Green Card‹ war gar nicht so schwer für ihn gewesen. Peter Weir hatte die Komödie mit Blick auf Gérard geschrieben und ihm klugerweise geraten, sich über seinen starken französischen Akzent nicht allzusehr zu ärgern, denn der vergrößere ja noch den Charme der Filmfigur. Gérard wußte ganz genau, daß ›Green Card‹ im Vergleich mit einem Historienfilm wie ›1492‹ ein Spaziergang gewesen war. Kolumbus – in dieser Rolle mußte er sich in einer poetischen Sprache würdevoll ausdrücken; ein dicker französischer Akzent aus dem Mund des Seefahrers würde weder charmant noch liebenswert klingen, sondern ganz einfach furchtbar. Aus diesen Überlegungen heraus hatte er sich mit Louise Vincent zu einem einzigen Ziel vorgekämpft: »Ich wollte Gérard so weit bringen, daß er nicht als französischer Schauspieler erkennbar wurde, der englisch spricht«, erklärt sie. »Ich will, daß die Leute, die ihn nicht kennen, sagen: ›Wo der wohl herkommt?‹«
Nun hatte der erste Drehtag begonnen, und kein Mensch fragte sich, woher Depardieu wohl kam, sondern alle warteten gespannt darauf, ob er es schaffen würde, einen ganzen Satz in klarem, verständlichem Englisch zu formulieren, egal mit welchem Akzent. Für den Fall, daß sein Englisch völlig katastrophal klang,

gab es immer noch die Möglichkeit der Synchronisation; dann würde Depardieu seinen Text noch einmal zum fertigen Film sprechen, sich also nachsynchronisieren. Aber einen ganzen Film nachsynchronisieren? Die Kosten waren mörderisch, ebenso die dadurch entstehenden Verzögerungen. Deshalb ergriff nach dem Chaos und der Anspannung dieses Vormittags jetzt alle in La Rábida ein leichter Anflug von Panik, den Louise Vincent allerdings weniger wie einen Anflug, eher schon wie einen Sturm empfand. Und nachdem zwei weitere Proben eine nur unwesentliche Verbesserung gebracht hatten, wäre ihr vielleicht sogar verziehen worden, wenn sie die nun folgende zehnminütige Pause dazu genutzt hätte, im Geist bereits die Koffer zu packen und blamiert abzuziehen.
Gérard schien das Ganze überhaupt nicht zu beunruhigen. In der Pause stand er draußen in Wind und Kälte, alberte mit den Leuten von der Maske herum und paffte mehrere Gitanes. Wenn er in Panik geraten war, wenn ihn der Zweifel gepackt hatte, so ließ er sich das nicht im geringsten anmerken. Gewohnt gutgelaunt ließ er das Nachpudern von Stirn und Nase über sich ergehen und hielt geduldig still, bis sein Haar noch einmal durchgebürstet war. Gil Noir zupfte noch ein bißchen an seinem Gewand und seinem schwarzen Filzhut herum, und als Terry Needham »Positionen einnehmen!« rief, war Gérard bereit für die Aufnahme. Drinnen saßen die Mönche schon wieder an ihren Schreibpulten, die Panavision-Kamera war drehbereit und für die erste Einstellung positioniert, die Kerzen über den Pulten hatte man wieder angezündet, im Kamin lag frisches Brennholz, und wieder richteten sich alle Blicke nervös auf die dicke Tür an der gegenüberliegenden Klosterwand.
»*Silencio por favor!* Ruhe bitte! Okay, Jungs, die Atmosphäre ist jetzt in Ordnung. Generatoren aus! Gut. Kameras an! ... Kolumbus, Eins, die erste ... *Action!*«
Wieder quietschten die alten Angeln, wieder öffnete sich die Tür, wieder stürmte Kolumbus herein und begrüßte Marchena. Dann betrachtete er das Pergament, das dieser ihm gegeben hatte, fuhr mit dem Finger über das königliche Siegel und las die

Einladung, sein Anliegen in Salamanca vorzubringen. Wieder erstrahlte sein Gesicht vor Hoffnung und Erstaunen:
»God, that's in a week!«
Spot an. Es hatte nicht gerade wie Laurence Olivier geklungen, aber der Text war in klarem, verständlichem Englisch artikuliert worden, und nach der dritten Klappe hatte Gérard sich warmgesprochen. Er wurde locker, begann sich wohl zu fühlen mit seinem Englisch, und als der Text dann wirklich flüssig kam, klappte alles andere wie von selbst. Gérards anfangs so schwerfällige Bewegungen wurden graziös, seine Gesichtszüge entspannten sich so sehr, daß seine Wangen plötzlich mager und eingefallen wirkten – man sah, daß er über vierzig Pfund abgenommen hatte, um Kolumbus zu werden. Den Kopf neigte er jetzt locker zurück, so daß sich die Augen hoben und genau der Eindruck entstand, an dem Gérard gearbeitet hatte: Dieser Mann war von einer Mission ins gänzlich Unbekannte erfüllt, von einer Mission, mit der Gott selbst ihn betraut hatte. Der dritte Take fiel zu Ridley Scotts Zufriedenheit aus.
»Danke! Kann kopiert werden! Ausgezeichnet!« rief er. »Einmal noch, damit wir mehr Rauch und Atmosphäre drauf haben.«
Louise, Gil, Pierre, Bernard und alle anderen atmeten erlöst auf, und wenig später paffte Scott statt seiner Zigaretten eine riesige Zigarre. Gérard selbst sog die allgemeine Erleichterung genüßlich in sich auf und setzte dann auf unnachahmliche Weise das Tüpfelchen auf das i, indem er quer durch den ganzen Raum brüllte: »Looooouise! Come! I neeeeed you!«
Als er diesen Ruf und seinen Widerhall in den Kopfhörern hörte, grinste Pierre Gamet übers ganze Gesicht – zum erstenmal an diesem Tag. »Jetzt ist es soweit, er wird locker. Das ist ein gutes Zeichen. Ein sehr gutes Zeichen.«
Wie das vorwiegend britische und spanische Filmteam bald herausfinden sollte, arbeitet Gérard wie kaum ein anderer Schauspieler auf der Welt. Als die ersten Szenen dieses Vormittags im Kasten waren, warteten die meisten Schauspieler in La Rábida auf einen Bus, der sie zum Kantinenzelt bringen sollte; Gérard dagegen lief wehenden Gewandes zu Fuß hinunter. Als dann am

Nachmittag eine Szene abgedreht war, in der Kolumbus auf seinem Maultier über eine nahe gelegene Weide und durch eine Schafherde ritt, standen die Busse wieder bereit, aber Gérard stieg lieber zu Fuß den Hügel hinauf.
Dem Team wurde schnell klar, daß Depardieu bei Dreharbeiten nicht auf Glamour und Prestige aus ist, sondern daß ihm Herzlichkeit und Kameradschaft wichtig sind; er will nicht wie ein Star behandelt werden, sondern wie einer der Jungs, wie einer, der zur Familie gehört. Seine französische »Familie« wußte allerdings, daß das Drehen für ihn noch etwas anderes war, nämlich Therapie. Er vertiefte sich in seine Rolle, schlüpfte in Haut und Denkweise des Kolumbus und konnte so Abstand von der TIME-Affäre gewinnen. Weit weg in Spanien zu sein und mittelalterliche Gewänder zu tragen – für ihn war das nicht Arbeit, sondern eine reine Wohltat. Außerdem hoffte er, der Film werde ihm in Amerika wieder ein bißchen Anerkennung verschaffen. Das Geld war kein Bestandteil seiner Motivation. Verglichen mit dem, was Hollywood 1992 zahlte, waren seine Gage und die geforderten Arbeitsbedingungen erstaunlich moderat: etwa 3 Millionen Dollar sowie eine Beteiligung am weltweit eingespielten Profit und ein kräftiger Anteil an den Einnahmen in Frankreich. Zur selben Zeit verlangte und bekam Michael Douglas 15 Millionen Dollar für ›Basic Instinct‹. Depardieu war das egal.
Obgleich das Budget für ›1492‹ zehnmal größer war als die Kosten für einen normalen französischen Film, schuf Gérard auch bei den Dreharbeiten in Cáceres schon nach kurzer Zeit die zwanglose Atmosphäre und die Intimität, die er im Leben und bei der Arbeit braucht. Zwischen den Aufnahmen zog er sich nicht in ein Eckchen seines Wohnwagens zurück, um den Text noch einmal durchzugehen oder »in der Rolle zu bleiben«, sondern alberte mit den Kollegen und Technikern herum. In einer schwierigen Szene außerhalb von La Rábida, einer Reitszene, für die Ridley Scott einen Kameraschwenk von 360 Grad vollführte, um den von Assante gespielten Sanchez hoch zu Roß auf Zelluloid zu bannen, wurde Gérard nicht gebraucht und hätte sich ohne weiteres in seinem Wohnwagen eine Atempause gönnen

können. Statt dessen lag er die ganze Szene hindurch – bäuchlings, mit der Nase in der Erde – neben Gamet auf dem Boden, der den Originalton von Roß und Reiter aus einer von der Kamera nicht erfaßten Position aufzunehmen versuchte.
Um optimale Leistungen bringen zu können, muß Gérard locker und entspannt bleiben und spielt daher während der Dreharbeiten oft den Clown. »Gérard ist sehr entspannt und gut gelaunt bei der Arbeit«, sagt Fernando Rey. »Er bringt uns mit allen möglichen Dingen zum Lachen. Und man kann überhaupt nur so arbeiten. Wenn man es anders macht, wird es katastrophal.«
Wie sehr seine Komik ihn psychisch entlastet, wurde am Nachmittag des nächsten Tages dieser ersten Drehwoche in einem heiklen Moment deutlich, nämlich mitten in einer Liebesszene zwischen Kolumbus und Beatrix, seiner Geliebten, gespielt von Angela Molina. Die Aufnahme hatte am frühen Nachmittag um mehr als eine Stunde verschoben werden müssen, weil es Probleme mit Molinas Frisur gab, und bei einem Film, dessen Drehkosten auf 200 Dollar pro Arbeitsminute veranschlagt waren, zerrte dieser Umstand an den Nerven. Die Szene wurde in der winzigen Küche der beiden aufgenommen, alles war sehr beengt, und bei den ersten paar Takes stimmte die Atmosphäre ganz und gar nicht. Bei der nächsten Klappe unterhielt sich das Paar gerade angeregt mit Königin Isabella, und Angela Molina vergaß eine ganze Textpassage. Ohne mit der Wimper zu zucken, übernahm Gérard ihren Part und sprach ihren Text so leise, sanft und fraulich, daß alle vor Begeisterung ganz aus dem Häuschen gerieten.
»Danke! Die nehmen wir!« rief Scott zu Molinas großer Erleichterung. Nachdem sich ihre innere Anspannung gelegt hatte, wurde der nächste Take perfekt.
Schon am allerersten Drehnachmittag erhielten die Schauspieler und Techniker einen Eindruck von Gérards Arbeitsweise. Die Szene spielte wiederum im Kloster, aber diesmal sollte Kolumbus vor lauter Frustration einen Wutanfall bekommen. Es handelte sich um eine sehr körperbetonte Szene, die Gérard schon

tagelang mit dem Stuntman Gregg Powell geübt hatte. Nachdem Ridley Scott noch einige Anweisungen gegeben und eine kurze Probe mit den Mönchen durchgeführt hatte, konnte es losgehen. Fernando Reys Marchena war bereit, die Mönche beugten sich über ihre Pergamente, Pierre Gamet gab Bernard Zeichen, den »Galgen« mit dem Mikro nach vorn zu strecken, und die Kameras gingen auf Nahaufnahme.

An dieser Stelle im Film hatte sich in Kolumbus so viel Ärger über die lange Wartezeit angestaut, daß er kaum mehr an sich halten konnte. Sieben Jahre wartete er nun schon darauf, die Segel zu setzen; jetzt mußte er handeln. Handeln! Um den aufgebrachten Kolumbus zu beruhigen, riet Marchena ihm, sich weiter in Geduld zu üben, was Kolumbus nur noch mehr in Wut versetzte. »Warten! Warten! Ich warte schon seit sieben Jahren! Wie lange soll ich denn noch warten?« Er verlor völlig die Contenance und schrie nun auch die Mönche an: »Ihr verlaßt nie eure sicheren Gärten! Eure Bücher stecken voller falscher Annahmen. Lügen, alles Lügen! Gottverdamm! Gottverdamm!« Mit diesen Worten begann Kolumbus plötzlich, Bücher durch die Luft zu werfen, und wehrte alle Mönche ab, die ihn daran hindern wollten. Es war eine eindrucksvolle Zurschaustellung roher Kraft und ungezähmter Wut, aber kaum hatte Gérard das Blickfeld der Kamera verlassen, brach er in lautes Lachen aus. Er quälte sich hier nicht, sondern hatte den größten Spaß.

Um beurteilen zu können, wie gut seine Szene ankam, warf Gérard hin und wieder einen Blick auf Gamet, Scott, Gil oder Louise. Sie waren sein Publikum, sein Chor. Depardieu verfügt inzwischen über eine so ausgefeilte Technik, daß er kaum mehr auf die Kamera zu achten braucht, sondern instinktiv weiß, wo sie gerade ist. Und auch seinem Aussehen schenkt er wenig Aufmerksamkeit; das ist Sache der Leute von der Maske und der Garderobe. Und wenn er, wie beispielsweise am ersten Drehtag, keine Lust hat, sich morgens zu rasieren – völlig egal. Er *ist* Kolumbus, und dann hatte Kolumbus eben an diesem Morgen auch keine Lust, sich zu rasieren. Weil er sich mit solchen Dingen nicht belastet, bleibt mehr Raum für die mentale Arbeit. So kann Depardieu sich ganz auf das Schauspielern und auf seine »innere Landkarte« konzentrieren und seine Gefühle zum Ausdruck bringen.

Das Drehbuch von ›1492‹ verlangte ihm allerdings nur einen Bruchteil seines emotionalen Reichtums ab. Das Script war von Anfang an problematisch gewesen. Die ersten Entwürfe stammten von Bosch und wurden dann von ihr und Scott mehrmals umgeschrieben. Im Sommer 1991 zeigten sich die Chefs von Paramount unzufrieden mit dieser Arbeit. Sie wollten eine völlig neue Fassung und schlugen vor, daß man professionelle »Script doctors« aus Hollywood hinzuziehe. Insidern zufolge wurde das Drehbuch jedoch Gegenstand heftiger Auseinandersetzungen, die auf völlig unterschiedlichen Auffassungen von Filmerei beruhten.

Die Amerikaner wollten, ihrer Vorliebe für handlungsreiche Filme entsprechend, mehr Action und Spannung im Drehbuch haben. Bosch mit ihrer Neigung zu europäischen, auf die Figuren konzentrierten Filmen bestand weiterhin darauf, daß der geheimnisvoll wirkende Kolumbus ambivalent und subtil gezeichnet wurde. Der Streit um das Drehbuch beschwor einen Konflikt zwischen zwei sehr unterschiedlichen Systemen und Ideologien herauf: Hollywood mit seinem kollektiv ausgerichteten, industrieartigen Filmverständnis auf der einen und Europa mit seiner Autorentradition auf der anderen Seite; Hollywoods Verständnis des Drehbuchautors als eines kleinen Rädchens in der gigantischen Maschinerie gegen die europäische Auffassung, wonach der Autor König und Souverän ist – ein König mit garantierter künstlerischer Freiheit, der keine Einmischung von seiten der Geldgeber fürchten muß. In den Augen von Bosch und einigen anderen Europäern ließ sich der Konflikt letztlich so zusammenfassen: Barbaren und Dollarmillionen gegen Künstler und Hochkultur.

Trotzdem hatte die Anspannung am Ende des ersten Drehtages spürbar nachgelassen. Das Team zeigte sich tief beeindruckt von Depardieu – und diese Leute ließen sich genausowenig wie irgendeine andere Filmcrew der Welt leicht beeindrucken. Sie sehen die Schauspieler nackt, ohne Schminke und Kostüme und noch bevor der Text richtig sitzt. Michael Stevenson, einer der Regieassistenten, war bei den Dreharbeiten für ›Lawrence von Arabien‹ mit David Lean und Peter O'Toole dabeigewesen, und einige andere Mitglieder des Teams hatten schon mit den besten Schauspielern des Filmgeschäfts gearbeitet. »Der erste Tag ist für jeden Schauspieler gräßlich«, meint Terry Walsh, Depardieus Fechtlehrer. »Ständig denkt er: ›Wie sehe ich wohl an der und der Drehbuchstelle und davor und danach aus, und wie werde ich spielen?‹ Und er muß es richtig machen. Wenn der Schauspieler zu müde ist oder keine Lust hat, geht der Film den Bach runter. Gérard hat es richtig gemacht.«

Dennoch hegten einige Leute am Drehort insgeheim Zweifel am Gelingen des Projekts. So befürchtete beispielsweise Louise Vincent angesichts der Vielzahl unterschiedlicher Nationalitäten, der Akzentmischmasch würde im Film hörbar sein. Da bei dieser Produktion Engländer das Sagen hatten, bangten die Franzosen, der Arbeitsablauf könnte sich wie am Fließband gestalten, so daß sie keine anständige Mittagspause bekommen würden. Und aus mehreren Ecken äußerte man sich skeptisch über das Drehbuch. In historischer Hinsicht mochte es ja korrekt sein, aber viele Beteiligten fanden es zu akademisch, zuwenig konflikt- und emotionsbeladen. Die von Depardieu dargestellte Figur hatte klare Konturen, aber manche Nebenrollen wirkten eher wie Statisten oder gar wie wandelnde Requisiten, so daß das Ganze viel zu sehr einer One-Man-Show glich. Und einige Schauspieler waren vom ersten Tag an von Ridley Scott enttäuscht: Es hatte nur sehr wenig Probezeit gegeben, und er schien weit mehr mit der perfekten Gestaltung seiner gemäldeartigen Filmbilder beschäftigt als damit, die Schauspieler so zu führen, wie sie es sich vorgestellt hatten.

»Depardieu ist ein Vollblutschauspieler, man braucht ihn nur ganz leicht anzutippen, und schon weiß er, wo er hin soll«, verrät ein Insider. »Aber andere Schauspieler brauchen wesentlich mehr Lenkung. Und die kriegen sie nicht.«

Niemand mußte Depardieu sagen, welche Verantwortung er mit

dem 45-Millionen-Spektakel auf sich geladen hatte; auch wenn er den Drehort verließ, konnte er sich nicht fallenlassen. Hinter der Kamera den außergewöhnlichen Schauspieler und Künstler Gérard Depardieu zu spielen ist nie einfach, aber in Cáceres wurde er obendrein auch noch von Fans, Reportern und Paparazzi belagert. Manchmal drangen die Leute bis zu seiner Zimmertür vor. Bald wurde es ihm sogar zuviel, das Hotel für einen Spaziergang oder einen Restaurantbesuch zu verlassen. Er verkroch sich mit seinen Büchern und dem Telefon in seinem Zimmer und nahm den Roomservice in Anspruch. »Ich bin buchstäblich ein Gefangener in meinem eigenen Hotelzimmer«, klagte er. »Aber das ist schon in Ordnung. Dadurch verbessert sich mein Geruchssinn, so wie bei einem Blinden.«

Zur Erleichterung seiner französischen Filmfamilie hielt er weiter Diät, reduzierte seinen Schokoladen- und Alkoholkonsum auf ein erträgliches Maß. In Cáceres, wo der Zwölfstundentag die Regel und der Fünfzehnstundentag nichts Außergewöhnliches war, hielt er zwar auch einige Gelage ab, aber der weitaus größte Teil seiner der Entspannung dienenden Mätzchen beschränkte sich auf die üblichen Faxen am Drehort sowie auf die Hotelküche und die Restaurants in der Stadt, wo er, wie immer, in die Küchen stürmte, das Essen inspizierte und sogar da und dort von einem Teller naschte. Die Kellner und Küchenchefs der Stadt zeigten sich über dieses Verhalten zuerst schockiert, dann aber hoch erfreut.

Ihm als Franzosen ist das sonntägliche Mittagessen heilig; bei einem Sonntagsausflug mit Pierre, Bernard und mir marschierte er wieder einmal in eine Restaurantküche, um sich die *plats du jour* anzusehen. Er erspähte eine Platte mit Spanferkelfleisch, und schon hatte er sich entschieden. Depardieu ist nicht besonders sprachbegabt, aber Essen bestellen, das beherrscht er auf englisch, spanisch und italienisch – man muß eben Prioritäten setzen! Er hätte nun also ohne weiteres in passablem Spanisch seine Wünsche äußern können. Als aber der Kellner kam, verzog er das Gesicht und stieß ein durchdringendes »Oink!« aus. Am nächsten Morgen wußte bereits die ganze Stadt davon, und

sogar die überregionalen Zeitungen aus Madrid berichteten über seine Clownerien.
Eines Abends – er saß wieder einmal in seinem Hotelzimmer gefangen – las Depardieu gerade einen Brief, als ich ihn anrief. Der Brief war von Jean-Luc Godard, mit dem Gérard noch nie gearbeitet hatte und der auch nicht gerade sein Lieblingsregisseur war. In diesem Schreiben lockte Godard jedoch mit einer Rolle, die Depardieu nicht ablehnen konnte: Gérard sollte Gott spielen. Der Brief war weitschweifig und sehr poetisch – wodurch er bereits die Saat für den Film legte –, und ich merkte, daß Depardieu sich innerlich schon auf den Weg in ein weiteres sehr riskantes Abenteuer gemacht hatte. Begeistert las er mir vierzehn von Godards vor Esprit und Phantasie strotzenden Seiten vor, und ich konnte mir die Bemerkung nicht verkneifen: »Sieht aus, als wäre Kolumbus für dich bereits abgeschlossen, Gérard.«
»Total«, erwiderte er. »Der schwierigste Teil waren die Vorarbeiten vor Drehbeginn... Ich habe meine Aufgabe schon erfüllt, glaube ich. Die große Suche ist vorbei. Jetzt muß das Ganze nur noch abgewickelt werden.«
Während einer Drehphase in Sevilla kam Elisabeth kurz auf Besuch, und das Kolumbus-Filmteam sah, daß Depardieu in ihrer Anwesenheit ein ganz anderer Mensch war: sanft und zurückhaltend, fürsorglich und aufmerksam. Der rauhe Ton, der zotige Humor, das alles verschwand wie durch Zauberkraft. Ein Mitglied der Crew beschrieb es so: »Elisabeth schafft es wirklich, das wilde Tier zu zähmen. Plötzlich hörte man keinen einzigen Cunnilingus-Witz mehr.«
Gil Noir, der schon lange mit Depardieu arbeitet, behauptet, Elisabeth sei für Gérard wie ein Fels in der Brandung, besonders in kritischen Momenten. »Sie wiegt gerade mal hundert Pfund und ist nicht größer als mein Finger, aber sie hat unglaublich viel Kraft und Intelligenz. Das ist eine Frau! Ohne sie wäre Gérard verloren. Und das weiß er.«

Genau einundachtzig Tage nach Drehbeginn segelten Kolumbus und seine Mannschaft auf der *Santa María* vor der Küste von

Für Gérard ist die Schauspielerei im Grunde weder Arbeit noch Beruf, sondern schöpferisches Bedürfnis, kreative Obsession. In den neunziger Jahren weitete er seine künstlerischen Erkundungen auf Filme von Jean-Luc Godard und Giuseppe Tornatore aus, dem Regisseur des mit einem Oscar ausgezeichneten Films ›Cinema Paradiso‹. Hier eine Szene aus Tornatores ›Une Pure Formalité‹.

Costa Rica. Die Sonne war mörderisch. An Bug und Heck wehte ein Lüftchen, aber unter der Leinwandplane, die das Hauptdeck vor der Sonne schützen sollte, konnte man vor Hitze kaum atmen. Die Leute vom Filmteam und die meisten Statisten hatten sich bis auf die Shorts ausgezogen, und auf den Rupfensäcken und den Holzplanken lagen viele Matrosen. Vom ersten Drehtag an war ›1492‹ ein Wettrennen mit der Zeit gewesen, das sich hier an der schwülen Küste von Costa Rica zu einem zermürbenden Endspurt gesteigert hatte. An diesem Tag nun hoffte Ridley Scott den Film abdrehen zu können.

Es waren anstrengende Dreharbeiten gewesen. Depardieu war meist um vier Uhr morgens aufgestanden, und alle waren in den vergangenen Wochen schon um sechs Uhr auf den Schiffen gewesen. Fast immer wurde den ganzen Tag gedreht, bis das

Licht zu schwach zum Filmen wurde. Nach der Rückkehr ins Hotel konnte Gérard noch an einigen Textpassagen feilen, wobei Gamet Tonaufnahmen machte, dann studierte er die Szenen des nächsten Tages ein. Er war überzeugt, daß Ridley Scott, dieser arbeitswütige Perfektionist, den Film am 12. Oktober 1992 – dem fünfhundertsten Jahrestag der Entdeckung Amerikas durch Kolumbus – fertig synchronisiert, geschnitten, mit dem letzten Schliff versehen und ausgeliefert haben würde. *»Ça sent bon«*, hatte Gérard noch in Spanien gesagt – es riecht gut –, und seine Einstellung hatte sich seitdem nicht verändert. Aber seine Begeisterung für das Filmen in Hollywood-Größenordnungen war mittlerweile gedämpft. Er zollte dem angelsächsischen Managerteam große Bewunderung für das Geschick, mit dem es diese Mammutproduktion fast reibungslos durchgezogen hatte, aber letztlich hatte er dann doch die Herzlichkeit und Intimität der französischen, familiären Art des Filmemachens vermißt.
Jetzt beschäftigte ihn, wie die meisten Schauspieler in dieser Situation, weniger die Frage, wieviel er gearbeitet hatte, als vielmehr die Qualität des Endprodukts. Und da hegte er Zweifel. Er hatte sich wohl gefühlt als Kolumbus, und Scott war ein Meister der Filmbilder, aber der Streifen war unglaublich pompös geraten, und Gérard fand, daß das Drehbuch seine emotionalen Ressourcen nicht annähernd ausgeschöpft hatte. Trotzdem ging es ihm gut. Die langen Tage, die Sonne, die Nähe zum Meer – er war braun gebrannt und fit. Er hatte abgenommen, und die Strapazen und der bittere Nachgeschmack der TIME-Affäre waren zum größten Teil überwunden. Hier herrschten Temperaturen von fast vierzig Grad Celsius, aber ihm machte das nichts aus. Das war sein Leben – von einem Abenteuer zum nächsten, von einer Entdeckung zur anderen –, und er fühlte sich dem alten Kolumbus innerlich sehr verbunden. Aber auch dem englischen und spanischen Filmteam. Was immer aus ›1492‹ werden würde, er glaubte, daß die Zukunft des Kinos nur international sein konnte. Durch Filme war er so unterschiedlichen Regisseuren wie Truffaut, Satyajit Ray, Peter Weir und Kenneth Branagh begegnet. In seinen Augen gehörten sowieso alle Filmleute einer

einzigen Kultur an, und den unterschiedlichen Akzenten zum Trotz sprachen sie im Grunde doch alle dieselbe Sprache – die universelle Sprache der Tränen und des Lachens.

›1492‹ beschreibt zwanzig Jahre im Leben des Christoph Kolumbus. Der Film zeigt ihn, wie er frustriert auf die königliche Erlaubnis für seine Entdeckungsreise wartete, und er zeigt ihn im Augenblick des Triumphs, als er die Neue Welt mit all ihren Reichtümern fand und sich selbst bewies, daß seine Vermutung von Anfang an richtig gewesen war. Der Film zeigt Kolumbus in der Niederlage, gedemütigt, als Opfer neidischer Rivalen, die es auf seine Kosten zu Ruhm und Ehre bringen wollten. Er hatte sich zu weit vorgewagt; man mußte ihn auf das ihm angemessene Maß zurechtstutzen. Die ganzen Dreharbeiten hindurch hatte sich Gérard emotional und geistig mit Kolumbus verbunden gefühlt. An diesem Nachmittag nun sollte er in der letzten Szene dieser epischen Reise Kolumbus als alten Mann verkörpern – trauriger, weiser geworden, aber ungebrochen. Gérards Maskenbildner färbte ihm jetzt die Haare grau, ließ sie dünn aussehen und bemalte die Augenlider rötlich, so daß man die Macht des Windes und des Alters an ihnen erkannte.

Die Schminke wirkte ihre Wunder, und dann war Gérard bereit, den alten Kolumbus zu spielen. Um sich auf diese düstere, melancholische Schlußszene einzustimmen, setzte er sich in eine Ecke und versuchte seine Gedanken und Gefühle zu sammeln. Nach einer Weile trat Kevin Dunn zu ihm, ein amerikanischer Schauspieler, der einen der Kapitäne unter Kolumbus spielte. Dunn, selbst ein sehr intuitiv vorgehender Schauspieler, erfaßte Gérards Stimmung sofort, und plötzlich begannen sie gleichzeitig zu singen: *»Hey, you, get offa my cloud...«*

»Alle Leute sagen, ich sehe aus wie Mick Jagger«, verkündete Dunn in rockigem Sprechgesang.

»Yeah«, sagte Depardieu. *»Mussa be da lips, mussa be da lips.«*

Dunn wurde in Chicago geboren. Er arbeitete dort am Theater, zog dann aber nach Los Angeles, um in Filmen mitzuspielen. Die Dreharbeiten mit Gérard empfand er als eine Lehrzeit. »Ich hatte mir schon vor Jahren geschworen, einmal mit ihm zu arbeiten. Wenn ich Filme mit ihm sah, konnte ich nämlich den Blick gar nicht mehr von ihm wenden. Es ging so wahnsinnig viel von ihm aus«, erklärt er. »Heutzutage gibt es nicht mehr allzu viele Schauspieler, die einfach wie normale Menschen aussehen, aber er ist so einer. Und seine Darstellung ist immer ganz natürlich. Einmal sind wir hier in Costa Rica alle auf einem schmalen Pfad durch den Urwald gegangen. Die meisten versuchten, das ganz einfach aussehen zu lassen, weil sie nicht schwerfällig wirken wollten. Gérard machte es anders. Er ließ einfach alles auf sich zukommen. Dann stolperte er plötzlich und fiel fast hin, aber durch die Kamera hindurch sah das bestimmt toll und hundertprozentig glaubwürdig aus.«

Um siebzehn Uhr fünfundzwanzig, als die Hitze des Tages allmählich wich und der Bug der *Santa María* von der orangeroten Sonne angeleuchtet wurde, die sich dem Horizont näherte, stand der alte Kolumbus da, mit hängenden Schultern, das Gesicht dem Wind entgegengestreckt. Jetzt gingen Ridley Scott, sein Chefkameramann und der Rest der Kameracrew auf Nahaufnahme. Dies würde die letzte Aufnahme von Kolumbus sein. Es wurde ganz still auf dem Schiff; alle Schauspieler und Techniker sahen zu. Die lange, entbehrungsreiche Reise ging zu Ende; bald würde sich diese vielsprachige, multikulturelle Familie auflösen, jeder würde seines Weges gehen und zu seiner wirklichen Familie heimkehren. Die Reise neigte sich ihrem Ende zu; ein feierlicher Augenblick – bis Gérard einen Kameramann in den Arm zwickte und ein wieherndes Gelächter ertönen ließ, wie um zu sagen: »Hey, Kopf hoch, Leute! Ist doch nur ein Film! Ist doch nur So-als-ob!«

Als dann die Kameras stoppten und Scott zum letztenmal zu Gérard sagte: »Danke! Das war's! Super, Gérard!«, applaudierten ihm die Schauspieler und alle anderen Mitwirkenden auf den Decks der *Santa María* mit einer Standing ovation.

Für Gérard und die meisten anderen, die an diesem Tag auf dem Schiff standen, wurde ›1492‹ eine große Enttäuschung. Viele Kritiker machten sich über den Film lustig, und wenn es auch hier und da Kinobesucher gab, die den Film leidenschaftlich bewunderten, so gelang es ›1492‹ doch nicht, große Zuschauermassen anzuziehen. In Amerika wurde er ein totaler Flop und spielte nur etwa sieben Millionen Dollar ein. Nach Ansicht von Vincent Canby und zahlreicher anderer Kritiker gelang es einfach nicht, die Zuschauer emotional zu bewegen. »›1492‹ ist kein schrecklicher Film«, schrieb Canby. »Da er aber keinerlei übergeordneten Standpunkt einnimmt, ist er weit weniger interessant als die rein physische Arbeitsleistung, die ihm zugrunde liegt. Da der Koloß Depardieu im Mittelpunkt steht, wurde dem Film wenigstens die Ausstrahlung eines Schauspielers zuteil, der eine Leidenschaftlichkeit zu vermitteln weiß, welche das Drehbuch keine Sekunde lang durchhält.«

Der TIME-Skandal und die Enttäuschung über ›1492‹ brachten gewissermaßen eines der Leitmotive in Gérards Leben zum Verstummen: seinen amerikanischen Traum. Der Vorwurf der Vergewaltigung ließ in ihm das Gefühl zurück, verletzt und verraten worden zu sein – ein Gefühl, das er nicht leicht überwinden würde. Die Darstellung des Kolumbus war ein großes Abenteuer gewesen, in dessen Verlauf er viel Herzlichkeit und Kameradschaft erfahren hatte, und doch waren nach ›1492‹ alle seine Illusionen über Ausstattungsfilme in Hollywoodformat zerstoben. Er wußte jetzt, daß solche Filme ihm nicht die künstlerische Nahrung und Erfüllung sein konnten, die er brauchte. Der überwältigende Drang, es in Amerika zu schaffen, hatte Gérard dazu bewogen, seinem künstlerischen Credo abzuschwören; er hatte den Preis dafür bezahlt. Jetzt wollte er zurück zu seinen Wurzeln, zu kleineren, persönlicheren Filmen, zurück zur Authentizität und Reinheit des Gefühls. Und vor allem wollte er zurück zu seinen Weinbergen, zu seinem Land im Tal der Loire.

Bei der Arbeit
im Château de Tigné in Anjou

Epilog

Die Straße der Ausschweifungen
führt zum Palast der Weisheit
WILLIAM BLAKE

Wenn man durch die Region Anjou fährt, sieht man sofort, warum es Gérard dort so gut gefällt. Die Landschaft in diesem Teil des Loiretals ist eher rauh, mit dichten Wäldern und fruchtbaren Böden, ganz und gar unprätentiös. Anjou ist bekannt für seine leichten, milden Weine mit fruchtig-erdigem Charakter. Es sind Weine, die jedem schmecken und die sich jeder leisten kann. Depardieu keltert im Château de Tigné verschiedene Weine, die sich alle am besten als »spritzig« beschreiben lassen.

Viele Châteaus im Loiretal sind von übertrieben gepflegten Rasen und Gärten umgeben; Depardieus Schloß aber umgibt ein fünfundzwanzig Hektar umfassender, sehr arbeitsaufwendiger Weingarten inmitten einer farbenprächtigen, von den Düften der *France Profonde* durchwehten Landschaft. Das Château selbst ist eine aus dem zwölften Jahrhundert stammende Burg mit zwei mittelalterlichen massiven Steintürmen, die einst mit Beobachtungsständen und Kanonenstellungen bewehrt waren. Jetzt rankt sich an ihnen und an den anderen Außenmauern des Gebäudes dichter Efeu empor. Von den trutzigen Türmen abgesehen, wirkt das Schloß eher zierlich und leicht. Hohe, elegante Glastüren verleihen der Fassade etwas Fröhliches, und an wolkenlosen Tagen tanzt das Sonnenlicht auf den Scheiben.

Depardieu kaufte das Château 1989 und machte mit seinem neuen Besitz anfangs ähnliche Erfahrungen wie Marcel Pagnols Jean de Florette. In der ersten Zeit waren die Dorfbewohner und Winzer dagegen, daß er das Schloß erwarb; sie glaubten, der Prominente aus Paris sei nur auf eine günstige, kurzfristige Investi tion aus und habe weder Interesse am Wein noch die geringsten Kenntnisse vom Weinbau. Als sie ihn dann aber kennenlernten, sich mit ihm über Wein unterhielten und sahen, wie er seine berühmte Nase in ein Probierglas mit Anjou-Wein versenkte, änderten sie ihre Meinung. Zu ihrem großen Erstaunen vermochte Gérard allein anhand des Geruchs verschiedene Herkunftsregionen, den Alkoholgehalt und den jeweiligen Kelterungsprozeß zu bestimmen, und manchmal gelang es ihm sogar zu sagen, wie lange der Saft in der Maische gärte, auf den Traubenschalen und dem Fruchtfleisch, die dem Wein sein Bukett und seinen Charakter geben.

Als Depardieu sich ein eigenes Château kaufen wollte, war er bereits seit langem leidenschaftlicher Connaisseur, Winzer und Sammler. Schon Mitte der achtziger Jahre hatte er unter Mithilfe von Alain Paret, einem Winzer aus dem Rhônetal, mit dem Keltern begonnen, und das Weinmachen war ihm bald zu einem zweiten Beruf geworden. Als er das Château zum erstenmal sah, war es in einem schrecklich baufälligen Zustand; außerdem hatten die Besitzer die Rebstöcke schon lange nicht mehr beschnitten. Noch bevor er die Kaufverhandlungen einleitete, bestand Gérard darauf, die Kosten für das Beschneiden der Reben zu übernehmen, weil er wußte, daß sie eingehen würden, wenn man sie nicht ausreichend pflegte. Seit dieser Zeit hat er ein kleines Vermögen ausgegeben, um das Château restaurieren und dessen »Lebenssaft«, den Wein, wieder sprudeln zu lassen.

Die Menschen, die Gérard am besten kennen – Elisabeth, Carmet und Patrick Bordier beispielsweise –, sagen, es komme immer eine starke Veränderung über ihn, wenn er seinen *terroir* betrete. Mit diesem Wort bezeichnen die Franzosen die Lage, das Klima und den Boden eines Weingartens. Wenn Gérard in seinen Weinbergen die Reben beschneidet, im Keller die Flaschen ordnet oder im Gemüsegarten Karotten, Lauch, Kartoffeln und Schalotten zieht, wie er es schon bei seiner Großmutter Denise tat, dann ist er plötzlich ein anderer Mensch. Dann läßt er die Welt des Films weit hinter sich und wird Bauer. Tigné ist sein Zuhause, sein Land, dort sind seine Wurzeln. Es ist nicht

weit vom Berry entfernt, und die Landschaft ähnelt sehr der Gegend, in der er aufwuchs, obwohl der Boden in Anjou besser geeignet ist für die Weine, die Gérard gern keltert und mit seinen Freunden trinkt. Seit zwanzig Jahren lebt er mit seiner Familie in Bougival, im Juli und August ist er am liebsten in seinem Sommerhaus bei Trouville, aber Tigné übt eine ganz besondere Anziehungskraft auf ihn aus. Das Château ist für ihn wie ein alter Familiensitz, den er von einem entfernten Cousin geerbt hat; so wenig dieser Cousin in der Wirklichkeit je existierte, so sehr existiert er in Gérards Phantasie.
Gérard hat zwar einen Verwalter, der sich um das Château kümmert, aber er kommt so oft wie möglich nach Tigné, manchmal mit einem kleinen Flugzeug, manchmal per Hubschrauber, und trifft sich bei diesen Gelegenheiten oft mit Weinhändlern und potentiellen Kunden. Seit 1991 verkauft er seine Weine fast überall in Europa und auch in die Vereinigten Staaten. Die größte Freude aber macht ihm die Arbeit in den Weinbergen selbst, die Arbeit mit seinen Reben, seinem Wein. Er liebt die schwere körperliche Arbeit in der Sonne, er genießt es, die Erde an den Händen zu spüren. Das ist für ihn gute, ehrliche Arbeit, es gibt ihm Auftrieb, klärt seine Gedanken, belebt ihn. In die Winzerarbeit vertieft, kann er die Filmwelt und die Falschheit, die oft in ihr herrscht, völlig vergessen.
Gegen Ende 1992, nach der Enttäuschung über ›1492‹, hatte er diesen Hort der Ruhe und dessen beruhigende Wirkung ganz besonders nötig. Er steckte nach wie vor in einer Krise. Seine Ehe war gefährdet, er hatte wieder stark zugenommen, und er trank zuviel. Dann geriet kurz vor Weihnachten 1992 auch noch sein Sohn Guillaume in große Schwierigkeiten. Gerade zu dem Zeitpunkt, als ihn das Kinopublikum und die Kritiker auf der ganzen Welt für sein Debüt in ›Die siebente Saite‹ lobten, wurde der junge Mann des Drogenhandels beschuldigt und verhaftet. Es war ein schrecklicher Schlag für die ganze Familie, am allerschlimmsten aber natürlich für den damals zweiundzwanzigjährigen Guillaume selbst. Diese Krise führte die Familie aber wieder zusammen, gemeinsam taten sie, was sie konnten, um

Guillaume zu helfen. Das Ganze setzte Gérard sehr zu, vor allem als sein Sohn dann verurteilt wurde und für mehrere Monate ins Gefängnis mußte. Gérard weiß sehr wohl, wie schwierig es ist, der Sohn oder die Tochter von Gérard Depardieu zu sein, und ist sich auch bewußt, wie hart es für die ganze Familie war, die TIME-Affäre durchzustehen. Es beeindruckte ihn aber auch, wie sein Sohn auf die vielen Schocks reagierte. Gérard und Elisabeth zufolge riß Guillaume sich zusammen, dachte viel über sich nach und erlangte innerhalb kurzer Zeit eine sehr positive persönliche Reife. »Er sieht jetzt manches viel klarer«, sagte Gérard einige Monate später. »Ja, er hat auf das alles wirklich sehr, sehr gut reagiert.«

In diesen schweren Zeiten warf sich Elisabeth, wie schon so oft, mit ihren ganzen hundert Pfund für ihre Familie in die Bresche und schaffte es, alle wieder zu beruhigen. Im Sommer des Jahres 1993 hatte sich die Familie wieder einigermaßen stabilisiert. Guillaume überwand allmählich die schwere persönliche Krise; tagsüber durfte er sich außerhalb des Gefängnisses aufhalten und mußte erst abends zurück. Julie hatte sich inzwischen zu einer hübschen, sensiblen jungen Frau entwickelt und studierte an der Sorbonne Philosophie und Psychologie. Elisabeth arbeitete an mehreren Projekten, darunter auch ein Drehbuch, kümmerte sich aber vor allem um Guillaume.

Allerdings geriet sie jetzt häufig in Wut und Verbitterung. Genialität hat immer ihren Preis, aber Elisabeth fand, daß Gérard und sie ihren Anteil inzwischen abbezahlt hatten. Genialität stößt immer auf neidische Kritiker, aber auch unter ihnen hatten die beiden nun schon mehr als genug gelitten. Ihr Ehemann war zu einem lebenden Nationaldenkmal und einer immerwährenden Nachrichtenmeldung geworden, so daß ihr Privatleben und das ihrer Kinder sich mittlerweile nur noch unter dem permanenten Blick der Öffentlichkeit abspielte. Über den Verlust an Privatsphäre und die ständigen Belästigungen durch die Medien ärgerte Elisabeth sich sehr. Auch auf das Filmmilieu, besonders auf einige Regisseure, hatte sie eine gewaltige Wut. Sie fand, daß viel zu viele *auteurs* Gérard schon viel zu lange in psychische Gefahr brachten, indem sie ihn benutzten, ihn unter Ausbeutung seiner Begabung und seiner Kraft als Mittel zu ihrem Erfolg einsetzten. In Elisabeths Augen ließen einfach zu viele Regisseure im Namen der Kunst ihre wildesten Phantasien wuchern und engagierten dann Gérard, der sie ausleben sollte. Und schon zog Gérard wieder los, bereit, sich in der nächsten Schlacht wieder blutig schlagen zu lassen.

»Gérard geht immer dorthin, wohin sie selbst sich nicht trauen«, sagt Elisabeth. »Sie existieren nur durch seinen Mut.«

1993 wurde auch Gérard selbst es allmählich müde, ständig für andere in den Kampf zu ziehen, und hatte das Medientheater, das ein Filmstar und »Nationaldenkmal« ertragen muß, ziemlich satt. In ruhigen Momenten sprach er sogar hin und wieder davon, sich aus dem Schauspielerberuf zurückzuziehen und in Anjou niederzulassen. Gleichzeitig trug er natürlich schon wieder drei, vier neue Filme in seinen aus allen Nähten platzenden Terminplan ein. Depardieu kann jetzt nicht einfach aufhören; wenn er, der mächtige Patriarch, der Atlas, auf dessen breiten Schultern das ganze französische Kino zu ruhen scheint, aufhört zu filmen, würden ja seine Filmfamilie und sicherlich auch der Zustand des französischen Kinos darunter zu leiden haben. Und Gérard will nie jemanden enttäuschen.

Außerdem hat er immer noch einen enormen kreativen Drang, der befriedigt sein will. 1993, als er fünfundvierzig wurde, erfuhr sein Rollengeschmack erneut eine Veränderung, wurde reifer. Sein Interesse, Verbrecher zu mimen, war schon lange erloschen, er wollte sich jetzt auf lebensbejahende Rollen konzentrieren. In ›Mein Vater, der Held‹ hatte er sich sehr wohl gefühlt in der Rolle des Vaters, der den Kontakt zu seiner Teenager-Tochter wiederaufnimmt, und er freute sich schon auf das englische Remake für Disney, die ja schon ›Green Card‹ produziert hatten. Er hatte sich mit Jeffrey Katzenberg angefreundet, dem kreativen »Organisationsstar« bei Disney, und konnte es kaum erwarten, wieder mit ihm zusammenzuarbeiten. Diese Vorfreude beruhte auf Gegenseitigkeit.

»Ich war schon immer ein Fan von Gérard, aber bei den Dreh-

arbeiten für ›Green Card‹ wurden wir richtige Freunde«, gesteht Katzenberg. Als die englische Version von ›Mein Vater, der Held‹ abgedreht war, äußerte er sich begeistert: »Ich glaube, der Film kann ein Hit werden. Gérard ist ein so genialer Schauspieler, daß er in jeder Szene genau weiß, was er tut. Der Film behandelt ja ein universelles Thema – Vater und Tochter – und funktioniert wirklich aus jedem Blickwinkel. Mit diesem Film könnte Gérard in Amerika ein großer Star werden.«
Ende 1993 zählte es dann allerdings nicht mehr zu Gérards Ambitionen, ein großer amerikanischer Star zu werden; er stand dem Hollywood-Trubel im allgemeinen und den amerikanischen Medien im besonderen nach wie vor skeptisch gegenüber. Weit mehr interessierte ihn jetzt seine eigene kreative Suche, die sich wieder einmal auf die Geschichte und die klassische Literatur richtete. In den ersten zwanzig Jahren seiner Karriere hatte er ›Danton‹ und ›Die Wiederkehr des Martin Guerre‹ gedreht, er hatte Rodin und Cyrano dargestellt und in einer eigenen Verfilmung von Molières ›Tartuffe‹ die Titelrolle gespielt. Nach ›1492‹ kamen Zolas ›Germinal‹ und der Film ›Une Pure Formalité‹ des italienischen Regisseurs Giuseppe Tornatore, der den oscarprämiierten Film ›Cinema Paradiso‹ gedreht hatte. Ende 1993 schloß Gérard die Arbeit an Balzacs ›Colonel Chabert‹ ab, der ironischen Geschichte eines Soldaten, der ein blutiges Massaker auf dem Schlachtfeld wie durch ein Wunder überlebt, um dann an dem Rechtsstreit mit seiner Ehefrau zu zerbrechen. Außerdem hatte Gérard vor, eine weitere klassische Rolle anzugehen, für die er schon lange bestimmt zu sein schien: den Jean Valjean in Victor Hugos ›Les Misérables‹ (›Die Elenden‹).
Gérards Interesse galt jetzt auch dem Werk Shakespeares. Als Kenneth Branagh ›Henry V‹ drehte, lieh Gérard der französischen Synchronisation seine Stimme und hoffte, mit Branagh und dessen brillanter Ehefrau Emma Thompson mehr von Shakespeare machen zu können. Außerdem plante der alte *entremetteur*, sich als Sponsor für Festivals in französischen Universitäten einzusetzen, so wie er auch eine Stiftung zur Erhaltung und Förderung des Werks des verstorbenen bengalischen Regis-

seurs Satyajit Ray gegründet hatte. Gérards Auffassung nach verfügt der Film über eine international verständliche Sprache und Ausstrahlungskraft; Filme können Menschen zusammenbringen, indem sie alle sprachlichen und kulturellen Barrieren niederreißen. Und Gérard wollte überall dabeisein – mit Disney in Amerika arbeiten, mit Branagh in Großbritannien, mit Tornatore in Italien, gleichzeitig aber seinen eigenen Wurzeln in der *France Profonde,* im Boden seines Weinguts, im Herzen von Anjou treu bleiben.

»Mein Leben verlangt mir die Kraft ab, mich ständig anzupassen«, sagt er. »Deshalb empfinde ich mich als Weltbürger, als jemand, der jedem Land gehört und jede Kultur mit all ihren Widersprüchen akzeptiert.«

Aber wie lange würde Gérard dieses mörderische Tempo durchhalten? Was brauchte er noch alles, um die Dämonen seiner Kreativität zu sättigen? Elisabeth, die mit ansah, wie er sich immer mehr antrieb, immer mehr erschöpfte, war oft hin- und hergerissen zwischen Wut auf ihn und Mitleid über seine unendliche Gier nach Applaus und Anerkennung. Aber so war es ihre ganze Ehe hindurch gewesen, und sosehr sie sich oft ärgerte, letztlich konnte sie doch immer verstehen, warum Gérard alles ins masochistische Extrem trieb. »Gérard will immer geliebt werden, und zwar total«, erklärte sie mir. »In seinem Inneren ist ein unaufhebbarer Mangel an Liebe, und dieser Mangel bewirkt, daß er ununterbrochen arbeitet. Immer wieder stellt er grausame Ansprüche an sich selbst, auch wenn er gleichzeitig mit Liebe geradezu überschüttet wird.«

Obwohl sie sich nur mehr selten sehen, äußert auch Michel Pilorgé Sorgen über die Exzesse seines alten Freundes. Aber wie Elisabeth betrachtet er diese Exzesse als einen untrennbaren Bestandteil von Gérards kreativem Genie. Michels Ansicht nach ist das, was bei Gérard oft als selbstzerstörerischer Zug erscheint, im Grunde Teil eines einzigartigen kreativen Prozesses, der es ihm ermöglicht, eine fiktionale Identität zugunsten einer neuen von sich abzustreifen: »Ich glaube, daß Gérards selbstzerstörerische Tendenzen zu seinem Entwicklungs- und Wachstumspro-

zeß gehören. Meistens gelingt es ihm irgendwie, aus unglaublich tückischen Situationen das Positivste herauszuholen.«
Ich habe Gérards extreme Verhaltensweisen oft miterlebt; ich habe seine helle, strahlende Seite ebenso gesehen wie seine dunkle, gequälte. Es fällt ihm nicht leicht, über die psychischen Aspekte seines Schaffensprozesses zu reden, aber in den vielen Gesprächen, die wir miteinander führten, betonte er immer wieder, daß seine künstlerische Suche es erforderlich mache, beide Seiten seines Wesens zu erkunden, die helle und die dunkle, und er ist davon überzeugt, daß er als Künstler die Verpflichtung hat, sich tief in die von ihm bisher nicht entdeckten, nicht erforschten inneren Bereiche zu versenken. Diese Suche ist seine Leidenschaft, sein Bedürfnis, aber er weiß sehr wohl, daß sie ihm und seiner Familie einen hohen Preis abverlangt.
»In mir sind immer schattige Bereiche«, erzählte er mir. »Deshalb gehe ich den Dingen stets auf den Grund, ich mache alles extrem. Natürlich wird das jetzt, mit zunehmendem Alter, immer gefährlicher und für die Menschen, die mich lieben, immer beunruhigender. Ich bin ein Beschützer, aber ich bin auch derjenige, der rausgeht und für alle anderen Erfahrungen durchlebt, damit sie sie nicht selbst durchleben müssen.«
»Film, das ist Krieg gegen das Nichts«, sagte er einmal zu mir, und ich verstand erst sehr viel später, was er damit meinte. Und wenn ich ihn vor mir sehe in seinem Anjou-Schloß aus dem zwölften Jahrhundert, dann ist Gérard für mich kein moderner Filmstar, sondern ein fahrender Ritter aus dem Mittelalter, den es irgendwie in die zweite Hälfte des zwanzigsten Jahrhunderts verschlagen hat. Manche Ritter beweisen Mut, indem sie in den Krieg ziehen und töten; Depardieu beweist Mut, indem er sich auf die Bühne der Öffentlichkeit wagt und seine Schwächen, seine ganze Seele entblößt. So glaubt er, Menschen zusammenbringen und seine Bestimmung nicht nur als Schauspieler, sondern auch als *entremetteur* erfüllen zu können.
Wie ein fahrender Ritter aus vergangenen Jahrhunderten, der sich auf die Suche nach seinem persönlichen Gral gemacht hat, verirrt auch Depardieu sich immer wieder und erweist sich auf

seinem Ritterzug oft gerade gegenüber denen am blindesten, die er liebt. Aber sein Schloß in Anjou ist für ihn der ideale Ort, um seine Werte wieder zurechtzurücken. Es reicht schon, die knorrigen Rebstämme zu berühren oder durch das alte Gewölbe seines Weinkellers zu gehen oder die massiven Balken seines Schlosses zu überprüfen – schon klärt sich sein Blick auf die Welt, und er sieht, was wirklich Bestand hat. Er braucht nur seine Trauben zu kosten, ihre Säfte miteinander zu vermischen, Holz für die Fässer auszuwählen oder einfach nur in seiner großen Landküche etwas zu kochen, um wieder zu den grundlegenden ethischen Werten zu gelangen, die seiner Überzeugung nach die Kunst des Schauspielerns, des Weinkelterns, des Kochens und des Lebens prägen: Authentizität, Geschmacksreinheit und geistige Freiheit.

Aus einem einzigen frischen, gut genährten Huhn, das natürlich gehalten wurde und frei herumlaufen durfte, kann ein geschickter Koch mit ein bißchen Raffinement ein fröhliches Festmahl für seine Familie und seine Freunde bereiten. Mit Leidenschaft, mit ein bißchen Sachverstand und einer guten Nase wird es einem erfahrenen Winzer gelingen, wie ein mittelalterlicher Alchemist eine bescheidene Anjou-Traube in eine hervorragende *Cuvée Mozart* zu verwandeln. Und wenn er mit ganzem Herzen dabei ist und alles, was dieses Herz in sich trägt, aus einem starken inneren Drang heraus anderen vermitteln will, kann ein Schauspieler mit Hilfe des universellen Mediums Film und durch die universelle Macht seiner Gefühle Millionen von Menschen auf der ganzen Welt berühren.

»Während des Ersten Weltkriegs machten die Frauen den Wein«, hat mir Gérard einmal bei einem Glas Wein erzählt, »und noch Generationen später konnte man diesen Wein trinken und sagen: ›Aaahh, ja, das ist der Wein meiner Großmutter!‹ Oder der Vater starb, aber dann trank man seinen Wein und sagte: ›Mmmmm, das ist der Wein meines Vaters!‹ Durch ihren Wein leben sie weiter.«

A N H A N G

Filme und Theaterstücke mit Gérard Depardieu

Filme

›Le Cri Du Cormoran Le Soir Au-Dessus Des Jonques‹
Kinostart in Frkr.: 18. Februar 1971; 85 Min.; F
Produktion: Gaumont
Regisseur: Michael Audiard
Darsteller: Michel Serrault, Bernard Blier, Paul Meurisse, Jean Carmet, Marion Game, Maurice Biraud
Depardieu: Henri, Krugers rechte Hand
Drehzeit: 10. Sept. – 5. Nov. 1970

›Un Peu De Soleil Dans L'Eau Froide‹
Kinostart in Frkr.: 29. Okt. 1971; 110 Min.; F
Produktion: SNC
Regisseur: Jacques Deray
Darsteller: Claudine Auger, Marc Porel, Bernard Fresson, Judith Magre, André Falcon
Depardieu: Pierre, Nathalies Bruder
Drehzeit: 8. Juni – 3. August 1971

›Le Viager‹
Kinostart in Frkr.: 19. Jan. 1972; 90 Min.; F
Produktion: Les Artistes Associés/Dargaud Films
Regisseur: Pierre Tchernia
Darsteller: Michel Serrault, Michel Galabru, Jean Richard, Odette Laure, Claude Brasseur, Jean-Pierre Darras, Rosy Varte
Depardieu: Ein junger Rowdy
Drehzeit: 14. Juni – 9. August 1971

›Le Tueur‹
Dt. Titel: Der Killer und der Kommissar
Kinostart in Frkr.: 1. März 1972; 110 Min.; F
Produktion: Cofci/Gafer/Europa/Mondial/Tefi (Rom)/Rialto Film (Berlin)
Regisseur: Denys de La Patellière
Darsteller: Jean Gabin, Bernard Blier, Fabio Testi, Félix Marten, Ginette Garcin
Depardieu: Fredo
Drehzeit: 8. Nov. 1971 – 3. Jan. 1972

›La Scoumoune‹
Dt. Titel: Der Mann aus Marseille
Kinostart in Frkr.: 13. Dez. 1972; 105 Min.; F
Produktion: Lira Film (Paris)/Président (Rom); Frkr. – Italien

Regisseur: José Giovanni
Darsteller: Claudia Cardinale, Michel Constantin, Jean-Paul Belmondo, Michel Pereylon, Alain Mottet
Depardieu: Ein jugendlicher Verbrecher
Drehzeit: 2. Mai–4. Juli 1972

›Au Rendez-Vous De La Mort Joyeuse‹
Dt. Titel: Rendezvous zum fröhlichen Tod
Kinostart in Frkr.: 25. Jan. 1973; 90 Min.; F
Produktion: Les Artistes Associés; Frkr. – Italien
Regisseur: Juan Buñuel
Darsteller: Françoise Fabiona, Jean-Marc Bory, Yasmine Dahm, Jean-Pierre Darras, Michel Creton
Depardieu: Beretti
Drehzeit: 15. Mai–12. Juli 1972

›Nathalie Granger‹
Dt. Titel: Nathalie Granger
Kinostart in Frkr.: 27. Sept. 1973; 85 Min.; S/W
Produktion: Moullet et Cie
Regisseurin: Marguerite Duras
Darsteller: Jeanne Moreau, Lucia Bosè, Luce Garcia-Ville, Valérie Mascolo, Dionys Mascolo, Nathalie Bourgeois
Depardieu: Ein Waschmaschinenvertreter
Drehzeit: Mai 1972

›L'Affaire Dominici‹
Dt. Titel: Die Affäre Dominici
Kinostart in Frkr.: 7. März 1973; 100 Min.; F
Produktion: Claude Giroux/Eric Rochat; Frkr. – Italien
Regisseur: Claude Bernard-Aubert
Darsteller: Jean Gabin, Paul Crauchet, Gérard Darrieux, Geneviève Fontanel, Daniel Ivernel, Victor Lanoux, Daniel Boulanger, Louis-Emile Galey, Jeanne Allard
Depardieu: Zézé, ein junger Bauer
Drehzeit: 2. Oktober–Mitte Dezember 1972

›Deux Hommes Dans La Ville‹
Dt. Titel: Endstation Schafott
Kinostart in Frkr.: 25. Okt. 1973; 100 Min.; F
Produktion: ADEL Production (Paris)/Medusa (Rom); Frkr. – Italien
Regisseur: José Giovanni
Darsteller: Jean Gabin, Alain Delon, Victor Lanoux, Mimsy Farmer, Michel Bouquet, Christine Fabrega, Jacques Monod
Depardieu: Ein jugendlicher Verbrecher
Drehzeit: 21. Mai–30. Juli 1973

›Rude Journée Pour La Reine‹
Dt. Titel: Ein schwerer Tag für die Königin
Kinostart in Frkr.: 6. Dezember 1973; 90 Min.; F
Produktion: Polsim Productions (Paris)/Citel Films S.A. (Genf)/O.R.T.F.; Frkr. – Schweiz
Regisseur: René Allio
Darsteller: Simone Signoret, Jacques Debary, Orane Demazis, Michel Pereylon, Olivier Perrier
Depardieu: Fabien
Drehzeit: 7. Mai–22. Juni 1973

›Les Gaspards‹
Kinostart in Frkr.: 6. Februar 1974; 94 Min.; F
Produktion: Albina Production/Films de la Seine/O.R.T.F.; Frkr. – Belgien
Regisseur: Pierre Tchernia
Darsteller: Michel Serrault, Philippe Noiret, Michel Galabru, Charles Denner, Jean Carmet, Annie Cordy, Chantal Goya
Depardieu: Der Postbote
Drehzeit: Juli–August 1973

›Les Valseuses‹
Dt. Titel: Die Ausgebufften
Kinostart in Frkr.: 20. März 1974; 115 Min.; F
Produktion: C.A.P.A.C. Uranus
Regisseur: Bertrand Blier
Darsteller: Miou-Miou, Patrick Dewaere, Jeanne Moreau, Brigitte Fossey, Isabelle Huppert, Michel Pereylon, Eva Damien, Jacques Chailleux, Marco Perrin
Depardieu: Jean-Claude
Drehzeit: 16. Aug.–8. Oktober 1973
(Als Video erhältlich)

›La Femme Du Gange‹
Dt. Titel: Die Frau vom Ganges
Kinostart in Frkr.: 12. April 1974; 100 Min.; F
Produktion: Sunchild Production
Regisseurin: Marguerite Duras
Darsteller: Catherine Sellers, Nicole Hiss, Christian Baltaun
Depardieu: Ein verrückter Strandgammler

›Stavisky‹
Dt. Titel: Stavisky
Kinostart in Frkr.: 15. Mai 1974; 120 Min.; F
Produktion: Cerito Films/Ariane Films/Euro International
Regisseur: Alain Resnais
Darsteller: Jean-Paul Belmondo, François Périer, Charles Boyer, Anny Duperey, Michel Lonsdale, Claude Rich
Depardieu: Ein junger Erfinder
Drehzeit: 4. Okt. 1973–25. Jan. 1974

›Vincent, François, Paul Et Les Autres‹
Dt. Titel: Vincent, François, Paul und die anderen
Kinostart in Frkr.: 2. Okt. 1974; 120 Min.; F
Produktion: Lira Films (Paris)/Président (Rom); Frkr. – Italien
Regisseur: Claude Sautet
Darsteller: Yves Montand, Michel Piccoli, Serge Reggiani, Stéphane Audran, Antonella Lualdi, Marie Dubois, Catherine Allégret
Depardieu: Jean, ein junger Vorarbeiter und Amateurboxer
Drehzeit: 14. Febr.–15. Mai 1974

›Pas Si Méchant Que Ça‹
Dt. Titel: Ganz so schlimm ist er auch nicht
Kinostart in Frkr.: 19. Febr. 1975; 110 Min.; F
Produktion: Citel Films/Arico Films (Genf)/M. J. Productions (Paris); Frkr. – Schweiz
Regisseur: Claude Goretta
Darsteller: Marlène Jobert, Dominique Labourier, Philippe Léotard, Michel Robin, Jacques Debary, Paul Crauchet
Depardieu: Pierre
Drehzeit: 17. Juni–August 1974

›Sept Morts Sur Ordonnance‹
Dt. Titel: Quartett Bestial
Kinostart in Frkr.: 3. Dez. 1975; 105 Min.; F
Produktion: Jet Films/Belstar/Paris 66/T.I.T. Films; Frkr. – Spanien – BRD
Regisseur: Jacques Rouffio
Darsteller: Jane Birkin, Charles Vanel, Michel Piccoli, Marina Vlady, Michel Auclair, Coline Serreau
Depardieu: Dr. Berg
Drehzeit: 30. Juni–16. Aug. 1975

›Maîtresse‹
Kinostart in Frkr.: 11. Februar 1976; 112 Min.; F
Produktion: Gaumont/Films du Losange
Regisseur: Barbet Schroeder
Darsteller: Bulle Ogier, André Rouyer, Holger Lowenadler, Nathalie Keryan, Royland Bertin, Jeanne Herviale
Depardieu: Olivier, ein junger Mann aus der Provinz
Drehzeit: 26. Mai–18. Juli 1975
(Als Videocassette erhältlich)

›Je T'Aime, Moi Non Plus‹
Dt. Titel: Je t'aime
Kinostart in Frkr.: 10. März 1976; 90 Min.; F
Produktion: Président Films und Renn Production
Regisseur: Serge Gainsbourg
Darsteller: Jane Birkin, Joe Dalesandro, Hugues Quester, René Koldehoff, Jimmy Loverman Davis
Depardieu: Ein Bauer
Drehzeit: 11. Sept.–27. Okt. 1975

›La Dernière Femme/L'Ultima Donna‹
Dt. Titel: Die letzte Frau
Kinostart in Frkr.: 21. April 1976; 112 Min.; F
Produktion: Faminia (Rom)/Jacques Roitfeld (Paris); Frkr. – Italien
Regisseur: Marco Ferreri
Darsteller: Ornella Muti, Michel Piccoli, Renato Salvatori, Zouzou
Depardieu: Gérard, ein arbeitsloser Ingenieur
Drehzeit: 1. Sept.–Nov. 1975
(Als Videocassette erhältlich)

›1900/Novecento‹
Dt. Titel: 1. Teil: Gewalt, Macht, Leidenschaft/2. Teil: Kampf, Liebe, Hoffnung
Kinostart in Frkr.: 1. Sept. 1976 (1. Teil), 17. Nov. 1976 (2. Teil); 325 Min.; F
Produktion: P.E.A. (Rom); Italien
Regisseur: Bernardo Bertolucci
Darsteller: Robert De Niro, Dominique Sanda, Burt Lancaster, Laura Betti, Stefania Sandrelli, Donald Sutherland, Sterling Hayden, Alida Valli, Mario Monti
Depardieu: Olmo Dalco, Sohn eines Landarbeiters
Drehzeit: Juli 1974–Jan. 1975
(Eine 234-Minuten-Version ist auf Video erhältlich)

›Barocco‹
Dt. Titel: Mord um Macht
Kinostart in Frkr.: 8. Dez. 1976; 110 Min.; F
Produktion: La Boétie
Regisseur: André Téchiné

Darsteller: Isabelle Adjani, Marie-France Pisier, Claude Brasseur, Jean-Claude Brialy, Julien Guiomar, Hélène Surgère, Jean-François Stévenin
Depardieu: Samson, ein Mörder
Drehzeit: 1. März–14. Mai 1976

›René La Canne‹
Dt. Titel: Die wilden Mahlzeiten
Kinostart in Frkr.: 16. Februar 1977; 100 Min.; F
Produktion: Président Films (Paris)/Rizzoli Films (Rom); Frkr. – Italien
Regisseur: Francis Girod
Darsteller: Michel Piccoli, Sylvia Kristel, Valérie Mairesse, Jean Rigaux
Depardieu: René La Canne
Drehzeit: 2. August–Mitte Nov. 1976

›Le Camion‹
Dt. Titel: Der Lastwagen
Kinostart in Frkr.: 25. Mai 1977; 80 Min.; F
Produktion: Cinéma 9/Auditel
Regisseurin: Marguerite Duras
Darsteller: Marguerite Duras (als sie selbst)
Depardieu: Er selbst
Drehzeit: 10. Jan.–14. Jan. 1977

›Baxter, Vera Baxter‹
Dt. Titel: Vera Baxter
Kinostart in Frkr.: 8. Juni 1977; 90 Min.; F
Produktion: Sunchild Production/I.N.A.
Regisseurin: Marguerite Duras
Darsteller: Claudine Gabay, Delphine Seyrig, Noëlle Châtelet, Claude Aufort, Nathalie Nell
Depardieu: Michel Cayre, ein Journalist
Drehzeit: 5. April–30. April 1976

›Dites-Lui Que Je L'Aime‹
Dt. Titel: Der süße Wahn
Kinostart in Frkr.: 28. Sept. 1977; 107 Min.; F
Produktion: Prospectacle Filmoblic/FR 3
Regisseur: Claude Miller
Darsteller: Miou-Miou, Dominique Laffin, Claude Piéplu, Jacques Denis, Christian Clavier, Josiane Balasko, Véronique Silver, Jacqueline Jeanne, Michel Such
Depardieu: David Martinaud
Drehzeit: 28. März–3. Juni 1977

›La Nuit, Tous Les Chats Sont Gris‹
Kinostart in Frkr.: 23. Nov. 1977; 105 Min.; F
Produktion: Sam Films und FR 3
Regisseur: Gérard Zingg
Darsteller: Robert Stephens, Laura Betti, Anne Zacharias, Charlotte Crow, Albert Simono, Dominique Laffin, Virginie Thévenet
Depardieu: Philibert Larcher
Drehzeit: 24. Jan.–25. März 1977

›Préparez Vos Mouchoirs‹
Dt. Titel: Frau zu verschenken
Kinostart in Frkr.: 11. Januar 1978; 118 Min.; F
Produktion: Films Ariane/C.A.P.A.C. (Paris)/S.O.D.E.P. und Belga Films (Brüssel); Frkr. – Belgien
Regisseur: Bertrand Blier
Darsteller: Patrick Dewaere, Carole Laure, Michel Serrault, Tiron Liebman, Sylvie Joly, Eléone Hirt, Jean Rougerie

Depardieu: Raoul, der Ehemann
Drehzeit: 20. Juni–2. Sept. 1977
(Als Videocassette erhältlich)

›Violanta‹
Kinostart: 22. März 1978; 95 Min.; F
Produktion: Condor Films (Zürich)/Artcofilm (Genf); Schweiz
Regisseur: Daniel Schmid
Darsteller: Lucia Bosè, François Simon, Lou Castle, Maria Schneider, Ingrid Caven, Raúl Gimenez
Depardieu: Fortunat, Violantas Bruder

›Rêve De Singe/Ciao Maschio‹
Dt. Titel: Affentraum
Kinostart in Frkr.: 26. Mai 1978; 114 Min.; F
Produktion: 18 Dicembre (Rom)/Prospectacle/Action Film (Paris); Italien – Frkr.
Regisseur: Marco Ferreri
Darsteller: James Coco, Marcello Mastroianni, Gail Lawrence, Geraldine Fitzgerald, Mimsy Farmer
Depardieu: Gérard Lafayette, ein Museumsangestellter
Drehzeit: 12. Sept.–2. Dez. 1977
(Als Videocassette erhältlich)

›La Femme Gauchère/Die linkshändige Frau‹
Kinostart in Frkr.: 18. Okt. 1978; 110 Min.; F
Produktion: Road Movies Film Produktion M.B.H. (Berlin)/Wim Wenders Productions (München); BRD
Regisseur: Peter Handke
Darsteller: Edith Clever, Bruno Ganz, Michel Lonsdale, Jany Holt, Markus Mühleisen, Angela Winkler, Rüdiger Vogler
Depardieu: Der Mann mit dem T-Shirt

›Le Sucre‹
Kinostart in Frkr.: 15. Nov. 1978; 100 Min.; F
Produktion: Cinéproductions/S.E.P./Gaumont
Regisseur: Jacques Rouffio
Darsteller: Jean Carmet, Michel Piccoli, Roger Hanin, Claude Piéplu, Georges Descrières, Marthe Villalonga, Nelly Borgeaud
Depardieu: Roul, Graf Renaud d'Homecourt de La Vibraye
Drehzeit: 3. April – 9. Juni 1978

›Les Chiens‹
Dt. Titel: Die Hunde
Kinostart in Frkr.: 7. März 1979; 100 Min.; F
Produktion: AJ Films/AMS Productions (Paris)/Les Films de la Drouette/Pacific Films (Tahiti)
Regisseur: Alain Jessua
Darsteller: Victor Lanoux, Nicole Calfan, Pierre Vernier, Gérard Séty, Stéphane Bouy, Fanny Ardant
Depardieu: Morel, der Besitzer des Hundezwingers
Drehzeit: 31. Juli–30. Sept. 1978

›Le Grand Embouteillage/L'Ingorgo‹
Dt. Titel: Stau
Kinostart in Frkr.: 21. Nov. 1979; 115 Min.; F

Produktion: Clesi Cinematografica (Rom)/Greenwich Production/ Filmédis, Gaumont (Paris)/José Frade PC (Madrid)/Albatros Produktion (München); Italien – Frkr. – Spanien – BRD
Regisseur: Luigi Comencini
Darsteller: Miou-Miou, Ugo Tognazzi, Patrick Dewaere, Fernando Rey, Angela Molina, Alberto Sordi, Annie Girardot, Marcello Mastroianni
Depardieu: Franco, Angelas Ehemann
Drehzeit: 26. Juni–August 1978

›Buffet Froid‹
Dt. Titel: Den Mörder trifft man am Büffet
Kinostart in Frkr.: 19. Dez. 1979; 95 Min.; F
Produktion: A2/Sara Films
Regisseur: Bertrand Blier
Darsteller: Bernard Blier, Jean Carmet, Geneviève Pagé, Michel Serrault, Carole Bouquet, Jean Benguigui, Jean Rougerie
Depardieu: Alphonse Tram
Drehzeit: 20. Aug. – 5. Okt. 1979
(Als Videocassette erhältlich)

›Mon Oncle D'Amérique‹
Dt. Titel: Mein Onkel aus Amerika
Kinostart in Frkr.: 21. Mai 1980; 125 Min.; F
Produktion: Philippe Dussart mit Andrea Films und TF1
Regisseur: Alain Resnais
Darsteller: Nicole Garcia, Roger Pierre, Marie Dubois, Nelly Borgeaud, Pierre Arditi, Jacques Rispal
Depardieu: René Ragueneau, der Sohn des Bauern
Drehzeit: 28. Sept. – Ende Dez. 1979
(Als Videocassette erhältlich)

›Loulou‹
Dt. Titel: Der Loulou
Kinostart in Frkr.: 3. Sept. 1980; 110 Min.; F
Produktion: Gaumont
Regisseur: Maurice Pialat
Darsteller: Isabelle Huppert, Guy Marchand, Humbert Balsan, Bernard Tronczyk, Xavier Saint-Macary, Christian Bouchet
Depardieu: Loulou
Drehzeit: 5. Febr. – 30. März 1979
(Als Videocassette erhältlich)

›Rosy La Bourrasque/Temporale Rosy‹
Dt. Titel: Hurricane Rosy
Kinostart in Frkr.: 20. Aug. 1980; 118 Min.; F
Produktion: Les Artistes Associés; Italien – Frkr.
Regisseur: Mario Monicelli
Darsteller: Faith Minton, Roland Bock, Gianrico Tedeschi, Helga Anders
Depardieu: Raoul Lamarre, ein entthronter Boxer
Drehzeit: Frühjahr 1979

›Le Dernier Métro‹
Dt. Titel: Die letzte Métro
Kinostart in Frkr.: 17. Sept. 1980; 132 Min.; F
Produktion: Les Films du Carrosse/TF1/SFP/SEDIF
Regisseur: François Truffaut
Darsteller: Catherine Deneuve, Jean Poiret, Andréa Ferréol, Heinz

Bennent, Paulette Dubost, Sabine Haudepin
Depardieu: Bernard Granger, Schauspieler und Mitglied der Résistance
Drehzeit: 28. Jan.–18. April 1980
(Als Videocassette erhältlich)

›Inspecteur La Bavure‹
Dt. Titel: Inspektor Loulou – Die Knallschote vom Dienst
Kinostart in Frkr.: 5. Dez. 1980; 100 Min.; F
Produktion: Renn Production/FR3
Regisseur: Claude Zidi
Darsteller: Coluche, Dominique Lavanant, Julien Guiomar, Dany Saval, Marthe Villalonga, Martin Lamotte, Alain Mottet-Duméze, Hubert Deschamps
Depardieu: Roger Morzini, Staatsfeind Nr. 1
Drehzeit: 7. Juli–5. Sept. 1980

›Je Vous Aime‹
Kinostart in Frkr.: 17. Dez. 1980; 100 Min.; F
Produktion: Renn Production/FR3
Regisseur: Claude Berri
Darsteller: Catherine Deneuve, Jean-Louis Trintignant, Serge Gainsbourg, Alain Souchon
Depardieu: Patrick, Sänger und Saxophonspieler
Drehzeit: 23. April–29. August 1980
(Als Videocassette erhältlich)

›Le Choix Des Armes‹
Dt. Titel: Wahl der Waffen
Kinostart in Frkr.: 19. Aug. 1981; 135 Min.; F
Produktion: Sara Films/A2/Parafrance/RMC
Regisseur: Alain Corneau
Darsteller: Yves Montand, Catherine Deneuve, Gérard Lanvin, Michel Galabru, Marc Chapiteau, Jean-Claude Dauphin, Richard Anconina
Depardieu: Mickey, ein junger, aus dem Gefängnis entflohener Häftling
Drehzeit: 5. Jan. – 29. März 1981
(Als Videocassette erhältlich)

›La Femme D'A Côté‹
Dt. Titel: Die Frau nebenan
Kinostart in Frkr.: 30. Sept. 1981; 106 Min.; F
Produktion: Les Films du Carrosse/TF1 Films Productions
Regisseur: François Truffaut
Darsteller: Fanny Ardant, Henri Garcin, Michèle Baumgartner, Roger Van Hool, Véronique Silver
Depardieu: Bernard Coudray
Drehzeit: 1. April–15. Mai 1981
(Als Videocassette erhältlich)

›La Chèvre‹
Dt. Titel: Der Hornochse und sein Zugpferd
Kinostart in Frkr.: 9. Dez. 1981; 90 Min.; F
Produktion: Gaumont International/Fideline Films (Paris)/Conacine (Mexiko)
Regisseur: Francis Veber
Darsteller: Pierre Richard, Michel Robin, André Valardy, Corynne Charbit
Depardieu: Campana, ein Privatdetektiv
Drehzeit: 8. Juni–9. Sept. 1981
(Als Videocassette erhältlich)

›Le Retour De Martin Guerre‹
Dt. Titel: Die Wiederkehr des Martin Guerre
Kinostart in Frkr.: 14. Mai 1982; 111 Min.; F
Produktion: SFPC/SPFMD/FR3
Regisseur: Daniel Vigne
Darsteller: Nathalie Baye, Roger Planchon, Tchéky Karyo, Dominique Pinou, Bernard-Pierre Donnadieu
Depardieu: Der »falsche« Martin Guerre
Drehzeit: 9. Sept.–6. Nov. 1981
(Als Videocassette erhältlich)

›Le Grand Frère‹
Dt. Titel: Der große Bruder
Kinostart in Frkr.: Sept. 1982; 115 Min.; F
Produktion: Partners and Odessa Films Production/SFPC/TF1 Films Productions
Regisseur: Francis Girod
Darsteller: Jean Rochefort, Roger Planchon, Jacques Villeret, Souad Amidou, Hakim Ghanem, Christine Fersen
Depardieu: Der ältere Bruder
Drehzeit: 7. Dez. 1981–5. Febr. 1982

›Danton‹
Dt. Titel: Danton
Kinostart in Frkr.: 7. Jan. 1983; 136 Min.; F
Produktion: Les Films du Losange mit Groupe de Production X de Varsovie
Coproduktion: Gaumont/TF1 Films Productions/S.F.P.C./T.M. mit dem Französischen Kulturministerium und Film Polski; Frkr. – Polen
Regisseur: Andrzej Wajda
Darsteller: Wojciech Pszoniak, Roland Blanche, Patrice Chéreau, Stéphanie Jobert, Roger Planchon, Jacques Villeret, Angela Winkler
Depardieu: Danton
Drehzeit: 21. April–17. Juli 1982
(Als Videocassette erhältlich)

›La Lune Dans Le Caniveau‹
Dt. Titel: Mond in der Gosse
Kinostart in Frkr.: 18. Mai 1983; 137 Min.; F
Produktion: Gaumont/TF1 Films Productions/S.F.P.C. (Paris)/ Opera Film Produzione (Rom); Frkr. – Italien
Regisseur: Jean-Jacques Beineix
Darsteller: Nastassja Kinski, Vittorio Mezzogiorno, Victoria Abril, Dominique Pinou
Depardieu: Gérard Delmas, ein Hafenarbeiter
Drehzeit: 12. Juli–Ende Dez. 1982
(Als Videocassette erhältlich)

›Les Compères‹
Dt. Titel: Zwei irre Spaßvögel
Kinostart in Frkr.: 23. Nov. 1983; 92 Min.; F
Produktion: Fideline Films/E.F.V.E. Films/D.D. Productions
Regisseur: Francis Veber
Darsteller: Pierre Richard, Anny Duperey, Stéphane Bierry, Michel Aumont, Philippe Khorsand, Roland Blanche, Jean-Jacques Scheffer
Depardieu: Jean Lucas, ein Reporter
Drehzeit: 26. April–20. Juli 1983

›Fort Saganne‹
Dt. Titel: Fort Saganne
Kinostart in Frkr.: 11. Mai 1984; 180 Min.; F
Produktion: Albina Productions/Films A2/S.F.P.C.
Regisseur: Alain Corneau
Darsteller: Philippe Noiret, Catherine Deneuve, Sophie Marceau, Michel Duchaussoy, Salah Teskouk, Robin Rebucci, Florent Pagny, Hippolyte Girardot
Depardieu: Charles Saganne
Drehzeit: 8. Aug.–30. Nov. 1983

›Le Tartuffe‹
Dt. Titel: Tartuffe
Kinostart in Frkr.: 5. Sept. 1984; 140 Min.; F
Produktion: Gaumont Les Films du Losange/TF1/D.D.Productions
Regisseur: Gérard Depardieu
Darsteller: François Périer, Elisabeth Depardieu
Depardieu: Tartuffe
Drehzeit: 9.–28. Jan. und 13.–17. März 1984
(Als Videocassette erhältlich)

›Rive Droite, Rive Gauche‹
Dt. Titel: Die Enthüllung
Kinostart in Frkr.: 31. Okt. 1984; 104 Min.; F
Produktion: T. Films/Films A2
Regisseur: Philippe Labro
Darsteller: Nathalie Baye, Carole Bouquet, Jacques Weber, Bernard Fresson
Depardieu: Paul Sénanques, ein Pariser Rechtsanwalt
Drehzeit: 18. Juni–24. August 1984

›Police‹
Dt. Titel: Der Bulle von Paris
Kinostart in Frkr.: 4. Sept. 1985; 113 Min.; F
Produktion: TF1 Films Productions/Gaumont
Regisseur: Maurice Pialat
Darsteller: Sophie Marceau, Richard Anconina, Sandrine Bonnaire, Pascale Rocard, Jonathan Leïna, Franck Karoui
Depardieu: Inspektor Louis Mangin
Drehzeit: 29. Okt. 1984–18. Jan. 1985
(Als Videocassette erhältlich)

›Une Femme Ou Deux‹
Dt. Titel: Eine Frau zum Verlieben
Kinostart in Frkr.: 6. Nov. 1985; 97 Min.; F
Produktion: Hachette Première/Philippe Dussart S.A.R.L./FR3 Films/D.D. Productions
Regisseur: Daniel Vigne
Darsteller: Sigourney Weaver, Michel Aumont, Zabou, Jean-Paul Muel
Depardieu: Julien Chayssac, ein französischer Wissenschaftler
Drehzeit: 4. März–21. Mai 1985
(Als Videocassette erhältlich)

›Tenue De Soirée‹
Dt. Titel: Abendanzug
Kinostart in Frkr.: 23. April 1986; 84 Min.; F
Produktion: Hachette Première/D.D. Productions/Ciné Valse, Philippe Dussart
Regisseur: Bertrand Blier
Darsteller: Michel Blanc, Miou-Miou, Bruno Cremer, Jean-Pierre Marielle, Jean-François Stévenin, Mylène Demongeot, Michel Creton

Depardieu: Bob, ein Einbrecher
Drehzeit: Dez. 1985
(Als Videocassette erhältlich)

›Jean de Florette‹
Dt. Titel: Jean Florette
Kinostart in Frkr.: 26. Aug. 1986; 120 Min.; F
Produktion: Renn Productions/A2/RAI2/D.D. Productions
Regisseur: Claude Berri
Darsteller: Yves Montand, Daniel Auteuil, Elisabeth Depardieu, Armand Meffre, Ernestine Mazurowna, Marcel Champel
Depardieu: Jean de Florette
Drehzeit: 20. Mai–7. Dez. 1985
(Als Videocassette erhältlich)

›Les Fugitifs‹
Dt. Titel: Die Flüchtigen
Kinostart in Frkr.: 17. Dez. 1986; 89 Min.; F
Produktion: Fideline Films/EFVE Films/D.D. Productions
Regisseur: Francis Veber
Darsteller: Pierre Richard, Anaïs Bret, Maurice Barrier, Jean Carmet
Depardieu: Ein ehemaliger Gefängnisinsasse, der bei einem Bankraub als Geisel genommen wird
Drehzeit: Sommer 1986

›Sous Le Soleil De Satan‹
Dt. Titel: Die Sonne Satans
Kinostart in Frkr.: 2. Sept. 1987; 103 Min.; F
Produktion: Erato Films/A2/Flach Films/Action Film/C.N.C.
Regisseur: Maurice Pialat
Darsteller: Sandrine Bonnaire, Maurice Pialat, Alain Artur, Yann Dedet, Brigitte Legendre, Jean-Claude Bourlat, Jean-Christophe Bouvet
Depardieu: Pater Donissan, ein Priester
Drehzeit: 20. Okt.–Ende Dez. 1986
(Als Videocassette erhältlich)

›Camille Claudel‹
Dt. Titel: Camille Claudel
Kinostart in Frkr.: 5. Okt. 1988; 149 Min.; F
Produktion: Films Christian Fechner/Lilith Films/Films A2
Regisseur: Bruno Nuytten
Darsteller: Isabelle Adjani, Laurent Greville, Alain Cuny, Madeleine Robinson
Depardieu: Auguste Rodin
Drehzeit: 14. Sept. 1987–15. Febr. 1988
(Als Videocassette erhältlich)

›Drôle D'Endroit Pour Une Rencontre‹
Dt. Titel: Nächtliche Sehnsucht – Hemmungslos
Kinostart in Frkr.: 5. Okt. 1988; 93 Min.; F
Produktion: René Cleitmann; Hachette Première et Cie
Regisseur: François Dupeyron
Darsteller: Catherine Deneuve, André Wilms, Nathalie Cardonne, Jean-Pierre Sentier, Alain Rimoux, Vincent Martin
Depardieu: Charles
Drehzeit: 15. Febr.–15. April 1988

›Deux‹
Kinostart in Frkr.: 15. Febr. 1989; 113 Min.; F
Produktion: Films 7/D.D. Productions/Orly Film

Regisseur: Claude Zidi
Darsteller: Maruschka Detmers, Michèle Goddet, Philippe Leroy-Beaulieu, Béata Tyszkiewics, Wojciech Pszoniak
Depardieu: Marc Lambert
Drehzeit: 30. Mai–15. Aug. 1988

›Trop Belle Pour Toi‹
Dt. Titel: Zu schön für dich
Kinostart in Frkr.: 12. Mai 1989; 91 Min.; F
Produktion: Ciné Valse
Regisseur: Bertrand Blier
Darsteller: Carole Bouquet, Josiane Balasko
Depardieu: Der Ehemann
Drehzeit: 31. Okt. 1988 – Jan. 1989
(Als Videocassette erhältlich)

›Cyrano De Bergerac‹
Dt. Titel: Cyrano de Bergerac
Kinostart in Frkr.: 28. März 1990; 135 Min.; F
Produktion: Hachette Première et Cie
Regisseur: Jean-Paul Rappeneau
Darsteller: Anne Brochet, Vincent Perez, Jacques Weber
Depardieu: Cyrano de Bergerac
Drehzeit: 8. Mai–30. Sept. 1989
(Als Videocassette erhältlich)

›Uranus‹
Dt. Titel: Uranus
Kinostart in Frkr.: 12. Dez. 1990; 100 Min.; F
Produktion: Renn Production
Regisseur: Claude Berri
Darsteller: Philippe Noiret, Michel Blanc, Fabrice Luchini
Depardieu: Ein Barmann/Dichter
Drehzeit: Juni 1990 – Aug. 1990
(Als Videocassette erhältlich)

›Green Card‹
Dt. Titel: Green Card – Scheinehe mit Hindernissen
Kinostart in den USA: 24. Dez. 1990; Kinostart in Frkr.: Febr. 1991; 107 Min.; F
Produktion: Disney
Regisseur: Peter Weir
Darsteller: Andie MacDowell, Bebe Neuwirth, Gregg Edelman
Depardieu: Ein französischer Komponist in New York
Drehzeit: 26. März–12. Juni 1990
(Als Videocassette erhältlich)

›Merci La Vie‹
Dt. Titel: Merci la vie
Kinostart in Frkr.: 13. März 1991; 117 Min.; F
Produktion: Ciné Valse
Regisseur: Bertrand Blier
Darsteller: Charlotte Gainsbourg, Anouk Grinberg
Depardieu: Ein verrückter Arzt
Drehzeit: 30. Juli – 22. Aug. 1990

›Mon Père, Ce Héros‹
Dt. Titel: Mein Vater, der Held
Kinostart in Frkr.: 23. Okt. 1991; 103 Min.; F
Produktion: Film par Film
Regisseur: Gérard Lauzier
Darsteller: Marie Gillain, Patrick Mille, Catherine Jacob
Depardieu: Der Vater
Drehzeit: 25. März–Mai 1991

›Tous Les Matins Du Monde‹
Dt. Titel: Die siebente Saite
Kinostart in Frkr.: 18. Dez. 1991; 114 Min.; F
Produktion: Film par Film

Regisseur: Alain Corneau
Darsteller: Anne Brochet, Jean-Pierre Marielle
Depardieu: Der alte Marin Marais
Drehzeit: 3. Juni–Ende Aug. 1991

›1492‹
Dt. Titel: 1492 – Die Eroberung des Paradieses
Kinostart in den USA: 9. Okt. 1992; Kinostart in Frkr.: 12. Okt. 1992; 150 Min.; F
Produktion: Paramount – Gaumont
Regisseur: Ridley Scott
Darsteller: Armand Assante, Sigourney Weaver, Fernando Rey
Depardieu: Christoph Kolumbus
Drehzeit: 2. Dez. 1991–25. März 1992

›Germinal‹
Dt. Titel: Germinal
Kinostart in Frkr.: 29. Sept. 1993;
Produktion: RENN Production
Regisseur: Claude Berri
Darsteller: Renaud, Miou-Miou
Depardieu: Maheu
Drehzeit: 1. Sept. 1992–15. Febr. 1993

Theaterstücke

Boudu Sauvé Des Eaux von René Fauchoix, inszeniert von Jean-Laurent Cochet (1968)

The Boys in the Band von Mart Crowley, inszeniert von Jean-Laurent Cochet (1968)

Une Fille Dans Ma Soupe von Terence Frisday, inszeniert von Pierre Mondy (1970)

Galapagos von Jean Chatenet, inszeniert von Chatenet, mit Nathalie Baye und Bernard Blier (1971)

Saved von Edward Bond, inszeniert von Claude Régy, mit Hugues Quester (1972)

Home von David Storey, bearbeitet von Marguerite Duras, inszeniert von Claude Régy, mit Michel Lonsdale und Dominique Blanchar (1973)

Isma von Claude Sarraute, inszeniert von Claude Régy, mit Michel Lonsdale und Dominique Blanchar (1973)

Isaac von Manuel Puig, inszeniert von Claude Régy (1973)

Der Ritt über den Bodensee von Peter Handke, inszeniert von Claude Régy, mit Jeanne Moreau, Delphine Seyrig, Michel Lonsdale und Sami Frey (1974)

Die Unvernunftigen sterben aus von Peter Handke, inszeniert von Claude Régy, mit Patrice Kerbrat, Andréa Ferréol und Jean Bideau (1978)

Tartuffe von Molière, inszeniert von Jacques Lassall, mit Elisabeth Depardieu (1983)

Fernsehen

Rendez-Vous A Baden-Baden von Jean-Michel Meurisse (1966)
Le Cyborg von Jacques Pierre (1967)
Tango von Jean Kerchbron (1967)
Menaces von Jean Denesle (1969)
L'Inconnu von Youri (1969)
Un Monsieur Bien Rangé von Agnès Delarive (1972)

Filmpreise

Academy Awards

Nominierung als bester Schauspieler:
›Cyrano de Bergerac‹ (1991)

Bester ausländischer Film:
›Préparez Vos Mouchoirs‹ von Bertrand Blier (1979)

Nominierungen als bester ausländischer Film:
›Préparez Vos Mouchoirs‹ von Bertrand Blier (1979)
›Le Dernier Métro‹ von François Truffaut (1981)
›Camille Claudel‹ von Bruno Nuytten (1990)
›Cyrano de Bergerac‹ von Jean-Paul Rappeneau (1991)

Césars

Schauspieler des Jahrzehnts: 1991
Bester Schauspieler:
›Le Dernier Métro‹ (1981)
›Cyrano de Bergerac‹ (1991)

Nominierungen als bester Schauspieler:
›Sept Morts Sur Ordonnance‹ (1976)
›La Dernière Femme‹ (1977)
›Dites-Lui Que Je L'Aime‹ (1978)
›Le Sucre‹ (1979)
›Le Dernier Métro‹ (1981)
›Danton‹ (1983)
›Les Compères‹ (1984)
›Fort Saganne‹ (1985)
›Police‹ (1986)
›Sous Le Soleil De Satan‹ (1988)
›Camille Claudel‹ (1989)
›Trop Belle Pour Toi‹ (1990)
›Cyrano de Bergerac‹ (1991)

Bester Film:
›Le Dernier Métro‹, Regie François Truffaut (1981)
›Camille Claudel‹, Regie Bruno Nuytten (1989)
›Trop Belle Pour Toi‹, Regie Bertrand Blier (1990)
›Cyrano de Bergerac‹, Regie Jean-Paul Rappeneau (1991)

Nominierungen für den besten Film:
›Sept Morts Sur Ordonnance‹, Regie Jacques Rouffio (1976)
›Barocco‹, Regie André Téchiné (1977)
›Le Dernier Métro‹, Regie François Truffaut (1981)
›Loulou‹, Regie Maurice Pialat (1981)
›Mon Oncle d'Amérique‹, Regie Alain Resnais (1981)
›Danton‹, Regie Andrzej Wajda (1983)
›Jean de Florette‹, Regie Claude Berri (1987)

›Tenue De Soirée‹,
Regie Bertrand Blier (1987)
›Sous Le Soleil De Satan‹,
Regie Maurice Pialat (1988)
›Camille Claudel‹,
Regie Bruno Nuytten (1989)
›Trop Belle Pour Toi‹,
Regie Bertrand Blier (1990)
›Cyrano de Bergerac‹,
Regie Jean-Paul Rappeneau
(1991)

Filmfestspiele in Cannes

Goldene Palme:
›Sous Le Soleil De Satan‹ (1990)

Großer Sonderpreis der Jury:

›Rêve De Singe‹ (1978)
›Mon Oncle d'Amérique‹ (1980)
›Trop Belle Pour Toi‹ (1989)

Weitere Auszeichnungen

1973 Grand Prix Gérard Philipe der Stadt Paris
1983 Preis der Association of Executives of the Cinemagraphic Industry für herausragende Leistungen
Montréal Festival: Bester Schauspieler (für ›Danton‹)
1984 Association of American Critics: Bester Schauspieler des Jahres (für ›Danton‹ und ›Le Retour De Martin Guerre‹)
1985 Filmfestspiele in Venedig: Bester Schauspieler (für ›Police‹)
1989 Preis des British Film Institute für das Lebenswerk
1991 Golden Globe als bester Schauspieler in einer Komödie (für ›Green Card‹)

Danksagung

Dieses Buch basiert auf mehr als zwei Jahre andauernden Recherchen und auf Gesprächen, die ich in Hunderten von Stunden mit Gérard Depardieu, seiner Familie, seinen Lehrern und Mentoren, seinen Schauspielerkollegen und Regisseuren sowie mit unzähligen anderen Menschen in Châteauroux und in der ganzen Welt des französischen und internationalen Films geführt habe.

Es ist schlicht nicht möglich, jedem, der beim Zustandekommen dieses Buches half, individuell zu danken; einige möchte ich jedoch besonders hervorheben, da sie mir viel Unterstützung und Ermutigung zukommen ließen. An erster Stelle möchte ich mich bei Gérard Depardieu bedanken. Mit außergewöhnlicher Geduld und Offenheit führte er mich durch sein turbulentes Leben und ließ mich Einblick in das Geheimnis seines künstlerischen Schaffens nehmen. Dank seiner Aufrichtigkeit und Mithilfe wurde das Verfassen dieses Buches für mich zu einem Abenteuer und Erkenntnisgewinn. Ich hoffe, daß den Lesern Gérards Lebensgeschichte Ansporn und Inspiration sein wird.

Außerdem sei Elisabeth Depardieu gedankt. Als Schauspielerin, Psychologin und ruhender Pol von Gérards Familie gewährte sie mir mit großer Geduld unschätzbare Einblicke in Gérards Leben und Innenleben. Auch Hélène Bordier, Gérards Schwester, gilt mein Dank – der Hüterin der Familienerinnerungen und Familienandenken. Fast drei Jahre lang hat Hélène sich mit meinen Fragen herumplagen müssen; sie gab mir unglaublich viele Informationen, erzählte mir Anekdoten und stellte mir die meisten

Familienfotos zur Verfügung, die in diesem Buch zu sehen sind. Für ihre großzügige Hilfe möchte ich außerdem folgenden Personen ganz herzlich danken: Catherine Deneuve, Nathalie Baye, Jean-Louis Livi, Michel Pilorgé, Patrick Bordier, Jean Carmet, Alfred Tomatis, Bertrand Blier, Jean-Paul Rappeneau, Peter Weir, Ridley Scott, Alain Corneau, Alain Depardieu, Fanny Ardant, Agnès Varda, Jean-Laurent Cochet, Claude Régy, Pierre Gamet, Bernard Chaumeil, Michael Barker, Tom Bernard, Marcie Bloom, John Ptak, Daniel Toscan du Plantier, Roselyne Bosch, Alain Goldman, Bertrand de Labbey, Alain Vannier, Louise Vincent, Gil Noir, Dominique Cavé, Maurice Croze, Dominique Meunier Arroyo, Michel Arroyo, Monique Dagaud Marcon, Joe, Janine sowie Annette Gagné und Roger Lucas. Für die Hilfe bei den Recherchen in drei verschiedenen Ländern gilt mein Dank Donna Evleth, Jill Ibrahim, Catherine Verret sowie Claire Blondell und Fannie Sambor.

Einen sehr persönlichen Dank möchte ich Jonathan Segal abstatten, meinem Lektor bei Knopf, dessen Geduld und Klugheit mich bei der Arbeit an diesem Buch stets begleiteten. Darüber hinaus danke ich Ida Giragossian für ihre Hilfe bei der Bildbeschaffung. Meine Frau Eda soll hiermit eine dicke öffentliche Umarmung bekommen. Sie mußte sich allein um die Familie kümmern, während ich recherchierte und das Buch schrieb; zusätzlich half sie mir bei der Fahnenkorrektur und der Fotoauswahl. Meinen Eltern, Ruth und Rupert Chutkow, schulde ich Dank für die Unterstützung und Ermutigung, die sie mir ein Leben lang gegeben haben.

Für ihre jahrelange Freundschaft danke ich Peter Cohen, David Wirtz, David Schneiderman, Peggy Rosenthal, Gordon Mott, Bill Borders, Mike Leahy, Larry Van Gelder, Marilyn Bender, Joe und Gussy Stanislaw, Philippe Guilbert, Marie-Christine Halpern sowie Jean-Claude Zylberstein.

Ich widme dieses Buch meinen beiden Söhnen Justin und Ethan. Durch sie möchte ich es auch Guillaume und Julie Depardieu sowie allen jungen Künstlern von morgen widmen.

P. C.

Bildnachweis

Wir danken allen, die uns ihr Bildmaterial für dieses Buch zur Verfügung gestellt haben:

Familie Depardieu, Seiten 72, 79, 87, 93, 98, 101, 103, 116, 134, 145, 150, 171, 180, 222, 234, 276, 291, 330, 331

David Appleby/Percy Main Productions, Seiten 414, 423
Paul Chutkow, Seite 165
Maurize Croze, Seite 279
Disney Studios, Seite 375
Film par Film, Seite 445
French Film Office, Unifrance Film, USA, Seiten 302, 315, 323, 333, 335
Pierre Gamet, Seiten 350, 359
Hollywood Foreign Press Association, Seite 366
Interama, Inc., Seiten 250, 285, 295
Roger Lucas, Seite 129
Richard Melloul/Sygma Photos, Seiten 239, 450
La Nouvelle République, Seiten 36, 155, 275
Orion Classics, Seiten 326, 345
Michel Pilorgé, Seite 175
Renn Productions, Seite 50
Paul Schumaker/Motion Picture Bookers Club, Seite 371
Dr. Alfred Tomatis, Seite 200

Quellennachweis

Die Zitate aus den *Gestohlenen Briefen* sind der deutschen Übersetzung entnommen, die 1989 im Knaur Taschenbuchverlag erschienen ist.